갈릴래아의 예수

安炳茂

안병무
갈릴래아의 예수

1990년 5월 25일 1쇄
2020년 12월 15일 개정2판 1쇄

펴낸이 / 김성일
펴낸곳 / 한국신학연구소

등록 / 1973년 6월 28일 제 300-2002-10호
주소 / 서울시 서대문구 경기대로 55 선교교육원 내
전화 / 02)738-3265　팩스 / 02)738-0167
E-mail / ktsi@chollian.net,　amigo386@daum.net
홈페이지 / http://ktsi.or.kr

* 책값은 뒤표지에도 적혀 있습니다.
　잘못 만든 책은 구입처에서 바꾸어 드립니다.
* 이 책의 저작권은 한국신학연구소 출판사에 있습니다. 저작권법에 의해
　보호를 받는 저작물이므로 무단전재와 무단복제를 금합니다.

ISBN 978-89-487-0338-2　93230

값　19,000원

갈릴래아의 예수

安炳茂

목차
•
갈릴래아의 예수

머리말 / 7

첫째 마당 • 예수의 수수께끼 ┄┄┄┄┄┄┄┄┄┄┄┄┄┄┄ 14
　　예수를 향한 추구 / 14
　　너무도 평범한 사람 / 17
　　예수의 수수께끼 / 35
　　전권을 이양받은 자 / 38

둘째 마당 • 예수의 시대상 ┄┄┄┄┄┄┄┄┄┄┄┄┄┄┄ 46
　　마카베오의 봉기와 하스몬왕권 / 49
　　로마-헤로데 왕조 시대 / 51
　　헤로데 왕가 / 53
　　총독정치 / 60
　　경제적 상황 / 69

셋째 마당 • 세례자 요한과 예수 ┄┄┄┄┄┄┄┄┄┄┄ 76
　　세례자 요한은 누구인가 / 76
　　세례자 요한과 예수와의 관계 / 84

넷째 마당 • 갈릴래아로 ┄┄┄┄┄┄┄┄┄┄┄┄┄┄┄┄ 96
　　석가와 공자와 예수 / 96
　　갈릴래아로! / 107

목차

다섯째 마당 • 하느님 나라 ·· 120
    하느님의 나라 / 122
    하느님 나라 도래를 위한 투쟁 / 141

여섯째 마당 • 예수와 민중 ·· 148
    유다 사회의 민중 / 152
    예수가 만난 사람들 / 155
    오클로스 / 160
    하느님 나라와 민중 / 168

일곱째 마당 • 사탄과의 투쟁 ·· 172
    치유 / 172
    민중사건으로서의 기적 / 180
    반로마 민중운동의 한 예 / 195

여덟째 마당 • 예수와 여인 ·· 204
    유다 사회에서의 여성의 위상 / 205
    여인에 대한 예수의 관심 / 209
    예수를 움직인 여인들 / 224

아홉째 마당 • 하느님의 것은 하느님에게(公) ··················· 240
    땅은 하느님의 것 / 242
    물(物)의 사유화에서 해방 / 245
    권력의 사유화로부터의 해방 / 248
    카이사르의 것과 하느님의 것 / 253
    예수를 따라서 / 257

열째 마당 • **체제와의 충돌** 262
　　예수운동의 적대자들 / 262
　　예루살렘 세력 / 266
　　예루살렘 세력과의 대결 / 274
　　정치권력과의 충돌 / 280

열한째 마당 • **수난사** 286
　　그리스도교와 십자가 / 286
　　복음서와 예수의 수난 / 288
　　예수의 수난의 맥락 / 292
　　예수의 민중운동 / 299
　　처형 / 306

열둘째 마당 • **민중은 일어나다** 316
　　죽은 자 가운데서 살아난 예수 / 316
　　부활 이야기 분석 / 319
　　부활의 의미 / 325
　　예수의 고난에서 찾은 부활의 현실 / 331
　　우리의 수난, 우리의 부활 / 337

머리말

　일생을 통한 나의 관심은 신학이 아니라 "역사의 예수"였다. 아직 내가 신학을 모르는 상태에 있을 때에도 신학과 예수는 구별되어야 하겠다는 전제를 안고 있었다. 이 말은, 예수에게 집착한 것이 아카데믹한 관심에서가 아니라 예수의 삶을 묻고 거기에 참여하고 싶은 목적에서였다는 의미이다. 말하자면 순수한 학문적인 신학이라는 것을 거치지 않고 예수를 체험하는 길을 선택한 것이다. 그러나 거기에는 중요한 몇가지 위험이 있었다. 그 중 가장 문제가 되는 것은 주관주의에 빠져드는 것이었다.

　그러므로 나는 마침내 성서(복음서)를 본격적으로 연구할 수밖에 없다는 결론에 이르렀고, 그것이 불트만을 찾게 한 계기가 되었다. 나는 그가 『예수』라는 책을 썼으면서도 "역사의 예수"를 처음부터 거부한 것도 알고 있었다. 그럼에도 불구하고 그를 찾은 것은 그가 19세기 이래의 서구신학 전통을 가장 대표적으로 첨예화한 사람임을 알았기 때문이다. 나는 "케리그마적 예수"를 쓴 그가 어떻게 역사의 자료로서의 복음서를 분해하고 있는지를 정확히 알기 위해 그의 유명한 『공관복음전승사』 정독에 총력을 기울였다.

　그 연구는 텍스트의 객관화를 시도한 진지한 노력의 산물임에 틀림없다. 그러나 그 작업의 결과는 역사의 예수를 비록 단편적으로나마 밝힌 것이 아니라 케리그마화된 그리스도상으로 예수상을 산산조각 낸 이상을 넘어서지 못하고 있었다. 그것을 정독한 나의 결론은

이렇다: "왜 그가 케리그마의 그리스도에게만 집착해야 하는가를 변호하기 위해서 이 작업을 했다."

그런데 "그리스도 케리그마"의 핵은 역시 "역사의 예수"가 아니겠는가?

역사의 예수 없이 "그리스도 케리그마"가 있을 수 있겠는가?

역사적 실체를 뺀 신앙은 결국 도케티즘(Docetism)과 무슨 차이가 있겠는가?

이러한 문제제기를 한 사람들이 다름아닌 그의 제자들이었다. 내가 독일로 갔을 때는 이미 2년 전에(1954년) 그의 제자 에른스트 케제만이 그러한 문제제기를 했으며, 그 뒤를 이어 그 역시 불트만의 제자였던 귄터 보른캄이 『나자렛 예수』라는 책을 냈다. 그러므로 소위 말하는 "역사의 예수" 운동이 다시 신약신학계에 대두되었으나, 모두 양식사의 테두리를 전제로 하고 동시에 케리그마의 그리스도를 전제로 했기 때문에 근본적으로는 불트만을 넘어설 수 없었다.

양식사에 의해서 복음서 전체가 와해되는 것을 방지하려는 노력은 편집사적 연구방법으로 구체화되었다. 저들은 복음서 기자들을 각기 신학적 틀을 가진 편집자들로 보고 그들의 신학적 틀에서 예수를 보려고 한 것이다. 그러므로 복음서들이 전체로서 재조명되는 결과를 가져왔다.

그러나 치명적인 것은 저들이 복음서 저자(편자)들의 신학을 발견했으나 "역사의 예수"에 대해서는 오히려 점점 더 멀어지는 결과를 가져왔다는 사실이다. 아무튼 서구신학 영역에서 예수를 추구하던 나의 노력의 결과는 "역사의 예수"에 대한 불가지론(不可知論)에 이른 것뿐이었다. 그러나 학문적인 불가지론과 예수에 대한 나의 집착은 별개의 것이었다. 학문적인 불가지론이 아무리 설득력이 있어도 예수에 대한 나의 집착을 끊어버리지는 못했다.

머리말

불트만계에서 많은 것을 배웠는데 해석학적인 전제로서는 다음의 몇 가지가 나의 신학작업에 계속 유효했다. 첫째, 신학은 곧 인간학이다. 둘째, 역사의 해석자는 역사 안에 포함되어 있기 때문에 엄밀한 의미에서 역사에 대해서 객관적 위치를 취할 수 없다. 다시 말해 역사 해석자는 동시에 자신의 해석을 배제할 수 없다. 셋째, 믿음은 이성의 희생을 요구하지 않는다. 이 말은 믿음은 이성을 제물로 요구하지 않는다는 것이다. 넷째, 이것은 위의 것과 연관된 것인데, 믿음의 내용은 이해(Verstehen)를 수반해야 한다(그러므로 불트만의 논문집들은 『믿음과 이해』(*Glauben und Verstehen*)이라는 제목을 붙였다). 다섯째, 물음은 대답을 결정한다. 끝으로 이것은 불트만계에서 시작된 말이 아니고 양식사학자들에 의해서 제창된 개념인데 그것은 바로 '삶의 자리'(Sitz im Leben)이다. 이 중에서 문제를 제기해야 할 것은 서로 연관이 있는 마지막 두 전제들이다.

'삶의 자리'란 말은 종교사학파들(특히 H.Gunkel)에 의해서 사용된 개념이다. 그렇기 때문에 삶의 자리라고 하면서 실상은 종교적 조건들에 주안점을 두고 있다. 어떻게 삶을 종교라는 카테고리에 국한시킬 수 있을까? 신약에서 케리그마에 초점을 두는 것도 바로 이러한 전통과 무관하지 않다고 본다. 비록 복음서는 물론 신약성서 전체가 교회라는 공동체에 의해 형성되었다고 하더라도, 그 교회는 사회에서 고립된 특수한 게토가 아니다.

복음서를 형성·전승한 예수를 따르던 무리들은 예외 없이 그들의 사회적 여건에서 철저히 압박을 당한 계층이었다. 바로 그들이 예수의 공동체로 탈출해 왔기 때문에 그들의 삶의 자리이기도 한 사회적 삶의 자리를 풀지 않고는 그들의 신앙도 이해할 수 없다. 그리고 복음서를 해석하는 입장은 이 복음서를 이른바 '두 나라 설'에 정착한 전통의 영향을 받아 정치, 경제, 사회 등의 문제는 배제하고 교회 내의 삶이라는 전제가 거의 자명하게 되어 버렸다. 그러므로 인간학이라는 개념에서부터 역사 이해 그리고 삶이라는 개념에 이르기까지 교회라는 게토성을 벗어나지 못하고 있었던 것이다. 그러한 입장에서 제기한 물음과 이에 대한 대답이 저들의 신학이다.

우리는 현재까지 저들의 물음과 대답을 소화하고 전달하는 것이 신학자들의 과제인 줄로 알아왔다. 그러다가 어느 역사적 계기에서 충격적으로 변하게 된 인식은 신학하는 우리에게 바로 "우리"가 빠져 있다는 것이었다.

이 나라는 1960년대부터 군사정권의 횡포에 의해서 많은 비극적 사건이 일어났다. 이 고난 속에서 일어나는 절규는 교회적 또는 신학적 게토 안에 있는 우리의 귀에까지 들려왔다. 다른 말로 하면 우리의 현대적 고난의 역사가 우리 사회와 그리스도교 사이를 가로막은 담을 헌 것이다. 그 고난자의 절규가 우리에게 도전(challenge)해 왔다. 우리는 이 고난자들의 절규에 대답해야 할 책임을 느꼈다. 이러한 역사적 실존 상황에서 재래의 케리그마적 신학은 전혀 대답이 될 수 없었다. 우리는 이러한 상황에 대한 신학적 정리를 안 한 채 수난자들의 고난에 참여했다. 그런데 이 민중과 제휴하는 일은 자동적으로 고난을 수반했다.

이러한 와중에서 우리의 질문은 전혀 달라졌다. 이 말은 우리의 시각이 전혀 달라졌다는 말이기도 하다.

우리는 우리의 고난의 현장에서 뜻밖에도 복음서에 그려진 고난의 예수를 만나게 되었다. 이로써 복음서는 우리에게 서구 성서학에서와 같은 문학적 관심의 대상을 넘어 우리의 "삶의 자리"에서 새롭게 물음을 제기하게 하였다. 예수가 갈릴래아로 간 이유, 거기에서 민중과 더불어 산 하나하나의 이야기들이 단순한 학문적인 관심을 일으키는 일이거나 문학적 분석의 소재로서의 대상이 아니라 지금 여기에서 우리가 당하고 있는 사실의 현장이 되어 버렸다. 예수가 한 말들, 그와 여인들과의 관계, 그리고 죽음을 각오한 예루살렘 돌진, 마침내는 정치범으로 십자가에 처형된 사실들이 우리의 물음과 내용상 하나가 되어버리고, 동시에 갈릴래아 예수의 민중들의 대답은 고난의 현장에서 이루어진 것으로서 우리와 피가 통하는 경험을 하게 되었다.

그리고 예수의 민중들은 "나"와 "예수"를 별개의 것으로 구분하지 않고 있음이 인식되었다. 예수를 묻는데도 주객도식의 틀에 매여있지 않았다. 저들은 예수의 관찰자가 아니라 예수사건의 참여자임을 인식했던 것이다. 그러므로 저들은 예수를 가르치는 자가 아니라 예수를 따르는 자(Der Nachfolge)였다. 예수를 본받는 자(imitatio Christi)이면서 그를 증언하는 자(martyr)였다.

이런 과정에서 우리는 역사의 예수를 한국의 현장에서 새롭게 만난 것이다. 민중신학은 바로 이런 과정에서 형성된 것이기에 그것은 한마디로 민중발견과 예수발견의 일치에 의해서 형성된 신학이라고도 하겠다.

독자는 이 책을 읽어가면 발견할 수 있겠지만, 나는 예수라는 한 개인의 전기를 쓴 것이 아니다. 아니, 나자렛 예수를 기점으로 일어난 민중의 운동, 즉 예수의 민중운동이라는 시각에서 예수를 서술한 것이다. 그러므로 비록 양식사학이나 편집사학에서 얻은 성과를 존중하면서도 공관서 전승사 자체를 문학적 변천과정의 산물이라는 시각 대신 예수의 민중운동의 발전사로 보았다. 그러므로 전승의 문학적 층을 가려내는 양식사적 노력에 반해서 그 전승사의 일관성과 필연성을 중시했다. 그러므로 예수 자신의 행태와 그것에서 연유한 발전사인 전승사를 단절시켜서는 예수를 제대로 이해할 수 없다고 보게 되었다. 다른 말로 하면 전승사는 역사의 예수가 그의 민중 안에서 살아 움직인 산 증언이다.

　이러한 전승사는 오늘까지 예수의 민중운동사로 계승되어 왔다. 우리는 세계사에서도 볼 수 있겠지만 한국의 역사, 특히 최근 직접 체험한 민중운동에서 그 예수민중의 맥을 인식할 수 있었다. 그러므로 이 글에서는 최대한으로 한국 민중의 물음을 신학적 물음으로 바탕에 깔고 예수에게서 그 대답을 찾을 것이다. 한국 민중의 물음은 그 상황이 특수하기 때문에 특수하다. 그러나 특수는 보편과 통한다. 그러므로 그 대답은 결코 한국에만 유용한 것이 아니라, 역사를 관통하여 세계성을 지닌다고 생각한다.

　이 글은 원래 학문적 인정을 받기 위해 쓰게 된 것은 아니다. 감옥에서 얻은 심장병에 시달리고 있을 때인 1978년, 명동성당에서 "예수"에 관한 연속강좌를 요청받아 처음 만나는 가톨릭 청중들에게 10회에 걸친 강좌를 할 기회가 있었다. 그후 대학에 복귀하여 "갈릴래아의 예수"라는 제목으로 한 학기 강의를 할 때 약간의 성서학적 반성을 반영했고, 나아가 대학원 세미나 등에서 줄곧 제기된 문제들을 더불어 생각하면서 이것을 발전시켜 왔다. 그러한 결과를 최근 미국의 버클리 신학대학원생들에게 강의하며(1989) 또다시 수정 보완하여 이런 모습의 책이 되었다.

　이 책을 내기로 하면서도 학문적 인정을 받기 위한 뒷받침에는 등한했다. 그러므로 나는 처음부터 주를 다는 일은 최소화 했다. 그런데 한국신학연구소의 강원돈 목사 수고로 주가 확대되었다. 그것이 독자에게 도움이 된다면 다행이겠다. 그리고 이 책을 탈고하기까지 정서해 준 제자 박희진의 수고를 기억한다.

1990년 5월

안병무

첫째 마당

첫째마당
예수의 수수께끼

예수를 향한 추구

　우리는 예수에 대해서 무엇을 얼마나 알고 있는가? 공관복음서와 요한복음서는 예수의 삶을 전승한 기록이기는 하나 전승사적으로 볼 때 변질된 과정을 거듭했기 때문에 복음서가 서술하고 있는 그대로를 예수의 삶에 적용할 수는 없다. 서구에서 자유주의가 만발할 때 교회가 강요한 교리와 인간으로서의 예수를 분리시킴으로 마침내 '예수전'을 다룬 문학작품이 홍수같이 쏟아졌다. 그 흐름의 중추는 윤리적 인간 예수에 대한 관심이었다. 이 '예수전' 운동의 문헌들을 추적한 슈바이처(A. Schweitzer)는 복음서의 결정적 바탕은 종말론임을 확실히 하여 윤리적 차원에서의 예수에 대한 관심에 찬물을 끼얹었다.[1]

　그 후 켈러(M. Kähler)는 『이른바 역사적인 예수』라는 책에서 독일어 히스토리(Historie)라는 말과 게쉬히테(Geschichte)라는 말을 구별하여, 히스토리로서의 역사 그 자체는 의미가 없으며, 그 자체의 재현

---

1) A. Schweitzer, *Geschichte der Leben-Jesu-Forschung*, Tübingen 1951[16].

은 불가능하다고 보았다. 나아가 게쉬히테를 '해석된 역사'라고 풀이함으로써 실증적 역사주의를 거부하고, 복음서는 해석된 예수와 역사라고 규정했다.[2] 이런 주장을 전후하여 이른바 역사비판학이 활발히 전개됐는데 그 열매로 양식비평방법이 복음서 분석에 적용되었다. 이 연구 방법의 총 결산이 불트만의 『공관복음서 전승사』이다.[3] 그런데 역사의 예수를 밝히려고 출발한 이 연구는 역사적 예수에 대한 회의론에 빠졌다. 마침내 불트만은, 복음서는 예수가 그리스도라는 케리그마의 집산이고, 그 안에 있는 예수에 관한 이야기는 이 케리그마의 확대에 불과하다는 결론을 내렸다.[4] 그의 주장이 이론적으로 너무도 정연하므로 그 이후 학문적인 차원에서 예수의 생애를 취급한 책은 적어도 30여 년 동안 한 권도 나오지 않았다. 그러던 중 1954년에 그의 제자 케제만(E. Käsemann)이 역사의 예수를 묻지 않으면 그리스도론은 영지주의자들의 가현설(Docetism)[5]에 빠지고 만다는 반론으로 케리그마의 배후를 물을 수 없다는 타부를 깨버렸다.[6] 그 후 다시 역사의 예수에 대한 물음이 활발하게 진행됐는데, 이에 대한 총괄적인 응답으로 불트만은 "초대교회의 그리스도 선포와 역사적 예수의 관계"라는 주제의 강연에서 역사의 예수에 관한 문제

---

2) M. Kähler, *Der sogenannte historische Jesus und der geschichtliche, biblische Christus*, 1956².
3) R. Bultmann, *Die Geschichte der synoptischen Tradition*, Göttingen 1957³.
4) R. Bultmann, Der Verhältnis der urchristlichen Christusbotschaft zum historischen Jesus, in:*EXEGETICA*, Tübingen 1967, 467f.("초대교회의 그리스도 선포와 역사적 예수의 관계", 허혁 역, 『학문과실존 I』, 성광문화사 1981, 350).
5) 예수는 육체를 가진 하느님의 아들이 아니며, 육체를 통한 나타남은 역사적 실체가 아니라는 영지주의적 주장.
6) E. Käsemann, Das Problem des historischen Jesus (*ZThK* 51,1954), in:*Exegetische Versuche und Besinnungen*, Göttingen 1965⁴, Bd. I, 187ff.

를 다음과 같이 요약한다:

> "조심스럽게 예수의 행태에 대해서 다음과 같이 말할 수 있을 것이다. 그에게 있어 특징적인 것은 귀신추방, 안식일 금기의 파괴, 정결법의 침범, 유다인의 율법성에 대한 논쟁, 세리나 창기들과 같은 소외된 사람들과의 연대, 아이들과 부인들에 대한 관심 등이다. 또한 예수는 세례자 요한처럼 한 고행주의자가 아니라 먹기를 탐하고 약간의 술도 마셨다는 것이 인정된다. 이에 더해서 그는 후속자(Nachfolge)를 불러 한 작은 추종자들의 무리―남자들과 여자들―를 모았다는 사실을 첨가할 수 있을 것이다."[7]

불트만은 이와 더불어 예수가 선포한 내용 일부를 첨가하고 있다. 정말 이른바 학자의 분석 결과로 이 정도밖에 알 수 없다는 것인가? 그렇다면 예수사건과 그 운동의 전개를 어떻게 설명할 수 있을까? 이런 정도의 내용 파악으로는 도저히 예수사건이 설명되지 않는다. 그럼에도 불구하고 케리그마는 역사적 예수와의 만남에서 이루어진 것이다. 그러기에 그 안에 역사적 핵심이 있다. 그것은 예수와 그의 추종자 중 어느 한편에 의해서만 형성된 산물이 아니라 더불어 이루어진 것이다. 이루어진 것은 '사건'이다.[8] 그러므로 우리는 이 사건분석에서 역사적 현실을 보다 더 많이 그리고 깊게 추구해 낼 수 있다. 따라서 우리는 복음서 안에서 허락되는 범위에서, 우리의 상상력을 동원하여, 그가 어떻게 살았는지를 물어보아야 한다.

---

[7] R. Bultmann, Das Verhältnis der urchristhichen Christusbotschaft zum historischen Jesus in : *EXEGETICA*, 451f.

[8] "태초에 사건이 있고, 케리그마는 그 뒤를 따른다"―바로 이것이 필자의 기본입장이다. 이에 대해서는 안병무, "예수사건의 전승모체", 『신학사상』(1984년 가을), 748-751을 보라.

너무도 평범한 사람

우선 예수의 사회적 신분에 대해서 물어 보기로 하자.

첫째 그는 갈릴래아 사람이다. 마태오와 루가에는 예수의 공생애 이전의 이른바 전역사가 각기 다르게 수록되어 있다. 탄생설화가 그것이다. 마태오에는 예수가 유대 땅 베들레헴에서 탄생했는데[9] 헤로데의 박해를 받아 에집트로 피난했다가 헤로데가 죽은 다음 갈릴래아 지방 나자렛으로 와서 아주 정착한 것으로 되어 있다(마태 2, 1 이하). 이에 반해 루가는 그의 부모가 본래 갈릴래아 지방 나자렛에 살았는데, 로마총독의 인구조사령에 따라 호적에 등록하기 위해 유대 땅 베들레헴에 갔다가 거기서 예수를 낳은 후 다시 갈릴래아로 돌아온 것으로 되어 있다(루가 2, 4 이하). 이 두 전승의 내용은 전혀 다르나 공통점이 있다. 그것은 예수의 고향을 유대 땅 베들레헴과 결부시키려는 점이다. 물론 그 의도는 분명하다. 예수가 다윗의 후예라는 점을 강조하기 위해서이다. 베들레헴은 바로 다윗 왕의 고향이기 때문이다.

그런데 마르코복음서에는 요한복음서와 더불어 이러한 전역사가 없다. 따라서 베들레헴을 언급하는 일이 없으며,[10] 이와 더불어 예수 자신은 물론 그의 제자들도 예수가 다윗의 후예라고 말하는 일이 없다.[11] 마르코는 예수가 다윗의 후예라는 주장에 대한 반론을 알고 있

---

[9] 마태오복음에는 마리아 부부가 호적등록을 하기 위해 베들레헴에 갔다는 이야기가 없다(참조. 루가 2,4).
[10] 마르코복음에는 "다윗의 자손"이라는 칭호가 두 번 나오는데(10, 47;12, 35), 이것은 모두 제삼자가 한 것이다.
[11] 바울로는 예수를 "다윗의 후손"이라고 하는데(로마 1, 3), 그것은 바울로의 신념이 아니라 예루살렘 주변에서 형성된 전승을 반복한 것이다. E.

었다. 율법학자들이 그리스도는 다윗의 후예여야만 한다고 주장하는 데 대해서 "다윗 자신이 메시아를 주님이라고 불렀는데 어떻게 그가 다윗의 자손이 되겠느냐"는 예수의 반문을 싣고 있는데(마르 12,37),[12] 이것은 분명히 예수가 다윗의 후예라는 주장을 거부한 중요한 자료다.[13] 예루살렘 입성시 마르코에는 민중들이 호산나를 부르며 예수를 환영하는 장면에서 "우리의 조상 다윗의 나라여, 복이 있으라"고 되어 있는데, 마태오에는 "호산나, 다윗의 자손이여"(21, 9)로 바꿔 놓고 있다. 그러나 마르코는 예수가 갈릴래아 사람이라는 것을 자명한 것으로 전제하고 있다(1, 9).[14]

예수시대에 '갈릴래아 사람'이라는 것은 결코 명예로운 일이 못 된다. 그것은 유대지방 특히 예루살렘 중심적 시각에 의한 것이다. 예루살렘의 시각에서 갈릴래아는 '이방인의 땅' 즉 오랑캐들이 사는 땅으로 비하되었다.[15] 그러므로 예수가 갈릴래아 사람이라는 주장은 결코 그리스도론적 발전과정에서 창안해 낸 사실이라고 볼 수 없다. 갈릴래아인이라는 말의 사회사적 의미는 다음에 재론될 것이지만 우선 여기서 분명히 해 둘 것은, 그가 예루살렘과 대조되는 비천한

Käsemann, *An die Römer*, Tübingen 1980⁴, 8 (한국신학연구소 번역실 역, 『로마서』[국제성서주석 34], 한국신학연구소 1982, 28).

12) 이런 전제에서 많은 학자들은 예수가 다윗의 자손임을 부정한다. E. Haenchen. *Der Weg Jesu*, Berlin 1968, 416; C. Burger, *Jesus als Davidssohn*. Göttingen 1970. 57; G. Schneider, Die Davidssohnfrage(Mk 12,35.57), *Bib* 53(19,72), 65-90; E.Hirch *Frühgeschichte des Evangeliums I: Das Werden des Markusevangelium*, Tübingen 1941. 138. 이와 상관없이 행엘도 같은 견해를 취한다(M. Hengel. *Die Zeloten*, Leiden / Köln 1976², 305).

13) 그러나 이것은 예수가 다윗의 후손이라는 주장이 이미 있었음을 시사한다. W. Schmithals, *Das Evangelium nach Markus II*, 547.

14) 요한1, 46을 참조하라.

15) 넷째 마당 "갈릴래아로"를 참조하라.

지역에서 태어났다는 사실이다.

둘째, 예수의 직업은 목수였다. 이 사실은 마르코복음 6장 3절에 명기되어 있다.[16] 사람들 중에는 그 당시 목수는 수공업자로 오늘날의 중산층과 같은 계층이라고 단정하면서 예수는 그렇게 가난한 집의 출생은 아니라고 하는 이들이 있다.[17] 그러나 그 직업 자체는 결코 명예스러운 것이 아니었다. 그러므로 마태오는 예수가 목수였다고 하지 않고 그의 아버지가 목수였다고 함으로 그 직업의 불명예성을 노출하고 있으며, 마침내 루가에서는 예수의 직업을 불문에 부치고 있다. 또 수공업자인 목수라면 으레 당시나 오늘날이나 중산층과 유사하다는 판단도 가당치 않다.[18] 그러므로 예수가 목수였다는 언급은

---

16) 그닐카에 따르면, 마르 6,3a에서 "목수"라는 낱말 앞에 정관사가 붙은 것으로 보아 예수가 나자렛에서 목수라는 칭호로 알려져 있었음이 분명하다고 한다. J. Gnilka, *Das Evangelium nach Markus*(EKK II/l), Benzinger/Neukirchner Verlag 1978, 231(한국신학연구소 번역실역, 『마르코복음I』 [국제성서주석 30.1], 한국신학연구소 1985, 295).
17) 헹엘은 예수가 날품팔이 노동자나 토지 없는 농부 같은 프롤레타리아트가 아니라 중산층이라고 한다(M. Hengel, *Eigentum und Reichtum in der frühen Kirche*, 1973, 34). 그랜드는 예수를 가난한 집 출신으로 볼 이유가 없다는 증거로 "목수"라는 말로 번역되는 τέκτων이 그 당시 건축가, 돌로 집 짓는 사람, 나무나 철을 가지고 일하는 사람 등의 넓은 의미로 쓰였다고 한다(M. Grand, *Jesus. An Historian's Review of the Gospel*, 1977, 69). 헤로데 왕가는 대규모의 건축사업을 벌였기 때문에 건축수공업자들의 일거리가 많았을 것이다. 그러나 이 때문에 이들이 높은 수익을 보장받았다고 볼 수는 없다. 성전건축의 경우, '사람들은 짧은 모세 엘레에 따라 수공업자들과 계산을 하였고, 수공업자들은 긴 모세 엘 레에 따라 상품을 공급해야 했다"(J. Jeremias, *Jerusalem zur Zeit Jesu*, Göttingen 1962, 10f./한국신학연구소 번역실 역, 『예수 시대의 예루살렘』, 한국신학연구소 1987, 26). 이것은 건축현장에서의 노동착취가 공공연했음을 뜻한다. 또한 건축사업이 중단되면 일거에 많은 실업자들이 양산되었다.
18) 수공업자들 가운데 작업장을 소유하고 있거나 임금에 의존할 필요가 없는

예수를 높이기 위해서거나 어떤 그리스도론적 동기에 의한 창안이라고 생각할 수 없기 때문에 사실에 근거한 것으로 볼 수 있다. 한마디로 그는 하찮은 집안에 하찮은 직업[19]을 가졌던 사람이다. "이 사람은 목수로 마리아의 아들이 아니며, 야고보와 요셉과 유다와 시몬의 형이 아닌가? 또 그의 누이들은 다 우리와 같이 여기에 살고 있지 않은가?"(마르 6, 3) 이것은 그의 집안이 대수롭지 않다는 구체적인 표현이다.[20]

셋째, 예수는 정규적인 교육을 받지 않았다. 그를 라삐라고 부른 기록이 있으나(마르 9, 5;11, 21;14, 45; 마태 26, 25.49; 요한 1, 38), 정규적인 교육을 받아 공인된 라비가 아니라 우리 말로 높임말인 '선생님'하는 정도 이상의 의미는 없다.[21] 그의 생활태도나 가르치는 방

사람들은 예외 없이 중간계층에 속했지만(J. Jeremias, a.a.Q, 115 / 한역본 140) 고용된 수공업자들은 그렇지 못했을 것이다.
19) 사람들은 "목수"(τέκτων)에게서 지혜(σοφια)를 구하지 않았다. 집회서 38, 24-39, 11에서 τέκτων은 지혜의 이상을 가르치는 학자들(γραμματεύς)과 엄격히 구별된다. Dieter Lührmann, *Das Markus-evangelium*(HNT 3), Tübingen 1987, 107.
20) 마르 6, 3a의 본문전승은 불확실한데, 그닐카는 이 가운데 세 가지 변형구를 고려한다. "건축직공 마리아의 아들"(모든 대문자 사본과 많은 소문자 사본), "건축직공의 아들"(P[45] 13, 124), "건축직공과 마리아의 아들"(it, arm, Org.33, 69). 이 가운데 그닐카는 첫번째 변형구가 본래적인 것이라고 한다. 왜냐하면 그 변형구가 "가장 큰 거침돌을 안고 있기" 때문이다. 어떤 사람을 지칭하면서 어머니의 이름을 거론하는 것은 그 당시 극히 이례적인 일이었다. 유다교 문헌들에 따르면, 이것은 그 사람이 사생아임을 암시한다고 한다(J. Gnilka, *Mk I*, 231 / 한역본 295). 이렇게 보면 예수가 하찮은 집안 출신이라는 것이 더 분명해진다. 이 구절을 동정녀 탄생과 연결시키는 것에는 동의할 수 없다.
21) R. Bultmann, *Das Evangelium des Johannes*, (허혁 역, 『요한복음서 연구 I』, 성광문화사 1979, 103 ; Bo Reicke, *Neutestamentliche Zeitgeschichte*, Berlin 1968[2], 112f. (한국신학연구소 번역실 역, 『신약성서시대사』, 한국신학연구소 1986, 165).

법 그리고 내용은 전혀 라삐적이 아니다.[22] 그의 언어는 교조적인 것이 아니라 민중의 언어인 민담적인 것이었다. 그 당시 라삐들은 고고하여 여인이나 아이들은 가르침의 대상으로 하지 않으며,[23] 이른바 죄인들과 단절된 생활을 자랑으로 삼은 데 비해 오히려 예수는 남녀를 구별하지 않고 가르침의 대상으로 삼고 있으며, 율법주의적 근거에 의해서 어린이를 격려하려는 제자들을 나무라면서까지[24] 그들을 환영했을 뿐 아니라 그들을 어른들이 돌이켜야 할 표본으로 내세우고 있다(마르 10, 13-16). 마르코는 예수가 그의 고향에서 배척을 받은 사실을 보도하면서 "이 사람이 어디서 이 모든 것을 얻었을까? 이런 지혜가 대체 어디서 났을까?"라는 고향사람들의 반응을 전하고 있다. 이것은 그가 정규적인 교육을 받지 않았다는 사실을 입증한다. 요한복음은 구체적으로 "이 사람은 배우지도 않았는데 어떻게 그런 학식이 있을까?"(7, 15)라고 전한다. 우리는 그 나름대로의 가르침에서 그가 구약에 대한 깊은 통찰과 자신의 독특한 해석의 입장이 있는 것을 볼 수가 있다. 그러나 그 당시 종교 귀족들의 언어인 히브리어를 알았는지는 의심스럽다.[25] 그가 평소에 사용한 언어는 아람어였

---

22) 그의 설법 자체가 라삐적이지 않다.
23) 유다교에서 6세 이전의 어린이는 여인과 더불어 토라를 가르칠 수 없으며 토라를 모르는 한 소외되지 않을 수 없었다. Reiner Riesner, *Jesus als Lehrer*, WUNT 2 Reihe 7, Tübingen 1988³, 186; J. Jeremias, *Jerusalem*., 409f.(한역본 466): "딸에게 토라를 가르치는 사람은 딸에게 방종을 가르치는 것이다" (Sota III, 4).
24) 그닐카는 제자들이 화낸 이유를 알 수 없다고 한다. 이것은 교육의 사회사적 배경을 고려하지 않은 소치이다.
25) 루가 4, 16에 따르면, 예수는 안식일에 유다인 회당에 들어가 예언서 두루마리를 읽은 것으로 되어 있다. 보 라이케에 따르면, 유다인 회당 예배에서는 히브리어 텍스트가 낭독되고 능숙한 통역자가 이를 아람어로 의해(意解)했다고 한다(Bo Reicke, *a.a.O.*, 90/한역본 135). 이렇게 보면, 예수가 히브리어를 읽은 것처럼 생각해 볼 수도 있을 것이다. 그러나 마살에 따르면,

다.[26] 갈릴래아 지방에는 헬레니즘 문화가 상당히 침투되어 있었기에 헬라어가 지식층의 언어로 통용되고 있었다. 그러나 예수가 헬라어를 알았다는 흔적은 없다.[27] 당시 헬레니즘의 본산이 도시인데[28] 그

유다인 회당에서는 성서를 아람어로 돌아가면서 읽기도 했다고 한다(I.H. Marshall, *The Gospel of Luke*, Exeter 1978/강요섭 역, 『루가복음-I』[국제성서주석31.1], 한국신학연구소 1983, 232). 예배가 시작되기 전에 비공식적으로 성서를 읽도록 요청할 수도 있었고(마살, *a.a.O.*, 223), 설교자가 자기가 좋아하는 성구를 낭송구절로 선택할 수도 있었다고 한다(Bo Reicke, *a.a.O.*, 91/한역은 136). 예수는 이사야의 뒷부분 본문(61, 1-2; 58, 6)을 선택하여 읽은 것으로 되어 있는데, 이러한 일은 유다인 회당예배에서는 금지되어 있었다(BoReicke, *Loe, cit*). 따라서 루가 4,4, 16에 근거해 예수의 히브리어 사용에 대해 판단하기는 어렵다.

26) 예수의 말씀전승(Q)이 종교적 언어인 히브리어로 되어 있었는가, 민중언어인 아람어로 되어 있었는가를 놓고 논란이 있기는 하지만 무엇보다 중요한 것은 예수가 민중을 상대로 선포했다는 것이다. 예레미야스는 예수의 모국어가 아람어였다고 단정한다(J. Jeremias, 『예수의 비유』, 허혁 역, 분도출판사 1974, 9). 예수가 직접 한 말인 "달리다 굼", "에바다", "엘로이 엘로이 라마 사박다니" 등은 모두 아람어이다(마르 5, 41;7, 34;15, 34). 마태오는 "엘로이"를 히브리어 "엘리"로 바꾸었다(마태 27, 46.).

27) 마르 7, 24이하에 보도된 시로페니키아 여인과 예수의 만남에 관련해서, 예수의 헬라어 사용여부를 판단할 필요가 있다. 마르 7, 26에 따르면 그 여인은 "헬라 사람"으로서 "시로페니키아 출생"이라고 한다. 이것은 이 여인이 헬라어를 사용했을 가능성을 암시한다. 그러나 이 여인과 대화를 나누었다고 해서 예수가 헬라어를 사용했다고 단정할 수 없다. 그 여인은 "시로페니키아 출생"으로 지칭되는데, 페니키아 사람들은 헬라어와 페니키아어를 동시에 사용하는 이중언어습득자였다. 그리고 페니키아어와 아람어는 거의 구별되지 않는 같은 뿌리의 언어였다. 따라서 예수와 시로페니키아 출생의 이 헬라 여인 사이의 의사소통은 거의 문제가 없었을 것이다. 게르트 타이쎈, "시로페니키아 여인 이야기에 나타난 지역적 사회적 특성", 『신학사상』 제51집 (1985년 겨울), 827.

28) 젤롯당 운동 이래 농촌과 도시의 반목과 대립은 대단했다. 소유의 격차도 그 원인이었으나, 외래문화의 영향에서 비롯된 차이도 무시할 수 없다. G. Theißen, *Studien zur Soziologie des Urchristentums*, Tübingen 1979, 147 ; M. Hengel, *Die Zeloten*, 147.

가 도시로 간 기록이 없는 것은[29] 이 사실과 관련이 있을 수도 있다. 결론적으로 그는 이른바 '지식층'은 아니었다.

넷째, 예수가 가정을 이루었다는 흔적을 찾아볼 수가 없다. 예수의 고향 사람들이 예수를 평가하기 위해서 그의 가족의 상황과 이름마저도 낱낱이 들고 있는데, 그의 형제들은 물론 심지어 누이들까지도 언급한다. 그러나 그의 아내에 대해서는 아무런 언급이 없다. 그러나 이것만으로는 예수가 독신이었다는 증거는 못 된다. 까닭은 가부장제 사회에서는 가부장의 이름만 내세우고 그에 딸린 가족에 대해서는 무시, 함구하는 일이 얼마든지 있었기 때문이다. 복음서에는 많은 인물들이 등장하는데 그들의 아내에 대해서는 거의 언급이 없다. 열두 사도들이 독신이었는지, 가정을 가졌는지도 전혀 알 길이 없다. 단지 베드로만이 가정을 가졌다는 증거가 있는데, 그것은 그의 장모가 등장함으로써 간접적으로 알려졌을 뿐이다(마르 1, 30-31).[30] 그런데 예수가 결혼하지 않았으리라는 것을 뒷받침해 주는 몇 가지 점들

---

29) 마르 7, 24에 따르면, 예수가 "띠로지방"으로 여행하였다고 하는데, 이 경우에도 '띠로 지방'은 띠로시 자체를 말하는 것이 아니라 띠로를 둘러싸고 있는 시골풍의 도시근교지역을 말한다. 이것은 3, 8의 "띠로와 시돈 근처"라는 말에도 그대로 적용된다. 마르 5, 1에는 예수가 가에사리아 지방에 간 것으로 되어 있다. 가에사리아는 데카폴리스의 가장 대표적인 도시였다. 그닐카는 마태 8, 28을 원용하여 이 민담과 원래 연결되어 있었던 지명은 게르게사이지 가에사리아가 아니었다고 본다. 지명이 바뀐 것은 마르코의 편집적 관심사 때문이었다는 것이다 (J. Gnilka, *MK I*, 201/한역본 257f). 타이쎈은 마르코복음에 나타난 이방지역에 대한 언급은 마르코 자신의 이방선교에 대한 관심이 반영된 것으로 본다(Lokalkoloritsforschung in den Evangelien, *Evth 45* Jrg. 1984/6, 495/"복음서에 나타난 지방색 연구"『신학사상』66집, 1989 가을, 582-608).

30) 바울로서신에서도 베드로가 그의 아내를 동반했다는 기록이 있다(참조. 고전 9, 5).

먼저, 예수의 결혼관을 통해 상상해 볼 수 있는 근거가 있다. 바리사이파 사람들이 남편이 아내를 버려도 좋으냐는 질문에 "하느님이 짝지어 주신 것을 사람이 나누어서는 안된다" (마르 10, 2-12)고 함으로써 이혼을 거부한다. 그는 창세기 1장 즉 사제자료에 거점을 두고 있다.[31] 이 말에 의거하면 예수는 결혼을 소중히 여긴 것 같다. 그러나 문맥으로 보면 이 대답의 초점은 다른 데 있다. 예수는 바리사이인들의 질문에 대해 모세의 계명에는 무엇이라고 되어 있느냐고 되묻는다. 모세의 법은 남자가 여자와 이혼하는 경우에 이혼증서를 써 주는 것을 자명한 전제로 하고 있다(신명 24, 1). 그런데 당시 유다 사회에서는 일부다처제가 정당화되었다.[32] 가부장제도에서 일부다처제는 노동력과 깊은 관계가 있다. 아내는 애정의 대상이기 전에 노동력으로 간주되는 것이다. 그러므로 아내는 동시에 사람이기 전에 재산이다. 남자는 여러 여자를 거느리면서도 여자의 이혼권을 허락하지 않았다.[33] 그러므로 아내와 인간관계가 전혀 없어도 그 아내가 다른 사람과 성관계를 갖는 것을 처벌할 권리를 갖고 있었다. 그래서 이혼증서를 써 주라는 모세의 법이 있다는 것이 예수의 해석이다(마르 10, 5).

이런 상황에서 예수가 이혼을 단호히 반대한 것은 결혼 자체의 의

---

31) 여덟째 마당 "예수와 여인"을 참조하라.
32) J. Jeremias, *Jerusalem*., 406(한역본 462).
33) 예레미야스에 따르면, 이혼할 권리는 오직 남편에게만 있었다고 한다(J. Jeremias, *Jerusalem*., 406f./한역본 463). 극히 예외적으로 부인에게 이혼청구권이 부여된 몇 가지 경우가 있었는데, 개똥수거자, 구리대장장이, 무두장이 등 더러운 직업에 종사하는 남편들의 부인은 이혼을 요구하고, 결혼증서에 보증된 돈을 되돌려 받을 수 있었다고 한다(J. Jeremias, *a.a.0.*, 한역본 388f).

미를 강조해서라기보다 여인들의 인간으로서의 권익을 남성들의 횡포로부터 지켜 주려는 데 목적이 있다. "너희의 마음이 완악하기 때문"이라는 말에서 '너희'는 바로 남성을 가리킨다. 이같은 예수의 말씀에 대한 제자들의 반응은 그 당시 남성들의 태도를 대변자처럼 잘 반영하고 있다. "아내에 대한 남자의 경우가 그렇다면 차라리 결혼하지 않는 것이 좋겠습니다"(마태 19, 10). 이것은 일부다처제의 금지와 이혼반대에 대한 반응인데, 그럴 바에는 차라리 독신을 선택하는 것이 좋겠다는 말이다. 이에 대한 예수의 말씀은 중요하다. 그것은 아무나 할 수 있는 일이 아니며, 하느님의 나라를 위해 자진해서 독신으로 사는 사람이 있다고 한다(마태 19, 10-12). 이 예수의 대답은 결혼 자체를 반대하는 것은 아니나 결혼이 필수적인 것은 아니라는 말이다. 나아가 예수의 운동이 하느님 나라 운동이라면 그가 독신이었으리라는 판단이 옳을 것이다.

이와 관련된 또 다른 대화가 있다. 어떤 사람이 예수에게 한 여인을 일곱 형제가 연속적으로 아내로 삼았었는데 저들이 부활하면 그 여인은 누구의 아내가 될 것이냐는 질문을 했다. 이에 대해 예수는 중요한 사실을 공포한다: "사람이 죽은 자들 가운데서 살아날 때에는 장가도 시집도 가지 않고[34] 하늘에 있는 천사들과 같이 되는 것이다"(마르 12, 25).[35] 이 말에 대한 설명으로 "하느님은 죽은 자의 하느님이 아니라 산 자의 하느님이시다"(27절)고 하는데, 이것을 위의 선언과 연결시켜 보면 결혼은 죽은 자들이나 하는 것이고 산 자들이 할 수 있는 것이 못 된다는 뜻이 된다.[36] 산 자란 바로 부활한 삶을

---

34) 유다교 묵시문학에서도 여인은 죽었다가 부활해도 첫 남자에게 속한다고 되어 있다(Jos. Ant. 17, 339ff.; *Bill. I,* 887ff.).
35) 천사는 결혼하지 않는다는 것이 유다인의 상식이었다(*Egyp Hen* 15, 3ff.;*Bill I,* 891).
36) J. Gnilka, *Mk II,* 16If.(한역본 216f.); Theophylakt, Enarratio in evangelium

말한다. 루가는 그것을 이 세상과 저 세상이라고 바꿔 표현하고 있다(루가 20, 34-35). 이것은 새 세계에서의 삶에는 부부제도 따위는 있을 수 없다는 선언이다. 그렇다면 하느님의 나라를 현재로서 산 예수가 결혼했으리라는 것은 상상하기 어렵다.

다섯째, 예수는 아무런 소유도 없는 무명의 떠돌이 설교자였다. 사람들 중에는 마르코복음 2장 1절의 "예수께서 집에 계시다는 말이 퍼지자"라는 표현에서 예수에게 집이 있었다고 해석하는 이도 있으나,[37] 이 구절은 단순히 집에 있었다는 것이지 그의 집이라는 것은 아니다. 그가 가파르나움에 들어갔다는 언급이 마르코복음 1장 21절에도 있는데 그것은 2장 1절과 더불어 문단 사이를 잇는 편집구에 불과하다.[38] 그의 가족은 나자렛에 있었다는 기록이 여러 차례 나온다(마태 2, 23; 루가 4, 16). 그러나 그는 단 한 번 나자렛에 갔었다는 기록이 있을 뿐이다. 그렇게 보면 그는 출가(出家)한 사람이다. 가파르나움에 있는 집은 베드로의 집으로 그것이 후에 교회가 되었으리라는 주장이 오히려 타당성을 갖는다.[39] 예수는 제자들에게 "나와 내 복음을 위하여 집이나 형제나 자매나 어머니나 아버지나 자녀나 토지"를 버릴 것(마르 10, 29)을 종용하고 있으며, 제자들을 파견할 때 아무 것도 소유하지 말 것을 언명하고 있다(마르 6, 8-9). 이러한 그가 자기의 집을 가졌으리라고 상상할 수는 없다. 어떤 사람이 예수를

    Marci, *PG* 625. 628.
37) 가파르나움에 있었다는 것인데, "다시", "집에" 등의 말이 자주 언급되는 것이 그 증거라고 한다. 그러나 그 집은 시몬 베드로의 집이라는 것이 정론이다(E. Haenchen, *Der Weg Jesu*, 99; M. Hengel, *Eigentum*…, 35).
38) 그닐카도 같은 견해이다(J. Gnilka, *Mk I*, 98 / 한역본 123). 그는 이 집을 1장 29절 의 집과 연결시킨다.
39) J. Gnilka, *Mk I*, 98(한역본 123).

따르겠다고 할 때 "여우도 굴이 있고 새도 보금자리가 있으나 인자는 머리 둘 곳도 없다"(루가 9, 58a)고 응대했는데, 이것은 그의 무소유의 삶을 그대로 반영한 것이라고 볼 수밖에 없다.[40]

여섯째, 예수의 인간관계는 극히 저급한 계층에 한정된다. 그가 상대한 이들, 그리고 그를 따르는 이들은 중간을 훨씬 밑도는 민중들이었다. 마르코복음서에 따르면, 민중 이외에 예수와 접촉한 계층으로는 회당장(5, 22), 부자청년(10, 17 이하)정도일 뿐이다. 단 하나 특이한 예로 예수가 죽은 후에 산헤드린 의원인 아리마태아 요셉이라는 사람이 빌라도에게 가서 예수의 시체를 달라고 요청했다(15, 43)는 기록이 있는데, 그는 예수의 생애 중에는 등장한 일이 없다. 이것은 요한복음에 등장하는 역시 산헤드린 의원인 니고데모 등과 같이 유다교에도 예수를 이해한 사람들이 있었다는 것을 알리는 상징적인 서술이라고 밖에 볼 수 없다.[41] 루가에는 예수를 따르던 여인 중에 헤로데의 시종 쿠사의 아내 요안나를 다른 여인들과 함께 예수의 삶을 뒷받침한 사람으로 서술하고 있지만(루가 8, 3), 그를 귀신들렸던 여인 즉 정신병자들과 함께 나열한 것은 역사적인 것으로 신뢰하기 어렵다.[42]

예수는 어부들 그리고 젤롯당에 속했던 사람들을 제자로 불렀는

---

40) 타이쎈은 예수와 그의 말을 전승한 사람들이 독신, 떠돌이, 무소유자의 특징을 보여줌을 사회학적으로 해명하면서 그것이 "편력의 라디칼리즘", (Wanderradikalismus)의 근거였음을 명확한 논리로 입증한다. G. Theißen, *Studien zur Soziologie des Urchristentums*, 92 ff.
41) 마르코는 그가 "명망있는 의회 의원이며 하느님 나라를 열심히 기다리는 자"였다고 할 뿐(마르 15, 43) 예수와의 관계를 직접 언급하지 않는 데 반해, 마태오는 그가 부자요 예수의 제자라고 한다(마태 27, 57).
42) 여덟째 마당 "예수와 여인"을 참조하라.

가 하면 젤롯당이 가장 대표적인 원수로 간주한 세리까지 제자로 삼았으며, 그가 관심하는 대상들은 거의 예외 없이 가난한 자, 억눌린 자, 소외된 자, 병자 등 이른바 죄인들이다. 이 중에 창녀도 포함되었다는 암시도 있다(마태 21, 31). 예수를 가리켜 죄인과 세리의 친구(마르 2, 15)라고 한 당시의 세평은 예수의 인간관계를 단적으로 나타내 준다.

그는 이른바 고위층과는 아무런 접촉이 없었고, 다만 예루살렘의 세력을 대표하는 바리사이파 사람들에게 끊임없이 감시를 받았으며 저들과 충돌했을 뿐이다.

일곱째, 예수가 병을 고쳤다는 사실은 그의 생애에서 중요한 위치를 차지한다. 그 내용이나 의미에 관해서는 별도로 다른 마당(일곱째 마당 "사탄과의 투쟁")에서 설명하게 될 것이다. 특히 그가 귀신을 쫓았다는 이야기가 거듭 언급되고 있다. 그러나 이와 같은 행위는 그가 특별한 존재라는 것을 증명하는 것이 아니다. 그 시대에는 어떤 신적인 존재나 특수한 사람만이 치유할 수 있다고 생각하지 않았다.[43] 성서에는 다른 사람들(마르 9, 38)과 예수의 제자들 그리고 바울로도 이같은 기적을 행하였다는 사실을 전하고 있다.[44] 시몬이라는 사람이 마술사로서 그런 일을 할 수 있었다는 사실을 성서 기자는 조금도

---

43) 복음서의 보도들과 헬라어 마술 파피루스에는 많은 병행기사들이 있다. 스미스는 예수의 기적과 이교도 마술사인 티아나의 아폴로니우스의 기적 사이의 병행기사들을 목록화하였는데(M. Smith, *Jesus the Magician*, New York/London 1978, 84-93), 이것도 필자의 견해를 뒷받침한다.
44) 베드로는 성전 문 앞의 앉은뱅이(사도 3, 1ff)와 애니아의 중풍병(사도 9, 32-34)을 고쳤고 도르가를 소생시켰다(사도 9, 36ff.). 바울로는 유티게를 소생시켰고(사도 20, 7ff.), 리스트라에서 앉은뱅이를 치료하고(사도 14, 8ff.), 보불리오 아버지의 이질을 치료했다(사도 28, 8)

이상히 여기지 않고 보도한다(사도 8, 10). 그는 이른바 치병의 카리스마를 가진 이라고 보면 된다.

여덟째, 예수의 공생애 기간은 아주 짧았다. 사람들은 흔히 예수가 3년 동안 활동했다는 정설에 따른다. 그런데 그것은 예수의 공생애 중 유월절이 두 번 지나갔다는 요한복음서의 기록에 기인한다.[45] 그러나 맨처음 씌어진 마태오나 루가복음서에 의하면 유월절은 바로 그의 생의 최후의 날로 단 한 번 있었을 뿐이다. 그렇다면 예수의 공생애는 1년도 채 못 되는 극히 짧은 기간이다. 예수의 전승자들은 도대체 예수의 생애에 대한 연대적 관심이 별로 없었다. 마르코복음에는 예수의 탄생시기에 대한 기록이 전혀 없으며, 그의 연령에 대한 언급도 전혀 없다. 마태오와 루가복음에 각각 태어난 해를 암시하는 것이 있는데, 그 차이는 무려 10년이나 된다. 마태오에는 헤로데가 죽은 해에 예수가 태어난 것으로 되어 있고(3, 19), 루가에는 로마제국이 유다의 인구조사를 실시할 때를 그가 태어난 해로 보는데(2, 1-3), 그것은 주후 6년에 실시된 것이다. 그의 나이에 대해서도 확실한 언급이 없다. 우리가 그의 공생애 시작을 30세로 잡는 것은 루가복음의 "약 서른 살쯤"(3, 23)이라는 말에 근거한 것이다.

만일 우리가 마태오나 루가의 탄생설화를 액면대로 받아들인다면 예수의 생애는 주목의 초점이 되었을 것이다. 그러나 우리는 공생애 이전의 그의 생애에 대해 아는 바가 전혀 없다. 루가가 언급하는 어린 시절의 에피소드(루가 3, 41-52)는 역사적 사실로 받아들일 내용이 못 된다. 우리의 상상력을 동원한다면, 목수인 그의 아버지에 대해서 거의 언급이 없기에 일찍 타계한 것으로 볼 수 있고, 그런 상

---

45) 요한 2, 13;13, 1.

황에서 예수는 여러 동생들을 거느린 호주로서 한 집안을 짊어진 목수 즉 노동자로 살면서 구약성서를 열심히 읽었다는 사실, 나자렛이란 농촌에 살면서 농부들의 생활을 주의 깊게 살펴보았고 가난한 자의 삶의 조건들을 세밀하게 관찰했으며, 꽃 한 송이, 하늘을 나는 새 한 마리에도 무관심하지 않은 예민한 통찰력으로 분석하고 명상하는 삶을 살았다는 정도 이상으로 말할 것이 없다.

아홉째, 그러면 그가 그 짧은 기간에 비록 소수에게라도 절대적 영향을 끼쳤느냐 하면 그렇지도 않다. 그는 많은 민중 가운데 열두 제자를 뽑아 특수훈련을 한 것처럼 서술되어 있다. 열두 제자를 선택하여 저들을 무리들과 구별하고(마르 4, 36이하), 그들을 파견하여 회개운동을 전개하였으며(마르 6, 7 이하), 최후만찬을 함께 한 것도 열두 제자라는 것을 지적한다. 중요한 장면에서는 그 중에서도 세 제자만 입회시켰다. 예를 들어 죽은 사람을 살릴 때(마르 5, 40), 그의 중대한 결단의 장으로 보이는 변화산상으로 오를 때(마르 9, 2), 예루살렘 성전 붕괴를 예고할 때(마르 13, 3), 그리고 게쎄마니동산으로 오를 때 등이다. 그럼에도 불구하고 예수는 제자훈련에 성공하지 못했다. 그 중 한 사람은 예수를 팔고, 베드로는 예수를 모른다고 부정했으며(마르 14, 66 이하), 그가 체포될 때 제자들 모두가 도망쳤다(마르 14, 50). 그러므로 그의 십자가 처형 현장에 열두 제자는 결국 한 명도 있지 않았던 것으로 되어 있다. 그에 대한 대중의 지지는 젤롯당으로 간주되는 바르나바보다 못했다. 그러므로 대중은 예수보다 바르나바를 선택한 것이다(마르 15, 15). 끝까지 그의 죽음을 지켜 본 것은 오직 막달라 마리아를 위시한 여인들 뿐이었다(마르 15, 40).

열번째, 그는 예루살렘으로 진입하여 성전을 숙청한 후 예루살렘파와 로마의 야합에 의해 십자가에 처형되었다. 이러한 처형의 세력과 처형방식, 그리고 그의 죄명 '유다인의 왕'은 그가 정치범으로 처형되었음을 뜻한다. 그러나 우리는 그가 독립운동을 했다는 사실을 알지 못한다. 그러므로 그의 죄목과 그의 삶이 잘 접목되지 않는다. 그렇다고 그의 처형의 방식이 특별한가 하면 그렇지도 않다. 그를 전후해 여러 메시아운동이 일어났으며, 많은 독립투사들이 싸우다가 십자가에 처형되었다.

다음 마당 "예수의 시대상"에서 자세히 서술되겠지만 그러한 메시아운동의 상황을 간략히 일별해 보자. 안티파스가 그의 아들 중의 하나인 헤로데를 갈릴래아 지방의 군사령관으로 임명했을 때, 이에 저항하여 싸운 갈릴래아 민중들 가운데 최소한 이천 명이 십자가에 처형당했으며,[46] 그들의 지도자인 히스기야도 십자가에 처형되었다. 주후 6년 로마제국은 시리아 주둔 로마총독을 통해서 유다지방의 호구조사를 실시했는데, 그것은 세금을 거두기 위해서였다.[47] 이에 대해서 특히 갈릴래아 민중들이 궐기했는데[48] 가말라의 유다(일명 갈릴래아 사람/사도 5, 37 참조; 마태 26, 69)와 사독(Zadok)이라는 바리사이인이 그 선두에 나서 싸우다가 죽었다. 한편 유다의 두 아들 야곱과 시몬이 그에게서 지휘권을 물려받아 싸우다가 모두 처형되었으며,[49] 또 그의 아들 므나헴(Menahem)이 유다전쟁 발발시에 예루살렘까지 진격하여 장엄하게 전사했다.[50] 또 한편으로는 헤로데 사후에 일개 목자 출신인 아트롱게스(Athronges)가 유대지방에서 민

---

46) Bo Reicke, a.a.O., 124(한역본 126); W. R. Fanner, Judas Simon and Athronges, New Testament Vol. IV, 1958, 147-155.
47) Jos. Ant., XVII, 355.
48) Bo Reicke, 88(한역본 132).
49) Bo Reicke, 101f. (한역본 151).
50) Bo Reicke, 193(한역본 273).

중을 규합, 궐기했으며, 종 출신인 시몬은 헤로데에 대해 분노한 민중을 이끌고 무장봉기를 했다가 그들과 함께 처형되었다.[51] 이렇게 수천, 수만의 이름없는 민중들이 싸우다가 죽었으며, 메시아적 바람을 일으키면서 저들을 진두지휘하던 기라성같은 인물들이 예수의 처형을 전후해서 무수하게 나타났다. 저들은 모두 자신들이 처형당하는 사실에 합당한 투쟁을 했다. 그러나 예수에게는 그들과 같은 무장해방투쟁의 뚜렷한 흔적이 없다. 그런데 왜 예수운동만이 세계로 번져나갈 수 있었을까?

열 한번째, 그는 자신을 메시아라고 생각했는가? 그때 당시에 많은 메시아 운동이 일어났다.[52] 위에서 말한 사람들 외에도 튜다스, 요수아, 도시테우스 등 많은 사람들이 자신이 메시아임을 인식시키려고 했다. 그러나 예수는 그 자신을 메시아라고 내세운 일이 없다. 몇몇 학자들은 마르코복음 8장 26-27절 이하에서 예수가 제자들에게 "너희는 나를 누구라 하느냐?"라는 질문에 "당신은 그리스도이십니다"라고 대답한 베드로에 대하여 예수가 자신에 대해 아무에게도 말하지 말라고 했다는 30절의 기록을 예수가 자신이 메시아임을 고백한 것이라고 이해한다. 마태오는 확실히 그렇게 이해할 수 있는 근거를 주고 있다.[53] 그러나 같은 자료를 전승한 루가는 마르코복음서와 같은 시각을 갖고 있다. 예수는 그를 메시아라고 하는 베드로의 고백을 긍정도 부정도 하지 않았다. 그러나 다음에 이어지는 말들은 베드로가 표상하고 있는 메시아를 정면으로 거부하는 것이다. 베드로

---

51) BoReicke, 83(한역본 125).
52) 자세한 것은 넷째 마당 "갈릴래아로"를 보라.
53) 마태 16, 17에는 "시몬 바요나야, 너는 복이 있다. 네게 이것을 알게 한 이는 혈육이 아니라 하늘에 계신 내 아버지시다…"가 삽입되어 있다.

의 고백에 긍정도 부정도 하지 않은 예수는 뒤이어 그의 죽음과 부활을 말한다. 이것은 당시의 어떤 메시아 상에도 없는 내용이다.[54] 베드로가 제자들을 대표하여 예수에게 그런 일이 절대로 있어서는 안 된다고 맞선 것은 분명히 이 점을 나타낸다. 예수는 베드로나 그 제자들이 기대했던 그런 메시아는 아니다. 그러므로 30절에, 자기에 대한 비밀을 지켜달라는 당부는 그가 메시아라는 것을 비밀로 해 달라는 것이 아니라 그 다음의 내용, 즉 그가 죽임을 당했다가 사흘만에 다시 살아나리라는 사실을 지적한 것이라는 이해가 타당하다.[55]

또는 예수가 자신을 '인자'라고 한 것이 메시아를 뜻한다고 보는 사람들이 있다.[56] 복음서에는 인자에 대한 두 가지 사용법이 있다. 하나는 예수가 자신을 가리켜서 하는 칭호이고 또 하나는 장차 올 심

---

54) 전통적인 메시아 이해에 대해서는 본서 40면 이하를 참조하라.
55) R. Bultmann, *Die Geschichte der synoptischen Tradition*, 278(한역본 322).
56) "인자"가 메시아 칭호로 사용된 것은 예수에게서 비롯된 것이 아니다. 그것을 메시아 칭호로 사용한 것은 후대에 와서이다. 그러나 헬레니즘화된 유다인들이 그렇게 사용하기 시작했는지 아니면 초기 그리스도교 공동체들이 그렇게 사용하기 시작하였는지는 알 수 없다(H. Lietzmann, *Der Menschensohn. Ein Beitrag zur neutestamentlichen Theologie*, 1896). "인자"라는 말은 아람어 brns의 헬라어 역어에서 비롯되었다. 리츠만의 입장을 따르는 예레미아스는 "인자"와 관련된 가장 오래된 어록전승층을 분석하면서 첫째, "인자"라는 칭호가 나오지 않는 어록들이 일차적이며, 둘째 본래 칭호를 나타내는 데 사용되지 않았던 아람어 brns가 "인자"라는 칭호로 대치된 것은 "언어에 대한 오해"에서 비롯된 것이라고 말한다(J. Jeremias. Die alteste Schicht der Menschensohn-Logien, *ZNW* 58 (1957), 166ff.). 이러한 논의의 요점은 인자를 메시아 칭호로 보는 것은 예수와 아무 상관이 없다는 것이다. 그러나 필자는 "인자"를 "개인"을 나타내는 무성격한 불특정 표현으로 보는 리츠만 이래의 이해에 대해서는 동의하지 않는다. 필자는 "인자"를 집단 개념으로 본다. 이에 대해서는 안병무, "마가복음에서 본 역사의 주체", 『민중과 한국신학』, KNCC 신학위원회편, 한국신학연구소 1982, 178f. 각주 110을 참조하라.

판자로서의 인자가 그것이다. 후자는 다니엘서 7장 13-14절에 나오는 그 인자임에 틀림이 없다. 그러나 예수 자신에 대한 칭호로 사용되고 있는 인자는 결코 다니엘서의 그 인자가 아니고 에제키엘이 자신을 인자라고 했듯이(에제 2, 1) 단순히 인간이라는 뜻을 넘어서지 않는 겸손한 표현이다.[57] 만일 그것이 메시아의 칭호였다면 왜 제자들이 한번도 예수를 그렇게 부르지 않았을까? 문제가 되는 것은 오직 마르코복음 14장 61-62절의 내용이다. 재판석상에서 대제사장이 던진 "당신이 찬양을 받으실 분의 아들 그리스도요?"라는 물음에 예수가 "내가 바로 그이다. 너희는 인자가 전능하신 분의 오른편에 앉아 있는 것과 하늘구름을 타고 오는 것을 볼 것이다"라고 답하는 구절이 그것이다. 그런데 이것은 후대 교회에 의한 고백이며 예수 자신에게 돌릴 수 없는 발언이다.[58] 까닭은 권력자들에게 재판을 받고 힘없이 죽음으로 향하는 그는 구름을 타고 오는 심판자로서의 인자 상과 전혀 합치되지 않기 때문이다. 재판을 받거나 처형당하는 메시아로서의 인자는 다니엘서의 인자(다니 7, 13)와 전혀 상부되지 않는다.

---

57) C. Colpe, Art. ὁ υἱος τοῦ ἀνθρώπου, *Theological Dictionary of the N.T.*, Vol. XIII, 431-432.

58) R. Bultmann, *Geschichte dersynoptischen Tradition*, 291(한역본 341). 슈바이쳐는 마르 14, 62의 전승사를 해명하는 일이 어렵다고 전제하면서 이 구절은 구약성서의 관련 구절들(예컨대 시편 110, 1; 다니 7, 13)을 비교적 오랫동안 예수사건과 연결시켜 해석한 산물일 것이라고 본다(E. Schweitzer, *Das Evangelium nach Markus*, NTD, Göttingen 1976, 177). 그닐카는 마르코가 인자의 도래(참조. 마르 13, 26)와 시편 110, 1에 대한 그리스도론적 해석(참조. 마르 12, 35-37)을 서로 결합된 형태로 받아들여 62절 b를 작성하였을지 모른다고 본다(J. Gnilka, *MK II*, 277/한역본 365). 뤼르만은 61절 b, 62절은 마르코복음서 전체에 흐르는 그리스도론의 총괄이기 때문에 61절 b, 62절의 표현은 마르코의 것이라고 본다(Dieter Lührmann, *a.a.O.*, 250).

예수의 수수께끼

그런데 수수께끼는 그 다음부터이다. 예수가 난 해를 주전 4년으로 잡으면 그가 죽은 해는 주후 30년으로 추측된다.[59] 세례자 요한이 처형된 것이 28년 후반기 쯤이다. 그러므로 예수 공생애는 1년 조금 남짓하다. 역사적으로 볼 때 그는 모호한 재판을 통해 처형되었는데, 그것은 패배자의 모습 그 자체였다. 그의 체포와 더불어 그의 추종자들이 모두 도망침으로써 저들도 오합지졸이었음이 노출되었다. 그런데 이 오합지졸이 그렇게 빠른 시일 안에 다시 모여 "너희가 십자가에 매달아 죽인 이를 하느님이 살려 일으켰다. 그는 하느님의 아들로서 우리를 구원하기 위해 처형되었다가 다시 살아났다"(사도 2, 23-24)고 주장하기 시작했다. 나아가 그 예수는 이제 곧 하느님 나라의 도래와 함께 내림할 것이라는 확신 속에 모든 재산을 공유하는 공동체를 이루고 그 대표자들은 거리에 나서서 심판의 때가 임박한 것을 설교하기도 했다.[60] 무엇이 그들을 이렇게 만들었을까? 바울로는 예수의 부활을 목격한 사람이 5백 명이었다는 사실을 전하고 있다(고전 15,6). 루가는 예루살렘공동체의 회원이 120명이었다고(사도 1,15) 하는가 하면, 하루에 3천 명이 세례를 받았다는 기록도 있다(사도 2,41). 일찍이 헬레니즘계 그리스도인인 스테파노가 예루살렘에서 예수를 증언하다가 순교당하고, 예수의 제자 야고보가 42-43년 사이에 순교당하는 등[61] 급속한 일대전환의 사건이 일어났다.

그 중에서도 가장 중요한 것은 바울로의 회심이다. 바울로는 히브

---

[59] Jack Finegan, *Handbook of Biblical Chronology. Principles of Time Reckoning in the Ancient World of Problems of Chronology in the Bible*, 1964, 285ff.
[60] 사도 2, 43ff.;4, 32ff.
[61] 사도 8, 54-60.

리인으로 헬레니즘의 영역인 다르소에서 성장한 지식인이었다. 그의 고백대로 그는 유다교에 철저했으며, 혈통으로도 순수성을 보존했을 뿐 아니라[62] 로마시민권을 소지한 중류 이상의 가정에서 자라났다. 그런데 그가 예수에게로 전향한 것이 예수가 죽은 지 2-3년 내외였다[63]는 것은 크게 주목해야 할 사건이다. 그는 율법을 지킴으로만 구원을 얻을 수 있다는 철저한 유다주의자였다. 그런 그가 그리스도인들의 케리그마를 들은 것이다. 이때, 그 케리그마는 율법으로가 아니라 나자렛 예수와 그의 십자가의 의미를 믿음으로 구원받을 수 있다는 사실이 증언의 핵심이었다. 여기에서 우리는 '예수사건'이 '예수의 민중들에 의해서' '하느님의 사건'으로 재빨리 파악된 것을 알 수 있다. 그들은 예수에게 열광하고 있었던 것이다. 저들의 신념이 얼마나 확고했던지 그 주동자들의 사회적 신분이나 교육수준과 현격한 차이를 보이는 바울로를 항복하게 한 것이다. 그가 그리스도교를 박해했다고 고백하는데(사도 22,4) 그것은 벌써 예수운동이 그만큼 강력해졌음을 입증한다.[64] 바울로는 그의 편지에서 이미 그보다 이전에

---

62) 물론 최근에는 바울로의 로마시민권 소유가 자명한 것이 아니라는 반론도 있다. 슈테게만은 로마시민권의 내용, 그것의 취득양식, 유다인에게 로마시민권이 부여된 경우, 바울로의 로마시민권과 관련된 성서내의 직간접적인 전거들을 세밀하게 검토한 후, "사도 바울로가 로마시민권을 가졌으리라는 것은 극히 개연성이 희박하다"고 말한다. 사도 바울로의 로마시민권 소지설은 사도행전 저자가 바울로의 로마 이송에 관한 자신의 보도들로부터 "추론"해 낸 것이라고 한다. W. Stegemann, War der Apostel Pauis ein römischer Bürger?, *ZNW* 78 (1987), 229("사도 바울로는 로마 시민이었는가", 『신학사상』 제65집·1989년 여름, 323f).

63) 바울로의 전향은 주후 32-33년으로 보는 것이 일반적인 입장이다. M. Hengel, Chronologie und neutestamentliche Chronologic in NT und Geschichte, *O. Cullmann zum 70 Geburtstag*, 1972,43fT.; R. Jewett, *Paulus Chronologie. Ein Versuch*, München 1982, 56f.

64) "轉向" I. II, 『살림』(1988년 창간호, 89년 1월호) 참조.

형성된 그리스도에 관한 전승들을 인용하고 있다. 예를 들면 필립비 2장 5-11절의 그리스도 찬가나 고린토전서 15장 3-4절의 예수의 부활에 관한 고백이 그것이다. 루가라는 서술자는 예루살렘의 오순절 축제에서 예수의 민중을 통해 일어난 한 사건을 극적으로 서술하고 있다. 세계에 흩어진 수많은 유다인들이 예루살렘에 운집했다. 그런데 예수의 민중들이 그들 한가운데서 예수사건을 증언했는데, 그것이 거기에 모인 모든 사람들에게 이해되었다는 것이다. 그것을 루가는 성령의 내림사건으로 전한다.

    이 서술에서 주목되는 것은 그 군중들이 예수의 민중을 갈릴래아 사람들이라고 거듭 지적한 점이다(사도 1,11). 갈릴래아 사람이라는 것은 다분히 멸시하는 뜻으로 쓰이는 말인데, 저들이 일대 돌풍을 일으켰다는 것이다. 그러나 그것은 잠깐 일어났다 주저앉는 그런 것이 아니었다. 죽음까지 불사하는 저들의 행진은 팔레스틴 영역을 벗어나 그레꼬 로마의 영역으로 '전염병'처럼 퍼져 나갔는데, 그리스도교를 박해하던 바울로가 바로 그 선두에 서게 된 것이다. 그런데 무엇이 이러한 급전환을 가져 왔을까? 사람들은 그것을 부활사건 때문이라고 한다. 그렇다면 부활사건은 무엇인가? 부활사건은 그 자체로서는 역사적 사건이 아니다. 역사적 예수와의 만남과 회심의 사건을 경험한, 그러므로 예수에 대한 믿음을 가지고 있던 사람들에게 국한되었다는 사실에서도 알 수 있다.[65] 부활사건은 역사 안에서 살다 역사에 의해 처형된 예수의 사건이다. 그러므로 우리는 부활사건에서 예수운동의 거점을 찾을 것이 아니라 부활경험이라는 사건을 통해 역광적으로 예수의 삶을 새롭게 조명함으로써 이해된 그 근거를 찾아내야 할 것이다. 우리는 다시 다른 면, 즉 역사의 예수에게서 그럴 수

---

65) 부활한 예수는 그를 믿는 사람들에게만 나타났다.

있는 근거를 물어야 한다는 것이다 .

전권을 이양받은 자

예수가 예루살렘에 입성하여 성전숙청을 감행했을 때 예루살렘의 종교귀족들은 "당신은 대체 무슨 권위로 이런 일을 하시오?"(마르 11, 28)라고 물었다. 무슨 권위란 공적인 직책을 가졌거나 그렇지 않을 경우에는 하느님께로부터 받은 특권이 구체적으로 제시될 때 인정되는 것이다. 그러나 예수는 이에 아무 대응도 하지 않았다. 저들이 예수에게 표징을 보여 달라고 한 것은 이때 말고도 또 있었다(마르 8,11 이하). 그때 예수는 그것을 거부했다. 그런데 세례자 요한이 옥중에서 자기 제자를 보내며 "당신이 오실 그이입니까?"라고 물었을 때, 그는 이 물음에 직접 가부를 말하는 대신 "맹인이 보고, 절뚝발이가 걷고, 나병환자가 깨끗해지며, 귀머거리가 듣고, 죽은 사람이 살아나고, 가난한 사람에게 복음이 전파된다"(루가 7, 22a)고 대응했다. 이 대답에서 주목할 것은 그가 자신을 올 그 사람(ὁ ἐρχόμενος)으로 내세우지 않고 그를 통해서 일어나는 사건(event)을 전달할 뿐이라는 사실이다. 이 내용은 루가에서 그의 공생애 선언으로 거의 그대로가 다시 인용되는데 그것은 그의 삶을 집약한 것이라고 할 수 있다. 그에게서 일어난 사건 자체가 중요하지, 메시아이건 하느님의 아들이건 기존의 개념과 그를 일치시키는 것은 현실성도 없거니와 그렇게 중요하지도 않다. 그러므로 그가 메시아인가라는 물음에 매이지 말고 그의 행태가 우리에게 무엇을 의미하는지를 찾아내야 할 것이다. 이제, 그의 행태를 몇 가지로 구분해서 성격화해 보자.

1. 그를 따라 오려는 사람은 인륜적 의무도 그리고 삶의 보장으

로 여기던 것들도 모두 버려야 한다고 한다. 그는 자기를 따르기 전에, 죽은 아버지를 장례하겠다는 아들의 도리를 인정하지 않았으며, 가족에게 출가의 작별인사를 하겠다는 것도 허락하지 않는다(루가 9,59.60). 그는 누구든지 내게 오는 사람은 아버지, 어머니, 아내, 자식, 형제, 자매를 모두 버려야 한다고 한다(루가 14,26). 그 뿐만 아니라 모든 소유권을 포기하도록 요구한다(마르 10,17 이하;10,29 참조).

  2. 그는 자신과의 연대관계를 확인하는 것이 장차 올 심판의 기준이 될 것이라고 선언한다: "누구든지 사람들 앞에서 나를 안다고 하면 인자도 하느님의 천사들 앞에서 그를 안다고 하겠다. 그러나 사람들 앞에서 나를 모른다고 하는 사람은 나도 천사들 앞에서 그를 모른다고 하겠다"(루가 12,28-29). 나아가 예수 자신이 하는 말을 행위로 옮기는 문제는 그의 존재의 바탕을 구축하는 것이라는 신념을 토로한다: "내 말을 듣고 행하지 않는 사람은 모래 위에 자기 집을 지은 어리석은 사람과도 같다"(마태 7, 24 이하 병행). 여기에서 주목할 것은 예수가 그 자신과 자신의 말을 일치시킨다는 점이다.

  3. 예수는 모세의 법을 포함한 이스라엘 조상들의 전통에 대해서 "옛 사람은… 그러나 나는…"이라는 형식으로 대립시킴으로써 어떤 것은 보다 철저화하는가 하면 어떤 것은 정면으로 파괴해 버린다. 가령 "옛 사람은 이는 이로 눈은 눈으로이지만 나는 너희에게 말한다. 원수를 갚지 말고 오히려 원수를 사랑하라"(마태 6,38-39). "모세는 이혼하면 이혼증서를 써주라고 했지만 나는 너희에게 명한다. 어떤 경우에도 이혼해서는 안된다"(마태 6,31-32). 여기에서 주목할 것은 예수의 '나'에 대한 의식이다. 그는 온 유다 전통과 맞선 '나'이다. 우리는 그 '나'를 존재론적으로 이해할 필요가 없다. 그 '나'는 역사의식이다. 어떠한 특수한 시점에 서 있다는 역사의식, "때가 찼다"는 역사의식. 이 역사의식은 낡은 것과 새 것의 분수령에 서 있다는 자기의식

과 결부된다.

　4. 예수는 그 시대의 낙오자들, 당시 체제에서 거부된 자들과 무조건 어울렸을 뿐만 아니라 그들 편에 섰다. 이 행위는 강물 위에 비친 달에 미쳐 물을 의식하지 않고 달을 잡으려다가 물에 빠진 이태백과 같은 행위이거나 아니면 의식적으로 체제에 도전하는 행위이다. 그는 "나는 의인을 부르러 온 것이 아니라 죄인을 부르러 왔다"(마르 2,17)고 당당하게 선언한다. 이것은 그 시대 체제와의 갈등을 첨예화하는 행위이다. 여기에서도 예수의 자의식을 볼 수 있다. 기존체제와 맞서 싸워야 한다는 자의식, 그것은 낡은 세대는 지나가야 한다는 역사의식과 결부되어 있다.

　5. 더욱 놀라운 것은, 예수는 마치 자신이 악마와 하느님의 격전장에서 하느님 편에 선 야전사령관 같은 인식을 갖고 있다는 점이다. 예수는 "내가 하느님의 손을 힘입어 귀신들을 쫓아내면 하느님의 나라는 이미 너희에게 임했다"(루가 11, 20a)고 선언한다. 뿐만 아니라, 귀신들린 자들을 만날 때마다 "사탄아, 물러가라"고 명령함으로써 사탄을 굴복시키고 있는데, 그것은 귀신추방이 낡은 세대인 악마가 지배하는 시대를 끝마치려는 전투적 행위라는 인식이다.

　6. 예수는 자신의 말이 장차의 심판을 결정하는 기준이 된다고 인식할 뿐 아니라 그 말 속에는 현재적 상황에 대한 뚜렷한 반체제적 심판자 의식이 드러나고 있기도 하다. 그것은 그의 가르침 속에 조용히 반영되고 있다. 그는 다음과 같은 이야기를 한다. "두 사람이 기도하러 성전에 올라갔다. 하나는 바리사이파 사람이요 하나는 세리였다. 바라사이파 사람은 서서 혼자서 이렇게 기도했다. '하느님, 나는 다른 사람들과 같이 욕심이 많거나 불의하거나 간음하는 사람이 아닐 뿐더러 이 세리와 같은 사람도 아닌 것을 감사합니다. 나는 한 주간에 두 번씩 금식하고 있으며 내가 얻은 것의 십일조를 드립니다.' 그

런데 세리는 멀리 서서 감히 하늘을 우러러 볼 생각도 못하고 가슴을 치며 말했다. '오 하느님, 이 죄인에게 자비를 베풀어 주소서'"(루가 18, 10-13). 이 이야기 끝에 "내가 너희에게 말한다. 하느님 앞에 옳다 함을 받고 집으로 내려간 사람은 이 세리였고, 저 바리사이파 사람이 아니었다"(14절)고 판정을 내린다. 이 무슨 어처구니 없는 판정인가! 어떻게 당대에 국민의 지도층으로 도도히 부상되어 자리를 굳히고 있는 바리사이파를 민족의 반역자 중에서 가장 멸시받는 세리와 마주 세우며, 어떻게 세리를 의롭다고 판정할 수 있는가! 이것은 그 시대의 가치질서와 정면으로 맞서는 당돌한 선언일 뿐 아니라 당당한 하느님의 대리자와도 같은 선언이다.

또 한 예를 보자. 사람들이 예수에게 어린아이들을 데리고 와서 축복해 주기를 원했을 때 그의 제자들은 그들을 꾸짖었다. 이에 대해서 예수는 '하느님 나라는 이런 어린이들의 것이다. 어린아이와 같은 심정으로 하느님 나라를 받아들이는 사람이 아니면 결코 거기 들어가지 못할 것이다"(마르 10,14.15)고 판결한다. 이 또한 그 시대의 가치질서를 정면으로 무시한 판결이다. 그 당시 유다 사회에서 모든 것의 가치기준은 토라였다. 토라를 알고 그것을 지키느냐 못지키느냐에 따라 사람의 가치가 결정되었다. 여인과 어린아이들은 멸시의 대상이었다. 까닭은 여인들은 토라를 배울 기회를 박탈당했으며, 어린이는 물론 토라를 배우기 이전의 상태에 있기 때문이었다.[66] 예수의 심판은 토라를 무시한 것이다. 아니, 하느님 나라에 참여한다는 것은 토라와는 아무 상관도 없다는 선언이기도 하다.

그런데 이와 같은 대담한 선언을 할 때 그는 라삐들처럼 토라나 아니면 조상들의 이름을 들어 자신의 권위를 뒷받침 받으려 하지도 않

---

66) 여덟째 마당 "예수와 여인"을 참조하라.

는다. 마치 전권을 하느님에게서 양도받은 사람처럼. 푹스(E. Fuchs)는 "이와 같이 하느님의 자리에라도 있는 것처럼 행위하고 말하는 이는 누구인가"라고 질문한다.[67]

어떤 사람들은 그를 예언자 중의 한 사람이라고 했다(마르 8, 28). 이스라엘 역사에 나타난 인물 유형에 맞추려면 예수를 예언자 계열에 두어야 한다. 그것은 어떤 체제 내에서 주어진 자리도 없이 무관의 왕자 같은 위치에서 미래에 의하여 현재를 비판하고 회개를 촉진하는 데서 그렇다. 그러나 일반 예언자들과 전혀 다른 면들이 있다.

예언자들은 언제나 하느님의 말씀의 전달자로 자처하고 자신은 그 말씀 뒤에 숨는 데 반해 예수는 '나', '나의 말'을 전면에 내세운다. 예언자는 말을 선포한 후 기다리거나 홀연히 사라지기도 한다. 그러나 예수는 기다리지도 숨지도 않으며 전장 한복판에 서 있는 지휘관처럼 행동한다. 예언자는 모세 율법의 테두리 안에서, 그리고 그 권위에 의존하여 그 뜻을 현재화한다는 의미에서의 개혁을 촉진한다. 그러나 예수는 모세의 율법까지도 정면으로 거부하는 것에서 드러나는 바와 같이 어떤 권위도 필요로 하지 않는다.

그럼 그는 누구인가? 메시아인가? 그런데 유다의 전통적 메시아 상에는 예수의 행태에서 보여주는 것과 같은 면이 없다. 즉 기존의 메시아 상 어느 부분에도 예수를 맞출 수 없다. 유다의 메시아 상은 여러 가지이지만, 다음과 같은 공통점이 있다. 하나는 그의 출처를 모른다. 둘째, 그는 어디까지나 유다 민족 중심의 메시아이다. 셋째, 그는 전권을 위임받은 왕적 심판자로 임한다. 그런데 예수는 그 어느 것에도 맞지 않다. 그의 초라한 행로를 메시아로 볼 수는 없다. 그래서 브레데는 마르코에는 '메시아의 비밀'이라는 베일을 씌우고 있다

---

67) E. Fuchs, *Zur Frage nach dem historischen Jesus*, 1960, 154.

고 보았다.[68] 즉, 메시아이지만 그것을 비밀에 붙이기 위해 엉뚱한 삶을 보냈다는 것이다. 그러나 그렇게 해석하면 쉽게 가현설에 빠진다.

아니, 그의 삶은 어떤 기존의 상에도 맞지 않는다. 생동하는 삶이 어떻게 기존의 어떤 상에 들어 맞겠는가! 예수는 예수지! 그를 기존 메시아 상에 일치시키려는 것은 그를 주조하는 행위다! 그러나 그가 누구냐를 설명하는 데서 메시아가 유다인에게 가장 쉽게 이해될 수 있는 전이해이기 때문에 메시아라고 했다. 그 메시아란 말에서 가장 호소력이 있는 것은 지금까지 모두가 기다리고 있는 이, 와야 할 그이다. 나는 언젠가 이것을 한국에서는 '님'이라는 말로 표현하면 제일 적합하리라는 주장을 쓴 일이 있다. 가령 한용운의 '님'처럼 모두가 가슴 속에 기다리고 있는 그이.

이런 뜻에서 세례자 요한은 당신이 "오실 그이"냐고 했다. 메시아란 히브리어는 그리스도라는 헬라어로 번역되었다. 그것은 기름붓는다는 뜻이다. 그런데 그것이 헬라문화권에서 제대로 이해되지 않았다. 그래서 ὁ χριστός가 그저 고유명사로서 Christus가 되고 말았다. 그뿐이 아니다. 예수는 이 역사에서 계속 소외되었다. 무엇보다도 교회에서 소외되었다. 저들은 역사의 예수를 거부했다. 왜? 그를 그대로 받아들인다면 기존질서가 파괴된다고 보았기 때문이다.『카라마죠프의 형제들』속의 대심판관은 이 점을 잘 묘사했다. 그는 누구인가?

---

68) W. Wrede, *Das Messiasgeheimnis in den Evangelien*, Göttingen 1965, 145.

둘째 마당

둘째 마당
예수의 시대상

　역사의 예수를 이해하려면 그 시대의 상황을 알아야 한다. 한 시대의 상황은 그 시대의 과거와의 관련에서만 파악된다. 그러므로 예수시대와 관련이 있는 범위 내에서 과거 역사로 소급할 필요가 있다. 그러나 그것에 보완할 것이 또 하나 있다. 그것은 아무리 역사서라고 해도 그것을 쓸 당시의 상황에 영향을 받기 때문에 우리가 참고하려는 문서들이 성립될 당시의 역사적 상황도 고찰해야 한다. 그래야 그 역사문헌의 객관성에 보다 가까이 접근할 수 있다.
　우리가 이해하려고 하는 예수의 시대에 관한 가장 중요한 문헌은 물론 신약성서로, 그것은 주후 50년에서 100년 사이에 완성되었다. 나아가 동시대의 역사적 문헌으로는 요세푸스의 『유다전쟁』(*Bellum Judaicum*)인데, 이 역사서는 예수의 삶에 직접 간접으로 영향을 미치고 있는 때부터 유다전쟁으로 인해 이스라엘이 초토화된 때까지를 기술하고 있다. 이것은 주후 74-75년에 씌어졌으며, 그의 또 다른 역사서인 『유다고대사』(*Antiquitates*)는 93-94년에 씌어졌다. 우리는 이러한 문헌들을 토대로 하여 그 당시의 사회·역사적 상황과 중요한 사건을 일별하고, 그러한 상황 및 사건들과의 관계 속에서 예수운동을 이해해야 할 것이다.

　예수시대를 형성하는 데 중요한 원인(遠因)은 알렉산더의 원정(주전 324-313년)이다. 희랍문화에 심취한 마케도니아 청년 알렉산더는 희랍문화로 온 세계를 통일하는 것을 인류를 위한 사명으로 알고 군대를 이끌고 소아시아, 시리아, 에집트, 바빌론 그리고 멀리 인더스강까지 원정했는데, 그때 팔레스틴도 그 판도에 들어가게 되었다. 그러나 그는 30대 초반에 요절하여 뜻을 이루지 못했지만 그의 원정은 동서문화, 구체적으로 희랍문화와 중동아시아의 문화(종교)가 마주치는 계기가 되었으며, 그것이 혼합현상을 이루어 제 3의 문화현상인 헬레니즘이라는 문화권을 형성하게 된 것이다. 이 문화는 유다교는 물론 그리스도교에 큰 도전이 되었다.

　그런데 그의 원정은 동시에 정치적 판도를 크게 바꾸는 결과를 수반했다. 알렉산더가 죽은 뒤 현지주둔군 사령관들을 중심으로 주도권 싸움이 벌어져 마침내 마케도니아, 에집트 그리고 바빌론과 남부 시리아 지역으로 삼분되기에 이르렀다. 에집트 현지 사령관은 프톨레매오(Ptolemaer), 시리아 지역의 사령관은 셀류커스(Seleukids / 이후 시리아라고 부른다)였는데, 그들은 각기 자기 이름을 딴 왕국을 세웠다.

　처음에 이스라엘은 프톨레매오의 위협 아래 있다가 시리아의 손에 넘어갔다. 시리아의 왕 안티오쿠스 3세(주전 222-187년)는 프톨레매오와의 싸움에서 자기 편에 섰다는 이유로 이스라엘에 여러 가지 특혜를 주었다. 그 중 특기할 것은 이스라엘민을 많이 이주, 정착시킨 것인데 이로써(리디아와 부리기아를 위시해서) 바빌론, 요빠, 갈릴래아 등에 이른바 디아스포라 유다인 지역이 확산되었다는 사실이다.[1]

---

1) W. Förster, *Neutestamentliche Zeitgeschichte. Das Judentum Palestinas zur Zeit Jesu und der Apostel,* Hamburg 1959, 26f.(문희석 역,『신구약중간사』, 컨

그러나 사태가 급전환되어 일어나게 되는 사건들은 예수시대에까지 파급되고 있다.

안티오쿠스 3세는 신흥세력인 로마의 저력을 모르고 진격하다가 역습당해 패함으로써 12년 동안 배상의무를 지고 그 아들을 위시한 많은 인물이 로마로 끌려가는 결과를 초래했다. 그런데 12년의 인질 생활을 끝낸 그의 왕자가 귀국하여 왕권을 인수받음과 더불어 자칭 에피파네스(Epiphanes)[2]라고 하고 유다인을 가혹하게 통치했는데, 그가 안티오쿠스 4세(주전 175-164년)이다. 그는 헬레니즘광으로 그의 아버지와는 달리 유다교 말살정책을 펴나갔는데 그것은 두 가지 방향으로 강제되었다. 한편으로는 율법책을 금서로 정하고 그것을 보유하는 자를 처형했으며, 예루살렘 안에 군 본부(Akra)를 두고 성전 제단에 제우스 신단을 안치하여[3] 유다인의 성역을 도전적으로 모독했으며, 매달 25일을 그의 영광을 찬양하는 축제일로 삼아 자신의 신격화를 꾀했다(마카상 1,20 이하 참조).

다른 한편으로는 헬레니즘의 도입을 정책적으로 추진했는데, 사마리아 지역의 그리짐산에 제우스 신전을 세우고 디오니소스 축제를 강요하여 술과 춤으로 유다 전통 사회를 문란하게 했으며, 올림픽 경기를 끌어들여 유다인에게 금기로 되어 있는 나체로 하는 운동을 강요하는 등이 그런 예들이다.[4] 그를 시발로 하여 로마시대까지 이런 시책이 계속되었다. 그것이 바로 헬레니즘화운동인데(마카하 4,10-17) 그것은 오늘의 의미로는 '근대화' 작업이다.

콜디아사 1975, 57f.).
2) 에피파네스(Epiphanes)라는 말은 패왕들이 자신들의 통치를 "신의 출현"이라는 의미에서 자주 사용했다.
3) 묵시문학은 이를 "황폐하게 하는 가증한 것"으로 표현한다(다니 11,31:12,11; 참조. 마르 13, 14).
4) Jos. *Ant*. 12, 5에 그의 박해가 세밀하게 묘사되어 있다.

예수의 시대상

유다 민중은 공포와 분노에 떨었으나 이른바 지배층은 무기력함을 넘어서 이 외세를 타고 개인의 영달을 꾀하는 풍조에 휩쓸렸다. 당시 대사제 오니아스(Onias)가 일시 이에 저항을 시도했으나 결과적으로 집권자에게 미움만 사게 되었고, 이 틈을 이용한 그의 동생 야손(Jason)이[5] 은 440달란트를 주고 대사제직을 인수받았다(마카하 4,7-9). 이것이 외세로부터 돈으로 사제직을 산 첫 독직사건임과 동시에 외세에 의해서 대사제직이 주어진 첫 경우다. 그러나 그보다 더 간교한 메넬라오스(Menelaus)는 더 많은 뇌물로 이 대사제직을 샀다(마카하 4,23-29). 이같은 난맥상은 마카베오 전쟁이 일어나게 된 계기가 되었다.

마카베오의 봉기와 하스몬왕권

민족의 지배층은 불의한 외세 앞에 무력했거나 아니면 부패하여 권력과 야합하고 이권을 획득하기에 급급했다. 그 지배층은 예루살렘의 북서쪽에 위치한 작은 마을 모데인(Modien)에 안티오커스를 위한 축제를 준비하였다. 그 동리에는 예루살렘을 떠나 은둔생활을 하는 사제 출신인 노인 마따디아(Mattathias)가 아들 다섯 명과 함께 살면서 시리아의 횡포에 울분을 달래고 있었다. 그런데 그 축제를 집행하는 관원이 한사코 그에게 개막예식을 주관하도록 강요했다. 요세푸스의 기록에는 그가 존경받고 영향력이 있었기 때문이라고 하는데[6] 그의 반항정신을 꺾으려는 의도였을 수도 있다. 그는 이를 단

---

5) 그의 본명은 Joshua인데 Jason은 희랍식으로 개명한 것이다. J. Bright, *A Hitory of Israel*, London:SCM 1971, 403.
6) Jos. *Ant.* 12, 6, 1.

호히 거부했는데, 한 유다인이 자발적으로 그를 대신해서 그 일을 하는 데 분격한 마따디아는 그를 쳐죽임과 동시에 이방 관원들도 쳐죽이고 "우리 조상들의 전통과 하느님을 경외하는 열의가 있는 자는 누구든 나를 따르라"고 외치며 아들들과 더불어 입산했는데 수많은 민중이 그를 따라 큰 부대를 이루게 되었다. 166년 마따디아 사제의 아들 중 한 명인 마카베오라고 하는 유다(Judas)의 지휘 하에 제2차 가나안 농민혁명을 일으켰고, 164년, 마침내 예루살렘을 탈환함과 동시에 제우스신단으로 더럽혀진 성전을 8일간 정화하는 축제를 올렸다(마카상 4,36-61). 이것이 수전절(Chanukka)의 시작이다.[7] 유다가 전사한 후 그 형제 중 마지막 생존자인 시몬(Simon)이 142년에 이르러 비로소 사실상의 독립을 쟁취하게 되었다. 이로써 주전 579년 바빌론에 의해서 잃었던 나라를 되찾게 되었다. 시몬은 아시리아 때부터 170년간 부과된 세금의 멍에에서 이스라엘을 해방하고, 이스라엘 민이 자유인임을 선포했으며,[8] 새 연호를 설정하고,[9] 새 화폐를 만들고, 잃었던 국가와 종교의 언어를 재생시켰으며, 에피파네스가 세운 아크라를 제거해 버렸다.[10]

그러나 마카베오가는 기득권 유지와 판도 확대에 부심한 나머지 그들이 궐기할 때의 기본정신을 배반하기 시작했다. 유다가 전사한 후 그의 뒤를 이은 요나단(Jonathan)은 셀류커스와 적대관계에 있는 프톨레매오의 왕으로부터 대사제 제복과 왕을 상징하는 금관을 받았으며 그 뒤를 이은 시몬은 자기의 권력구축에 혈안이 되어 대사제직과 군사령관직, 그리고 통수권자의 지위를 굳힘으로써[11] 유다전통

---

7) 참조. 요한 10, 22.
8) 마카상 13, 39; Jos. *Ant.* 13, 6, 8.
9) 마카상 13, 42.
10) 마카상 13, 49-52.
11) 마카상 14, 25-49.

에 배치되는 권력과 사제직을 한 손에 잡는 권력체제를 만들었다. 그리고 요나단의 아들 히르카누스 1세(Hyrkan I/134-105)는 계속 그 권력의 판도를 넓히기 위하여 신흥제국인 로마를 등에 업고 요르단강 건너편 메드바(Medeba), 시겜(Sichem), 이두매 (Idumäer)까지 강점하여 그 안의 이방인들에게 할례를 강요했으며, 사마리아를 점령함과 동시에 그리짐산의 신전을 파괴함으로써 예루살렘을 권력과 종교를 바탕으로 하는 중앙집권의 상징으로 삼으면서 하스몬 군주로 등장했다. 그러나 이 권력욕이 마침내 로마제국을 이끌어들이는 결과를 초래하고야 만다.[12]

로마-헤로데 왕조 시대

로마의 실력자 폼페이우스(Pompeius /주전 106-48년)가 동방정벌의 대군을 일으켜(주전 66년) 그 판도를 넓혀가면서 유다인들을 압박하고 있었다. 로마는 본래 상업으로 부해진 나라다. 그런데 이것은 노예제사회였다. 저들의 생활수준의 성장과 확대는 더 많은 노예를 필요로 했으며, 또한 약소민족의 곡물을 수탈하기 위해서 군사적 침략을 감행했다. 그러므로 저들의 군사주둔지는 바로 노예의 공급지요 식량조달처이기도 했다.

---

12) 클라우스너는 하스몬 왕가의 업적이 없었으면 유다교와 그리스도교의 토대도 마련되지 않았으리라고 할 정도로 그 업적을 중시한다(J. Klausner, *Jesus von Nazareth,* 1952³, 179ff.). 이러한 평가는 유다인의 입장을 반영한 것이다. 그러나 요세푸스에 따르면, 아리스토불로스와 히르카누스가 세력장악을 위해서 로마에 경쟁적으로 아첨했으며, 아리스토불로스는 폼페이우스에게 뇌물을 전달하고(Jos. *Ant.* 14, 3), 히르카누스는 예루살렘 성문을 열어주었다고 한다(*Ant.* 14, 5, 2). 이를 본 민중은 마침내 이스라엘이 군주국으로 되는 것을 거부하고야 말았다(*Ant.* 14, 3, 2).

이러한 상황 속에서 하스몬 왕가는 정권쟁탈 싸움에 열중했다. 형제인 히르카누스 2세와 아리스토불 2세는 그들의 생모인 알렉산드라 여왕(Alexandra/ 주전 76-67년)의 권좌계승 싸움을 벌이고 있었다. 이 둘은 모두 로마 폼페이우스의 힘을 빌어 군주국을 유지하려고 했다. 그러나 민중은 이러한 군주국을 반대하고 사제정부 정도까지는 용인하겠다는 태세였다.[13]

폼페이우스는 결국 하스몬가의 형제 중 아리스토불을 제거하기로 결정함과 동시에 예루살렘으로 진격했는데 안티파터(헤로데 대왕의 아버지)의 조종을 받고 있던 히르카누스는 자진해서 성문을 열어주었다. 그러나 이에 굴하지 않은 이스라엘민은 아리스토불과 더불어 성전을 교두보로 저항하기를 3개월간 계속했다. 결국에는 성전도 점령되었는데 요세푸스는 그때 순사한 이스라엘민만도 12,000명이라고 한다.[14] 그 후 로마에 포로로 갔던 아리스토불 부자(父子)가 차례로 탈출, 귀국해(주전 57-56년) 흩어진 군사를 모아 재기를 꾀했으나 많은 피만 흘렸고, 예루살렘 함락과 더불어(주전 63년) 마카베오가에 의해 쟁취했던 주권을 빼앗겼을 뿐 아니라 마침내 하나의 작은 '성전지방'[15]으로 전락하고 말았다. 로마는 이스라엘을 죽은 짐승고기처럼 갈기갈기 찢었다. 해안의 모든 도시들, 요르단강 저편의 도시들 그리고 유대와 사마리아 일부도 빼앗아 버렸다. 그리고 왕권을 폐지하고 그들에게 협조한 대가로 히르카누스에게 이름뿐인 대사제직을 주었다. 그리고 이스라엘 민족을 대표하는 산헤드린을 다섯 지역으로 나눔으로써 구심점을 깨뜨리려고 했다. 민중이 마카베오가에 호응해서 주권을 회복하기는 했지만 권력을 잡으면서 권력욕에 부패

---

13) Jos. *Ant.* 14, 3, 2.
14) Jos. *Ant.* 14, 2, 4.
15) Bo Reicke, *a.a.O.*, 62 (한역본 92).

해진 지배층의 권력싸움이 더 무서운 외세를 끌어들임으로 마침내 망국의 비운을 가져다 주었던 것이다.

헤로데 왕가

로마가 이용하고 또 그 로마를 역으로 이용한 것은 헤로데 집안이다. 그러므로 우리는 헤로데가를 통해서 로마제국의 면모를 볼 수 있다. 나아가 헤로데 집안 자체의 정체를 밝히는 것은 예수 당시의 민중운동을 아는 데도 중요하다.

히르카누스와 아리스토불이 권력싸움에 혈안이 되어 있을 때 이두매 혈통의 반(半)유다인인 안티파터(Antipater)가 교묘히 등장했다. 안티파터는 히르카누스를 업고 로마세력을 끌어들인 장본인이다. 로마의 강점 이후 10여 년간은 살벌한 암흑의 시기였다. 이 기간에 봉기와 살육전이 계속되었다.[16] 주전 49년부터 20여 년간 로마는 내란으로 혼란했다. 폼페이우스와 시저 사이의 권력싸움 틈바구니에서 로마에 포로로 잡혀갔던 아리스토불과 그의 아들 알렉산더는 처형되었고, 폼페이우스는 전사했다(주전 48년).

로마의 앞잡이 안티파터는 히르카누스로 하여금 시저를 지원하기 위해 이스라엘 군인 3천 명을 파견하게 했다. 그 공로로 안티파터는 일약 이스라엘민을 지배하는 총독으로 임명된다. 그는 아들 파자엘(Phazael)을 예루살렘 지역, 헤로데(Heroder)를 갈릴래아 지방의 사령관으로 임명하였다. 이에 민중은 봉기했다. 특히 갈릴래아의 민중을 이끈 사람은 히스키야다. 그런데 젊은 헤로데는 저들을 재판도 없

---

16) J. Klausner, *a.a.O.*, 183ff.

이 무차별 학살했다. 이 만행에 예루살렘 주민이 분노해서 히르카누스에게 그를 처벌해 줄 것을 요구했다. 마지못해 산헤드린에 이 문제를 회부했는데, 헤로데가 군대를 거느리고 위협하는 통에 정식으로 거론할 수도 없었다.

주전 44년 쥴리우스 시저가 살해된 후 카시우스(Cassius) 등을 물리치고 안토니우스가 실력자가 되자(주전 42년) 유다 민중은 계속 그에게 대표를 보내서(주전 41년) 헤로데와 파자엘의 횡포를 탄핵했다. 헤로데에게 이미 뇌물을 받은 안토니우스가 이를 가볍게 거절함으로 또다시 백여 명의 사신을 보내어 그들의 횡포를 고발했으나 그 결과는 오히려 두 형제의 지위를 높여주고 말았다. 이스라엘 민중은 또다시 천여 명의 대표를 보내어 그 뜻을 관철하려고 했다. 그러나 더 많은 뇌물을 받은 안토니우스는 이에 살육으로 응수하여 많은 희생자를 내는 결과를 가져왔다.

주전 40년에 하스몬가의 후예인 안티고누스(Mattathias Antigonus)는 숙적인 로마의 파터(Parther)가 시리아를 침범하는 때를 타서 그들의 지원을 약속받고 제 땅으로 잠입했다. 많은 민중이 이에 호응하여 삽시간에 대세를 이루었다. 많은 유혈 끝에 결국 파자엘과 히르카누스는 체포되었고, 헤로데는 교묘히 로마로 탈출했다. 이로써 안티고누스(주전 40-37년)는 하스몬왕가를 마지막으로 장식하는 왕으로 재기했다.[17]

그러나 로마로 도망간 헤로데는 로마에서 실력자 안토니우스(Antonius)와 옥타비안(Oktabian)의 추천으로 로마의회에 의해 영토 없는 유다의 왕으로 임명되었다(주전 40년).[18] 이것은 예수시대와 직접 관계되는 큰 사건이다. 로마는 유다 민족성을 감안해서 괴뢰정권

---

17) Jos. *Bell*. 1, 13, 4-8.
18) Jos. *Ant*. 14, 15-15,1; *Bell*. I, 282-673.

을 통해 통치하는 길을 선택했다. 그것이 바로 헤로데가이다. 그러나 헤로데는 역으로 로마를 이용하여 엄청난 재량권을 가진 통치자가 되었다.

헤로데는 로마의 도움으로 주전 37년 유다 땅에 잠입하여 3년간의 전투 끝에 하스몬가의 마지막 영주 안티고누스를 이겨 그를 십자가형에, 하스몬가의 사제족인 사두가이파 45명을 처형하고 망명 전에 약혼했던 하스몬가의 마지막 공주 마리암네(Mariamne)와 강제로 정략결혼함으로써 정통성마저 내세운 합법적인 팔레스틴의 주인이 되어 헤로데왕가 시대를 열었다.[19] 헤로데가 이 자리를 차지하기까지 희생된 이스라엘민은 10만명이 넘었으리라 한다.[20]

헤로데가의 정치적 방향은 헤로데 1세에 의해 구축되었다. 그런데 그의 정치적 업적은 다양하기 때문에 그에 대한 평가도 다양하다. 그의 정책을 요약하면 다음과 같다.

1. 자기 권좌를 확립하기 위하여 하스몬가의 유족을 몰살하되 정략적으로 결혼한 아내 마리암네, 그녀와의 사이에서 난 자식들, 그리고 장모까지 살해하였고, 저항세력은 비밀리에 투옥, 학살했으며, 예루살렘 성을 구축하고, 유다 민중의 증오를 감안하여 이방인 용병을 다수 채용하여 사마리아와 갈릴래아 사이에 있는 평야에 외인부대 본부를 설치하였다.

2. 이른바 건설에 괄목할 만한 업적을 남겼다. 도시화작업, 예루살렘 성전의 개수 확대, 수로건설 그리고 극장 등을 건설했으며, 미개지를 개간하여 땅 없는 사람들의 정착지를 마련하는 등이 그런 예다.

3. 유다인들이 성지로 알고 있는 족장들의 무덤들을 크게 보수 확대했고 성전제물을 위한 짐승을 공급했으며, 유다 전통의 자율성의

---

19) 각주없음.
20) J. Klausner, *a.a.O.*, 192.

폭을 최대한으로 살리고, 로마군대의 예루살렘 주둔을 피하게 했다. 또 유다지방에서 통용하는 로마 화폐에 카이저의 상을 새기지 않도록 로마 정부를 설득하여 실현시켰다.

4. 반면에, 사마리아에 로마 황제 아우구스투스를 위한 신전을 건축하는가 하면 새 도시를 건설하고 그 이름을 카이저로 하며, 아폴로 신전 건축을 위시하여 희랍식 건물을 많이 세우고 올림픽 경기장을 확장했다. 또한 희랍 지식인들을 초청하여 철학, 문명, 역사 등을 가르치게 했다. 한 마디로 그는 마카베오 봉기로 중단되었던 헬레니즘운동을 재개한 셈이다. 그는 지구(Orbis Terraum)의 중심이 로마라고 확신했으며, 그것을 정점으로 하는 평화의 세계(pax Romana)가 올 것을 믿었고, 옥타비안 황제는 바로 그 일을 위해 보냄을 받은 자라고 믿었다. 그러므로 유다인을 그 세계에 참여하게 하는 것이 자신의 사명이라고 믿었다.[21]

유태인 학자인 클라우스너가 헤로데는 "여우같이 그의 왕좌를 훔치고 호랑이처럼 지배하다가 개처럼 죽었다"는 어떤 희랍 역사가의 말을 인용하면서 하스몬가에 의해 재건되었던 이스라엘을 헤로데가가 철저히 망쳤다고 거듭 주장하는데, 그의 잔인한 폭정은 가히 광적이었으며[22] 그는 마치 이스라엘을 망치기 위해 보냄을 받은 자 같은 작태로 일관했다. 신약에서 그가 이스라엘의 어린이를 학살했다는 전설이 전해진 것은(마태 2, 16) 우연이 아니다.

주전 4년 그가 죽으면서 남긴 유서는 이스라엘을 셋으로 찢는 것이었다. 그는 여러 여인에게서 난 자식들 중 세 아들을 골랐는데, 그

---

21) 이에 대해서는 A.H.J. Gunneweg, *Geschichte Israels bis Bar Kochba*, Stuttgart 1972, 169f.(문희석 역, 『이스라엘 역사』, 한국신학연구소 1975, 283ff.)를 참조하라.
22) J. Klausner, *a.a.O.*, 192ff. 특히 202에는 헤로데가문의 살육사가 서술되어 있다.

중 아켈라오스(Archelaus)에게 왕위계승과 더불어 유대와 이두매 지방을, 안티파스(Antipas)에게는 갈릴래아와 베레아를, 필립푸스(Philipus)에게는 북요르단 지방을 찢어 주도록 했다. 당시의 로마 카이저 아우구스투스(옥타비안)는 이 광인의 유서를 그대로 집행했다. 그렇게 함으로써 새 이스라엘을 무력하게 만들어 통치에 편하게 하기 위해서였다. 단, 아켈라오스에게 왕 칭호는 주지 않았다.[23]

그 아버지에 그 아들인 아켈라오스는 10년간(주전 4-주후 6년) 악정을 폈다. 헤로데의 사후, 궐기한 이스라엘의 살육전에서 3천 명을 죽였다는 기록이 있다.[24] 학정에 견디다 못한 이스라엘은 8천 명이나 되는 대표단을 아우구스투스에게 보내 그를 제거해 줄 것을 호소했는데, 로마는 이 일을 직접통치의 계기로 삼아 총독정치를 하는 결과를 가져왔다.[25]

예수의 시대를 알기 위해서는 안티파스(주전 4-주후 39년)를 언급해야 한다. 그는 예수의 생애 기간의 동시대인이며 또한 그의 활동 무대인 갈릴래아 지방의 봉건주이기 때문이다. 안티파스는 아켈라오스, 필립푸스와 더불어 로마에서 자랐다. 그것이 로마 식민정책의 단면이지만, 이로써 그들은 모두 로마의 앞잡이일 수 있다는 인정을 받은 셈이다. 안티파스는 헤로데가 죽었을 때 그 왕위를 노려 아켈라오스와 대결하여 로마의 상전에게 충성과 뇌물공세를 폈으나 패했다. 왕이 되려는 자신의 숙원을 성취하기 위해 아랍왕 아레타스(Aretas)의 딸과 정략 결혼을 했고, 로마에 살면서는 로마의 권력층과 교분

---

23) Bo Reicke, *a.a.O.*, 84(한역본 127). 그에게는 "분봉왕"(Ethnarch)이라는 칭호가 주어졌다.
24) Jos. *Ant.* 17, 9, 5; *Bell.* 2,2, 5. 마태 2, 22에서는 헤로데를 피해 에집트로 피난했던 예수의 부모가 아켈라오스를 두려워한 나머지 베들레헴으로 가지 않고 나사렛으로 갔다고 한다.
25) Bo Reicke, *a.a.O.*, 99f.(한역본 147f.).

이 두터운 그의 이복동생의 아내 헤로디아와 결혼하기도 했다. 아랍 여인과 이혼한 것이 화근이 되어 아랍국과 충돌된 일도 있으며, 또 한번은 왕 칭호를 얻기 위한 계교를 꾸미다가 역으로 몰려 갈리엔(Gallien : 지금의 프랑스)으로 정배당해 거기서 최후를 맞은 위인이다. 그도 자기 아비처럼 여우라고[26] 불릴 만큼 교활한 자였다. 그에게서는 이스라엘민에 대한 관심은 전혀 찾아 볼 수 없으며, 오로지 로마 실권자의 관심을 사는 데 전력을 다했다.

갈릴래아는 이방인이 많고 유다교 주류에서 소외된 지역임에도 불구하고 이스라엘의 전통을 위해 궐기하는 상징적 지방이 된 것은 큰 주목을 요한다. 간교한 안티파스는 바로 그것을 의식했으므로 취임과 더불어 로마의 시리아 주재 총독 바루스(Varus)에 의해 파괴되었던 세포리스(Sephoris) 시를 재건하였다. 그것은 갈릴래아 지방 유다인의 저항을 저지하는 요새로 삼기 위함이다.[27] 나아가 북요르단에 벤 하람타(Beth Haramta) 시를 건설하여 처음에는 당시 황제인 아우구스투스의 아내의 이름(Lirias)을, 그러다가 그의 딸(Julias)의 이름 등을 붙였다.[28] 그뒤 티베리우스가 로마의 황제가 되자 티베리아시로 바꾸었다. 세포리스시는 복음서에 언급되는 도시로 원래 공동묘지 지역이어서 이방인과 거지떼 등, 어쩔 수 없이 살아가는 이들이 많이 거처하는 곳이었는데, 이 지역을 쓸어 버리고 새 건물들을 세웠다. 이것은 유다 전통에 도전하는 행위다. 그뿐 아니라 경기장과 궁성을 건설했는데, 유다 전통이 엄금하고 있는 짐승 조형을 만들었으며, 희랍의 도시행정제도를 도입했다. 이러한 반유다 전통적 행위와 더불어 이스라엘 민중에게 저지른 행태는 저항운동에서 언급할

---

26) 루가 13, 32.
27) J. Klausner, *a.a,O.*, 220.
28) J. Klausner, *a.a.O.*, 220.

예수의 시대상

것이나 여기서는 그가 세례자 요한을 처형한 장본인이라는 것만을 언급해 둔다(마르 6, 14이하).

헤로데가의 마지막 사람은 아그리빠(Agrippas)이다. 그는 신약에 등장하며, 헤로데가의 정치를 재확인하기 위해서도 언급할 필요가 있다. 그는 스테파노가 순교(주후 36년)한 시대의 지배자이고 제베대오의 아들 야고보를 처형했으며(62년), 베드로를 투옥한 장본인이다(사도 12,1-19). 아그리빠는 헤로데 손자 중의 한 사람으로 로마를 거점으로 삼고 드나들던 자인데 그의 조부 헤로데와 꼭같이 로마에서 실력자 칼리굴라(Caligula)와 클라우디스(Claudius) 등과 친교를 맺고 있다가 필립푸스가 죽자 카이사르가 된 칼리굴라로부터 그 영역을 인수받을 뿐 아니라(37년) 동시에 왕의 칭호도 받았고, 안티파스를 모함하여 쫓아내게 했으며, 그 지역도 그의 판도에 넣고(40년) 마침내 전 팔레스틴의 왕이 되어 44년까지 이스라엘을 우롱했다. 그는 조부와 같이 두 얼굴의 사람이지만 기교 면에서는 그 조부를 능가했다. 예루살렘의 유다 상류층에게는 진실한 신앙인이며 유다 전통의 수호자처럼 인정받을 수 있었다.[29] 나아가 자신이 유다적임을 강조하기 위해 그리스도교 박해에 나섰다.[30] 그러나 그는 동시에 예루살렘 밖에서는 반유다적이며 철저한 헬레니스트의 길을 걸었다. 베리투스(Berythus)에 희랍식 극장과 경기장을 세우고 가이사리아와 사마리아에 그의 딸들의 동상을 세우는 등의 작태를 서슴치 않았다. 그의 칭호는 "아그리빠 대왕, 카이자르의 친구, 로마의 믿을 만한 친구"[31]인데, 이것이 바로 헤로데가의 체질을 집약한 것이다. 그는 그러한 헤

---

29) 요세푸스는 그가 진실한 유다인이었다고 격찬한다. Jos. *Ant.* 19, 7, 3; 참조. 사도 21, 23ff.
30) 사도 12, 3.
31) W. Fdrster, *a.a.O.*, 71(한역본 139).

로데가의 본성을 마지막으로 과시하기 위해 나타났다가 사라진 사람처럼 보인다.

헤로데가의 역사를 통해 드러난 로마 정책의 특징을 한마디로 말하면 철저히 반민중적이라는 사실이다. 어떤 경우에도 이스라엘 민중의 뜻을 고려한 적이 없으며, 오히려 민의 뿌리가 없는 자들을 그들의 앞잡이로 골랐던 것이다. 그렇게 세워진 자들의 통치수단은 횡포 밖에 다른 것을 기대할 수 없다.

총독정치

로마는 직접 통치하지 않고 유다인이라 할 수 없는 로마의 충복 헤로데를 내세워 그 목적을 충분히 달성할 수 있었다. 이미 위에서 언급한 대로 헤로데가 죽자 그 대를 이은 아켈라우스의 실정에 저항하여 그의 통치를 거부한 것이 총독주재 정치의 계기가 되었다. 여기서 우리는 총독정치를 개략적으로 집약함으로써 정치적 맥락만을 파악할 수 있게 할 것이며, 그 구체적 사건은 저항사에서 다루게 될 것이다.

우연스럽게도 총독정치는 예수가 세상에 온 때와 같이 시작된다. 주전 4년, 즉 예수가 난 해에[32] 헤로데가 죽자 도처에서 '폭동'이 일어났다. 그중 갈릴래아 민중의 봉기는 극심했다. 로마는 그것을 진압하기 위해 당시의 시리아 주둔 총독 바루스(주전 6-3년)를 파견했다. 그런데 그는 헤로데의 재산을 차압했다. 바루스의 군대는 이에 분노한 민중을 갈릴래아와 예루살렘에서 두 차례에 걸쳐 진압했다. 그 부대

---

32) 예수의 탄생년도에 대해서는 나중에 다시 논하겠음.

예수의 시대상   61

는 성전의 보물을 약탈했는데 이는 4백 달란트에 해당되는 것이라고 한다.³³⁾ 그리고 무차별 학살을 자행했는데 그때 죽은 자가 2천을 헤아리며 십자가처형, 생매장 등 그 만행은 극에 이르렀다.³⁴⁾ 갈릴래아 지방에 진격한 바루스는 저항자의 요새인 세포리스를 초토화하고, 이르는 곳마다 방화하며, 많은 사람을 체포, 처형 또는 로마로 압송했다. 그러한 폭력을 통해 간신히 통치하는 동안 위에서 언급한 대로 아켈라오스를 거쳐 주후 6년부터 팔레스틴 주재 총독정치가 시작되었다.

   총독의 권한은 막대했다. 사람들 중에는 로마의 식민정책이 관용적이었다고 하는 이가 있다. 그것은 그들의 이해와 상충되지 않는 한, 그 민족의 종교나 풍속에 관여하지 않는다는 뜻이지만 정치, 경제적으로 보면 이런 견해는 타당하지 않다.³⁵⁾ 로마의 앞잡이 헤로데와 예루살렘을 지배하던 아켈라오스가 자유자재로 대사제를 임명하고 파면한 것처럼³⁶⁾ 총독도 그런 권한을 행사했을 뿐 아니라 군사권은 물론 사형권도 독점했으며, 경제권을 장악하여 화폐발행에도 철저히 관여했다.³⁷⁾ 한마디로 총독의 허락 없이는 할 수 있는 일이 없었다. 대사제, 헤로데 왕가를 그대로 인정했으나 저들의 역할은 총독의 재량에 달렸으며 사실상 그의 수족이었다. 초대 팔레스틴 주둔 총독은 코포누스(Coponus 주후 6-9년)이다. 팔레스틴 총독은 제도상으로

---

33) Jos. *Ant*. 17,16, l-2; *Bell*. 2, 3, 1-2.
34) Bo Reicke, *a.a.O.*, 84(한역본 126).
35) K. Wengst, *Pax Romana. Anspruch und Wirklichkeit*, München 1986, 14.41ff.
36) 헤로데가 임명, 파면한 대사제 명단에 대해서는 J. Klausner, *a.a.O.*, 202를 보라.
37) 금화나 은화의 발행을 금지하고, 동화의 발행만을 허락한 것이 그 상징적인 예이다 . J. Klausner, *a.a.O.*, 212.

시리아 주둔 로마총독 휘하에 위치했다. 그가 곧 착수한 것은 시리아 주둔 총독 퀴리니우스(Quirinius)의 지시에 따라 경제적 착취를 제도화하는 일이었다. 그것을 위해 호구조사에 착수했다. 이것은 경제만이 아니라 그 민족 전체를 얽어매어 통치하려는 기초작업이었다. 이스라엘은 이에 민감했다. 그들은 다윗이 인구조사를 하려다가 하느님에게 큰 재앙을 받았다는 전설을 알고 있는 민족이었다(삼하 24장). 그러므로 이에 저항하는 민중봉기를 불가피하게 했으며, 그것이 저 유명한 젤롯당이 형성된 구체적인 원인이 되었다.

제4대 그라투스(Valerius Gratus 15-26년)는 빌라도와 더불어 가장 오래 그 자리를 유지한 총독이다. 그에 관해서는 그리 많은 자료가 없다. 단지 그는 어느 총독보다도 대사제를 많이 갈아치운 것으로 유명한데[38] 그 중에서 적어도 네 명의 이름이 확인된다. 그 마지막 대사제가 예수와도 관계되는 가야파(Kaiaphas)이다.[39] 그런데 주목할 점은 그 교체가 뇌물수수와 깊은 관련이 있었다는 것[40]인데, 그것이 로마 식민정책의 부패상의 단면적 표출이다.

그 뒤로 예수를 처형한 빌라도(Pontius Pilatus)가 등장한다. 근 10년이란 긴 세월 동안(26-36년) 유다를 지배했으며, 가장 많이 알려진 총독이다. 알렉산드리아의 필로(Philo)는 빌라도에 대한 아그리빠 1세의 평을 다음과 같이 전하고 있다: "잔인하고 고집스러우며 동정을 모르는 사람이었다. 그가 다스리던 때의 유다에는 뇌물과 폭행, 쟁탈, 압박, 능욕, 재판없는 처형, 제한 없는 잔인성이 지배했다."[41] 비록 그 서술의 책략적 고발성을 감안하더라도 그에 대한 평가의 신빙성

---

38) 탈무드에는 대사제가 12개월마다 바뀐다고 한다(Joma 8 a).
39) J. Klausner, *a.a.O.*, 216. 각주 100. 그의 이름은 본래 Hakajaph였다고 한다.
40) 당시 티베리우스 황제는 자신이 보내는 총독들을 피를 빨아먹는 굶주린 돼지에 비교했다고 한다. W. Forster, *a.a.O.*, 146.
41) Philo, *Gesamtschafian Cajus*, 38. J. Klausner, *a.a.O.*, 216에서 중인.

은 다른 여러 자료에서 입증된다.

유다교에서 어떤 상을 만들거나 조각하는 따위는 금기로 되어 있다. 빌라도는 부임할 때 일부러 카이사르의 상이 그려진 군기를 앞세운 군대를 예루살렘에 입성시켰다. 의도적인 도전이다. 이에 분노한 이스라엘 민중은 총독 관저가 있는 가이사리아에 몰려가서 다섯 주야를 통곡으로 탄원했는데 엿새째 되는 날 그는 민중에게 칼을 뽑아 들고 해산하지 않으면 사살하겠다고 위협했는데, 저들이 하나같이 옷을 찢으며 차라리 죽음을 선택하겠다고 맞섬으로 결국 그는 후퇴할 수밖에 없었다.[42] 또 수리시설 공사를 빙자하여 성전의 재산을 탈취한 데 대해 저항하는 군중을 학살하고,[43] 끝으로 메시아운동에 참여하여 사마리아의 그리짐산에 운집한 민중을 무차별 학살했다.[44] 이에 분격한 사마리아 민중들이 시리아 주둔 총독을 통해 로마의 카이사르에게 집요하게 탄원하므로 결국 소환되었는데, 그가 바로 예수를 처형한 장본인이다. 뒤에서도 다시 언급하겠지만 이같은 위인이 자신의 의사와는 아무런 상관없이 단지 군중의 압력에 몰려 예수를 처형했다는 것은 납득할 수 없는 일이다.

예수의 사건 이후, 그리고 아그리빠 1세의 사후 파투스(Cuspius Fadus/ 44-46년)에서 유다전쟁을 촉발시킨 풀로루스(64-66년)에 이르는 여러 총독이 신약에 직접간접으로 반영된 자들인데, 그들은 계속되는 민중봉기에 맞서서 무력으로 탄압하는 것 외에 다른 방법을 모르는 자들이었다. 빌라도 때까지 이스라엘 민족혼의 상징처럼 생각된 대사제복이 헤로데, 아켈라오스, 그리고 총독들에 의해 보관되었다. 이것은 이스라엘민에게 그들의 혼을 차압당한 것이나 다름없

---

42) Jos. *Ant*. 18,31; *Bell*. 2, 9, 2-3.
43) *Bell*. 2, 9, 4.
44) 요세푸스는 그 민중들이 무장했다고 한다. Jos. *Ant*. 18, 4, 1.

이 생각된 것이다.[45] 빌라도가 추방되자 이 제복은 다시 이스라엘민의 손에 넘어갔는데 당시의 카이사르 클라우두스는 그의 통치권을 과시하기 위해 파투스가 그것을 회수 보관할 것을 지시했다. 이에 반대하는 이스라엘민은 폭력보다 호소를 선택하여 클라우두스가 양보할 때까지 투쟁했다. 그러나 그것으로 이스라엘이 제 모습을 찾은 것은 아니다. 대사제의 임명권을 가진 로마는 민의에는 아랑곳없이 대사제를 임명했다.[46] 이에 분노한 민중의 저항은 날로 메시아운동의 형태를 띠었다. 튜다스(Theudas)라는 무명의 인물이 여호수아 시대에 그랬듯이 요르단강을 가른다고 하면서 민중을 모아서 예루살렘을 거쳐 로마로 진격하려고 했다. 파투스는 기병대를 동원해서 이를 쳐부수고 튜다스를 체포하여, 그 머리를 베어 예루살렘으로 가져왔다.[47] 그의 뒤를 이은 유다인 헬레니스트 알렉산더는 저 유명한 알렉산더 필로(Philo)의 조카였음에도 불구하고 철저히 로마의 앞잡이였다. 유다인으로서 유다인의 총독으로 부임한다는 것이 벌써 그 위인 됨을 충분히 말한다. 그러므로 그의 업적으로 전해진 것은 유다 민족주의자들을 탄압한 것뿐이다. 그 대표적인 사건은 민중의 지도자이며 젤롯운동의 선구자인 갈릴래아 유다의 두 아들 시몬, 야곱과 함께 많은 젤롯당을 십자가에 처형한 일이다.[48]

알렉산더의 뒤를 이은 쿠마누스(Cumanus) 때에는 그 자신의 부패함도 노출되었지만 로마 사병들의 오만한 만행이 화근이 되었는데, 그것은 물론 로마제국의 체질의 발로로 봐야 한다. 그가 취임했을 때는 바울로가 이방선교에 혼신을 기울일 때이며, 이미 데살로니

---

45) J. Jeremias, a.a.O., 168 (한역본 198).
46) Bo Reicke, a.a.O., 107 (한역본 158).
47) 요세푸스는 튜다스를 사기꾼으로 단정했다. Jos. Ant. 20, 5, 1.
48) Jos. Ant. 20, 5, 2.

카에 보내는 편지가 공개되었을 때이다.

　유월절은 이스라엘의 민족해방절이다. 그러므로 이스라엘민은 온 세계에서 예루살렘으로 운집하여 하느님을 향한 축제를 드렸다. 그런데 로마의 군인들이 이를 모독하기 위해 민중 앞에 하체를 드러내고 그들을 희롱한 것이다. 그것은 이스라엘민에 대한 모욕만이 아니라 저들의 신을 모독한 것이다. 이에 흥분한 민중이 일촉즉발하려는 순간에 출동한 쿠마누스는 그들을 설득하는 데 실패하자 무차별 살육을 감행했다. 그때의 사상자가 삼만을 헤아린다고 한다.[49] 이스라엘 민중은 이것을 잊을 수 없었다. 로마의 관원이 예루살렘 부근에서 피습당했다. 이는 위의 사건의 연속으로 보아야 할 것이다. 이에 쿠마누스는 군대를 동원해서 그 근방의 촌락을 모조리 불태우고 그 주변의 사람들을 닥치는 대로 살육했다. 그에게는 점령군과 식민지인만이 있을 뿐 '인간'은 없었던 셈이다. 그런데 그때 로마의 군인이 모세의 율법 두루마리를 발견하자 그것을 사람들 앞에서 찢으며 조소했다. 민중은 더 이상 참을 수 없었다. 만일 쿠마누스가 재빨리 그 병정을 처형하지 않았던들 민중의 분노가 어떻게 번졌을지는 아무도 상상 못했다.[50]

　사마리아인과 유다인 사이에 충돌이 일어났다. 사마리아인들이 축제를 위해 예루살렘으로 향하는 유다인들을 기습했기 때문이다. 그런데 사마리아인들에게서 뇌물을 받은 쿠마누스가 정당한 판정을 내리지 않았기 때문에 더욱 심한 참사를 빚게 되었다. 유다인과 사마리아인들이 모두 그에게 분노하여 마침내 그는 피신하는 수밖에 없게 되었다.[51]

---

49) Jos. *Bell.* 2, 12, 1.
50) Jos. *Ant.* 20, 5, 3-4.
51) Jos. *Ant.* 20,6, 1. 요세푸스는 젤롯당의 지도자 엘르아잘이 유다 편에 서서

그의 뒤를 이은 펠릭스(Felix 52-60년)는 그 다음의 페스도(Festus 60-62년)와 더불어 사도행전에 언급된 인물이다. 그는 바울로를 체포, 투옥했으며, 페스도는 그를 로마로 압송했다. 펠릭스는 로마의 노예 출신으로 자신의 과거를 분풀이하기 위한 사람처럼 잔인했고, 또 삶을 최대한 향락했다. 그의 세번째 아내는 헤로데 아그리빠 1세의 딸로 유다인이었다(사도 25, 24-26). 그때 유다인의 저항운동은 본격화되었다. 젤롯당은 몸에 칼을 들고 다니며 자객행각을 하는 시카리(Sikarii)로 변모해 갔는데, 그는 젤롯당의 지도자 엘르아잘(Eleazar)을 체포 로마로 압송했으며, 많은 이스라엘민을 학살하고 십자가에 처형했다. 사도행전에 잠깐 언급되는 에집트로 탈출한 한 유다인은 3만 명의 부하를 거느린 것으로 알려졌다.[52]

이스라엘이 본격적으로 소요를 일으킨 것은 네로(Nero 54-68년)가 취임한 후부터이다. 네로의 광증은 스스로 아폴로의 아들이라 자부하고 그렇게 자신을 경배하도록 강요했으며, 그것에 순복하지 않는 세력은 잔인하게 학살했다. 그 와중에 펠릭스의 지주였던 팔라스(Palas)를 해임함으로 펠릭스가 무력하게 되고 로마는 파터(Parther)와 싸우기 위해 식민지의 힘을 빌렸는데 헤로데 아그리빠에게도 지원을 요구해 왔다. 이것이 로마의 일시적인 쇠퇴의 한 징조였는데 이와 더불어 이스라엘에서 저항운동이 활발하게 일어났다. 이때의 총독은 사욕을 채우는 일과 자기 방어를 위한 군사행동을 하는 데 바빴다. 한편 로마의 군율은 해이해지고 동시에 민심의 불만은 극에 다다랐다. 유다전쟁을 일으키게 된 총독 플로루스(Florus)의 행태를 보면 그 시대의 로마통치의 면모를 가늠할 수 있을 것이다.

싸웠다고 하는데, 그 부대는 여러 해 전부터 산에 거점을 두었던 "강도들"이었다고 한다.
52) 사도 21, 38.

요세푸스는 "플로루스는 민중에게 너무도 많은 만행을 즐겨 저질렀다. 그는 마치 범법자들의 처형수로 임명된 듯했으며, 모든 형태의 갈취와 잔인한 행위를 서슴없이 했다"[53]고 했는데, 구체적 경우를 몇 가지 보자: 유월절에 예루살렘에 모인 이스라엘 민중 3백 만은 의례적으로 예루살렘에 온 시리아 주둔 로마총독에게 플로루스를 소환해 줄 것을 탄원했다. 그러나 그 결과는 역효과를 가져왔을 뿐이다. 그로부터 플로루스의 잔인성은 더욱 더 노골화되었다. 가이사리아에 유다인의 회당이 있었는데 그 회당과 대지주 희랍인 사이에 분쟁이 있었다. 그 중재를 요청받은 플로루스는 뇌물을 요청해서 착복하고도 충돌을 바라기라도 하듯이 이유없이 다른 지방에 가 있었다. 이스라엘민의 대표가 그의 거처로 찾아가서 하소연하자 그는 그들을 투옥해 버렸다. 이에 민중은 흥분했고 예루살렘은 소요했다. 그런데 타는 불에 기름을 끼얹듯, 바로 그때 플로루스는 카이사르의 요청이라면서 성전의 재산 17달란트를 갈취했다. 이에 이스라엘 민중은 폭거 대신 그를 모욕하는 전략을 썼다. 저들은 그의 면전에서 돈을 거두어 그에게 주었다. 불쌍한 거지라는 뜻에서! 이에 분격한 그는 기마병과 보병을 예루살렘으로 진격시켰다. 헤로데 궁전을 점령한 그는 사제를 위시한 지도층을 불러 그를 모욕한 자들을 색출해서 대령하라고 했다. 이에 불응하자 그의 군대는 무차별 학살을 감행하였고, 그 날만도 630명이 죽었다.[54] 분노한 민중의 폭발을 달래기 위해 대사제를 위시한 사제계층 등이 성전의 제기와 악기 등을 동원하여 제의를 집전함과 동시에 머리에 재를 쓰고 옷을 찢으면서 호소했다. 그러나 플로루스는 오히려 성전을 습격, 보물들을 갈취하는 것으로 응수했을 따름이다. 이렇게 해서 마침내 유다전쟁이 시작된 것이다.

---

53) Jos. *Bell*. 11, 14, 2.
54) Jos. *Bell*. 2, 14, 9.

이스라엘 민중은 사방에서 궐기했다. 특히 갈릴래아 지방이 격렬했다. 이에 출동한 시리아 주둔 갈리스(Gallis) 군대가 민중들에게 격파당했다. 그만큼 맨주먹 민중의 분노는 극에 이른 것이다. 이에 네로는 로마에서 베스파시안(Vespasian)을 사령관으로 임명, 직접 군대를 진입시켰다. 그때가 66년 겨울이다. 그는 갈릴래아를 위시하여(67년) 베레아, 서요르단(68년) 등을 속속 토벌했다. 젤롯당은 예루살렘으로 몰려서 최후의 결전을 준비했다. 바로 그때 네로가 죽음으로써 로마제국에 대이변이 일어났다. 도처에서 반로마 세력이 일어났고 국내 정세가 혼란했기 때문에 만 2년 이상 소강상태에 들어갔다. 그러나 베스파시안이 카이사르가 되자(69년) 그는 티투스(Titus)를 사령관으로 임명, 예루살렘을 글자 그대로 초토화시켰다. 그때가 70년인데 그후 마사다요새 전투, 그리고 끝으로 '별의 아들'(Bar Cocheba)이라는 별명을 가진 시몬이 이끄는 부대가 최후의 한 사람까지 장렬한 죽음으로 저항한 전투가 있었을 뿐, 이로써 사실상 전쟁은 끝나고 이스라엘 민족은 나라 없는 유랑민이 되었다.

이미 62년 주의 형제 야고보의 순교를 전후하여 그리스도인은 팔레스틴을 떠나야 했는데 이제 전쟁과 더불어 많은 이스라엘민이 고향을 떠나 이방으로 정처없이 방황하게 되었으며, 디아스포라 유다인들도 박해에 못이겨 살던 땅을 버리고 배회함으로써 제 땅이 없는 유랑의 민족이 되었다. 나아가 로마제국은 정책적으로 저들을 모두 추방하고 이 땅을 이스라엘의 오랜 숙적의 이름 필리스트(블레셋)의 이름을 붙여 팔레스틴이라고 부르게 하고 예루살렘시도 그 이름을 바꾸었으며, 성전 자리는 쥬피터 신전이 되게 한 것이다.

이 무렵 맨 처음의 복음서 마르코복음이 씌어진다. 마르코복음에는 유다전쟁 특히 예루살렘의 운명이 반영되어 있는데 무엇보다 주목할 것은 예수와 더불어 몰려다니는 그 민중(ὄχλος)이 바로 그 시대 이스라엘민 전체의 모습을 반영하는 것이라는 점이다.[55] 이것이 유다전쟁이 있기 전에 쓰여진 바울로의 편지들(50-60년)과 다를 수 밖에 없는 것은 너무나 당연한 것이다.

이상에서 예수시대사를 집약했는데 이것은 어디까지나 지배자의 측면에서 본 것이다. 그 현실을 입체적으로 부각시키려면 피지배자인 이스라엘 민중의 시각에서 보아야 할 것이다. 그러나 그것은 예수사건을 진술할 때 반영하려고 한다. 또 하나의 특징은 예수시대를 반영하기 위한 정치적 상황인데 이스라엘이 로마제국에 의해서 파멸될 때까지의 정황을 일별했다. 까닭은 그렇게 함으로써 로마제국의 통치상황을 부각시키려는 목적도 있지만 무엇보다도 예수사건을 전승하여 마침내 문서화하기에 이른 예수의 민중의 삶의 현장을 반영하기 위해서였다.

경제적 상황

고대 경제는 구조적으로 쉽게 변동되지 않았다. 그러므로 한 백년간의 경제적 조건들은 특별히 시대구분을 하지 않고도 알 수 있을 만큼 큰 차이가 없다. 그러나 헤로데 왕가의 치하, 즉 로마 지배 이후부터 상당한 변화가 있었기 때문에 그때부터 유다전쟁 전까지의 자료에서 예수시대를 이해하는 데 도움이 되는 범위 안에서 그리고 앞으로 예수사건을 서술하는 데서 중복되지 않는 범위 안에서 당시의 경제적 상황을 간략하게 서술하겠다.

팔레스틴은 농업 위주의, 이른바 준아시아적 생산양식을 지니고

---

55) 안병무, "마가복음에서 본 역사의 주체", *a.a.O.*, 156.

있었다.[56] 그런데 유대지방은 박토여서 자급자족이 불가능하므로 비옥한 갈릴래아의 곡물에 의존했다.[57] 농지의 절대량이 모자라기 때문에 소작층이 다수였는데 그 자식들은 품팔이로 나가야 했으며 일자리가 없으면 자동적으로 떠돌이가 되는 현상이었다. 로마시대 농민들의 수입은 수확의 50%를 넘지 못했다. 그만큼 세금으로 빼앗겼기 때문이다.[58] 그런데 헤로데에 의해 건설되고 활성화되는 도시에 있는 부재지주의 격증과 토지가 계속 부농에게로 넘어가는 것을 제동할 장치가 마비되고 있었다. 토지를 돌려주는 안식년이나 희년제도가 실시되지 않은 것은 권력과 야합한 부농의 거부로 인한 것이다. 팔레스틴에는 원래 부농이 많지 않았다고 한다.

대지주로는 먼저 왕족들과 대사제족들이 다수를 차지하고[59] 그리고 세력권에 붙어있는 층도 포함되는데[60] 저명한 라삐계층에서 대지주로 알려진 사람들이 많다. 그 중 한 라삐의 1년 수확은 예루살렘 시민이 십 년 동안 먹을 정도의 것이었다는 기록이 있고, 어떤 사람은 고을 천 개와 배 천 척을 소유했다고 하며, 어떤 사람이 성전에 바치는 십일조가 송아지 만 삼천 마리였다고 하는 등의 믿기 어려울 정

---

56) "아시아적 생산양식"은 관개수로의 개발과 광범위한 노예노동에 근거한 독특한 생산양식이다. 팔레스틴에는 이와 같은 생산양식이 나타나지 않았으나, 팔레스틴 사회의 생산양식도 농민노동의 철저한 수탈을 바탕으로 삼고 있었다. "준아시아적 생산양식"은 이 점을 고려한 표현이다.

57) 요세푸스는 갈릴래아 지방이 비옥한 푸른 정원 같다고 묘사한다. Jos. *Bell*. 3, 32.

58) J. KJausner, a.a.O, 241; F.C. Grant, *The Economic Background of the Gospel*, 1926, 10f. 그랜트는 당시 유다인이 바친 세금이 총수입의 3-40%에 달했으리라 추산한다.

59) J. Klausner, a.a.O., 239.

60) H. Kreissig, *Die sozialen Zusammenhänge des judäischen Krieges*, Berlin 1970, 9; M. Hengel, *Die Zeloten*, 89. 218.

도의 전승이 있다.[61] 부농은 소농에게 토지를 담보로 종자 또는 돈을 빌려 주고 기일 내에 갚지 못할 경우에는 가차없이 토지를 합법적으로 뺏는 일이 성행했다.[62] 그렇게 토지를 빼앗긴 농부는 할 수 없이 자신과 가족을 노예로 팔게 된다. 이래서 신분상 노예 아닌 노예가 증가되었다.

유대 지방은 기후가 나쁘다. 그래서 한재가 몇 년 동안 계속되는 경우가 있다. 부농들은 자기들의 수확은 물론 소농의 작물을 사들였다가 곤궁기에 방출해서 막대한 이익을 보는 경우가 많은데 그 값을 평균치의 16배를 넘게 받았다는 기록이 있다.[63] 이런 때 대부분의 소농들은 자기 땅을 내놓을 수밖에 없었다. 계속 늘어난 부재지주는 도시인들이다.[64] 저들은 농민에게 농노처럼 농지를 관리하게 한 것이다.[65] 소작인들은 대지주에게 계속 생존의 위협을 받을 수밖에 없었다.[66] 헤로데는 로마정부와 마찬가지로 부농들을 자기 편으로 만들었는데[67] 그것은 동시에 그 부농들이 권력에 편승해서 부를 축적했다는 것을 의미한다. 그렇다면 그 수탈방법 또한 다양했으리라는 것을 상상할 수 있다. 이렇게 보면 문제는 상부층에 있다는 결론이 되며, 저들의 사욕이 민중을 도탄에 빠뜨린 것이다. 헤로데는 그의 유서에서 아켈라오스에게 6백, 안티파스에게 2백, 필립푸스에게 1백, 그리고 살로메에게 60달란트의 연봉을 주도록 했다고 한다.[68] 그러면

---

61) b. Joma, 35b(Bar.); 참조. *E.R.II*, 2.
62) J. Klausner, *a.a.O.*, 239.
63) H. Kreissig, *a.a.O.*, 38.
64) E. Lohmeyer, *Soziale Fragen nach Urchristentum*, 1921, 55f.
65) S.W. Baron, *A Social and Religious History of Jesus*, Philadelphia 1937, Bd. 1, 278.
66) M. Hengel, *Die Zeloten*, 341.
67) *Loc. cit.*
68) Jos. *Ant.* 17, 7, 1.

그 자신의 연수입이 적어도 천 달란트를 넘었으리라는 계산이 나온다. 그런데 요세푸스는 그의 사유재산이 1, 500달란트라고 했는데,[69] 그것은 아마도 그의 유서에 카이사르에게 천 달란트, 그리고 로마에 있는 그의 친지에게 5백 달란트를 할당한 것[70]에 의거한 추산일 수 있다. 여기서 저들에게 지불되는 재원이 세금 외에 토지였다는 사실은 중요한 점이다. 아켈라오스가 추방될 때 그가 소유했던 땅을 로마의 카이사르가 자기 것으로 차압했다가 다시 팔았다는 기록이 있는데[71] 그것은 헤로데 왕가에 사유지가 많았다는 것을 의미한다. 사실상 헤로데가 자기 자식들과 손자들에게까지 연봉 외의 땅을 할당했으며,[72] 심지어 그의 심복에게 한 지역을 봉토한 것[73] 등을 보면 민중에게 돌아갈 땅이 남아날 수 없었음을 알 수 있을 것이다.

헤로데는 건설사업을 통해 그의 명예욕을 채웠다. 그러므로 팔레스틴만이 아니라 남의 나라 도시 십여 곳에도 웅대한 건물을 건설했는데 그중에는 희랍의 아테네도 포함된다. 그리고 그의 화려한 궁전에는 많은 후궁이 있었으며, 군대, 첩보원 등 자신의 정권안보를 위해 지출되는 비용이 엄청났을 텐데 그 돈은 결국 여러 명목으로 국민에게서 몰수한 것일 수밖에 없다.[74] 그의 40년간의 허영과 야욕은 이스라엘 경제질서를 완전 병들게 했다.

로마제국은 점령지역의 경제착취를 특유한 방법으로 했다. 그것은 세금액을 청부로 주는 방법이다. 예외는 있으나 로마의 기사출신으

---

69) Jos. *Ant*. 17, 12, 4-5.
70) Jos. *Ant*. 17, 7, 1.
71) Jos. *Ant*. 18, 2, 1.
72) 헤로데가 땅을 할당한 일에 관해서는 Jos. *Ant*. 18, 31; *Bell*. 2, 167을 보라.
73) Jos. *Ant*. 17, 10, 9.그밖의 다른 예들에 대해서는 M. Hengel, *Die Zeloten*, 329 참조.
74) J. KJausner, *a.a.O.*, 254.

로 경제에 밝은 사람에게 청부를 주는 것이 통례였다. 예로 유다지방에 600달란트를 책정했는데 그 청부를 맡은 자는 그 이상의 세금을 거두어들였고, 결국 그 차액이 자신에게 돌아오는 것이기 때문에 수탈에 결사적일 수밖에 없었다. 나아가 그들은 세금징수의 하청까지를 주었는데 그것에 종사하는 유다인들을 속칭 세리라고 했다. 저들의 임무가 얼마나 가혹했는지 유다 사회에서는 그들을 강도, 살인자, 그리고 사기꾼과 동일시했다.[75] 로마는 세리를 시켜 물세, 시장세, 생활필수품세, 통행세, 집세까지 물리고[76] 각 지역의 경계마다 물건에 대한 통과세를 물려서 로마에서 오는 물건이 팔레스틴에서는 백 배나 비싸게 되었다는 기록이 있을 정도다.[77] 저들이 법으로 정한 것 외에도 현지에 파견된 총독들이 일확천금을 하려는 자세로 임했으니, 티베리우스는 그런 진상을 알고 부패에 의한 파멸을 어느 정도 방지하기 위해 주둔자들을 자주 교체하는 정책을 고안하기까지 이른 것이다.

그런데 주목할 만한 기록이 있다. 그것은 예루살렘 시민이 갈릴래아 농민에 비해서 그들의 풍요함을 자랑했다는 사실이다.[78] 이것은 무엇을 말하는가. 이것은 예루살렘 중심체제와 불가분의 관계에 있는데, 뒤에서 언급할 것이다.

---

75) A. Büehler, *Der galiläische Am-Haaretz,* Wien 1906, 8.
76) Jos. *Ant*. 19, 6, 3.
77) J. Klausner, a.a.O., 251.
78) Sabbat 62b.

셋째 마당

세례자 요한과 예수

세례자 요한은 누구인가

　마르코는 "요한이 잡힌 후에 예수께서 갈릴래아에 오셔서"라는 말로 예수의 공생애 출발의 서두를 삼는다. 우리는 예수의 공생애 출발과 관련해서 이 간단한 편집구에 깊이 주목할 필요가 있다. 이 구절은 "요한이 잡힌 후에"라는 말과 "갈릴래아에 오셔서"로 되어 있는데 이 둘은 깊은 관련이 있다. "요한이 잡힌 후에"라는 이 구절이 의미하는 현실을 집중적으로 다루려 한다.
　먼저, 복음서가 세례자 요한에 대해서 어떻게 다루고 있는가를 정리해보기로 한다.
　세례자 요한에 대해서는 공관서뿐 아니라, '역사적 사실'에 대해서는 비교적 관심하지 않는 것처럼 보이는 요한복음서까지도 많이 언급하고 있다. 네 복음서 외에 요세푸스도 언급하고 있다. 우리는 이상의 자료에서 예수와 관련되는 역사적 사실에 접근해 보는데 집중할 것이다. 까닭은 뒤에서 자세히 살피겠지만 그의 운동은 예수운동과 같은 계보에 속했기 때문이다.

첫째, 세례자 요한은 신분상으로 사제계열이었다(루가 1,5. 9.39). 이것은 역사적으로 부정할 이유가 없다. 세례자 요한은 에쎄네파와 밀접히 관련되어 있는데, 에쎄네파가 사제계층을 중심으로 구성되었다는 점을 고려하면, 이것은 역사적인 사실로 수긍이 된다. 그러나 성전에 전속되지 않았고 예루살렘에 살지도 않았으니 이미 주류는 아니었다.[1] 그는 "어머니 태에 있을 때부터 성령을 가득히 받을 것이며, 포도주와 강한 술은 입에 대지 않을 것이요"(루가 1, 15)라는 기록에 따르면, 그는 어렸을 적부터 '나지르'로서 성별되어 자랐던 것 같다.

둘째, 세례자 요한은 광야에서 고행자로서 살았다(마르 1, 4-6). 그는 "낙타털 옷을 입고, 허리에 가죽띠를 띠고, 메뚜기와 석청을 먹고 살았다"는데, 이러한 그의 모습은 일면 구약의 엘리야를 연상케 하며, 그의 시대에서 보면 그의 삶은 에쎄네파 사람들의 삶과 공통된 점이 있다고 보는 것이 타당하다. 그가 광야로 나갔다는 것은 에쎄네파처럼 탈예루살렘파에 속한 사람이라는 것을 말해준다.[2] 광야는 엘리야, 이사야(40,3) 이래로 특수한 의미를 갖는데[3] 마카베오 이후로는 반체제의 상징처럼 되었다.

셋째, 그는 단독적인 은둔자가 아니라 제자들을 거느리고 있었다(마르 2,18/병행; 루가 7,18 Q/참조..요한 1,35). 그는 분명히 하나의 공동체를 이루고 있었음에 틀림없다. 그 근거로는 그가 제자들에게 '공동체의 기도'를 가르쳐 주었다는 기록이 있는 것(루가 11, 1/Q), 그리고 생활규율로서 정기적으로 금식을 시켰음을 상기하면 된다(마르 2,8/병행). 이 점에서도 요한은 에쎄네파와 상통한 것을 알 수 있다.

---

1) H. Kreißig, *Die sozialen zusammenhänge des judäischen Krieges*, 1970, 107.
2) J. Klausner, *Jesus von Nazareth*, 1952, 332는 그를 나지르의 경향을 가진 바리사이 파라고 보고 예수를 같은 계열에 두나 예수에게 그런 흔적은 없다.
3) M. Hengel, *Die Zeloten*, 1961, 250ff.

넷째, 세례자 요한은 에쎄네파와 마찬가지로 묵시문학파의 영역에 속해 있었다. 그러나 종말에 대한 사변이나 묘사는 찾아볼 수 없고, 다만 마지막 심판의 때가 가까이 왔다는 종말의 임박성만을 강조하고 있다. 이 점에서 세례자 요한은 에쎄네파와 상통하며, 예수와도 상통하는[4] 일면이 있다.

다섯째, 세례자 요한은 회개(μετάνοια)를 외치고, 세례를 주었다. 세례의식이 어디에서 기원했느냐에 대해서는 아직도 불분명하다. 구약에는 세례와 비슷한 내용으로서, 가령 "옷을 빨고 목욕을 한 후에만 진 안으로 들어갈 수 있다"(민수 19,7)는 말이 있는데, 이것은 몸을 깨끗하게 하는 '정결법'의 일환으로서 세례의식과 일치시킬 수는 없다. 여기에 대해 그리스에는 에루시니안이라는 신비종교가 있었는데, 이 종교 공동체에 입단할 때는 세례식을 거행하는 풍습이 있었으므로 세례의식은 그곳으로부터 받은 것이라는 견해와, 한편 바빌론의 종교에서 전래된 것이라는 가설 등 의견이 구구하므로 확실한 것은 알 수 없다. 그러나 우리가 주목할 것은 에쎄네파는 그들의 공동생활에서 세례의식과 성만찬식을 시행했다는 점이다.[5] 그러면 세례 역시 에쎄네파에서 이어받은 것이라 보는 것이 자연스럽다.

요한은 '세례자 요한'이라는 별명을 가질 정도로 세례를 중요시했다. 다만 요한의 세례가 에쎄네파의 그것과 다른 점은 에쎄네파에서는 공동체의 일상행사로서 자기들의 회원에게만 국한한 데 비해 요한의 세례는 모두에게 요구되었고 또 일회적이었다는 사실이다. 뿐만 아니라 요한의 세례는 정결례로서 행한 것이 아니고 회개와 직결시켰다. 다시 말하면 세례는 회개의 표로서, 즉 낡은 사람은 죽고 새 사람

---

4) Kittel *ThW* II 655f.; J. Becker, *Johannes des Täuter und Jesus von Nazareth*, 1972, 20; Hengel, *a.a.O.*, 255f.
5) Klausner, *a.a.O.*, 280f.

으로 산다는 의미의 의식이다(마르 1,4;마태 3,8).

　루가복음 3장 4-6절은 이사야서(40,3-5)를 인용한 것으로서 세례의 정신을 잘 나타내고 있다. 회개란 마음만으로 하는 것이 아니고, 윤리적인 죄를 구체적으로 청산하는 것을 의미한다(루가 3, 10이하). 요세푸스가 세례자 요한을 '정아(正我)의 사람' '완전주의자'로 규정한 것은[6] 이 점에서 상통한다.

　여섯째, 세례자 요한은 예수에게 세례를 주었다(마르 1,9/병행). 이것은 역사적 사실일 것이다. 학자들 가운데는 이것을 역사적 사실이 아니라고 주장하는 사람도 있다.[7] 그러나 나는 이것을 역사적 사실로 본다. 까닭은, 예수를 메시아로서 믿는 그리스도인들에게는 예수가 세례자 요한에게서 세례를 받았다는 것이 그렇게 명예로운 일이 못 되었기에, 없었던 사실을 후에 첨가했을 리가 없을 것이기 때문이다. 마태오는 마르코의 입장을 그대로 따른다. 그런데 루가에서는 예수가 세례를 받았다는 사실을 "사람들이 모두 세례를 받았습니다. 예수께서도 세례를 받으시고…"(루가 3,21a)라는 식으로 가볍게 언급하고 지나치려 하며, 요한복음서는 애당초 언급조차 하지 않는다(요한 3,26 참조). 이런 경향으로 흐른 것은 예수가 세례자 요한에게서 세례받았다는 사실이 결코 명예로운 사실이 아니었다는 것을 반영하고 있는 증거로 볼 수 있다.

　일곱째, 세례자 요한은 마침내 헤로데 안티파스에 의해서 체포·처형됐다. 왜 그는 처형되었을까? 마르코복음서는 세례자 요한의 처형에 대해서 자세히, 길게 기록하고 있다(마르 6, 14-29). 마르코복음서는 이 사실을 그만큼 중요시하고 있다. 마르코에 의하면, 세례자 요한은 안티파스가 이복형제의 아내를 취한 불륜을 책망한 탓으로 체

---

6) Josephus, *Ant*, 18, 5, 2.
7) E. Haenchen, *Der Weg Jesu*, 1966, 58ff.

포되었다가, 헤로디아의 요구로 부득이 그를 처형한 것으로 기록하고 있다. 이 이야기를 보면, 그는 결코 종교적인 이유로 체포된 것이 아님을 알 수 있다. 그러나 이 이야기는 그가 집권자의 구체적인 한 사건을 비판했기 때문에 체포되고 처형된 것처럼 그 이유를 제한한다. 그런데 그가 집권자의 불륜을 책망했다는 것은 그의 체포의 계기가 될 수 있었겠지만, 그가 체포될 수밖에 없었던 그 근본적인 동기는 세례자 요한 자신의 평소의 자세의 일환이라고 보아야 옳을 것이다. 복음서 이외의 자료로서는 요세푸스의 증언을 들 수 있는데, 그에 의하면 세례자 요한은 "그의 말에는 기적적인 마력이 있어서 수많은 사람들이 요한에게로 모였고, 헤로데(안티파스)는 그를 존경하는 민중이 그의 말을 들음으로 소요를 일으킬 것으로 보여 모든 일이 위험한 지경에 들어가므로 이미 늦었다는 후회가 없도록 적기에 그를 제거해 버리려 했다"[8]고 한다. 요세푸스가 친로마적이었음을 감안한다면, 그는 세례자 요한이 단순한 종교적 인물이 아니었음을 잘 말해주고 있는 셈이다. 민중에게 귀신처럼 영향력을 행사했다는 요세푸스의 말은 복음서에서도 찾아볼 수 있다. 마태오복음서에는 사람들이 그를 "귀신이 들렸다(δαιμόνιον ἔχει)고 말했다"(11,18/Q)는 보도가 있는가 하면, 마르코와 마태오에는 세례자 요한이 민중에게 참 예언자로 존경받고 있으므로 집권자들이 그의 영향력을 두려워하고, 그의 처치에 고심했다는 기록이 있다(마르 11,32; 마태 14,4-5). 루가는 민중들이 세례자 요한의 말을 따랐으며, 지도계층을 거부했다는 것을 암시하고 있다(7,28-29). 이처럼 복음서들은 요세푸스의 보도를 사실(史實)로서 입증하고 있다. 세례자 요한은 분명히 집권자에게 위험인물로 보였음에 틀림없다.[9]

---

8) Jos. *Loc cit. Ant*.
9) J. Welhausen(*Israel und Jüdische Geschichte*, 1958⁹, 341)은 그가 처형된

루가에 의하면, 세례자 요한은 '도덕적 설교자'의 위치를 넘어서서 구체적인 현실문제에 관여한다. 무엇보다도 경제문제를 언급하며, "속옷 두 벌 가진 사람은 없는 사람과 나누어 가지고 먹을 것을 가진 사람도 그렇게 하라"(3,11)고 하는가 하면, 군인들에게는 "남의 것을 강제로 빼앗거나 속여 빼앗지 말라"(3,14)고 하고, 세리들에게는 "너희에게 정해준 것보다 더 받지 말라"(11,13)고 한다. 그는 추상적인 도덕이 아니라, 구체적인 삶의 현장에서 잘못된 것을 경고하고 책망한 것이다. 그 성격은 가난하고 약한 자의 편에 서고, 강제할 위치에 있는 자의 권리를 제약하는 것이다.[10]

그에게는 또하나 다른 중요한 면이 있다. 복음서에서 세례자 요한은 초기에 엘리야의 재현이라고 거듭 강조되고 있다는 사실이다. 엘리야가 메시아의 선구자로서 다시 올 것이라는 기대가 유다 민중사에 민속적인 전설로서 널리 퍼져 있었다.[11] 말라기(3,23-24)에 의하면, 엘리야의 재현을 예언하는데, 그 목적은 망할 운명에 처한 이스라엘을 최후 순간에서 건져내기 위해서라는 것이다.

그러나 유형론(Typology)의 입장에서 볼 때, 루가(1,17) 등의 서술은 중요한 의미를 지닌다. 엘리야야말로 북왕국 이스라엘 왕권과 정

것은 단순히 종교적 열광 때문이 아니라고 하고 E. Meyer(*Ursprung und Anfänge der Christentums* I, 857; II, 406)는 그의 하느님 나라 선포가 종교지도자들과 집권자에게 공포를 주었다고 하며, E. Lohmeyer(*Soziale Fragen in Urchristentum*, 1921, 59f.) 등도 이와 비슷한 견해를 표명한다. 이에 대해 Kreißig(a.a.O, 107)는 당시의 로마제국이 예언자나 그를 따르는 자들을 멸시했으나 적대시한 바 없다고 보고, 세례자 요한은 아무런 민중조직없이 대항했을 것인데, 이러한 그를 집권층이 무서워 했을까(a.a.O, 110)하는 물음으로 그의 저항을 갈릴래아의 유다 경우와 비견한다(a.a.O., 109).

10) F. F. Bruce, *New Testament History*(*Zeitgeschichte der N. T. I*, 162). Kreißig(a.a.O., 109)도 이 점을 강조한다.
11) Klausner, a.a.O., 334f.

면으로 대결했던 전형적인 예언자의 한 사람이었기 때문이다. 아합왕이 엘리야를 향해 "그대가 이스라엘을 망치는 장본인인가?"고 말했을 때, 엘리야는 "내가 이스라엘을 망치는 것이 아닙니다. 이스라엘을 망하게 하는 사람은 바로 왕 자신과 왕의 가문입니다"(열상 18,17-18)고 맞섰다.

아합왕이 왕의 권력으로써 나봇이라는 사람의 포도밭을 빼앗고, 항거하는 그를 처형했을 때, 엘리야는 "네가 사람을 죽이고 그의 땅마저 빼앗는구나… 나봇의 피를 핥던 개들이 같은 자리에서 네 피도 핥으리라"(열상 21,19)고 힐책했다. 여기에서 엘리야의 기본 자세가 잘 표명되었다. 그는 권력자의 불의를 결코 용납하지 않고, 눌린 자의 편에 서서 누르는 자에 대항했던 예언자였다. 엘리야에 대한 그러한 전승들은 이스라엘 민중이 엘리야에 대해서 어떤 이미지를 지니게 했는지를 잘 짐작할 수 있다.[12] 그렇기 때문에 복음서에서 세례자 요한, 그리고 예수 운동을 엘리야와 연결시켜 언급되고 있는 것은 많은 뜻을 함축한다고 보아야 할 것이다. 가령 예수의 변모설화에 엘리야가 모세와 함께 등장하는데, 그는 예언자의 대표로서 나타난다.

예수 당시 어떤 이는 예수를 가리켜 세례자 요한이 다시 살아났다고도 하고, 또 세례자 요한을 가리켜 엘리야가 다시 살아났다고도 했는데(마르 6,14-15), 이것은 세례자 요한이나 예수에게 엘리야적 풍모가 있었다는 것을 암시한다. "엘리야가 살아났다"고 했을 때, 민중들은 이미 민중편에 서서 집권자의 권력과 불의에 대항한 예언자를 연상했을 것이다. 어쨌든 이런 전승들에서 주목할 것은 민중들의 의식 속에는 엘리야, 예수, 세례자 요한이 한 계통으로 연상되고 있었다는 점이다. 그렇다면, 계보적으로 볼 때 세례자 요한은 어디에 속했을까?

---

12) Klausner (*a.a.O.*, 333)는 엘리야를 반(反) 도시문화자로 보고 이 점에서 세례자 요한과의 유사성을 지적한다(*a.a.O*, 335).

이미 우리는 위에서 세례자 요한이 에쎄네파와 유사성을 가지고 있다는 점을 지적했지만, 여기에 몇 가지 점을 첨가할 수 있을 것이다. 세례자 요한은 에쎄네파의 '탈예루살렘' 입장과 같이 예루살렘 성전을 위시해서 유다교의 공적 전통을 부정했다. 그는 "너희는 아브라함의 자손이라고 하지 말라, 하느님은 돌로도 아브라함의 자녀가 되게 할 수 있다"(마태 3,9)고 해서 이른바 유다민족의 선민권을 부정한다. 그리고 "나는…"하고 말하는 형식의 언어가, 에쎄네파의 공동체를 이끌었던 '의로운 스승'과 유사하다.

또한 그는 회개를 필수요건으로 내세워 이스라엘 전체의 특권을 부정했다. 뿐만 아니라, 세례자 요한이 활동했던(세례를 주었던) 요르단강 주변의 지역과 에쎄네파의 공동체가 있었던 그 지역이 동일하다.[13] 이런 사실은 모두 세례자 요한이 에쎄네파와 아주 가깝다는 사실을 거듭 나타낸다. 따라서 세례자 요한이 에쎄네파의 저 '의로운 스승'이라고 단정하는 견해도 있다.[14] 그러나 이것은 추측에 그칠 뿐 확실한 근거를 제시해주는 견해는 아니다.[15] 클라우스너도 그가 에쎄네파와 뿌리를 같이 한다는 전제를 하면서도 그 차이점을 지적한다. 에쎄네는 시험과 선택의 과정을 거쳐 약간의 새 회원을 수용하는데 대해서, 세례자 요한은 모든 사람에게 세례를 주었다. 에쎄네는 광야에 정착하여 그 시대의 소용돌이를 피하고 단지 메시아의 오심을 기다렸음에 반해 세례자 요한은 자신의 직접적 제자 외에도 많은 민중을 모아 가르침으로 메시아 도래를 촉진했다. 에쎄네는 기본적 자세로 정치에 관여하지 않았는데, 세례자 요한은 엘리야가 아합왕에게

---

13) 비교 *1QH*, 5. 8.
14) *1QH*, 5, 23f.
15) J. Jeremias, *Der Lehrer der Gerechtigkeit*, 1964, 34, 296ff.

대항했듯이 안티파스의 불의에 대결했다[16]는 것이 그것이다. 그러나 에쎄네파가 대중운동을 하지 않았다는 것을 빼고는 엄격한 차이점이라고 할 수 없다. 까닭은 세례자 요한이 자신의 공동체 조직을 어떻게 했는지 모르기 때문이고, 또 에쎄네도 유다전쟁 마지막 단계에 봉기했기 때문이다.

하여간 어떤 경우에도 분명하게 지적할 수 있는 것은 그가 적어도 에쎄네파와 맥을 같이 하고 있다는 사실이다. 비록 그가 한때 그 공동체에 머문 데 지나지 않았다고 해도 적어도 에쎄네파는 그의 정신적 모태였음에 틀림없다.

그런데 이상한 것은 복음서에서 에쎄네파에 관해 전혀 언급이 없는 빈면, 세례자 요한파에 대해서는 자주 언급하고 있다는 사실이다. 왜 그랬을까? 이것은 여러 가지로 논의의 대상이 되고 있지만, 우리는 이렇게 상상할 수 있을 것이다. 즉 에쎄네파에 관해 언급하지 않는 것은 세례자 요한파가 에쎄네파와 대립된 위치에 놓여 있지 않았을 뿐 아니라, 도리어 많은 점에서 공통점을 가지고 있다고 보았기 때문이다. 반면에 세례자 요한파에 큰 관심을 기울인 것은 세례자 요한을 에쎄네파와 동일시하면서도 그가 민중운동을 폈기 때문이라고 추측할 수 있다.[17]

세례자 요한과 예수와의 관계

그렇다면, 세례자 요한에 대한 예수의 입장은 어떠했을까? 먼저

---

16) Klausner, *a.a.O.*, 334ff.
17) 이 사실은 무엇보다도 복음서에서 계속 반영되는 예수운동과 세례자 요한파의 그것을 경쟁적으로 다룬 데서 볼 수 있다.

복음서들에 언급된 데서 각기의 입장부터 밝혀보기로 하자.

마르코복음서에는 세례자 요한이 예수의 선구자로서 나타난다. 마르코는 맨 첫머리에 "하느님의 아들 예수 그리스도의 복음의 시작"이라고 한 다음 곧바로 이사야를 인용해서 그를 "주의 길을 예비하고 주의 다니실 길을 곧게 하는 자"로 성격화한다. 그리고 예수가 세례자 요한에 의해서 세례를 받는 장면을 서술한다(마르 1,1-2).

마태오는 이 점을 더욱 강조한다. 세례자 요한은 예수의 선구자일 뿐 아니라(마태 3,13-15), 예수의 설교와 세례자 요한의 설교 내용을 동일시한다(3,2). 마태오는 "세례자 요한 때부터 지금까지 하늘나라는 공격을 받고 있다"(11,12)고 말함으로써 세례자 요한을 이미 새 시대의 인물로 간주한다.

이에 대해 루가는 예수가 세례자 요한에게 세례받은 것을 부차적인 서술법으로 그 의미를 후퇴시키고, "율법과 예언자의 시대는 요한까지다"(16, 16)고 하여 세례자 요한을 전 세대의 인물로 못박아 버린다.

어록자료에도 "여인이 낳은 사람 중에 세례자 요한보다 더 큰 인물은 없다. 그러나 하늘나라에서는 가장 미미한 자라도 그보다 크다"(마태 11,11 ; 루가 7,28)고 한 것을 보면, 처음 교회의 입장은 세례자 요한을 '전 세대' 곧 낡은 세대의 마지막 사람으로 간주한 것 같다.

그런데 요한복음서는 여느 복음서보다 세례자 요한을 많이 취급하고 있음에도 불구하고 그를 보다 더 격하시킨다. 그는 이미 예수의 선구자가 아니라 증인의 한 사람에 불과하다. 그는 자기 제자들에게 "보라, 하느님의 어린양이로다"(요한 1, 36)고 증거할 따름이다. 요한복음은 "그는(예수) 흥하여야 하고 나는(세례자 요한) 쇠하여야 한다"(3,30)고 말한다. 이것은 요한에만 있는 유명한 말로서, 세례자 요한은 구원사적 의미에서 보아 이미 그 역할이 끝났다는 선언이다.

세례자 요한에 대한 복음서들의 입장이 이와 같은 데 대해서 예수 자신의 입장은 어떠했는가?

먼저, 예수가 세례자 요한에게서 세례를 받았다는 것이 사실이라면 예수는 세례자 요한의 운동에 공명한 면이 있다는 것은 틀림없다. 많은 학자들은 예수가 한동안 세례자 요한과 함께 지냈을 것이라고 추측한다.[18] 여기서 "예수가 세례자 요한의 운동에 공명했을 것"이라는 표현은 의도적이다. '운동'은 '사상'과 유리될 수는 없지만, 사상에 공명한다는 경우는 사상의 세부적 내용까지 공명한다는 뜻이다. 예수가 세례자 요한의 운동에 동의했다면, 세례자 요한을 예수의 선구자로 본 마르코의 입장은 틀린 것이 아니다. 다시 말해 예수 역시 세례자 요한을 자신의 선구자로 보았다고 말할 수 있다.

그렇다면, 마르코에서 "세례자 요한이 잡힌 후에 예수가 갈릴래아로 가서"(1,40)[19]라는 이 구절은 중요한 의미를 가진다. 예수는 그의 선구자가 체포되었다는 소식을 듣고 자신의 공생애 첫발을 내디딘 것이다.

이미 앞서 밝힌 대로 세례자 요한은 정치적 동기에서 집권자 안티파스에게 체포되었다. 그렇다면 예수의 공생애는 정치적 상황과 깊은 관계를 맺고 있다는 것이 드러난다. 예수의 공생애로의 결단은 정치적인 현장에 그 동기가 있다. 그의 선구자가 이스라엘 전체의 '회개' 운동을 전개하고, 특히 집권층의 죄악상을 폭로하고 거기에 도전하다가 체포된 뒤에, 그가 그 현장에 나섰다는 것은 무엇을 의미하며, 그는 어떤 각오를 하고 나섰을까?

우리가 다시 주목할 것은 세례자 요한이 갈릴래아의 집권자 안티파스에게 체포되고 처형되었다는 점이다. 그가 요르단강 강변에서

---

18) J. Becker, *Johannes der Täufer und Jesus von Nazareth*, 1972, 68.
19) 마태오(4, 12)도 동일한 내용이다. 단 루가에는 이 구절이 삭제되어 있다.

세례를 주었다고 하는데, 그곳은 대체로 유대지방이라고 부르는 것이 학자들의 중론이다.[20] 그렇다면 그는 어째서 갈릴래아 지방의 봉건영주였던 안티파스에게 체포되었을까? 그것은 그가 안티파스의 통치권에서 활동했다는 증거다. 그렇지 않았다면 안티파스가 직접 그를 체포하지 못했을 것이다. 그러면 세례자 요한은 처음부터 갈릴래아의 요르단강 지역에서 활동했거나 아니면 유대 지방에서 활동하다가 후에 그 무대를 갈릴래아 지방으로 옮겼을 수도 있다. 요세푸스는 요한에 대해 언급하면서, 세례자 요한은 메시아 운동자로 체포되어, 아랍국과의 경계에 있는 가장 큰 요새인 사해 동쪽 마카루스(Macharus) 성에 갇혔다고 말한다.[21] 마카루스성은 예루살렘에서 멀지 않은 유대 접경 베레아지역에 있다. 그렇다면 이런 일이 어떻게 가능했는지 알 수가 없다. 안티파스가 처형까지 시킨 것이 사실이라면, 앞뒤가 맞지 않는다. 왜냐하면, 안티파스가 자기 처소인 티베리아 연회장에서 세례자 요한의 목을 가져오라고 명령해서 당장에 시행되었다면, 그 시간에 마카루스성에까지 갔다 온다는 것이 도저히 불가능하기 때문이다.

그러나 이런 의심은 마르코전승을 역사적 사실로 받아들일 때 있을 수 있는 것[22]이고, 한 가지 분명한 것은 세례자 요한이 갈릴래아 지방의 집권자 안티파스에게 체포되고 처형되었다는 사실이다. 이것은 그가 갈릴래아 지방과 깊은 인연을 맺고 있었다는 것을 의미한다. 그렇다면 그의 활동무대는 예수의 활동무대나 젤롯당의 활동무대와 정치적 여건에 있어서 동일한 것이다. 불행히도 우리는 그 이상 자

---

20) 참조. E. Haenchen, *Der Weg Jesu*, 24.
21) Jos. *Ant*, 18, 5, 3.
22) 마르코의 서술은 전승된 자료를 그대로 옮겼을 뿐이다. R Bultmann, *Die Geschichte dersynoptischen Tradition*, 1957³, 328f. Klausner도 보도의 사실성(史實性)을 의심한다(*a.a.O*, 331).

세히 알 수 있는 자료를 갖고 있지 못하다. 그러나 예수의 공생애의 출발을 세례자 요한이 체포된 때로 잡은 것은 많은 암시를 준다.

마르코 기자가 세례자 요한이 잡혔다고 했을 때 사용했던 이 동사 παραδίδωμι(deliver, betray/'넘기다'의 뜻)를 예수의 수난예고를 말할 때도 그대로 사용하고 있음은 주목할 만하다. 안티파스가 세례자 요한이 "두려워서" 그를 체포했었다는데, 세례자 요한이 죽은 후에 활동한 예수도 "두려워했다"는 기사도 그 유사성을 암시한다.

마르코는 6장 14절 이하에서 헤로데 안티파스가 예수에 대한 여러가지 소문—"죽은 세례자 요한이 다시 살아났다" 또는 "엘리야다" 또는 "한 예언자다"—을 듣고, "내가 목을 벤 그 요한이 살아난 것이다"고 단정한 사실을 기록하고, 이어 세례자 요한의 처형기사를 싣고 있는데, 이것은 마르코적인 독특한 서술법으로서 세례자 요한의 운명과 예수의 운명이 동일하다는 것을 시사한 것으로 특기할 만하다.

그렇다면, 정치범으로 체포·처형된 세례자 요한의 바톤을 이어받는 듯이 출발한 예수는 어떤 길을 걸었을까? 예수의 운명은 세례자 요한의 그것처럼 너무나 자명한 것으로 전제되어 있다.

예수는 세례자 요한이 안티파스에게 정치범으로 체포되어 처형된 것처럼, 꼭같이 정치범으로 체포되어 처형되었다. 다만 세례자 요한은 갈릴래아에서 당했지만 예수는 예루살렘에서 당했다는 차이뿐이다. 이 점에서 세례자 요한과 예수는 같은 운명의 길을 선택한 셈이다. 따라서 "세례자 요한이 잡힌 후에" 예수가 "갈릴래아로 갔다"(마르 1,14)는 이 말 한 마디가 이미 세례자 요한과 예수의 공동의 연대적 운명을 말해주고 있는 것이다.

그러나 예수의 생애와 세례자 요한의 생애를 비교할 때, 거기에는 근본적으로 다른 점이 제시되어 있다. 이 점에 대해서 두 가지 자료가 주어져 있다.

첫째, 마태오복음 11장 18-19절(Q자료/루가 7,33-34)이다. "요한이 와서 먹지도 않고 마시지도 않으니 사람들이 그는 귀신이 들렸다고 말하고, 인자는 와서 먹기도 하고 마시기도 하니 '보라, 저 사람은 먹기를 탐하고 술을 즐기는 자요 세리와 죄인의 친구라'하고 말한다." 이 구체적인 전승에서 우리는 세례자 요한과 예수의 행태의 근본적인 차이점을 본다.

말씀자료에 의하면 세례자 요한은 하느님 나라를 선포하는데, 그가 강조했던 것은 하느님의 나라가 도래한다는 사실보다 "진노의 심판이 임박했다"는 사실 자체에 있었다 : "도끼가 이미 나무 뿌리에 놓였으니 좋은 열매를 맺지 않는 나무는 다 찍혀 불 속에 던져질 것이다"(마태 3,10/Q). "도끼로 찍어 버린다", "불로 살라 버린다"는 말은 진노의 심판을 상징한다. 그러므로 장차 올 이 '메시아'는 "쭉정이를 불에 태울 것이다"(마태 3,12)고 한다. 여기에서 우리는 세례자 요한의 종말관을 뚜렷이 볼 수 있다. 그의 삶의 행태도 이것을 반영한다. 그가 고행의 길을 걸었다는 것이 그것을 잘 나타낸다. 그는 진노의 신을 알고 경험했다. 그는 이제 올 심판을 두려움과 불안 속에서 기다리면서 설교했다. 그는 우울한 예언자이기도 했고, 진노의 예언자, 불의에 항거한 예언자이기도 했다. 그는 세상이 불로 망하리라고 믿는 사람이었다. 그러기에 그가 죄를 회개하라고 외칠 때도 윤리적인 죄들을 전제했다.

예수는 이와는 다르다. "하느님의 나라가 가까왔다, 회개하라"고 하지만, 그것은 구원의 기쁜 소식이라는 데 강조점이 있으며, 진노와 심판에 강조점을 두지 않는다. 그 때문에 예수의 삶의 모습과 행태도 다르다. 그는 결코 청중을 정죄하지 않았으며, 역사의 종말을 어두운 면에서 보면서 살지 않았다. 그는 구원의 때를 축하하는 삶을 살았다. "세리도 죄인도 해방되었다. 우리는 이 해방의 때, 구원의 때를 축하하자"는 식의 삶이었다. 구원의 때, 해방의 때를 축하하자는 이 점이 세례자 요한과 근본적으로 다른 면이다. 이 기쁜 구원의 때에 왜 고행하고 슬퍼해야 하는가? 어떤 사람들이 예수에게 와서, "요한의 제자들과 바리사이파 사람들의 제자들은 금식을 하는데 당신의 제자는 왜 금식하지 않습니까?"(마르 2,18)하고 묻자, 예수는 "신랑의 친구들이 신랑과 같이 있는 동안에도 금식할 수 있느냐?"(마르 2,19)고 반문한다. 이럴 수 있던 것은 예수가 진노의 심판의 신이 아니고 새로운 가능성으로서 열린 현실인 하느님 나라의 도래를 경험했기 때문이다. 새 것이 온다. 새 술은 새 부대에 넣어야지 낡은 부대에 넣을 수는 없는 것이다. 이 점이 세례자 요한과 근본적으로 다른 점이다.

둘째, 세례자 요한이 옥중에서 그의 제자들을 예수에게 보내 질문하는 기사가 있다(루가 7,20).[23] "오시기로 되어 있는 분이 바로 선생님이십니까? 그렇지 않으면 우리가 또 다른 분을 기다려야 하겠습니까?" "오실 그이"라는 것은 당시 이스라엘 민중의 공통적인 대망의 대상이요 민중의 '은어'다. 특히 안티오쿠스 4세의 폭정 이래 하느님의 구원의 역사를 향해 여러 가지 형태로 지배자들의 억압과 착취에 대항했던 하시딤, 에쎄네, 그리고 세례자 요한, 젤롯당이 기다리던 "오실 그이!" 이것은 그들의 희망이 집약된 대상이요, 구체적 내용이었다. 어떤 권력층에 붙어 먹거나 축적한 재산보존에 혈안이 된 계층을 제외하고는 민중에게는 더 이상 설명이 필요없는 묵시적 대상이다.

복음서에서 세례자 요한이 사람을 예수에게 보내 이 말 하나로 그 소원을 전달하는 것으로 곧 통할 수 있었다고 하는 것은 둘이 같은 범주에 속했다는 확신을 시사한다. "오실 그이"는 물론 메시아를 뜻

---

23) 이것을 역사적 사실로 보는 학자는 없다.

한다. 이 물음에 대해 예수는 "옳다", "아니다" 대신 "가서 너희가 보고 들은 것을 요한에게 알리라. 맹인이 보고 절뚝발이가 걷고 나병환자가 깨끗해지고 귀머거리가 듣고 죽은 사람이 살아나고 가난한 사람에게 복음이 전파된다"(루가 7,22/Q)고 말한다. 이것은 바로 예수가 실제로 했던 일, 곧 그의 행태를 집약한 말이다.

이 말은 무엇을 의미하는가? 여기에 대한 의미는 다른 제목의 마당(일곱째 마당 "사탄과의 투쟁")에서 말하겠지만, 여기에서는 세례자 요한과 관련시켜 한 두 가지 의미만을 밝혀두겠다. 세례자 요한이 "오실 이"가 당신이냐고 했을 때, 위에서 언급한 말씀자료(Q)에 의해서 파악한다면, 그것은 심판하러 오는 주님, 도끼를 들고 열매를 맺지 않는 나무를 찍어버릴 분, 쭉정이를 불에 태워버릴 분으로 이해되어 있다. 다시 말해서 "오실 그이"는 심판의 주로 생각했을 것이다. 만일 예수가 이에 대해서 "예"라고 대답했다면 그는 심판의 주밖에 되지 못할 것이다. 그러나 그의 하는 일은 저주도 심판도 아니며, 악마에게 사로잡혀 고뇌하는 사람들을 해방해 주는 일이다. 어두움이 아니라 밝음, 죽음이 아니라 삶의 사건이 일어나고 있다는 것이다. 이로써 예수가 하고 있는 일은 세례자 요한이 기대한 것과는 다름을 사실로 보여준 셈이다.

다음으로, 세례자 요한이 세례를 준 것은 마치 이제 임할 진노의 심판 통과를 허락하는 증명서와도 같았다. 이것은 그가 사제계열의 사람임을 상기시킨다. 그런데 예수는 세례를 준 일이 없다. 요한복음서에 그가 세례를 주었다는 기록이 있기는 하나 실제로는 그 자신은 주지 않았다.[24] 예수가 세례를 받았다는 것, 그러나 그 자신이 세례자

---

24) 요한복음에는 예수가 세례자 요한과 같은 때에 유대지방에 머물면서 세례를 주었다고 한다(3,23). 4장 1절에도 예수가 세례를 많은 사람에게 준다는 소문을 전한다. 그러나 공관서에는 전혀 그런 언급이 없다. 그러므로 요

요한이 잡히자 공생애를 출발했음에도 세례를 주지 않았다는 것이 사실이라면 이러한 행위를 어떻게 해석해야 할까?

처음에 나는 '사상'에 동의한다는 것과 '운동'에 동의하는 것을 구별해 보려고 했다. 그런 측면에서 본다면 예수는 도래하는 하느님 나라 앞에서의 회개운동에 동의하는 뜻에서 세례를 받았으나 요한의 세례의 제의적 의의에는 동의하지 않았다고 할 수 있다.[25] 그런데 그러한 소극적인 의미보다 좀더 적극적인 뜻이 있을 것이다. 예수전승은 그가 세례를 받고 광야로 나가서 40일간 시험을 받았다고 한다. 40일은 물론 상징적인 숫자이다. 이스라엘 청중은 광야와 40의 수를 연결지으면 출애굽의 광야 40년 방황의 이야기, 모세가 밤낮 40일 단식한 이야기 또는 엘리야가 밤낮 40일을 광야에서 헤맨 이야기를 연상했을 것이다. 그 어느 이야기든지 광야의 40일(년)은 새로운 출발을 향한 과거의 종지부인 동시에 교량의 뜻이 있다. 광야 40년의 이스라엘민의 방황은 "젖과 꿀이 흐르는 가나안 땅"으로 들어가는 전단계요, 모세의 40일은 야훼의 계명을 받는 전 단계, 엘리야의 40주야의 광야는 호렙산에서의 새로운 계시를 받게 한 절망의 종지부다. 그러므로 그 이상의 의미를 찾으려는 것은 무모한 사변일 뿐이다.[26]

마르코는 이러한 맥락에서 한 시대를 종결짓기 위해 반드시 거쳐야 할 길이라는 듯이 예수의 40일간의 시험을 극히 간단히 서술함으로써 갈릴래아로 향하는 전단문으로 삼고 있다. 이로써 세례자 요한

한복음에는 "사실은 예수께서 세례를 주신 것이 아니라 그의 제자들이 준 것이었다"를 첨가 삽입하고 있다. 요한 본문 분석은, M. Goguel, *Das Leben Jesu*, 1934, 166 이하를 참조.

25) H. Braun(*Spär Judentum II*, 66)은 예수는 세례에 제의적 의미를 두고 동의하지 않았다고 한다.
26) 시험 설화 해석은 J. Gnilka, *Das Evangelium nach Markus* (EKK), 1978, 56f. 참조(한역본 66 이하).

의 광야생활도 그리고 동시에 회개의 세례의 때도 끝났다. 그가 세례자 요한에게서 떠난 것은 광야에서 떠나는 일과 동시적인 것이며, 그것은 또한 낡은 때의 종지부이기도 하다. 율법과 예언자의 시대는 요한까지다(루가 16, 16)라는 루가 전승은 바로 이와 같은 판단을 분명히 한 것이고, 그것이 예수의 경우라고 볼 수밖에 없다. 그렇지 않고는 그가 세례자 요한파를 포함한 유다교의 금식문제에 대해서 지금은 그럴 필요가 없는 때라고 하고, "새 술을 새 부대에"(루가 5,36-38 참조)라고 하는 뚜렷한 입장이 설명되지 않으며, 예수의 하느님 나라 도래에 대한 이해의 근본적 차이가 설명되지 않을 것이다.

그러나 질문은 여전히 남는다. 왜 예수가 세례자 요한이 체포되었다는 사실과 더불어 그를 체포한 안티파스가 지배하는 갈릴래아로 갔는가? 그것은 세례자 요한의 체포, 죽음을 낡은 시대의 종말로 받아들임과 동시에 예수는 이제 새 시대의 문턱을 넘어서야 한다는 각오였을 것이다. 그 새 시대란 하느님 나라 자체다.

넷째 마당

넷째 마당
갈릴래아로
예수의 소명

석가와 공자와 예수

　이 마당의 주제를 "갈릴래아로"라고 했는데, 예수의 소명을 언급하려는 것이다. 그러나 심리학적인 대상으로서 그의 소명의식을 고찰하려는 것이 아니라 삶의 행태에서 그가 지향하는 바가 어떤 성격의 것이었나를 알아 보려는 것이다. 이 주제에 접근하기 위해서 공자와 석가의 소명관과 대조하는 것으로 출발하고자 한다.
　석가는 실존적 고뇌를 해결하기 위하여 출가했다. 그는 삶 곧 생노병사를 '고'(苦)로 보았다. 그는 이 '고'에서의 탈출을 모색한 나머지, 고행자들인 한 두 스승들을 찾았으나 얻은 바가 없어서 마침내 가야산 6년의 고행길에 들어서게 된다. 그러나 여기에서도 득도치 못하고 있을 즈음, 한 여인이 사랑으로 바치는 유미죽(乳糜粥)으로 힘을 얻은 그는 마왕의 모든 유혹을 물리쳐 이기고 드디어 법열·해탈의 경지에 들어서게 된다. 그리고 그는 그대로 니르바나로 직행하려 했다. 여기에 이르기까지의 그의 삶은 문자 그대로 자신의 실존적 고뇌와 그것을 해결하기 위한 피나는 탐구였다.

그러한 그가 급전하여 중생제도를 위해 40년 동안의 설법의 길에 들어서게 된다. 그것은 대범대왕(大梵大王)의 간청으로 인하여 대자대비의 원력(願力)을 발휘하게 되었기 때문이라고 한다.[1]

예수 역시 고행자인 세례자 요한을 찾아가 그에게서 세례를 받은 뒤에 몸소 광야로 나아가 고행을 시작했는데[2] 이것은 싯다르타의 그것과 외견상 비슷하다. 그러나 내용에서 둘 사이에 현저한 차이가 있음을 발견할 수 있다. 세례자 요한은 비록 고행자이기는 했으나 그 고행의 원인이 인간의 실존적 고뇌해결에 있었다는 흔적은 없다. 그에게는 세계의 심판, 곧 역사의 위기 앞에서의 고행이 있었을 따름이다. 예수는 세례자 요한에게서 세례를 받았다. 그것은 그에게 공명한 바가 있다는 것을 말한다. 어쩌면 그가 어느 기간 동안 그의 집단과 함께 있었을 것이라는 추측도 얼마든지 가능하다.[3] 그러나 마태오에 반영된 대로 종말론적 위기의식에 공감한 것 외에는 어떤 공통점을 발견할 수 없다. 오히려 그의 삶의 자세는 세례자 요한과 대조적이다.

세례자 요한에게 세례받기 이전의 예수에 관해서는 거의 알 수 있는 자료가 없다. 어록자료(Q자료/마르코 외에 마태오와 루가에서 발견되는 공동어록자료)에는 예수가 받은 시험의 내용이 전해지고 있다(마태 4, 1-11; 루가 4, 1-13). 그 내용은 말의 순서 등이 약간 다를 뿐 동일한 자료임에 틀림 없다.[4] 우리는 여기에서 예수의 소명에 대한

---

1) 한글판 八萬大藏經, 1면 3-5장.
2) 마르코는 예수가 40일 동안 광야에서 사탄의 시험을 받았다고 한다(마르 1, 12-13). 그런데 마태오복음과 루가복음은 예수가 금식으로 인해 배가 고팠다고 한다(마태 4, 2; 루가4,2). 이것은 또 다른 전승(Q)이 있었음을 입증한다.
3) J. Becker, *Johannes der Täufer und Jesus von Nasareth*, 1972, 68.
4) R. Bultmann, *Geschichte der synoptiochen Tradition*, 272. 275(한역본 316. 319f.); E. Schweizer, *Das Evangelium nach Matthäus*, NTD, Göttingen 1976, 30 (『마태오복음』[국제성서주석 29], 한국신학연구소 1982, 61). 예수가 시험

해석의 일단을 엿볼 수 있다.

첫째 유혹은 돌이 떡이 되게 하라는 것이었다. 이것은 경제문제이다. 그런데 유의해야 할 것은 그 유혹이 '배고픔'이라는 현실을 배경으로 하고 있다는 사실이다.[5] 둘째 유혹은 성전 꼭대기에서 뛰어내리라는 것이다.[6] 이것은 권위(ἐξουσία)의 소재의 문제 곧 권력의 문제이다. 즉 자신이 하는 일이 하느님으로부터 인정받았느냐의 문제이다. 세번째 유혹은 유혹자에게 절하면 온 천하와 그 영광을 다 주겠다는 것이다.[7] 이것은 문제해결의 방법 즉 전략문제이다. 그런데 유혹자의 말에는 "네가 하느님의 아들이거든"이라는 전제가 있다. 그것은 무엇일까? 메시아를 뜻하는가? 불트만은 그 유혹의 내용이 특별히 메시아적이 아니기 때문에 그렇지 않다고 한다.[8] 그러나 메시아적이라고 보는 이들도 많다.[9] 그러나 어떤 메시아이냐에 따라서 판단이 달라질 것이다.

이 질문은 예수의 공동체(처음 교회)와 예수 시대에서도 가장 절실했던 현장적인 문제이다. 로마의 학정 아래 시달림을 받고 있던 이스라엘 민중의 기대가 구체적으로 반영되어 있으며, 동시에 그것은

받았다는 것은 마르코도 언급했고(마르 1, 12-13), 히브리서에도 반영되어 있다(히브 2, 18;4, 15).

5) 여기에는 광야의 하삐루가 배고픔의 유혹에 빠졌을 때 만나를 내렸다는 이야기(출애 16, 15-36)가 반영되어 있다.

6) 여기에는 시편 91, 11-13이 작용하고 있다. 성전을 사탄과의 투쟁장소로 설정함은 예루살렘 중심의 메시아표상과 관계 있는 듯하다. E. Schweizer, *a.a.O.*, 34(한역본 67).

7) 온 천하를 준다는 것은 유다교의 메시아관과 상통한다. 로마이어와 슈마우흐는 둘째 유혹과 셋째 유혹의 역사적 자리가 갈릴래아의 가난한 사람들의 전승이었다고 본다(Lohmeyer / Schmauch, *Das Evangelium des Matthäus*, Göttingen 1967, 61).

8) R. Bultmann, *a.a.O.*, 272f.(한역본 316).

9) J. Schniewind, *Das Evangelium nach Mattäus*, NTD, Göttingen 1956, 30.

그리스도인들이 당면한 문제이기도 했다.[10] 이 시험서술은 유다 서기관적 문답형식으로 되어 있으나 그렇다고 교리를 논하려는 것이 아니라 결단을 필요로 하는 내용이다. 그리스도인들이 여러가지 갈림길에서 어떻게 해야 하느냐는 문제는 예수의 뜻이 어떤 것이냐를 묻는 데서 해결의 길이 열린다.

이 이야기는 '굶주림'과 관련하여 야훼가 광야에서 모세를 통해 베푼 만나, '메시아'의 통치, 예루살렘이 세계의 중심이 되는 날, 그리고 짐승과 더불어 평화롭게 사는 낙원에의 환상과 갈망 등 많은 편영(片影)이 반영되어 있다. 궁지에 몰린 힘 없고 가난한 계층은 체념, 봉기 아니면 기적을 기다리는, 그 어느 것에 치우치게 된다.

어록전승과 마르코의 것은 전혀 다른데, 마르코전승도 원래는 이와 비슷했던 것이 축약되었으리라는 설도 근거있는 추측이다.[11] 이 시험은 예수에게 국한된 것이 아니라 당시 이스라엘 민중이 당면했던 유혹이다. 그런데 이 이야기에는 많은 요소가 복합되어 있다. 그러므로 당시의 민중운동과 젤롯당과의 관련도 무시할 수 없다.[12] 예수 당시 젤롯당운동은 메시아운동과 불가분의 관계에 있다. 그런데 앞마당에서 본 것처럼 젤롯당운동의 주동자들 중에는 메시아 또는 메시아운동자로 자처하면서 기적을 약속함으로써 민중들을 모은 자들이 많다. 어떤 자는 구원의 표적을 보여 준다고 하면서 예루살렘 성전에 군중을 모았고,[13] 어떤 자는 그리짐산에서 기적을 행할 것이

---

10) 슈바이처는 유혹사화의 세 문제가 유다 전쟁시에 실제로 현실적인 문제로 부각되었을 것이라고 추측한다. 공동체는 젤롯당의 프로그램에 대항해서 Q자료를 수집했고, 이 수집물의 맨 앞에 유혹사화와 세례자 요한의 회개 촉구를 놓았을 것이라고 본다. E. Schweizer, a.a.O., 32(한역본 64).
11) J. Schniewind, a.a.O., 해당부분 참조.
12) S. G. F. Brandon, *Jesus and the Zealots*, Manchester 1967, 311ff.; M. Hengel, *Die Zeloten*, 315.
13) Jos. *Ant*. 20, 5.

라고 해서 수없이 많은 군중을 모이게 했으며,[14] 어떤 이는 모세가 홍해를 가른 것 같이 요르단강을 둘로 가르겠다 하여 군중을 모았다.[15] 또한 예루살렘성을 예리고성을 무너뜨리듯 무너뜨리겠다고 호언하여 민중을 모이게 하고 저들을 선동했는데,[16] 이 때마다 수많은 이스라엘민이 피를 흘리는 결과를 초래했다. 요세푸스는 이런 사실들을 "사기꾼과 협잡패들이 등장했는데 그들은 마치 신의 영으로 충만한 듯이 행동했으나 그것은 오직 폭동과 봉기를 일으키게 하기 위해서 군중으로 하여금 그들의 말에 현혹되게 하려 함이었다"[17]고 기술하고 있다. 여기에 당시 민중의 열망과 동시에 실망이 반영되어 있다. 이스라엘 민중은 굶주렸다. 특히 클라우디우스(Kaiser Claudius/주후 41-45년) 시대에 한재로 무시운 기근이 휩쓸있다.[18] 이 때의 기근상태는 예루살렘 교인에게도 크게 영향을 미쳐 바울로가 주동해 안티오키아교회를 중심으로 모금운동을 편 이야기가 있다(사도 11, 27-30).

당시의 통치자나 부호들은 헬라 등지로부터 식량을 구입하는 것을 주저하지 않았다. 이에 극렬한 민족주의자와 경건주의자들이 반발하였다. 외부로부터 원조받는 것을 민족적 수치로 간주한 것은 젤롯당이며, 우상 앞에 바친 제물을 최대의 금기로 삼는 경건주의자의 눈에는 밖에서부터 받아들이는 양식이 우상 앞에 바쳤던 제물일 수

---

14) W. Forster, *a.a.O.*, 75f.(한역본 148f.).
15) Jos. *Ant*. 20, 97.
16) Jos. *Ant*. 20, 169; *Bell*. 2, 261.
17) Jos. *Bell*. 7, 438ff.
18) 갭은 텝투니스 파피루스(Papyri von Teptunis)가 주후 45년 가을의 기록적인 밀가격 폭등을 입증한다고 지적했다(K. S. Gapp, The Universal Famine under Claudius, *HThR* 28, 1935, 258-265). 그 당시 밀가격 폭등은 나일강의 범람으로 인해 추수가 타격을 받았기 때문에 나타났다고 한다(Jos. *Ant*. 3, 320-321;20, 51ff. 101;Eus. *His. II*, 12, 1).

갈릴래아로

있다는 기우에서 이에 반대하였다.[19] 이러한 틈바구니 속에서 '돌이 떡이 되게 하는 기적'을 열망하는 것은 자연스러운 귀착이다. 이같은 기대가 메시아 기대와 분리될 수 없다. 그러므로 저들은 역광적으로 예수에게 이 문제를 제기한 것이다.

기적을 고대하는 분위기는 이미 이른바 거짓 메시아운동가들의 선동에 반영되어 있다. 그처럼 기적의 약속에 민중이 동원되었다는 사실이 바로 그 당시 민중의 갈망을 반영한다. 그렇지 않아도 이스라엘 민중은 그들의 민족사 이야기에서 기적 이야기를 많이 들어 왔으며, 또 당시를 휩쓴 민속신앙인 묵시문학적 전승도 그런 기대로 차 있다. 한걸음 더 나가서 예수운동에 가담한 민중은 예수가 행한 많은 기적 이야기를 알고 있었다. 또 예수가 악마를 추방하는 이야기 그리고 무엇보다도 광야에서 5천 명을 먹였다는 이야기를 알고 있었다.[20] 그러므로 돌로 떡이 되게 하라는 요구나 성전 꼭대기에서 떨어져도 상하지 않는 권위의 실증을 요구하는 것은 자연스럽다. 이런 요구는 예수의 제자들에게도 그리고 자신들에게도 기대해 봄직하다.

메시아에 대한 기대에서 빼놓을 수 없는 것은 실천적인 방법의 문제였다. 즉 폭력으로 정면대결을 꾀하느냐, 아니면 정면대결을 피하면서 타협으로 실리를 추구하느냐, 혹은 하느님의 처분만을 기다리느냐, 그것도 아니면 다른 고차원적 대응방법을 모색하느냐 등의 문제였다.

젤롯당은 폭력으로 대결하기로 결정한 행동부대다. 그러나 바리사이파 사람들은 실리적인 길을 택했다. 그래서, 젤롯당과 바리사이파 사이에는 언제나 논쟁이 계속되었다. 그들 사이의 알력은 다음 이야기가 반영한다: 갈릴래아 사람(젤롯당 사람을 가리킨다)이 바리사

---

19) M. Hengel, *a.a.O.*, 204ff.
20) 마르 6, 30-44.

이파 사람에게 "바리사이파 사람들이여, 내가 그대들을 고발한 것은 그대들이 이혼증서에 세상의 주권자 이름을 쓰면서 모세의 이름을 함께 쓰기 때문이다"라고 비판 이유를 말했다. 이에 대해 바리사이파 사람들은 "이 갈릴래아의 이단자들아! 우리가 그대들을 고발하는 것은 그대들이 주권자의 이름과 함께 하느님의 이름을 쓰기 때문이다"[21]고 응수한다. 이것은 출애굽기 5장 2절을 지적하는 것으로 "그러나 파라오는, '야훼가 누군데 내가 그의 말을 듣고 이스라엘을 내보내겠느냐?'하며 거절하였다"는 말인데, 순서로 보아 파라오가 먼저 있고 야훼 이름이 나중에 있지 않느냐는 것이다.[22]

바리사이파의 반박은 물론 궤변이다. 그들이 비록 출애굽기 5장 2절을 들고 있지만 바로 그 궤변에서 그들은 자신들이 세상의 주권자와 타협하고 있음을 자인한 셈이다. 이것은 예수 이전부터 예수 당시에 이르기까지 자주 일어났던 일이다. 위에서 본 대로 마카베오의 요나단이 셀류커스와 싸울 때는 하느님만이 우리의 주권자라는 사실을 실현하기 위해서였는데 어느덧 그 싸움의 목적을 잊어버리고 프톨레미 세력이 보내는 대사제복과 금관을 받았는가 하면,[23] 야손은 박해자였던 안티오쿠스 4세에게 은 440달란트를 주고 대사제직을 사기도 했고,[24] 또 히르카누스 2세는 패권을 차지하기 위해서 형제와 경쟁하던 중, 예루살렘에 진격하는 로마의 장군 폼페이우스에게 안에서 성문을 열어줌으로써(주전 63년) 대사제직을 따냈으나 그로써 민족을 로마에게 팔아먹는 결과를 가져왔다.[25]

바리사이파 사람들은 이러한 전례가 있지 않았느냐는 식으로 응

---

21) M. Hengel, *a.a.O.*, 58f.
22) *Loc. cit.*
23) 마카상 10, 15-21.
24) 마카하 4, 15.
25) A. H. J. Gunneweg, *a.a.O.*, 166(한역본 276); Jos. *Ant.* 14, 2, 4.

수한 것이다. 물론 이러한 일들은 이스라엘 민중의 분노를 크게 샀는데 이러한 유혹은 당시에 상당히 만연되어 있었다. 그 중 헤로데는 전형적 인물이었다. 그는 로마에게 추파를 보내 로마를 종주국으로 받들고 헬레니즘화를 꾀했을 뿐 아니라 이른바 팍스 로마나(pax Romana)—로마를 통해서 세계에 평화를 가져온다는 것—를 신봉했으며, 도시를 건설해서 카이사르의 이름을 붙이는 등 로마의 앞잡이 노릇을 했다. 그러나 이렇게 함으로써 헤로데는 그의 지배의 판도를 다윗왕 때의 그것과 같은 것으로 넓히게 되었고, 또 유다와 예루살렘의 전통을 보존할 수 있게 되었으며, 유다사람에게 어느 정도의 종교적 자유까지도 확보할 수 있게 해 주었다.[26] 이리하여 예루살렘파 사람들인 사제계급(사두가이파 사람들)과 장로들은 헤로데의 수완을 인정하게 되었다. 이들은 그의 체제의 그늘에서 살았던 사람들이다. 그렇기 때문에 에쎄네파나 젤롯당 사람들은 반헤로데와 반예루살렘운동에 철저히 투신하게 되었다. 이런 현장은 '하느님만'을 관철하느냐 아니면 '현실'에 타협하느냐를 결단해야 할 것을 요구한다.

그런데 예수는 이 세 가지 시험을 물리쳤다. 이 거부를 곧 젤롯당의 방향을 거부한 것이라고 보는 것은 옳은가?[27] 만약 그런 판단이 옳다면 마지막의 경우는 '예루살렘파'를 거부한 것이라고 보아야 한다.[28] 그러나 그렇게 단순하게 처리되지 않는다. 어떤 이는 처음 두 가지 유혹의 거부는 마술적인 것의 요구를 거부한 것이라고 한다. 그

---

26) Bo Reicke, *a.a.O.*, 74(한역본 113).
27) S. G. F. Brandon, *a.a.O.*, 311ff.; M. Hengel, *a.a.O.*, 315.
28) 예수 시대에는 거짓 예언자들이 기적을 행한다고 하여 사람들을 현혹시킨 예가 많다. 사도행전 5, 36에도 언급되는 드다(Josephus von Theudas)는 자기의 말 한마디로 요르단강을 가른다고 하였고, 마술사 시몬(Simon Magus)은 공중을 날 수 있다고 호언했다(사도 8, 9-11). 따라서 이 두 가지 유혹들의 거부는 예수가 마술사가 아니라는 초기 그리스도인들의 변호일 것이다.

러나 엄밀하게 말해서 그것은 그런 행동 자체를 부정한 것은 아니다. 배곯은 자가 빵을 달라는 것을 일축한 게 아니다. 떡으로만(mono)은 살 수 없다는 것이다. 이 '…만'(only)에 대한 부정이다. 그리고 그것 때문에 하느님의 말씀으로 산다는 것을 잊어버리는 것을 경고한다. 이것은 젤롯당도 예루살렘도 동의해야 할 내용이다. 가난 때문에 물질주의에 빠진 사람들이 많았을 수 있기 때문이다.

성전 꼭대기에서 뛰어내리라는 것은 하느님이 어떤 위기에서도 구출하느냐에 대한 확증을 보기 위해서이다. 이에 대해서 그럴 수 있는 보장이 있다 또는 없다고 말하지 않고 그 자체가 바로 하느님을 시험하는 것이기 때문에 거부한 것이다. 이 거부는 기적능력에 대한 부정도, 기적에 대한 기대를 거부하는 것도 아니다. 성전 꼭대기에서 뛰어내리라는 것은 십자가에 달린 예수에게 '거기에서 내려오라. 그러면 믿겠다"(마태 27, 42)는 것과 상통한다. 예수는 십자가에서 내려오지 않은 것처럼 성전 꼭대기에서도 뛰어내리지 않았다.

세번째 유혹의 거부는 젤롯당의 입장과 그대로 통한다. 젤롯당을 위시해서 탈예루살렘파들이 예루살렘파를 혐오한 것은 바로 저들이 어떤 외세와도 손잡고 자기보존을 꾀했기 때문이다. 헤로데가는 바로 외세에 절하고 '천하'를 얻어 영화를 누리면서 실상은 이스라엘을 망친 전형적인 예이다. 하느님에게만 복종하고 그외 어떤 것에도 절할 수 없다는 것이 젤롯당의 신념이다. 예레미야스는 이 세 유혹이 모두 정치적인 메시아에 대한 기대를 물리친 것이라고 한다.[29] 그가 '정치적'이라는 것을 어떻게 이해했는지 모르나 그것이 적용된다면 세번째 유혹일 것이나 정치적 부정이란 맞는 말이 아니다. 이 유혹에 대한 극복은 바로 "가난한 자"(anawim)의 경건성을 표출한 것이라는

---

29) J. Jeremias, *Die Gleichnis Jesu*, Göttingen 1970[8], 105f.

견해가 있는데,[30] 맨처음 유혹의 동기인 굶주림을 빼면 그 어느 유혹이나 대답도 가난한 자와 연결될 수 없다. 그러므로 예수의 대답이 모세의 말로 된 것에 대해 단순히 그것이 라삐적 창작이라고 보거나 경건성을 표시한 것으로 보지 말고 모세의 이야기가 그 당시 민중에게 어떤 상을 심어 주었는가를 고려에 넣어야 할 것이다.

모세는 처음부터 개인의 실존적인 문제로 고민하는 인물로 등장하지 않고 '하삐루라는 계층'[31]의 해방자로서 부각된다. 그는 에집트에서 하삐루인 자기 동족이 받는 학대를 못 참고 저항하다가 쫓겨났고, 그 후 다시 그는 '해방자'의 소명을 안고 에집트에 들어갔다. 그 때 그가 받은 뜻은 다음과 같다:

> 나는 내 백성이 에집트에서 고생하는 것을 똑똑히 보았고 억압을 받으며 괴로와 울부짖는 소리를 들었다. 그들이 얼마나 고생하는지 나는 잘 알고 있다… 지금도 이스라엘 백성의 아우성 소리가 들려 온다. 또한 에집트인들이 그들을 못살게 구는 모습도 보인다. 내가 이제 파라오에게 보낼 터이니 너는 가서 내 백성 이스라엘 자손을 에집트에서 건져 내어라(출애 3, 7-10).

이것은 하느님이 한 말로 되어 있으며 모세의 소명의식을 나타내고 있다. 그는 민족의 비명 속에서 하느님의 소리를 들었다. 그것은 "개인 구원이 아니라 집단의 구원을, 영혼의 구원이 아니라 역사적

---

30) W. Sattler, *Festgabe für A. Jülicher*, 1927, 10.
31) 구약에서는 하삐루가 히브리로 불리는데, 그것은 본래 민족의 명칭이 아니라 계층의 명칭이다. W. Zimmerli, *Grundriß deralttestamentlichen Theologie*, Stuttgart 1972, Kap. 2(김정준 역, 『구약신학』, 한국신학연구소 1988⁹, 25ff.) ; N. K. Gottwald, *The Tribes of Yahweh: A Sociology of the Religion of Liberated Israel, 1250-1050 B. C. E.*, Mary knoll 1979, 401-409.

현실 속에서의 해방'을 의미한다. 만일 예수가 응수했던 대답을 모세와 연결시킨다면, 예수는 모세처럼 억압받는 사람들의 해방자로서 소명을 받은 것으로 생각할 수밖에 없다. 이것은 마태오복음의 입장이다. 따라서 예수의 해방자로서의 소명은 정치·경제적인 맥락(context)에서만 이해될 수 있다.

그렇다면 예수의 소명과 공자의 그것은 비교할 수 있을까? 공자는 석가와는 달리 정치적인 소명을 띠고 활동한 사람이기 때문이다. 공자는 가난한 농부의 아들로 태어났다. 학문에 게으르지 않았으므로 관직에 들면서 점차 승진해갔다.『논어』에는 그의 내적인 발전과정을 보여주는 간단한 자전적인 글귀가 있다:

> 열 다섯에 학문에 뜻을 두고, 삼십에 서고, 사십에 유혹을 받지 않게 되었고, 오십에 천명을 알게 되었으며, 육십에 귀가 순해지고, 칠십에 하고 싶은 것을 마음대로 해도 법도에 어긋남이 없었다(吾有十五而志于學, 三十而立, 四十而不惑, 五十而知天命, 六十耳順, 七十而從心於慾不足俞拒).

이것을 예수와 피상적으로 비교하면 서른 살에 "섰다"(立)는 것은 비슷하다. 그러나 예수가 섰다는 것은 학문이 섰다는 것이 아니라 현장에 뛰어든 것으로, 바로 '천명'(天命)을 행동으로 옮겼다는 것이고 그리고 그 후 예수는 불과 일 년 내외에 죽었으니 공자가 말한 40-70세의 과정은 무의미하다. 문제는 천명이 무엇이냐인데, 공자가 말한 천명이란 싯다르타가 말한 '깨달음'(覺法悅)과는 분명히 다르다. 공자의 천명이란 정치현실과 직결된 것이다. 그는 중국의 분열을 슬퍼한 나머지 주(周)시대의 문물에 의하여 분열된 중국을 다시 통일시켜보고자 당시 할거했던 군주들을 모두 찾아다니면서 호소했다. 그것은 주나라 체제로의 복귀를 의미하는 것이기도 했다. 이것은 다윗왕조의 복귀를 전제로 한 이스라엘의 메시아 사상과 통한다고 할 수 있다. 그러나 공자는 봉건적인 왕조체제의 통일정치를 이상으로 했던 데 반해, 예수는 하느님의 주권을 수립함으로써 인간의 왕권을 끝내는 것을 그 궁극적인 목표로 하였다. 공자는 이러한 그의 뜻이 이루어지지 못한 것을 깨닫고 제자를 기르는 데 열중하다가 가장 사랑하는 제자 안연이 죽자 "하늘이 나를 버렸다"고 슬퍼했다.[32] 만년에 그는 기다리던 기회(때)가 끝내 오지 않자 하늘이 때를 주지 않으니 어쩔 수 없다고 체념해 버린다.[33]

공자는 그의 생애에서 자기의 뜻을 이루지 못했다는 점에서는 외형적으로 보아 예수와 비슷한 데가 있다고 할 수 있다. 예수는 비록 짧은 생애였지만 마지막에는 슬픈 최후를 보낸 것이다. 그러나 예수는 공자처럼 관리를 양성하지 않았고 정치적 엘리트를 기르지도 않았다. 그는 다만 하느님 나라의 도래를 선포하면서 민중 편에 섰다.[34] 결국 소명에 있어서 예수가 석가나 공자와는 기본적으로 다른 것은 예수가 "세례자 요한이 죽은 후에 갈릴래아로 가서 하느님 나라를 선포했다"는 이 사실에서 가장 잘 드러난다.

갈릴래아로!

"갈릴래아로!"라는 이 한 마디가 예수의 소명을 단적으로 나타낸다. 이제 우리는 예수와 갈릴래아와의 관계를 알아보아야 하겠다. 그

---

32) 論語, 先進 八 : "噫! 天喪子! 天喪子!"
33) 論語, 先進 八.
34) 안병무, "마가복음에서 본 역사의 주체", *a.a.O.*, 151ff.

러나 그보다 먼저 간과해서는 안 될 것이 있다. 그것은 바로 "세례자 요한이 잡힌 후에"(마르 l, 14a)라는 단서다. 이것은 마르코의 편집구[35]인데, 위에서 싯다르타와 공자와 비교해 보던 시도를 종결짓는 중요한 분수령이다. 예수는 수도(修道)의 어느 단계에 도달했거나 또는 정치적 계획을 확립하여 자신의 공생애의 첫발을 들여 놓은 것이 아니라, 정치적 사건이 일어난 것을 계기로 삼았던 것이다. 즉 그의 동지인 세례자 요한이 헤로데 안티파스에 의해 체포된 바로 이 사건을 계기로 삼은 것은 갈릴래아에서의 자신의 소명의 성격을 규정한다.[36]

그런데 갈릴래아는 바로 세례자 요한을 체포한 장본인의 통치지역이라는 사실이 예수의 결의를 더욱 뚜렷이 한다. 그러면 이 갈릴래아에서의 그의 행태를 부각하기 위해서 그 지역의 역사적 그리고 지정학적 상황을 보아야 할 것이다. 갈릴래아 지방의 역사는 바로 예수 당시의 그 지역 여건을 형성한 원인이며, 갈릴래아인들의 한과 희망의 뿌리이기도 하다. 그러므로 이 지역의 기구한 역사를 잠깐이라도 훑어 보고 그 당시의 사정을 이스라엘 전체 민중사와 중복되지 않는 범위에서 일별해 보기로 한다.

창세기 49장 13-15절에는 즈불룬(스불론), 시돈 그리고 이싸갈 등의 지명이 나오는데 그것은 갈릴래아에 속한 지방들로서 바다에 연해 있으며 아름답고 살기 좋은 곳으로 표현되어 있다.[37] 또한 요세푸스는 갈릴래아지방 전체가 비옥한 푸른 정원 같다고 격찬했는데[38] 그것은 그밖의 증언들과 상통한다. 히브리인이 가나안에 정착할 때의 이야기 중에 갈릴래아 지역이 언급되는데(판관 1, 27이하) 원주민

---

35) 이 어구에 대한 고찰에 대해서는 위의 논문, 158 이하를 보라.
36) 위의 논문, 161이하를 보라.
37) 마태 4, 12-16. H. Kreissig, *Die Sozialen Zusammenhänge des jüdischen Krieges*, Berlin 1970, 19.
38) Jos. *Bell.* 3, 42.

이 강해서 정복하지 못한 경우가 많고, 처음에는 주로 산간지대에 정착했다가 점차 원주민의 하삐루들과 연합되어 하삐루의 신 야훼신앙으로 부족동맹(Amphiktyonie)을 결성했다.[39] 그러면서 가나안의 평지에 사는 성인(城人)들과 대치 또는 섞여 살게 되었다. 사무엘서에는 갈릴래아 지방을 "이스라엘의 어머니"(삼하 20, 19)라고 일컫는 말이 있다. 이것은 그 지역이 비옥한 곡창임을 뜻한다.

역사적으로 이 지역은 주전 733년에 아시리아에 점령당함으로써 므기또(Megiddo) 지방에 편입되어 본토 이스라엘과 분리되고, 그후 다른 민족의 통치와 문물에 적응하거나 아니면 싸워야 하는 한스러운 역사를 거듭하였다. 이미 사울왕 시대에 블레셋족의 진격으로 이 지방은 중부의 에브라임, 므나쎄, 베냐민 지파들과 단절되었다가 아시리아 제국에 의해 다시 이스라엘 본토에 연결된 통치구역이 되었다(주전 733년). 이 지역에 여러 민족이 섞여 살므로[40] 이때부터 벌써 "이방인의 갈릴래아"라는 낙인이 찍히고,[41] 프톨레매오가 예루살렘을 정복하고(주전 302년경) 팔레스틴을 여러 갈래로 찢어서 통치할 때 또다시 지역적으로 고립되어 본토에서 분단된 고아처럼 되었다가,[42] 하스몬왕가의 아리스토불 1세가 그의 판도를 갈릴래아까지 확대함으로 다시 이어졌다.[43] 그때 이두매도 함께 점령하고 그 안에 사

---

39) M. Noth, *The History of Israel,* New York and Evanston 1960², Ch. II, 7을 보라. 또한 A. H. J. Gunneweg, *a.a.O.*, 53f. (한역본 66)와 이에 대한 반증인 N. K. Gottwald, *The Tribes of Yahweh, a.a.O.*, 345ff.도 참조하라.
40) A. H. J. Gunneweg, *a.a.O.*, 104(한역본 173); M. Noth, *a.a.O.*, 261.
41) 마태 4, 15-16에는 "이방사람들의 갈릴래아"라는 표현이 나오는데, 이것은 이사야 9, 1에서 따온 것이다.
42) 프롤레매오는 페르샤처럼 팔레스틴을 여러 개의 소행정 단위들로 분할해서 통치하였다. A. H. J. Gunneweg, *a.a.O.*, 143(한역본 238).
43) Bo Reicke, *a.a.O.*, 52(한역본 81f.). 아리스토불 1세 이전에 갈릴래아에 영향력을 행사한 대사제는 하나도 없었다. Jos. *Ant.* 13, 322.

는 이방인들에게 강제로 할례를 실시하여 유다인화하고 또 유다인도 많이 이주시킴으로 유다인들에게는 갈릴래아인들을 '잡종'으로 천시하는 결정적 계기를 가져왔다.[44] 그런데 헤로데가 죽을 때 또 다시 이 땅을 찢어 셋으로 분할해서 그의 자식들에게 '분배'할 때 갈릴래아는 유대지방과 갈라지고 베레아지방과 합해져서 안티파스의 통치를 받게 되었다.[45]

이런 과정을 보면 팔린 창기(娼妓)와도 같은 역사이다. 그러므로 예루살렘 지역의 주민들은 갈릴래아와 그 주민을 그토록 무시했다. 예루살렘의 유다인들은 갈릴래아인들이 이스라엘의 율법을 잘 지키지 않는다고 단정한 것이다. "갈릴래아야 너는 토라를 멸시한다"[46]는 것이 리삐들의 갈릴래아에 대한 판정이며, 갈릴래아는 토라의 지역이 되어 본 일이 없다는 것이 클라우스너의 판단이다.[47] 분명히 갈릴래아의 풍토는 유대지방의 그것과 달랐다. 그것은 원래 북이스라엘의 근원지로서 일찍부터 이방인들과 섞여 살면서 자기정체를 살려가야 했다. 그러나 이로써 이 지역이 비이스라엘적이 되어 버렸다고 판단하면 큰 오산이다.

놀라운 것은 갈릴래아의 농촌과 그 주민들이 너무나도 이스라엘적이라는 것이다. 그들은 외래 문화에 물들지 않았다. 그 농촌은 헬레니즘에 포위된 섬 같았다. 해안지대에는 모두 헬레니즘 도시가 서고 안티오쿠스 이래 특히 헤로데 시대에 세워진 도시들은 헬레니즘

---

44) 이상의 내용에 대해서는, A. H. J. Gunneweg, *a.a.O.*, 158(한역본 263f.); Bo Reicke, *a.a.O.*, 52(한역본 82) ; J. Klausner, *a.a.O.*, 210을 참조하라. 이러한 통합은 이두메아 출신의 헤로데가 스스로 유다인임을 주장하는 길을 터놓은 것이다.
45) Bo Reicke, *a.a.O.*, 85f.(한역본 129).
46) 라삐 자카이의 아들 요하난의 저주(J. Scharb. 15d, 50).
47) J. Klausner, *a.a.O.*, 229.

화되었다.[48] 그러나 농촌은 전혀 그것에 물들지 않았다.[49] 동시에 저들이 갈망하는 것은 하느님의 주권만이 확립된 세상이었다. 그것은 젤롯당의 본거지가 갈릴래아였으며, 바로 저들이 그것을 위해 완전히 산화될 때까지 싸운 것을 회상하면 될 것이다. 무엇보다 유대지방에서 호구조사를 실시하는데 해당지구가 아니었던 갈릴래아의 민중이 봉기에 앞장섰던 사실을 상기할 필요가 있다. 그럼에도 불구하고 저들이 토라를 멸시하는 자들로 낙인찍힌 것은 예루살렘파의 시각에서 볼 때 이유있는 것이다.

갈릴래아는 암하아레츠의 중심지라고 한다.[50] 바리사이파는 자신들이 세운 체제에 따르지 않는 자는 암하아레츠라고 하여 공동식탁도 거부했다. 그 중에 특히 정결법에 저촉되는 자 그리고 십일조를 내지 않는 자를 암하아레츠라고 했다.[51] 그런데 예루살렘파들은 저들이 가난하기 때문이라는 측면을 전혀 고려하지 않았던 것이다. 갈릴래아 자체는 비옥한 지역인데, 왜 그곳에 암하아레츠가 그렇게 모였는가? 어떤 사람은 유대지방보다 교리(종교)상의 자유가 있기 때문이라고 하며 다른 이는 사회계층상의 자유 때문이라고 하는데, 이 두 주장은 유리되지 않는다. 사회계층성은 경제적 조건과 불가분의 관계에 있기 때문이다.

갈릴래아는 비옥한 땅이기 때문에 농업이 생업의 중심이다. 따라서 이 지역의 농산물은 유대 지방 특히 예루살렘의 생명선과도 같았다.[52] 유대 지방은 박토이며 기후관계로 식량의 자급이 불가능했

---

48) W. Förster, *a.a.O.*, 98(한역본 195).
49) W. Förster, *a.a.O.*, 99(한역본 196).
50) H. Kreissig, *a.a.O.*, 85.
51) J. Jeremias, *Jerusalem zur Zeit Jesu*, 302f.(한역본 340).
52) H. Kreissig, *a.a.O.*, 19.

다.⁵³⁾ 그런데 왜 갈릴래아에 암하아레츠가 그렇게 많았는가? 농사는 대부분 암하아레츠에 의해 경작되었다.⁵⁴⁾ 그럼에도 갈릴래아 지방에는 절대빈곤의 소농과 땅 없는 소작인이 압도적이었다.⁵⁵⁾ 그것만이 아니다. 원칙적으로 노예가 있을 수 없는 이 사회에서 가난이 심화됨으로 자진해서 홀로 또는 모든 식구가 농노가 되는 일이 속출했으며, 그것마저 가능하지 않은 실업자들이 수없이 많았다. 이러한 사회 경제적 상황이 젤롯당운동의 현장이었다.

갈릴래아의 소작인들은 부재지주에 의해 착취당했다.⁵⁶⁾ 그 부재지주는 도시에 있었을 뿐 아니라 시민의 절대다수가 농민의 착취자였다. 예루살렘의 시민이라고 예외였던 것은 아니었을 것이다. 우리는 이미 대지주는 왕족이나 대사제의 집안 등 종교귀족이었음을 밝혔는데, 저들이 갈릴래아의 지주가 아닐 까닭이 없다. 이러한 추측을 뒷받침하는 중요한 사실은 바로 갈릴래아에서 예루살렘으로 진입한 젤롯당들이 먼저 대사제 아나니아의 집, 헤로데 궁전 등을 소각함과 동시에 채무장부 등이 비치된 서고를 불질렀는데 그것은 "가능한 대로 빨리 채무장부를 없애버림으로 채무의 징수를 불가능하게 하기 위해서였다"고 한다. 이렇게 서술하는 요세푸스는 "그럼으로써 빚진 자들을 그들 편에 서게 하고 무산자들을 재산가들에 대항하도록 선동하기 위해서"⁵⁷⁾라고 하는데 그런 이유도 있을 수 있으나, 역시 갈릴래아의 민중들에 대한 채권장부를 없애는 것이 주목적이었다고 보는 것이 타당할 것이다. 이런 추측은 예루살렘에는 갈릴래아의 부재

---

53) H. Kreissig, *a.a.O.*, 20f; L. Goppelt, *Christentum und Judentum in ersten und zweiten Jahrhundert*, 1954, 58.
54) H. Kreissig, *a.a.O.*, 25f.
55) S. Baron, *a.a.O.*, Bd. 1,278 ; M. Hengel, *Die Zeloten*, 329f.
56) H. Kreissig, *a.a.O.*, 19.
57) Jos. *Bell*. 2, 478.

지주들이 많이 있었으리라는 전제에서 가능한 것이다.

하여간 갈릴래아는 '쌍놈들'의 소굴이었다. 거덜난 농부 출신을 위시해서 젤롯당이 형성되기 전부터 거기로 몰릴 뿐 아니라 입산하여 도적떼를 형성하였다. 요세푸스는 젤롯당을 포함해서 갈릴래아의 봉기 민중을 도적떼(λησταί)라고 하는데[58] 그것이 당시에 일반적인 호칭이었던 모양이어서 복음서에도 그렇게 부르고 있고,[59] 그럴 만한 이유도 있었음에 틀림없다. 그러나 그들이 단순한 도적이 아니라는 것은 예수를 처형할 때 등장하는 바라빠의 경우에서도 본다. 그도 도적이라고 했는데 그렇다면 예루살렘 민중이 그를 석방할 것을 요구할 만큼 유명하지는 않았을 것이다. 갈릴래아라고 하면 '반란', 갈릴래아 사람하면 '반란자'와 동의어처럼 사용된 것은 반드시 젤롯당의 지도자들이 갈릴래아 출신이 여럿 있었기 때문만이라고 할 수 없고, 갈릴래아인들의 원한의 적이 예루살렘에 거점을 둔 기득권자들이었기 때문이라고 볼 수 있다. 갈릴래아가 예루살렘 지배층의 공포의 대상이 되었다는 것은[60] 단순히 저들이 지배자들을 합법화하고 있는 유다전통을 파괴하되 난폭했기 때문만이 아니라 이해관계상 상반되었기 때문이라고 볼 수 있을 것이다.

갈릴래아 지역에서는 봉기가 그치지 않았기 때문에 갈릴래아 사람이라면 모두 젤롯당으로 간주하기에 이르렀다. 다시 말해서 갈릴래아 사람하면 무조건 '불순분자'로 몰렸던 것이다. 예수와 그 무리가 갈릴래아 사람들로 통했던 것은 그 때문이다. 예루살렘 사람들이 베드로에게 "당신도 저 갈릴래아 사람 예수와 함께 다녔지요?"(마태

---

58) 요세푸스가 저들을 λησταί로 규정한 문헌목록들은 M. Hengel, *Die Zeloten*, 42ff.에 수록되어 있다.
59) 마르 15, 27.
60) H. Kreissig, *a.a.O.*, 124f.

26, 19)라고 묻는 말, "당신이 갈릴래아 사람이니 틀림없이 예수와 한 패일 거요"(마르 14,70) 하는 말 등이 모두 그런 흔적들이다. 갈릴래아의 정치경제사는 예수의 행태와 불가분의 관계에 있다. 갈릴래아는 수없이 박해를 받아 왔다. "빌라도가 갈릴래아 사람들의 피를 흘려 그 피를 그들의 희생제물에 섞었다"(루가 13,1)는 이야기의 진상을 밝힐 수는 없지만,[61] 갈릴래아 사람들이 어느 누구보다도 박해의 대상이 되고 있었다는 민중들의 유언비어가 그 진원임에는 틀림없다.

그런데, 세례자 요한이 잡혔다는 말을 듣고 예수는 바로 이 갈릴래아로 갔다는 것이다. 이것은 무엇을 의미하는가? 이 한 마디가 많은 것을 시사하고 있다는 것은 이미 앞의 마당에서 언급한 바 있다.

우리는 '갈릴래아'를 떼어놓고 예수를 생각할 수 없다. 복음서는 이 점을 어떻게 연관시키고 있는가? 마르코서는 처음부터 이 사실을 분명히 하고 있다. 그는 예수를 처음부터 갈릴래아 사람이라고 못박았는 데도 불구하고, 예수가 "갈릴래아로 가다"(마르 1, 14)라고 하여 갈릴래아를 뚜렷이 부각시키고 있는가 하면, 예수는 일생을 거의 갈릴래아를 무대로 활동했는데도 불구하고, 예수가 "갈릴래아 호숫가를 지나다가"(마르 1,16) 또는 "갈릴래아에 오시어"(마르 1, 9;1, 14)라는 편집구를 연속하여 첨가함으로써 독자들에게 예수가 갈릴래아와 깊은 관계에 있다는 사실을 끊임없이 상기시키려 노력하고 있다. 또한 마르코서가 예수의 말을 '갈릴래아'라는 장소와 연결시켜 소개하고 있는 것은 주목할 만하다.

---

61) P. van Passen, *Why Jesus died?*, 1949, 107-115. 반 파쎈은 그 희생자들이 예수의 민중과 로마군 사이의 결전에서 희생된 갈릴래아 사람들이라고 본다. 쿨만은 그들이 갈릴래아의 젤롯당이라고 본다(O. Cullmann, *The State in the New Testament*, 1957, 14). 그 이외의 다른 해석들에 대해서는, I.H. Marshall, *The Gospel of Luke* (『루가복음 II』 [국제성서주석31.2], 235)를 보라.

같은 말도 어디에서 했느냐에 따라 그 의미가 달라진다. 상황을 떠난 언어는 추상화를 면치 못한다. 예수의 죽음의 유일한 증인이었던 여인들을 "그들은 예수께서 갈릴래아에 계실 때 따르며 시중들던 여인들"(마르 15,41) 곧 "갈릴래아의 여인들"이라고 그들의 고향을 분명히 밝히고 있다. 그리고 제자들이 배신할 것을 예고한 다음 "내가 다시 살아난 후에 너희보다 먼저 갈릴래아로 가겠다"(마르 14,28)고 했는데, 빈 무덤을 보고 당황한 여인들에게 한 청년이 나타나, "그대들은 지금 제자들과 베드로에게 가서 전에 예수께서 말씀하신 대로 그는 그들보다 먼저 갈릴래아로 가실 것이니 거기서 그를 뵐 것이라고 전하라"(마르 16,7)고 한다. 다시 만날 곳을 예루살렘이 아니라 바로 갈릴래아라고 한 사실은 예수의 소명이 무엇인가를 잘 반영하고 있다.

마태오도 대체로 마르코의 입장을 따르고 있다. 그러나 주목할 것은 예수가 갈릴래아로 가게 된 이 사실의 의미를, 이사야서를 인용함으로써 해석하고 있다는 점이다(마태 4,12-17).

> 즈불룬과 납달리 땅 호수로 가는 길,
> 요르단강 건너편, 이방 사람들의 갈릴래아.
> 어두움에 앉아 있는 백성이 큰 빛을 보겠고
> 죽음의 그늘진 땅에 앉은 사람들에게 빛이 비치리라(마태 4, 15-16).

예수가 갈릴래아로 간 것은 "어두움에 앉아 있는 백성"과 "죽음의 그늘진 땅에 앉은 사람들"을 해방시키기 위함에 있다는 것이다. 이런 문맥에서 원문 이사야서를 읽어 보면 다시 한번 놀라게 된다:

> 당신께서는 그들이 짊어진 멍에와
> 어깨에 맨 장대를 부러뜨리시고
> 혹사하는 자의 채찍을 꺾으실 것입니다.
> …
> 마구 짓밟던 군화, 피투성이된 군복은
> 불에 타 사라질 것입니다.
> 우리를 위하여 태어날 한 아기
> 우리에게 주시는 아드님
> 그 어깨에는 주권이 메어지겠고
> (이사 9,3-6).

　마태오 편자는 분명히 예수가 갈릴래아로 간 것은 폭정으로부터 민중을 해방하기 위해서라는 것이다. 그는 예수를 민중을 해방하는 메시아로 여겼다. 마태오 편자는 마르코서를 따르면서도 이 점을 첨가한 것이다. 그는 예수가 예루살렘에 입성했을 때 사람들이 "이 사람은 갈릴래아 나자렛에서 온 예언자 예수요"(마태 21, 11)라고 하여 갈릴래아라는 지명을 당당히 첨가했고, 또 예수가 처음 갈릴래아의 어느 산에서 산상설교를 했듯이 갈릴래아의 어느 산에서 "나는 하늘과 땅의 모든 권세를 받았다. 그러므로 너희는 가서 모든 민족을 제자로 삼아 아버지와 아들과 성령의 이름으로 세례를 주고 내가 너희에게 명한 모든 것을 가르쳐 지키게 하라"(마태 28,16-20)는 장엄한 유언을 내린 것으로 말한다. 마태오 편자는 예수가 세계로 대진격하라는 명령을 "갈릴래아의 어느 산에서" 내렸다고 밝히고 있는 것이다.

　루가복음서는 갈릴래아에 온 예수가 그의 고향 나자렛에 가서 처음 선언한 소명을 이렇게 밝히고 있다:

주의 영이 내게 임하셨도다.
주께서 내게 기름을 부으심은
가난한 자들에게 기쁜 소식을 전하게 하심이라.
주께서 나를 보내심은
포로된 자들에게 해방을 선포하고
눈먼 자들에게 눈 뜨임을 선포하고
늘린 자들을 놓아 주고
주의 은혜의 해를 선포하게 하심이라(루가 4, 18).

루가의 편자는 세례자 요한의 질문에 대한 예수의 대답과 같은 이 말로 "갈릴래아의 예수"의 소명을 잘 드러내고 있다.

예수는 눌린 자, 포로된 자들에게로 갔다. 바로 이 민중들을 해방하기 위해서이다. 이런 측면에서 보면, 예수는 젤롯당과 서로 통한다고 결론을 내릴 수가 있다. 과연 그럴까? 이것은 다음 마당에서 밝혀질 것이다.

다섯째 마당

다섯째 마당
하느님 나라

앞의 마당에서는 "갈릴래아로"를 주제로 삼았는데, 이 마낭은 그 다음을 잇는 것으로 예수의 중심 주제인 하느님 나라 현실을 밝혀 볼 차례이다.

"때가 찼다. 하느님의 나라가 다가 왔다. 회개하고 복음을 믿으라"(마르 1,15). 성서학자들 사이에서 이것을 예수의 설교 전체의 요약으로 보고 중시하는 데는 이론이 없다.[1] 그런데 지금까지의 논의 과정에서 기이한 현상을 본다. 이 문제에 관해서 많이 논의되었는데 그 중 가장 많은 정력을 쏟은 것은 그 나라 도래의 현재성과 미래성에 대한 논쟁이다. 우리말로 "가까왔다" 또는 "다가 왔다" 등으로 번역하는 ἤγγικεν을 현재적으로 읽어야 되느냐 아니면 미래적으로 보아야 하느냐를 밝히는 것이 그 나라의 현실을 파악할 수 있는 열쇠나 되는 듯이 초점으로 삼았다. 그리고 놀라운 것은 그 나라의 현실에 대해서는 사실상 불가지론에 머물고 있다는 것이다.[2] 저들은 하나같

---

1) G. Bornkamm, *Jesus von Nazareth*, 58.
2) R. Bultmann, *Jesus*, Tübingen 1964, 36; H.G. Kümmel, *Verheißung und Erfüllung*, 1956³. 큄멜은 이 책에서 이 문제에 관심을 집중하였지만 그 나라

이 하느님 나라의 종말성을 강조한다. 하느님의 나라를 종말론의 시각에서 볼 때 역사의 종말을 언급하는 것이 아니라 그 나라는 인간이 간섭할 수 없는 오직 신의 영역이라는 사실만을 강조하므로 사람은 그 현실 앞에 수동적일 수밖에 없다는 것이고, 따라서 사람의 영역을 넘어서는 피안적인 것으로 삼아 버린다. 그럼으로써 그것을 가장 중요한 내용이라고 하면서 실상은 그것에 접근하려고도 하지 않으며, 그러한 입장이 바로 성서적이라고 강변해 왔다.[3)]

그러한 강변을 뒷받침하는 근거가 있다. 그것은 무엇보다도 복음서에 '하느님 나라의 비유'가 많이 있음에도 불구하고 실상은 하느님 나라의 내용에 관해서 거의 언급지 않고 있다는 것, 뿐만 아니라 어떤 비유에서는 그 나라는 사람에게 철저히 가리워져 있다는 뜻으로 해석되어 있다는 사실을 내세운다.[4)]

의 현실에 대해서는 아무 것도 말하지 않는다. 이제까지의 하느님 나라론은 세 가지로 구분할수 있다(G. Klein, *Reich Gottes als biblischer Zentralbegriff im Gottesreich und Menschenreich, Ihr Spannungsverhältnis in Geschichte und Gegenwart*, 1971, 7-50). 하나는 그 나라를 미래적인 것으로 보고 언젠가는 바깥에서부터 안으로 도래한다는 일반적인 견해이고, 또 다른 하나는 실존적 이해로서 예수는 그 나라를 가르치려 하지 않고 도리어 그 나라의 도래를 선포함으로써 인간의 실존성을 나타냈다는 견해이며, 마지막 하나는, 하느님 나라는 예수의 종말 선포인데 그것을 오늘의 세계상황, 즉 사회 정치 속에서 기술적으로 조성하여 이데올로기화된 미래를 형성해야 한다는 견해로서 이른바 정치신학의 일부가 이 입장에 선다. 이상의 세 가지 유형에서 공통된 것은 예수의 하느님 나라의 핵을 놓치고 있다는 점이다.
3) 이와 같은 입장에서 가장 정연한 논리를 펼친 사람이 불트만이다. "하느님 나라는 인간 역사 안에서 실현되는 어떤 것이 아니다. 하느님 나라의 정초, 건설 그리고 그 완성은 어디서도 언급되지 않는다. 오직 그 나라의 '가까이 옴', '도래', '출현'만이 언급될 뿐이다. 그것은 초자연적이고 비세상적인 어떤 것이다." R. Bultmann, *Jesus*, 36.
4) 마르 4, 12는 이사야 6, 9-10(LXX)을 인용하면서 비유로 말하는 까닭은 듣는 자가 "알지 못하고", "깨닫지 못하여", "돌이켜 죄사함을 받지 못하게" 하

그런데 여기 두 가지 맹점이 있다. 하나는 '하느님 나라'라는 개념이 지니고 있는 역사적 맥을 무시하는 것이다. 하느님의 나라가 예수에 와서 비로소 언급된 것이 아닌 다음에야 그것이 나타내는 뜻의 맥을 찾아야 하는 것이다. 또 하나는 예수의 하느님 나라 선포와 그의 행태를 연관시키지 않고 그것 자체를 한 개념으로만 취급하고 있는 점이다. 그의 말은 그의 삶, 그의 행태와 결부시켜 볼 때 그 구체성이 드러난다. 행위는 발언(Aussage) 이상의 현실성을 드러낼 수 있다. 끝으로 또 하나 간과된 것은 그 시대상황과의 관련에서 규명하는 일을 소홀히 하고 있었다는 점이다. 시대마다 주류가 있다. 그 시대 사람이면 그 주류에 어떤 형태로든 교류하고 있으며, 영향을 받게 마련이다. 그것은 바로 그 시대의 언어이기 때문이다. 이상과 같은 반성을 염두에 두면서 그 나라의 실상을 물어보기로 한다.

하느님의 나라

먼저 하느님 나라라고 할 때 그 시대 사람들에게 어떻게 반영되었을 것인지 물어봐야 한다. 그것을 위해서는 그 뜻의 역사적 맥을 찾는 것이 중요하다.

하느님의 나라란 바로 하느님의 주권을 뜻한다.[5] 하느님의 주권을 철저하게 내세운 것은 히브리들의 역사와 불가분의 관계에 있다. 히브리의 출발은 에집트 군주국의 압제에서의 탈출로 시작된다. 에집

려는 것이라고 말한다.
5) 나라를 뜻하는 헬라어 βασιλεία는 공간적인 왕국만을 뜻하지 않는다. 그것은 통치권, 주권을 뜻하기도 한다. 따라서 '하느님의 나라'(βασιλεία τοῦ θεοῦ)는 "하느님의 통치"로 번역하는 것도 좋을 것이다.

트 제국은 신정제국(Theokratie)이었다. 파라오는 세계를 창조한 신 호루스가 인간이 된 살아 있는 신이다.[6] 이 파라오의 쇠사슬에서 탈출한 히브리는 오랜 유랑의 과정에서 통일 민족의 기틀을 마련하고 가나안 땅에 정착한다. 그러나 그것은 무인도를 점령하는 것이 아니라 여러 군주국이 웅거하고 있는 곳이기에, 저들의 정착은 가나안의 기득권자들에게는 침략이며 히브리 자체로 보면 생존권을 위한 투쟁이었다. 저들은 그곳에서 또다시 어떤 군주의 치하에 들어갈 수 없었다. 이유는 바로 그러한 군주국에서 탈출해 나왔기 때문이다. 많은 투쟁 끝에 저들은 현지에 있는 여러 군주 밑에 혹사당하는 농노(하비루)들과 제휴하여 고대 이스라엘 부족동맹을 형성한다.[7] 열두 지파란 바로 그때 결속된 부족의 이름이었으리라.[8] 이 새로운 공동체는 바로 인간의 주권이 침해당하는 데 대해 저항하면서 자주의 영역을 확보했다. 저들이 온갖 외세의 공세를 물리치고 결속하여 민권에 의한 공동체를 200년 동안 유지할 수 있었던 것은 "오직 야훼만"이라

---

6) 이것이 에집트 국가신학의 중심이다. 왕은 신이며 신들의 영역에서 와서 신적인 통치기능을 행사한다. The Theology of Memphis, 1.7.10, in :*Ancient Near Eastern Texts Relating to the Old Testament*, J. B. Pritschard ed., New Jersey 1969, 4-5.
7) 가나안 정착에 관해서는 여러 가지 가설들이 있다. 크게 보면, 정복설(G. E. Wright 등), 이주설(M. Noth), 사회혁명설(G. E. Mendenhall, N. K. Gottwald) 등이 그것이다. 최근에는 이주설을 보다 더 세련화한 공존설(Synbiosis-Hypmhesis)도 제시되고 있다. 여기서는 몇가지 유보조건을 전제하면서 사회혁명설을 따르기로 한다. 마틴 노트의 부족동맹설(Amphictyony-theory)은 그리스, 로마, 에투루리아 등지에 나타나는 도시국가들의 제의동맹을 이스라엘 제의공동체에 대입한 것인데(M. Noth, *The History of Israel*, 85ff.), 최근에는 이에 대한 많은 논란들이 있다. 이 논란 가운데 주목되는 것은 N. K. Gottwald의 사회문화적 재부족화설이다.
8) N. K. Gottwald, *a.a.O.*, 407. 열두 지파의 사회조직형태에 대해서도 몇가지 가설들이 있다. 목축유목설(M. Weippert), 부족동맹설(M. Noth), 사회종교적 재부족화설(G. E. Mendenhall, N. K. Gottwald) 등이 그것이다.

는 기치 아래 뭉쳤기 때문이다. 즉 오직 하느님의 주권만을 용납한다는 것이다. 이 기치는 하느님이 직접 통치하는 나라의 민(民)이라는 신념에 의한 힘이 되기도 했지만 한걸음 나가서 일체의 인간에 의한 어떤 지배도 거부한다는 정치적 결단의 선언이다.[9] 하느님의 주권의 확립은 인간의 군주국과 병존할 수 없는 것이다. 그러므로 하느님 나라 도래의 선언은 인간의 권력 독점의 종언을 의미한다.

그런데 이같은 고대 이스라엘 공동체가 다윗에 의해 파괴되었다. 군주파들이 날로 득세하여 사무엘이 마지 못해 사울을 왕으로 세우지만(삼상 8장) 그것은 본격적인 군주체제가 아니었는데[10] 반디트[11]의 괴수였던 다윗 (삼상 22,1-2;27,8)이 무력으로 유다지파에 군림하여 왕이 되고(삼하 2,3-4.11), 블레셋 (Philister)의 침공에 탈진한 북이스라엘의 사울을 협공하여 이스라엘을 뺏고 그것을 유다와 병합하여 이스라엘 왕국을 수립한 것이다(삼하 5장). 이때부터 본격적인 다윗왕조가 시작된다. 그는 권력의 독점을 정당화하기 위해 야훼의 상징인 법궤를 예루살렘에 안치하고 다윗왕조의 수호신으로 삼았는데(삼하 6장), 그의 아들 솔로몬에 와서 그 위에 성전을 짓고 스스로 대사제를 겸하고 야훼가 성전에만 임재한다는 강제된 신학을 세우고, 야훼를 '감금'하여(열상 8,12-13) 다윗왕조의 지배이데올로기로 삼은 것이다. 이렇게 세워진 다윗왕조는 민족통일을 이루지 못했고

---

9) N. K. Gottwald, *a.a.O.*, 273.
10) G. Pixley, *God's Kingdom*, 1981(정호진 역, 『하느님 나라』, 한국신학연구소 1986, 61). 존 브라이트는 사울에 의한 군주제는 블레셋의 위협과 고대 이스라엘 질서의 붕괴를 전제로 해서 성립되었다고 설명한다. 그러나 사울의 군주제는 가나안이나 블레셋 도시국가들의 봉건체제에 따라 형성되지 않았다는 점에서 독특하며, 사울의 리더쉽은 판관시대의 카리스마적 영웅의 그것과 유사했다고 한다(J. Bright, *A History of Israel*, London 1966^4, 164-166. 169).
11) Bandit : 용병, 강도떼 등의 뜻을 가짐.

그것은 그 다음 대에 곧 남북으로 분단되었다(열상 12,20 이하). 그 후 연이은 외세의 침략 아래 분단상태에서 수난을 거듭하다가 마침내 재기불능의 약소민족이 되어 신흥제국의 속국으로 명맥을 유지했다. 그런 과정에서 하느님의 주권을 갈구하는 소리는 날로 높아갔는데 그것은 다음 세 가지로 표상되었다.

하나는 고대 이스라엘, 즉 군주 없는 해방된 공동체가 바로 하느님의 주권(나라)으로 표상되었는데, 역대의 예언자들이 부패한 정권에 대해 이스라엘을 말할 때는 바로 그 모델을 말하는 경우가 많았다.[12] 둘째로 다윗왕조에 의해서 세뇌된 지배층은 다윗왕조의 재건을 하느님의 주권확립이라고 생각했다. 외세의 침범에 계속 시달린 작은 민족으로서 강대했던 다윗왕조의 재건, 그것이 바로 하느님의 주권의 확립이라고 이상화한 것은 자연스러운 변화일 수 있다. 이 소원은 마침내 다윗의 후예에서 메시아가 나오리라는 대망으로 이어진 것이다.[13] 셋째는 밖으로부터 유입된 묵시사상에 의해 변형된 하느님 나라 표상이다.[14] 위의 두 경우는 모두 정치적 현실에 뿌리를 내리고 있

---

12) 대표적인 경우는 아모스이다. 아모스의 사회비판은 고대 이스라엘의 회복을 전제한 것이고, 현존사회를 넘어서려는 의도를 갖고 있다. M. Fendler, Zur Sozialkritik des Amos. Versuch einer wirtschafte-und sozialgeschichtlichen Interpretationalttestamentlicher Texte, *EvTh* 1973/1-2,52-53(김정준 역, "아모스의 사회 비판", 『신학사상』 제21집·1978여름, 291f.).
13) 이사 11, 1-5가 대표적인 경우이다. 이 구절들에 이스라엘의 제왕 이데올로기와 고대 근동의 제왕 이데올로기가 반영되어 있다는 것은 놀라운 일이 아니다(O. Weiser, *Isaja 1-12* [ATD 17], Göttingen 1970, 127).
14) 묵시사상은 비이스라엘적인 온갖 사변들도 수용하고 또 이를 그 나름대로 수정하였다. 특히 페르샤와 헬레니즘 시대의 이원론적 세계관이 유다교 묵시사상의 형성에 큰 영향을 끼쳤다. 묵시사상은 안티오쿠스 4세 때와 같은 엄혹한 시대에 커다란 역할을 하였다. 헬레니즘화 정책이 추진되고 유다교의 전통적 신앙과 제의가 금지되는 상황에서 묵시사상은 유다인의 아이

는 데 반해 이 표상은 종교적 환상으로 사변화된다. 하느님의 나라와 세계의 종말을 결부시킨 것이다.[15] 세계의 종말을 객관화하면 할수록 그 나라는 피안적 성격을 띠게 된다. 그럼에도 불구하고 이 표상 안에는 이스라엘의 민족주의가 여전히 남아 있었다. 세계의 파국 이후 새 세계의 담지자를 자신들로 환상하거나 다윗의 후예 가운데서 어떤 초인적 지도자가 나타나리라는 것이다.

이상과 같이 여러 갈래의 조류가 있으나 하느님의 주권에 대한 갈구는 계속 줄기차게 연속되었다.

> 야훼여, 당신의 온갖 피조물들이 감사 노래 부르고
> 경건한 이들이 당신을 찬양하게 하소서
> 그들이 당신 나라의 영광을 들어 말하고…
> 당신 나라의 찬란한 그 영광을 알리게 하소서
> 당신의 나라는 영원한 나라
> 당신만이 만세의 왕이십니다(시편 145,10-13).

시편 145편은 그 나라를 간구하는 대표적인 것인데 이것은 고대 이스라엘 부족동맹 축제에서 낭송한 것으로 판단된다.[16]

덴티티를 유지하는 방편이었다. H. Ringgren, Jüdische Apokalyptik, *RGG*, Tübingen 1957, Bd. I., 464.

15) 부세는 유다교 묵시문학을 예언자적 종말론과 구별한 다음, 그 특징을 세계관, 이 세대와 저 세대의 구별, 메시아적 고통과 세계대변혁의 결합, 이원론의 경향, 인간화된 악마로서의 적그리스도, 대심판-심판자로서의 신의 강조, 초월적 메시아상, 죽은 자들의 부활, 심판 이후의 불경자들과 경건자들의 상황, 세계의 갱신, 의인의 거주지와 불경자의 체류지 등 열 항목으로 나누어 설명한다(W. Bousset, *a.a.O.*, Kap. VIII).

16) A. Weiser, *Die Psalmen*(ATD 14/15), Göttingen, 1973⁸, 571.

> 우리를 위하여 태어날 아기
> 우리에게 주시는 아드님
> 그 어깨에는 주권이 메어지겠고
> 그 이름은 탁월한 경륜가, 용사이신 하느님,
> 영원한 아버지, 평화의 왕이라 불릴 것입니다.
> 다윗의 왕좌에 앉아 주권을 행사하여
> 그 국권을 강대하게 하고 끝없는 평화를 이루며
> 그 나라를 법과 정의 위에 굳게 세우실 것입니다.
> 이 모든 일은 만군의 야훼께서 정열을 쏟으시어
> 이제부터 영원까지 이루실 일이옵니다(이사 9,5-6).

이것은 주전 742년부터 40여년 유다에서 활동했던 이사야의 신탁으로 다윗왕조와 그 후예에 의한 하느님의 통치에 대한 염원이 뚜렷하다.[17] 다윗의 후예에서 메시아가 나서 하느님 나라를 건설한다는 것으로 이사야 11장의 "이새의 그루터기에서 햇순이 나온다"는 것과 맥을 같이 한다. 유다가 바빌론에 함락되어 지도층이 바빌론 포로로 잡혀 갔다가 일부가 석방되어 귀국하는 상황에서 익명의 예언자는 이렇게 노래한다.

> 반가와라, 기쁜 소식을 안고 산등성이를 달려 오는 저 발길이여
> 평화가 왔다고 외치며
> 희소식을 전하는구나
> 구원이 이르렀다고 외치며
> 너희 하느님께서 왕권을 잡으셨다고

---

17) O. Kaiser, *a.a.O.*, 101f.

시온을 향해 이르는구나(이사 52,7).

포로에서 돌아와 다시 세우게 될 새 나라, 그것을 하느님의 주권과 직결시킨다.[18] 그는 하느님의 주권은 하늘에서가 아니라 유다 역사 속에서 포로와 석방 등의 구체적 사건과정에서 세워질 것이라는 기대를 토로한 것이다.

하느님의 주권이 확립된 현실이 바로 하느님의 나라이다. 이 나라의 도래를 선포하기 위해 '산등성이'를 넘어다니는 사자(使者)들이 있었다. 그들이 전하는 내용은 "구원이 이르렀다", "하느님이 왕권을 잡으셨다"는 것으로 그것이 바로 하느님 나라의 복음(기쁜 소식)이다.

둘째, '하느님의 나라'는 그러기에 정치적인 개념이다.[19] 하느님의 나라를 이제까지 종교적 개념으로 또는 정신적인 표상으로 추상화해버리기 일쑤였는데 그것은 세계 세력으로서 교회가 정권과의 공존을 꾀해 왜곡시킨 것이고, 성서의 그 나라는 어디까지나 정치적 현실과 직결된 것이다.[20] 이같은 신념은 다윗왕조 이전 고대 이스라엘로 거슬러 올라가야 그 필연성을 알 수 있다.

고대 이스라엘은 히브리들의 부족동맹인데 '야훼만'이라는 절대적 배타성은 종교간의 경쟁에서 온 것이 아니라 그들이 거부하고 탈출한 군주들의 절대주권을 대치한 것이다. 따라서 하느님의 나라는 바

---

[18] 이사야 40장 이하는 독자들이 팔레스틴에 있지 않고 바빌론에 포로로 잡혀가 있음을 반영한다. 여기에는 새 나라 건설의 비전이 계속 나타난다. 페르샤의 왕 고레스(Kyros B.C. 539-529)를 하느님의 기름부음 받은 패왕으로 기대하는 대목도 있지만(41, 2fl), 49장부터는 고레스가 더 이상 언급되지 않고 수난의 종의 표상이 전면에 나오고, 오직 하느님의 주권에 매달리는 일이 강조된다.

[19] 이 점을 새삼 강조할 필요는 없다. 그러나 묵시문학에서 비롯된 종교적 색채가 가져다 줄 수 있는 오해를 풀기 위해 이 점은 강조되어야 한다.

[20] N. K. Gottwald, *a.a.O.*, 682.

로 하느님의 주권만이 군림하는 현실로서 일차적으로 땅 위의 온갖 군주적 권력의 종언을 의미하는 것이다. 그러므로 그것은 정치적 성격을 띨 수 밖에 없다. 물론 이스라엘은 이 뿌리에만 서 있었던 것이 아니다. 고대 이스라엘의 바탕을 깨고 군주국을 세운 다윗왕조가 쇠퇴하자 다윗왕조의 복귀와 하느님 나라 도래를 혼동한 흐름도 있었다. 그러나 예수의 하느님 나라는 역대의 예언자들처럼 전자와 맥을 같이한다.

이러한 하느님의 나라를 희망한 데는 부정과 긍정의 측면이 있다. 하느님의 나라에 대한 희망은 오늘을 지배하는 권력에 대한 철저한 배격을 의미하는 동시에 내일의 새 세계 곧 하느님만이 다스리는 현실(세계)을 앞당기려는 갈망이다.

이 하느님의 나라의 관념은 바빌론의 고대종교와 접촉함으로써 이른바 묵시문학적인 형태로 발전하게 되었는데 그것은 낡은 세계에 대한 영원한 심판과 메시아 왕국을 거쳐서 마침내 하느님의 주권이 실현될 것이라고 보는 것이다.

묵시문학은 민중의 글이다. '에녹서', '모세의 묵시', '제4에즈라', '열두 족장의 유언' 등이 그렇다. 그것은 상징언어를 많이 쓰고,[21] 그리고 이야기로 엮어져 있다. 이것은 바로 박해 중에 쓴 것이고 구전적 비어(蜚語)의 성격을 띠는데, 이것이 민중언어의 특징이다.

묵시문학적인 글로서 유명한 다니엘서에는 "주는 영원히 왕위에

---

21) 이를테면, 꿈과 환상이 계시를 받는 형식으로 묘사된다. 그 환상들은 알레고리적으로 해석되는 경우가 많으며, 이방민족들과 이방왕국들 그리고 왕들이 동물, 산, 구름 등으로 등장한다. 숫자와 관련된 사변이 많은 것도 특징이다. 3, 1/2, 4, 7, 70, 12 등의 수치가 그런 것이다. 묵시문학의 표현은 의도적인 불명료성으로 가득차 있다. 여러가지 상징언어들이 논리에 맞지 않게 결합되는 경우도 흔하다(H. Ringgren, a.a.O., 465). 이 모든 것은 묵시문학의 전달과정이 공개적이지 않고 은밀했음을 시사한다.

앉으시어 만대에 이르도록 다스릴 왕이시라"(3,33;4,31)고 기술하고 있다. 다니엘은 시편 145편 3절을 인용하고 있는데, 이것은 구체적으로 당시의 바빌론제국의 왕 느부갓네살의 멸망과 대조시킨 것이다.[22] 바빌론은 망하고 주의 나라가 영원히 세워질 것이라는 기원으로 불행의 원인이 주님 아닌 이방세력이 지배하기 때문이라는 확신에서 온 말이다.

> 너 느부갓네살은 들어라. 네 왕조는 끝장이 올 것이다. 너는 세상에서 쫓겨나 들짐승과 어울려 살며 소처럼 풀을 뜯어 먹을 것이다. 그렇게 일곱 해를 지낸 뒤에야 너는 왕국을 다스리는 분은 지극히 높으신 하느님이라는 것…을 깨닫게 될 것이다(다니 4,29-31).

여기에서도 마찬가지로 하느님의 주권은 자신들의 구체적인 역사속에서 실현하는 것이지, 결코 추상적인 것이 아님을 뚜렷이 나타내 보이고 있다.

유다인 특히 갈릴래아인들에게 '하느님의 나라'라는 말이 어떻게 반영될까? 그들은 지금 주전 63년 이래로 거의 백년 가까운 기간 로마제국의 통치 밑에 신음하고 있다. 로마는 그 권력을 현지인에게 분배하여 하수인으로 삼아 2중 3중의 착취를 자행한다. 그중에 갈릴래아인 특히 그 안의 민중들은 완전 체념하거나 아니면 혁명적인 역사변혁을 통해 그 나라를 강구했을 수밖에 없다. 그러한 풍토에서 민중의 힘을 과시한 젤롯당운동은 필연적인 것인데 저들은 하느님의 나라 건설과 로마-예루살렘 세력타도를 동일시한 것이다.[23]

---

22) N. W. Porteous, *Das Buch Danie*(ATD 23), Göttingen 1978, 58(박철우역, 『다니엘』[국제성서주석 24], 한국신학연구소 1989, 67-68).

23) 둘째 마당 "예수의 시대상"을 참조하라.

이러한 상황에 사는 예수의 청중들이 "하느님 나라가 다가왔다"는 선포를 어떻게 받아들였을까? 만일에 예수가 저들이 역사적 경험에서 가지게 된 그 나라의 표상과 다른 어떤 현실을 말하는 것이라면 구구한 설명이 필요했을 것이다. 그가 그 나라에 대한 특별한 설명을 하지 않는다는 것은 바로 민중의 염원을 자명하게 공통으로 인식하고 있음을 전제한 것이며, 그들의 염원과 그 나라 도래가 일치한다는 것을 전제한 것이라고 보아야 한다.

하느님 나라는 역사지평에 온다. 예수는 하느님의 주권만이 인정되는 현실로서의 하느님의 나라가 다가왔다고 외쳤다(마르 1,15). "나라가 임하소서"는 예수가 가르친 기도의 처음 구절이다(루가 11,2;마태 6,10). '임한다'는 그리스어 ἔρχομαι는 영어로는 come을 뜻한다. 또 ἐλθάτω는 '오게 한다'(let come)는 뜻이다. 이 말은 그 나라가 역사 한복판에 '온다'는 뜻이다. 신약에는 '천당'이라는 말에 해당되는 것이 없으며, 천당에 간다는 표현도 없다. 그런데 우리를 당혹하게 하는 것은 하늘나라에 '들어 간다'(εἰσέρχομαι)는 표현이다. 마태오복음서에서 이것을 볼 수 있는데(5,20;7, 21;21, 31) 이것은 시편 24편이나 이사야 26장 2절 등에서 보는 것처럼 성전에 들어가기 위해 계명을 지키라는 어법을 따른 관습적 표현에 불과하다.[24] 성서의 본뜻은 그 나라가 오는 것이지 우리가 그리로 가는 것은 아니다. 따라서 하느님 나라를 우리는 이승(차안)에서 저승(피안)으로 '들어 가는' 현실로 생각해서는 안된다.[25] 그 나라는 우리가 살고 있는 삶의 한복판에 온

---

24) E. Schweizer, *Das Evangelium nach Matthäus*, 65(한역본 115). 이사야의 표현은 예루살렘 입성을 전제한 것인데, 시편 118, 19에도 똑같은 표현이 있다. O. Kaiser, *Der Prophet Jesaja* (ATD 18), Göttingen 1976, 167.

25) 놀랍게도 불트만은 그 나라의 피안성을 강조하기 위해 이 표현이 세계와의 단절을 의미한다고 주장한다(R. Bultmann, *Jesus*, 35f.). 그 나라는 도래하는 현실임을 거듭 강조하는 불트만은 그 현실이 단지 기적적인 어떤 것이요,

다. 이것은 글자 그대로 정치, 경제, 문화의 현장이며, 배고픈 자와 부요에서 비인간화된 현장, 누르는 자와 눌리되 짐승같이 길들여져야 하는 비리의 현장이다. 까닭에 그것은 어쩔 수 없이 정치적 사건으로 나타날 수밖에 없게 된다. 하느님 나라의 비유가 열둘이 있는데, 그 중 넷은 심판에 관한 비유이다. 이 심판은 개인적이거나 심리적인 것으로가 아니라 역사적 사건으로 말한다. 역사의 끝을 맺는 사건이다. 심판의 대상으로는 모든 주권자를 위시해서 하느님의 주권을 가로챈 자들, 바로 '사람 위의 사람들'이 일차적으로 해당한다. 하느님의 나라가 도래할 때 예수는 왕좌에 앉게 될 것이라는 전제에서 제자들이 서로 더 높은 자리를 탐하고 있을 때 예수는

> 너희가 아는 대로 이방 사람들의 집권자로 알려진 사람들은 백성들을 강제로 지배하고 또 고관들은 세도를 부리고 있다. 그러나 너희들은 그래서는 안된다. 너희 가운데 누구든지 크게 되려고 하면 남을 섬기는 자가 되어야 하고…(마르 10, 24-45)

라고 타일렀다. 이것은 예수가 당시의 정치체제를 비판함으로써 하느님의 나라는 이처럼 인간이 권력을 가지고 인간을 억압하고 짓밟는 체제와는 전혀 상반되는 현실임을 간접적으로 나타낸다. 이 세계는 하느님의 나라와 정면으로 맞서는 것이다. 그래서 당시 청중에게는 참 복음이 되었을 것이며 권력자에게는 협박이 될 수밖에 없었을 것이다.

그 나라는 이 현실 속에서 역사적인 실체로 현실화되고 구체화된다. '겨자씨 비유'(마르 4,30-32), '자라나는 씨의 비유'(마르 4,26-29),

---

인간의 역사와 무관하게 독자적으로 내림하리라고 한다.

그리고 '누룩의 비유'(마태 13,33/Q) 등이 그것을 잘 드러낸다. '겨자씨 비유'에서 '하느님 나라'의 실체를 지적한다면 겨자씨가 될 것이다. 씨 가운데 가장 작은 씨이지만, 자라면 어떤 초목보다도 더 크게 자라서 공중의 새들이 그 그늘진 가지에 깃들일 수 있을 만큼 무성하게 된다는 것이다. '자라나는 씨의 비유'에서도 실체로서의 하느님의 나라에 해당되는 것은 그 씨다. '누룩의 비유'에서는 "하느님 나라는 마치 누룩과 같다. 한 여인이 그것을 가져다가 가루 서 말 속에 넣었더니 마침내 온 덩이를 부풀게 했다'고 말한다.

하느님의 나라에 대한 이 비유들은 무엇을 의미하는 것일까? 사회 발전에 관심하는 사람들은 이 비유들을 하느님 나라의 성장을 가리키는 것으로 이해하려고 한다.[26] 그러므로 하느님의 나라는 저절로 오는 것이 아니라 인간의 사회적 노력에 의해서 세워지는 것이라는 주장의 거점으로 삼는다. 현실 속에서 불의한 세력과 더불어 싸우고 피를 흘리는 것은 사람이 사람답게 살 수 있는 세계를 건설하기 위한 것인데, 그러한 세계는 곧 하느님 나라의 구현으로 인간의 노력에 의해서 달성될 수 있는 것이며, 지금은 겨자씨만큼 미미할지 모르나 나중에는 크게 성장할 것이라는 신념과 기대가 새 세계와 '하느님의 나라'를 직결시키고 그 세계의 성장을 주장하게 되는 것이다.

그러나 이 비유들은 인간이 할 수 있는 역할과 기능의 한계를 분명히 하고 있다. 사람이 할 일은 씨를 심고 물을 주는 것일 뿐, 그것을 자라게 할 수는 없는 것이다. "씨를 심은 사람이 밤에 자고 낮에 깨고 하는 동안에 그 씨가 싹이 나고 자라지만 어떻게 그렇게 되는지 알지 못한다"(마르 4, 26-27). 또 여인이 누룩을 가루 속에 넣을 뿐, 그것을

---

26) C. H. Dodd, *The Parables of the Kingdom*, New York 1961, 143. 도드 이외에 이 입장에 서는 학자로는 H. G. Kümmel, *Verheißung und Erfüllung*, 119ff.

성장시키는 것은 인간의 소관이 아니며, 인간은 그것을 모른다는 것이다. 여기에 이 비유의 강조점이 있다.

　이렇게 보려는 성서학자들은 이 비유들의 근본의도는 하느님 나라의 성장성을 가리키는 데 있는 것이 아니고 하느님 나라는 갑자기 주어지는 것, 그래서 그것은 경탄의 대상이라는 것을 가리키는 데 있다고 주장한다. 이러한 해석은 가장 작은 것이 가장 큰 것이 된다는 대조(contrast)에 역점을 둔다.[27]

　그러나 이것 역시 일방적인 해석이다. 땅에 씨를 뿌리는 것, 가루에 누룩을 섞는 것, 그것은 인간이 할 일이다. 그리고 씨를 심은 그 땅, 누룩을 받는 그 가루는 바로 역사이다. 하느님의 나라는 비록 우리가 눈으로 확인할 수는 없다고 할지라도 역사 안에서 현실화되고 있는 것이다. 그 나라는 어떤 형태로서든 실현되고 있으며 이 일에 사람의 참여를 전제한다. 어떻게? (후론)

　다음으로 예수의 하느님 나라는 지역이나 민족이나 종교까지도 짚고 넘어서는 세계적 실재라고 할 수 있다. 이 사실을 가장 잘 드러낸 말이 마태오복음서 8절 11절(루가 13, 28-29)에 있다 : "많은 사람이 동쪽과 서쪽으로부터 와서 하늘나라에서 아브라함과 이삭과 야곱과 함께 잔치에 참석하겠고…" 마태오는 동서라고 했는데 루가는 동서남북이라고 했다(루가 13,29a). 위에 인용한 구절은 "유다인보다 오히려 이방인들이 먼저 하느님 나라에 참석할 것"이라는 맥락에 편집되었는데, 이것은 하느님의 나라가 '세계적'이라는 것을 의미한다. 또한 예수의 하느님 나라 사상에는 유다주의가 없다는 사실과 일치한다.[28] 이것은 예수의 하느님 나라가 구약이나 묵시문학 영역의 모

---

27) H. G. Kümmel, *a.a.O.*, 123.
28) 그러나 이 말은 예수가 민족을 무시했다는 뜻은 아니다. 이스라엘이 예수의 일차적 대상이었다는 것은 분명하다(후론).

든 종파와 다른 점이다.

구약이나 유다교에서는 언제나 이스라엘을 중심으로 하느님의 나라를 구상한다. 비록 이스라엘의 선민사상에 회의를 느끼는 경우가 있고 그 나라의 세계성을 반영하고 있다 하더라도, 이들은 역시 이스라엘의 '남은 자'로 중추가 이루어지는, 하느님의 주권이 실현되는 세계를 기다렸다. 그들이 하느님의 나라를 대부분 다윗과 예루살렘에 결부시킨 것은 그러한 민족주의적인 입장을 고집한 것이다. 위에서 본 대로 하시딤 이래로 젤롯당에 이르기까지 유다 종말사상에는 일관해서 유다 민족주의가 깔렸는데 특히 민중신앙에서 강렬했다.[29] 그것은 외세나 또는 그것과 야합하는 지배층을 제거하면 자동적으로 그 나라가 도래한다고 믿거나, 예루살렘이나 성전을 수복 정화할 때와 동일시하거나 다윗왕조 재건과 그 나라 도래를 일치시키는 등 이 그러한 증거들이다. 그러나 예수의 하느님 나라는 다윗왕조나 예루살렘과 상관이 없다.

그러나 이 말은 예수가 세계주의자라는 뜻은 아니다. 그는 어디까지나 이스라엘 사람이었다. 선교의 대상은 먼저 이스라엘 민족이었다. 마태오에는 예수가 제자들을 파견할 때 "이방사람들의 길로도 가지 말고 또 사마리아 사람들의 도성에도 들어가지 말라. 다만 이스라엘 집의 잃은 양에게로 가라"(10,5-6)[30]고 한다. 그런데 같은 자료임에 틀림없는 마르코나 루가에는 이런 말이 없다. 그러므로 이것은 유다인을 독자로 전제한 마태오에 의해 첨가된 것이라고 하는 견해가 있다.[31] 그런데 그렇게 간단히 처리되지 않는다.

---

29) S. W. Baron, *A Social and Religious History of the Jesus*, Philadelphia 1937, Vol. II, 35; L. Goppelt, *Christentum und Judentum.*,64 ; S. G. F. Brandon, *The Fall of Jerusalem and the Christian Church*, London 1957³, 156.

30) "다만"으로 번역된 μᾶλλον은 "오히려"라는 뜻을 가지고 있다.

31) Feine/Bohm/Kümmel, *Einleitung in das Neue Testament*, Heidelberg 1969¹⁶,

마태오 10장 23절에도 이와 관련된 말이 있다. "너희가 이스라엘의 도시를 다 다니기 전에 인자가 올 것이다"가 그것이다. 여기서는 "먼저 이스라엘"이라는 전제가 있으며 다른 복음서에는 없는 말이다. 정말 마태오가 첨가한 말일까? 그렇게 보기에는 그때 상황이 그렇게 간단하지 않다. 마태오복음서를 쓸 때는(90년경) 이미 이방선교가 본격화되었을 때이며, 이스라엘이 초토화된 후다. 이때 예수를 일부러 민족주의자로 만든 것인가? 오히려 이러한 역사적 현실 때문에 마르코나 루가가 그런 부분을 삭제했을 가능성이 더 높지 않은가?

이런 관심에서 주목할 항목이 있다. 그것은 이방여인과의 대화에서 반영되고 있는 것이다(마태 15,21 이하). 자기 딸의 병을 고쳐달라는 이방여인에게 예수는 "나는 오직 이스라엘 집의 잃은 양을 위해서만 보내심을 받았다"[32]고 응수한다. 이것도 마르코 자료다(7, 24 이하). 여기에도 마르코에는 그렇게 한정시키는 말이 없다. 그러나 "자녀들을 먼저 배부르게 해야 한다 … "(마르 7, 27)라는 말에는 이스라엘 우선이라는 전제가 깔려 있다.

사실상 예수는 어느 면으로 보나 이스라엘적이다. 그의 활동무대가 실제로 팔레스틴을 벗어난 일이 없으며, 헬레니즘에 관심한 흔적도 없다.[33] 그렇다고 그가 유다주의자라는 것은 물론 아니다. 무엇보다 하느님의 나라는 이미 탈유다적이다. 그의 시야에 이사야의 경우처럼(이사 2,2 이하; 49,6-7) 온 인류의 구원의 날이 있었음은 두말할 것 없다. 그러나 이 말은 그가 이사야처럼 이스라엘 중심적 구원론을 가졌다고 보아야 한다는 것은 아니다. 중요한 것은 이스라엘의 구원

---

65. E. 슈바이쩌는 이 구절이 할례를 강조한 원시공동체의 일 분파에서 비롯되었을 것이라고 본다(E. Schweizer, a.a.O., 152 /한역본 248).
32) 직역하면, "이스라엘 집의 잃어버린 양 이외에는보냄을 받지 않았다"이다.
33) 첫째 마당 "예수의 수수께끼"를 보라.

을 당면과제로 삼았을 수 있었다는 것이다. 그것이 바로 그가 선 자리이다(그들의 구원을 빼고 세계 구원을 말하는 것은 이스라엘적이 아니기도 하거니와 무책임하다. 더구나 그처럼 수난의 역사를 거듭하고 계속 여러 제국에 의해 억압받고 식민지로서 착취당한 민중적 민족에 있어서랴).

위에서 열거한 비유 가운데서 간과할 수 없는 것은 이 비유들은 하나같이 하느님의 나라가 사람에게 어떤 현실을 가져오느냐에 대해서 말하고 있는 것이지 그 나라가 '무엇'이냐에 대해서는 말하고 있지 않다는 점이다.[34] 이 사실에 주목한 실존적 이해는 그 내용을 묻는 것을 거부하고 있다. '씨뿌리는 자의 비유'(마르 4,3-8), '곡식과 가라지의 비유'(마태 13, 24-30), '달란트의 비유'(마태 25,14-29) 등도 모두 하느님 나라의 비유들인데, 이 비유들도 한결같이 하느님 나라 앞에서 인간의 결단과 회개를 촉구하고 있다. 그러기에 "하느님의 나라가 다가왔다"는 이 서술법(indicative)은 명령형(imperative)을 수반하고 있는 것으로 읽지 않으면 안된다는 것이다. 그러면 그 나라를 표상하는 구체적인 표현은 없는가? 있다.

그 나라의 내용을 '기쁨'[35]이라고 한다. 마태오에 있는 세 가지 하느님 나라 비유 중 하나는 다음과 같다: "하늘나라는 마치 밭에 묻혀 있는 보물과 같이 사람이 그것을 발견하면 다시 묻어두고 기뻐하며 집으로 돌아가서 있는 것을 다 팔아 그 밭을 산다"(13,44-46). 여기서 중심을 바로 "기뻐하며"로 보는 것이다. 이와 같은 맥락에서 볼 수 있는 것은 비록 하느님 나라 비유로 명기되어 있지 않지만 잃은 것

---

34) R. Bultmann, *Theologie das neuen Testament*, 1965, 3ff. 불트만은 『예수』에서도 오고 있는 하느님의 나라를 하느님의 뜻과 관련시켜 설명함으로써 사람의 결단을 강조할 뿐, 그 나라의 내용은 전혀 언급하지 않는다(R. Bultmann, *Jesus*, 104ff.).

35) J. Schniewind, *a.a.O.*, 173 ; G. Bomkamm, *Jesus von Nazareth*, 77ff.

들의 비유들 즉 잃은 양의 비유(루가 15,1-7; 마태 18,12-14)에서 잃은 양을 찾은 목자의 기쁨, 잃은 은돈을 찾은 여인의 기쁨(루가 15,8-10), 잃었던 아들을 찾은 아버지의 기쁨(루가 15,11이하) 등을 들 수 있다. 이런 것들은 확실히 무엇으로도 바꿀 수 없는 소중한 것에 대한 가치를 나타낸다. 그런데 단순히 '기쁨' 만을 내세우는 것은 이 비유를 추상화하는 것이다. 그 어느 것도 막연한 추상적 기쁨이 아니라 변혁된 조건 앞에서의 기쁨이다. 잃은 것을 찾았다거나 가진 모든 것과 바꿀만한 새 것을 발견한 데 대한 기쁨이다.

하느님의 나라는 나눠 먹는 현실이다. 예수의 비유 중에 하느님의 나라를 밥상공동체로 표현한 것이 많다. 마태오복음 8장 11절에도 "많은 사람이 동쪽과 서쪽으로부터 와서 하늘나라에서 아브라함과 이삭과 야곱과 함께 잔치에 참석하겠다"는 말이 있다. "참석하겠다"(ἀνακλίνω)는 본뜻이 '기댄다'는 말로서 식사하는 자세를 가리킨다. 그래서 "함께 먹으리니"로 번역하는 것이 옳은 것이다. 이 간단한 말에서 유다민족주의를 넘어서서 세계가 하나되는 큰 사건을 말하는데 이 자리에서 하느님께 예배를 드린다거나 새 나라를 논하는 따위가 아니라 더불어 먹는다고 한 것은 크게 주목할 일이다. 역대로 강대국의 식민지로 시달리고 지금 로마 제국의 압제 밑에서 착취와 수모를 당하고 있는 현장에서 온 천하 사람들이 모여 밥상을 함께 하는 현실이 바로 하느님 나라라는 묘사는 큰 의미를 제시한다.

만찬의 비유(루가 14,15-24/Q)도 하느님 나라 비유다. 어떤 사람(마태오에는 왕)이 큰 잔치를 베풀고 많은 사람을 초청했다. 그러나 먼저 초청받은 자들부터 불렀으나 모두 소유물 때문에 거절했다. 주인은 그들에게 노하는 반면 거리에 나가 가난한 자, 불구자, 맹인, 절뚝발이 등을 불러오라고 한다. 그런 후에도 거리에 나가서 아무나 불러서 내 집을 채우라고 한다. 이 이야기는 하느님 나라 도래에 대한 가진 자와 못 가지고 세상에서 소외된 자의 대조를 나타낸다. 그러나 이것으로 그 나라의 편파성을 말할 필요는 없다. 오히려 위의 이야기와 같이 모든 자에게 개방된 현실이다. 그러나 일반적인 만찬초대와 근본적으로 다른 점이 있다. 그것은 초대 자체에는 사회적 계층성이 없다는 사실이며, 한걸음 나가서 그 나라는 비록 개방되었으나 결과적으로 세상에서 소외된 자들이 주인이 되었다는 사실을 강조한다. 그런데 우리의 관심은 이 비유에서도 그 나라를 더불어 먹는 밥상공동체 이상 달리 설명하지 않고 끝났다는 사실에 있다. 우리에게 매우 중요한 '주의 기도'에서도 나라가 임하게 해달라는 기도 다음에 일용할 양식을 달라는 소원이 따른다. 하느님의 나라와 먹는 일, 더불어 먹는 일, 하느님의 나라와 물(物).[36] 이 관계가 이처럼 밀착된 것이 왜 현재까지 그리스도교에 있어서 무시되어 왔을까! 도대체 어떻게 이들을 분리시킬 수 있을까! 적어도 예수의 말씀이나 행태를 엄숙히 받아들인다면 불가능한 일이다.

루가는 특히 가난한 자가 언급된 전승을 많이 전한다. 풍만한 곡식을 곡간에 쌓아두고 홀로만이 삶을 보장받은 것으로 아는 어리석은 부자이야기(루가 12,13-21)나 눈 앞에 있는 굶주린 거지 따위(나자로)는 알 바 없이 홀로 먹고 즐기는 부자 이야기(루가 16,19-31) 등 나눔과 새 세계의 관계를 모르는 군상들을 위시하여 많은 이야기가 전해지는 것은 예수의 참뜻을 담은 이야기로 볼 수밖에 없다.

마침내 우리는 예수에게서 두 가지 대조되는 폭탄선언을 듣는다. 하나는 "가난한 사람들은 복이 있다. 하느님의 나라가 너희의 것이다"(루가 6,20)와 "부자가 하늘나라에 들어가는 것보다 낙타가 바늘구멍에 들어가는 것이 쉬우리라"(마르 10,25)가 그것이다. 가난함 자

---

36) 안병무, "예수운동과 物", 『신학사상』 제62집·1988 가을, 571-575을 참조하라.

체가 미덕은 아니다. 부함 자체도 죄가 될 이유가 없다. 그런데 어떻게 하느님의 나라가 더불어 먹는다는 사실과 밀착되었으며 반면에 가난한 자와 배부른 자를 갈라놓는 현실로 표출되었을까? 일반적으로 하느님의 나라라고 하면 에덴동산을 연상하거나 전쟁과 약탈에 시달린 이사야 같은 이가 꿈꾼 것과 같은 평화의 세계를 그린다:

> 늑대가 새끼 양과 어울리고 표범이 수염소와 함께 뒹굴며 새끼사자와 송아지가 함께 풀을 뜯으리니 어린아이가 그들을 몰고 다니리라. 암소와 곰이 친구가 되어 그 새끼들이 함께 뒹굴고 사자가 소처럼 여물을 먹으리라. 젖먹이가 살모사의 굴에서 장난하고 젖뗀 어린아이가 독사의 굴에 겁없이 손을 넣으리라. 나의 거룩한 산 어디를 가나 죄로 해치거나 죽이는 일이 다시는 없으리라. 바다에 물이 넘실거리듯 땅에는 야훼를 아는 지식이 차고 넘치리라(11, 6-9;65,25 참조).

하느님의 나라하면 일반적으로 이와 같은 비전을 그리는 것이 상정인 점을 감안하면 그 이유를 묻지 않을 수 없다.

이 마당에서 처음부터 지향하고 있는 것처럼 하느님 나라의 표상은 결코 돌연히 외부로부터 영향을 받아서 생겨났거나 어떤 개인이나 집단의 영감을 받음으로써 일어난 것이 아니고 이스라엘 민족사 속에서 형성된 것이다. 그런데 예수의 하느님 나라 설명 가운데 "그 나라와 나누어 먹음"이 거듭 밀착된 것은 그 시대의 상황을 반영한 것이라고 볼 수밖에 없다. 묵시문학도 가난하고 눌린 자들에 의해서 형성되었듯이 하느님 나라의 표상도 가난과 깊은 관계가 있다. 이것은 단적으로 그 당시 가난의 문제가 최대의 과제였으며, 경제적 분배가 극심한 불균형을 이루는 사회였음을 반영한다.

셋째 마당에서 지적했듯이 도시와 농촌, 유대지방과 갈릴래아지방 사이의 빈부의 격차도 컸거니와, 이에 따라 가진 자와 못 가진 자의 격차는 농경 사회로서는 극에 이르렀다. 그러므로 하느님의 나라와 먹을 것을 유리해서 생각할 수 없었으며—이미 예수의 시험에서 보였듯이—소박한 민중들이 가진 자들의 부를 분배하는 것(나눠 먹는 것)과 하느님 나라 도래의 현실을 너무도 자연스럽게 동일시했을 것이라는 점이 무엇보다 중요하다. 앞에서 그 나라를 기쁨($\chi\alpha\rho\acute{\alpha}$)으로 성격화해 왔는데, 배고픈 자에게 가장 큰 기쁨은 먹는 일 이상의 것은 없을 것이다. 먹는 것과 기쁨을 연결시키는 것은 배곯은 사람만이 안다. 배고픈 자에게 평화롭고 행복한 사회는 나누어 먹는다는 것, 잔치이며, 그 이상은 없을 것이다.

예수가 말하는 하느님의 나라가 먹는 일, 나누어 먹는 일을 빼고 생각된 것이라면 그것은 거짓이다. 민중의 현실과 유리된 하느님의 나라가 왔으면(현재) 무엇하며, 온다고(미래) 저들과 무슨 상관이 있을 것인가? "가난한 자는 복이 있다. 하느님의 나라가 저희 것이다"(루가 6,20)라는 대담한 선포를 한 예수, 율법을 다 지켰다고 자부하면서 영생의 길을 묻는 청년에게 네 가진 것을 팔아 가난한 사람에게 주라는 예수의 명령(루가 18,22)은 하느님 나라에 대한 위와 같은 그의 신념의 일단을 표현한 것이라고 보아야 할 것이다.

하느님 나라 도래를 위한 투쟁

이 마당 처음에 하느님 나라는 예수의 말에 국한해서 파악할 수 없음을 지적했다. 예수의 선포의 핵심이 하느님 나라이며 그것이 예수의 사상의 핵을 이룬다면, 그의 삶 전체를 그 나라 도래를 위한 운동으로 보아야 정당하다. 세례자 요한의 체포와 함께 갈릴래아 민중에게로 간 그의 공생애 출발부터 예루살렘시를 향한 진격까지의 이야기는 모두 그 나라를 위한 투쟁기록이라고 보아야 할 것이다. 예수에게 하느님 나라는 객체가 아니다. 하느님 나라는 실천 속에서 실현되는 현실이다. 그러나 여러 단면을 따로따로 살필 것이기 때문에 여기서는 그 중에서 뚜렷하게 연관된 부분들만 예거함으로써 그 특징을 확인해 보기로 한다.

루가에서 예수가 고향에서 한 공생애의 선언은(루가 4,18-19) 70 인역 이사야 61장 1-2절을 약간 변형한 것으로 다른 종파문서에도 언급되는 유명한 것이다.[37] 그 내용은 단적으로 해방운동이다. "주의 은혜의 해"란 결국 레위기(25장)에 나오는 희년을 의미하는데, 루가는 마르코의 하느님의 나라를 이것으로 내치시켰다. 하느님 나라와 해방사건은 불가분의 관계에 있다. 그런데 예수는 바로 이 일을 하기 위해 왔다는 것이다. 그런데 "그(예수)가 오실 그 이"(ὁ ἐρχόμενος)인가 하는 세례자 요한의 질문에 대한 예수의 대답은 바로 그의 행동을 반영하는 것인데 그 내용은 별 차이가 없다.[38]

루가 자신도 이 내용이 바로 예수가 실천하고 있는 행위 자체임을 강조한다(21절). 이것은 바로 하느님 나라 운동의 단면을 보여준다. 그것은 그 나라 도래의 현실을 실천하는 것이다. 그러므로 그가 제자들을 파견할 때 "모든 귀신을 제어하고 병을 고치는 능력과 권세를 주고… 하느님 나라를 선포하며 병을 고치게 하려고 했다"고 전한다 (루가 9,1-2).[39] 이것은 그의 실천 행위는 하느님 나라와 직결된 행위

---

37) H. Braun, *Qumran und das Neue Testament*, 1966, 146ff.
38) 성명에는 포로된 자, 눌린 자의 해방이 언급되어 있는데, 예수의 대답에는 그것이 빠져 있다.
39) 이 구절의 전승과정은 복잡하다. 마르코에는 제자들을 파견하면서 지시한 내용은 있지만 위의 서두는 없고, 루가와 마태오복음에만 이 서두가 있다. 따라서 이 본문은 마르코의 자료와 Q자료가 복합된 것이다. 루가와 마태오

하느님 나라

로 귀신추방, 병고침과 깊은 관계가 있음을 반영한다. 그는 그것을 운동으로 전개했다. 바로 그 운동의 전개를 위해 제자들을 파견한 것이다. 루가에는 그 외에 일흔 두 사람을 파견하는 이야기가 있는데(10, 1 이하), 그 지시내용도 같은 것이다.

사실상 예수의 치유행위는 하느님 나라 운동과 분리되지 않는다. 제자들이 파견되었다 돌아온 보고에서 "주님, 주님의 이름으로 귀신까지도 우리에게 복종합니다"(루가 10, 17)고 할 때에 예수는 "나는 사탄이 번갯불처럼 하늘에서 떨어지는 것을 보았다"(루가 10,17-18)고 한다.[40] 그런데 이와 별도로 "내가 하느님의 손을 힘입어 귀신들을 쫓아낸다고 하면 하느님의 나라는 이미 너희에게 임한 것이다"(루가 11,20)라는 독립된 말이 전해진다.[41] 하느님 나라 도래와 사탄추방이 직결되고 있다는 점에서 위의 경우와 같다. 이로써 우리는 예수가 귀신을 내쫓는 행위는 하느님 나라 운동의 일환임을 확인할 수 있다. 그의 병고치는 행위 일반도 이런 시각에서 이해해야 하는데 새로운 마당을 열어 이상의 내용과 더불어 상세히 검토하겠다.

둘째는 함께 나누는 공동연대감 형성 운동이다. 예수에게 생산과 분배의 경제질서의 구체적 방안을 요구하는 것은 시대적으로 타당하지 않다. 에쎄네파와 같이 배타적이고 은둔적인 소집단을 만들고 공산체제를 이룰 수 있는 가능성은 있으나 예수는 다가오는 하느님

복음의 내용도 약간 다르다. 그러나 하느님 나라의 선포를 과제로 삼았다는 점에서는 서로 같다. 이것은 올바른 전달이라고 본다.

40) Samuel Hollenwieder, Ich sah den Satan wie einen Blitz vom Himmel fallen (Lk 10, 18), *ZNW* (1988/79) 198. 홀렌비더도 하느님 나라의 도래와 악마축출행위가 서로 직결된다고 본다.

41) 루가 11, 20은 마태 12, 28과 마찬가지로 원래 독립되어 있던 말이다. 왜냐하면 이 구절들은 바알세불의 힘을 빌어서냐 아니냐의 문제와 연결되지 않기 때문이다. I. H. Marshall, *a.a.O.*, 해당부분 참조(한역본 II 126).

나라에 초점을 두고 있었기 때문에 출발부터 배타적 엘리트운동이 될 수 없었다. 그는 금욕적이지도 않았으며 은둔적이 아니었다. 그에게 급선무는 악마적 구조악의 파괴였다.

그러나 그는 민중과 더불어 나누는 일을 중요시했다. 나눈다는 것은 바로 더불어 먹는 일이다.[42] 우리는 그런 장면을 여러 군데서 볼 수 있는데 그것이 무엇을 의미하는지를 잘 드러낸 것은 마르코복음 2장 15절 이하의 이야기다. 예수는 레위라는 세리의 집에서 식사를 하고 있었다. 그런데, 이에 대한 유다 지배층의 항의가 있었다. 까닭은 그가 세리들, 죄인들과 같이 식사하기 때문이다. 전승사는 이런 자들이 많이 예수를 따르고 있었다는 설명을 달고 있다. 함께 식사하고 있는 식탁에 자리한 자들이 바로 그 사회에서 소외된 자들이라는 사실이 문제였을 것이다. 그 장면의 서술은 극히 온건하다. 원래 모습은 그보다 험악했을 것이다. 적대자들이 그런 사실을 그것도 예수의 제자들에게 간접적으로 지적하는 정도가 아니라 너희는 불온한 도당이라고 항의하거나 저주를 퍼부을 만하다.

물론 그 비판자들은 구경꾼으로 등장하지 그 자리에 동석한 것이 아니다. 그것은 사회의 위계질서를 깨는 행위다. 위계질서에 대한 도전은 그 바탕 위에 선 기존사회에 대한 도전만이 아니라 그것을 정당화하는 이데올로기 역할을 하는 종교의 존립을 위태롭게 하는 것이다. 그런데 예수는 이른바 세리와 죄인 같은 부류들과 함께 먹고 마시는 행위를 거듭했다. 그러므로 그는 "보라 저 사람은 먹기를 탐하고 술을 즐기는 자요 세리와 죄인의 친구라"는 세평을 들었으며, 그것을 알고 있었다(마태 11,19/병행). 이것은 무엇을 의미하는가? 먹고 마시는 것이 문제가 아니라 죄인들과 나누는 행위가 문제다. 배고픈 자

---

[42] 안병무, "예수운동과 物", *a.a.O.*, 562-579를 보라.

들과의 나눔에서 민중의 연대의식을 결속하며 그것을 그 나라 도래의 축제행위로 본 것이다. 그런 뜻에서 그는 금식하는 당시의 습성을 거부하면서 지금은 "신랑과 함께 있을 때"(마르 2,19/병행)라고 단언했다. 그러므로 이 행위는 바로 더불어 나누어 먹는 새 시대를 이룰 민중운동의 일환이다.

이와 관련해서 또 하나 지적할 것이 있다. 그것은 그 나라는 더불어 먹는 현실임을 행동으로 제시한 최후만찬의 장면이다(마르 14,22-25/병행). 유월절은 이스라엘의 해방절이다. 이때는 세계에 산재한 이스라엘인들이 예루살렘으로 모이므로 민중봉기의 기회로 자주 이용되었기에 로마군이 이때만은 예루살렘의 안토니아(Antonia)에 주둔한다. 그런데 예수는 바로 이때에 갈릴래아의 민중을 이끌고 예루살렘으로 입성한다. 그것이 연례적인 유월절 참예행차라고 시사하는 기록은 그 어디에도 없다. 물론 이른바 열두 제자에 국한한 것도 아니다. 우리는 예수의 수난현장에 참여한 몇 명의 여인들의 이름도 알고 있거니와 그의 사후 예루살렘 주변에 120명 가량이 모여 있었다는 기록이 있는데(사도 1, 15) 그것은 갈릴래아 민중이었다. 예루살렘을 존중하는 루가마저도 거기 모인 사람들이 갈릴래아 사람들임을 명기하고 있다(사도 1,11).

그가 최후만찬을 나눈 장소는 비밀장소였기에 제한된 제자만이 모인다. 그 자리는 유월절을 축하하는 장이 아니라[43] 마치 죽음의 거사를 앞두고 혈맹을 맺는 자리처럼 묘사되어 있다.[44] 그 자리에서 배

---

43) 시작은 유월절 음식 준비로 되어 있는데, 식사 자체는 유월절 식사가 아니다. 왜냐하면 여기에는 유월절 양이 전혀 언급되어 있지 않기 때문이다(J. Gnilka, *Mk II*, 240/한역본 317).

44) 포도주와 떡을, 피와 살을 상징하는 것으로 보고 이를 나누는 것은 이 자리와 상관없이 이미 형성된 사크라맨트를 도입한 것으로 보는 사람들도 있으나 (J. Gnilka, *a.a.O.*, 242/한역본 319f.), 최후의 만찬이 나중에 사크라맨트

신자에 대한 언급이 있는 것은 그것이 단순한 해방절 축하의 장이 아니라는 것을 확인시키는 것이다. 그보다 더 중요한 것이 있다. 그것은 예수의 말이다: "내가 하느님 나라에서 새 것을 마실 그 날까지 나는 포도열매에서 난 것을 다시 마시지 않을 것이다"(마르 14,25/병행).

이 말에는 다음 두 가지 사실이 명시되어 있다. 하나는 이 식사가 마지막 식사라는 것이고 하느님 나라는 함께 식사하는 현실이라는 것이다. 그러면 이 두 식사를 끊어놓는 것은 무엇인가? 그것은 정말 더불어 먹는 하느님 나라를 성립시키기 위한 투쟁일 뿐이다. 그렇다면 그는 예루살렘으로 연례행사에 참여하러 간 것은 물론 아니고 그렇게 단순히 피동적으로 죽으러 간 것도 아니었다. 아니, 그는 그 나라의 도래를 위한 투쟁의 최후결전지로 선택한 것이다. 적어도 민중의 증언은 이러한 것이었으리라. 그런데 그것이 전승과정에서 사크라멘트화됨으로써 비역사화되었고, 바로 그렇기 때문에 예수의 투쟁의 과정이나 실상을 파악하기 어렵게 된 것이다. 우리는 예수의 최후를 따로 밝혀 보게 되겠으나 이같은 은폐과정에 의한 한계성을 벗어날 도리가 없다. 그러나 분명한 것은 그 나라는 관조의 대상이 아니라 투쟁 속에서만 실현되는 현실이라는 사실이다. 그러므로 "공격하는 자들이 하느님 나라를 점령한다"(마태 11,12b)라는 말은[45] 비록 난해한 것이나 위 시각에서 이해해야 할 것이다.

화되어 그 알짬이 희석되었다고 볼 수도 있다.
45) 슈바이처는 산상설교나 마태 11,27-29에 입각하여 이 말의 현실성을 의심하며, 심지어 이것이 예수의 말이 아니라고 극구 부정한다(E. Schweizer, *a.a.O.*, 170/한역본 276).

여섯째 마당

여섯째 마당
예수와 민중

 예수는 요한이 잡힌 후에 갈릴래아로 갔다. 그런데 그는 갈릴래아의 도시로 간 것이 아니라 농촌으로 갔다.[1] 우리는 이러한 지정학적인 데 관심해 왔다. 이런 관심은 역사의 예수를 좀더 가까이 알기 위해서다. 이것은 형이상학적 추구와는 길을 달리한다. 현재까지 서구에서 주도된 신학은 예수가 그리스도(예배의 대상)로 된 것에 그 관심을 총집중했다. 그것은 신학을 말씀의 신학이라고 보는 전제와 이와 관련해서 이른바 케리그마에만 관심을 집중하는 것과 함수관계에 있다. 이른바 말씀이나 케리그마는 사실 자체가 아니라 그 의미이다. 사실(사건)의 의미를 추구하는 것은 당연하다. 그러나 그것을 고정화해 버리면 도그마가 되고 만다.
 케리그마 신학자들은 복음서 형성의 기본자료가 초대 그리스도인들의 설교라고 보았는데, 그 설교란 역사의 예수의 행태나 말씀을 반복한 것이 아니라 설교한 예수가 누구 또는 무엇이냐 라는 물음에 대한 대답이라고 이해해 왔다. 그럼으로써 의미로서의 그리스도가 신학의 전부인 것처럼 되고 사실로서의 역사의 예수는 주변으로 밀려

---
1) G. Theißen, *Soziologie der Jesusbewegung*, München 1977, 47.

났다. 특히 슈미트(Schmidt)가 『예수의 말씀의 틀』[2]이라는 책을 냄으로써 복음서에 있는 예수의 사건들을 예수의 단편적인 말씀들을 부각시키기 위한 보조적 가치 이상의 것이 없는 것으로 보고 인정하지 않게 되었으며, 불트만은 이것을 아포프테그마라는 희랍문학의 양식의 틀에 맞추어(디벨리우스는 파라디그마) 슈미트의 결론을 지지, 발전시켰다.[3] 그럼으로써 그들에게는 역사의 예수는 무의미해지고 의미로서의 케리그마만이 성서학의 대상이 되어버렸다. 뿐만 아니라 케리그마를 형성하게 한 바탕이 되는 역사의 예수의 사건은 찾아낼 수 없을 뿐 아니라 그것을 묻는 것은 불신앙이라고까지 단언했다(불트만).

왜 그래야만 했을까? 왜 복음서의 거의 전체를 차지하는 이야기들은 무시했을까? 그것은 이른바 학문의 세계에서는 이야기를 경시하는 풍조가 있기 때문에 이야기의 내용 그대로는 지식사회에서 수용되지 못한다는 인식이 작용했고, 다른 한편으로는 독일 사회를 지배하고 있는 관념론에 사로잡힌 결과라고 판정한다.

그러나 우리는 역사의 예수를 찾는다. 그러기 위해서 그가 누구와 더불어, 누구를 위해, 어떤 사람을 상대로 싸웠는가를 물을 것이다.

어떤 사람의 행동이나 말을 이해하기 위해서는 그의 대상을 파악하는 것이 첩경이다. 예수가 어떤 사람들에게 어떤 말을 했는가를 묻는 것이 그 말의 생동하는 뜻을 파악하는 데 지름길이다. 말은 독백일 수 없다. 전달되지 않는 말은 말이 아니다. 그 말이 어떤 사람에게 전달되었는가를 아는 것은 그 말의 뜻의 반 이상을 아는 길이다. 말하는 자나 듣는 자는 상황적 존재이다. 그러므로 그들의 상황을 밝히면 그만큼 그 말의 뜻이 밝혀질 것이다.

---

[2] K. L. Schmidt, *Der Rahmen der Geschichte Jesu*, 1919.
[3] R. Bultmann, *Geschichte dersynoptischen Tradition*, 8(한역본 9).

예수는 은둔자가 아니다.[4] 또 그는 사람들이 쉽게 접근할 수 없는 신비주의자로 사람이 이해할 수 없는 방언을 말하지 않았다. 그의 말은 형이상학적 철학이 아니라 더불어 사는 삶에서 나온 이야기이다. 그러니 그의 동반자들을 아는 것은 중요하다. 복음서는 처음부터 '홀로'의 예수를 소개하지 않고 '더불어'의 예수를 서술한다. 그러나 지금까지 사람들은 그를 유아독존적 존재로 착각한 듯이 그와 더불어 있던 사람들을 배제하고 그만 '홀로' 부각시켰다. 그와 더불어 있는 존재들을 인식했어도 한 초상화의 주인공을 부각시키는 배경 정도로 부수적인 것으로 간주했을 따름이다. 그러므로 예수의 역사성이 상실되었다. 우리는 역사의 예수를 추구하기 위해서 그와 '더불어' 있던 사람들을 주목할 것이다. 단순히 그와 더불어 있기만 했던 사람들이 아니다. 그것은 동시에 '그가' 더불어 산 이들이다. 그들이 누군가?

흔히 그리스도교는 박애주의라고 말하고, 예수는 모든 사람을 하나같이 사랑했던 이라고 말한다. 정말 그럴까? 예수를 박애주의자로 규정하는 대표적인 전거로 "아버지께서는 악한 사람에게나 선한 사람에게나 똑같이 해를 비추어 주시고 의로운 사람에게나 불의한 사람에게나 똑같이 비를 내려 주신다"(마태 5,45)라는 말을 예로 든다.[5] 그렇다면 아흔 아홉 마리의 양을 두고 잃은 양 한 마리를 찾아 나서는 목자의 이야기(마태 18,12-14)와 한 푼의 돈을 찾으려고 부단히 애를 쓴 여인의 이야기(루가 15,8-10), 잃어버렸던 아들을 맞아 기뻐하는 아버지의 이야기(루가 15,11-32) 등을 통해서 하느님의 뜻을 전하는 예수의 가르침을 우리는 어떻게 이해해야 할까?

---

4) 에쎄네파와 세례자 요한파와 비교해 보면, 이 점이 뚜렷이 부각된다.
5) 이 말은 원수를 사랑하라는 지시의 거점이지, 하느님의 본질을 나타내려는 것이 아니다.

예수는 단순히 그런 내용의 전달자가 아니라 바로 그 실현자였다. 위의 이야기들은 반드시 잃은 자만이 아니라 잃은 자도 그렇지 않은 자들과 '더불어'라고 풀이하는 이들이 있다.[6] 그렇다면 "나는 의인을 부르러 온 것이 아니라 죄인을 부르러 왔다"(마르 2,17)라든가, 또는 "수고하고 무거운 짐진 사람들아, 다 내게로 오라"(마태 11,28)고 하는 말은 어떻게 이해해야 할까? '의인'이 아니라 '죄인'을, 평안하고 안정된 사람이 아니라 수고하고 무거운 짐진 사람을 구별하는데, 이러한 계층적 구분은 복음서 여기저기에서 흔히 볼 수 있다.

예를 들면 예수의 뜻을 가장 잘 나타낸다는 여러 비유들 가운데서 제사계급과 사마리아 사람(루가 10,25이하), 부자와 거지(루가 16,19 이하), 원한에 찬 과부와 악한 재판관(루가 18,1 이하), 바리사이파와 세리(루가 18,9이하), 기득권자와 거리의 떠돌이를 대립시킨다(루가 14,15 이하). 루가는 특히 "들의 설교"에서 가난한 자와 부자, 우는 자와 웃는 자, 배곯은 자와 배부른 자, 멸시받는 자와 이름난 자를 뚜렷하게 대립시키고 있다(루가 6,20이하).

우리는 예수의 행태를 집약하는 두 가지 자료에 주목해야 한다. 하나는 예수의 공생애 출발의 첫 발언으로 된 루가복음 4장 18-19절 내용이며, 또 하나는 예수가 "올 그이"인가 하는 물음에 대한 답변이다. 가난한 자, 포로된 자, 눈먼 자, 눌린 자(루가 4,18)에게 자유를 주

---

6) 이 본문은 14절 이하의 교훈에 비추어 해석해서는 안된다. 14절 이하의 교훈은 전체에서 어느 하나도 잃어 버리지 않도록 배려하라는 것인데, 이 비유는 아흔아홉 마리를 놓아두고 길 잃은 한 마리의 양을 찾아 떠난다는 데 특수한 의미가 있다. 그런데 이 비유와 14절 이하의 해석을 연결시키는 경향은 슐라터 이후 강해졌다(A. Schulater, *Der Evangelist Matthäus*, 1929, 552f.). 슈니빈트는 이 비유와 교회의 삶의 자리에서 형성된 14절 이하를 구별하지 않고 잃은 양을 교회 안의 죄인으로 간주함으로써 이 비유가 그 죄인들마저 수용하여 전체를 살려야 한다는 교훈을 제시한다고 본다(J. Schniewind, *a.a.O.*, 299f.). 그러나 이것은 잘못된 해석이다.

며 은혜의 해를 전하기 위해 왔다는 선언에 대해 소경, 앉은뱅이, 문둥이, 귀머거리를 고치고, 가난한 자와 더불어 살며, 죽은 자를 일으키며, 복음을 전파하는 것이 그의 삶의 구체적 구현이라는 것이다. 이 둘은 약간의 차이가 있으나 공통된 것은 그가 상대한 이들이 의로운 자, 준법자, 진리를 위해 애쓰는 자 등 그 시대에 모범이 되거나 인정받는 그런 계층이 아니라는 사실이다.[7] 그들은 누구인가? 사회학적 개념으로 집약한다면 '민중'이라고 할 것이다. 그러면 어떤 의미에서 민중인가? 그것을 알기 위해서는 유다 사회의 전통에서부터 근원을 찾아보는 것이 순서이다.

유다 사회의 민중

히브리어 '암하아레츠'는 '땅의 사람'을 의미한다. 이 말은 본래 지주계층을 일컬었다. 이스라엘에 있어서 하느님의 축복은 땅과 결부되어 있다. 하느님의 축복이 언제나 땅의 약속으로 표현된 것은 그 때문이다. 따라서 땅을 가졌다는 것은 바로 축복을 받은 것이 된다.[8]

그런데 이스라엘의 지배층이 바빌론 포로로 잡혀 간 이후부터는 그 개념이 달라졌다. 바빌론은 이스라엘을 공략하고 그 지배자들이나 지주들을 포함한 상류계층을 모두 포로로 잡아갔다(열하 24,10-17). 그리고 이들의 소유였던 땅은 남아 있는 이스라엘의 농민이나

---

7) 이와 같은 사실은 가난한 자와 가진 자의 공존을 중시하는 루가의 입장에서 특히 부각된다. 안병무, "가난한 자", 『한국문화와 그리스도교 윤리』(현영학 교수 정년퇴임기념논문집), 문학과지성사 1986, 299-324를 참조하라.
8) 땅은 구약에서 일관된 약속이다. 가나안 땅은 하느님의 축복으로 얻은 땅으로 생각되었다. 이 전통은 마태오에게도 전승되어 땅을 얻는 것을 팔복에 포함시켰다(마태 5, 5).

하류계층에게 그리고 정책적으로 이민시킨 이방인들의 손에 모두 넘겨졌다. 이때부터 포로로 잡혀간 상류층이 이렇게 땅을 차지한 자들을 멸시와 분노의 뜻을 담아 '암하아레츠'라고 불렀다. 그 후, 특히 에즈라서 편집 이후 이 개념이 나타나고(10, 1), 느헤미야(10,31)에도 등장하는데[9] 그것은 한마디로 하류층인 민중으로 처음에는 하시딤과 대조시키다가 후에는 바리사이파와 대조시켰다.[10] 이같이 암하아레츠의 뜻이 변질된 것이다. 우리 말로 표현하면 '쌍놈'과 같다. 땅꾼(농사꾼), 무식한 자, 율법을 모르며[11] 안지키는 자로 통했다.[12] 그러기에 식탁도 함께 하지 않고 이방인처럼 취급했다.[13]

그런데 암하아레츠라는 이 말은 후기 유다교—라삐 유다교에서는 바리사이파가 주도권을 가지고 있었다—에 이르러 또 다른 위상을 가지게 되었다. 라삐들의 유다교는 율법으로 에워싸인 체제이다. 이처럼 율법을 생활화하려는 동기는 이스라엘의 주체성의 동요를 막기 위해 이스라엘 민족을 '율법으로' 무장시키자는 데 있었다.[14] 이 동기

---

9) H. Kreissig, *a.a.O.*, 34. 크라이씨히에 따르면, 암하아레츠는 후기 라삐 시대 이래 멸시의 대상이 되었다고 한다.
10) J. Jeremias, *Jerusalem…*, 294, 302f. (th역은 331. 339f.). 라삐 아퀴바는 "내가 암하아레츠일 때 만일 한 학자를 모신다면, 나는 그를 당나귀처럼 물어뜯을 것이다"고 말했다(H. Kreissig, *a.a.O.*, 85에서 중인).
11) D. W. Bousset, *Die Religion des Judentum im späthellenistischen Zeitalter* (HNT 21), Tübingen 1966, 187. 요한 7, 49에서 바리사이파 사람이 "율법을 모르는 사람은 저주받은 사람이다"고 한 것은 바로 이 전통에서 비롯된 것이다.
12) J. Jeremias, *a.a.O.*, 303(한역본 340).
13) 마르 2,16 /공관.
14) 이와 같은 움직임은 멀리 하시딤에게까지 소급된다. 마카베오 전쟁시에 유다교 신앙을 보존하기 위한 투쟁에 "경건한 사람들의 모임"(συναγωγή Ἀσιδαιων)이 가담했다. 이들은 율법에 충실했고 보수적이고 민족주의적인 성향을 띠고 있었다(M. Hengel, *Judentum und Hellenismus*, Tübingen 1969, 2. durchgesehene u. ergängte Aufe., 319. 324f.). 바리사이파와 에쎄네파는

는 옳았다. 그런데 그것은 두 가지 치명적 결과를 야기시켰다. 첫째는 그 제도가 사람의 자유를 구속하였으며 특히 가난한 층을 압박하는 결과를 가져왔다. 저들의 일주간은 "안식일을 위해" 있어야 했고, 무엇보다 정결법의 엄격성 때문에 직업종사의 길이 크게 제한됐다. 그리고 저들에게는 양심을 위한 자리가 없었다.

둘째는 이스라엘 민족을 둘로 갈라놓게 되었다. 체제 안의 사람과 체제 밖의 사람이 그것이다. 체제 안의 사람은 율법의 의무를 다하는 사람으로 이른바 '참 이스라엘' 또는 '의인'으로 인정을 받았고, 그렇지 못한 사람은 '죄인'으로 낙인찍어 체제 밖으로 밀어냈다. 이처럼 체제로부터 밀려난 소외자들이 바로 '암하아레츠'가 된 것이다. 그런데 이들은 왜 체제로부터 밀려나 '암하아레츠'가 되었을까? 그 이유는 앞으로 더 논의되겠지만 라삐 유다교 체제의 성격 때문이라고 할 수 있다.

라삐 유다교의 체제는 미슈나(Mishna)[15]라는 책에서 전승되는데 여기에는 농사짓는 일, 축제를 지키는 일, 부부 사이에 지켜야 할 규칙, 예배의 규율, 식사의 규율, 정결법 등 생활 전반에 대한 것을 자세히 밝히고 있다. 그 가운데 안식일법 하나만을 보아도 그 체제의 본질을 금방 알 수 있다. 안식일법의 내용에 관해서는 다음 기회에 말하겠으나 문제는 어떤 사람들이 안식일을 지킬 수 있느냐에 있다. 안

모두 이들을 원류로 한다. 그런데 율법에 대한 충성은 인간의 모든 인식영역에서 토라의 권위와 충분성을 주장하는 유파를 형성시켰으며, 이들은 토라에 대한 해석의 전권을 장악해 나갔다. 율법을 끊임없이 연구하고 계명을 철저히 이행하는 것이 모든 것의 중심이 되었다. 경건한 사람들의 일상적인 행동 일체를 토라에 따라 수행하도록 하기 위하여 개별적인 계명들에 대한 결의론적 토론이 활성화되고 확산되었다. 바로 이것이 라삐 유다교의 특징이다(M. Hengel, a.a.O., 314f.).

15) 라삐들은 미슈나가 모세에게 소급된다고 주장한다. 미슈나는 구약성서 해석서이다. 그러나 그것은 구약보다 더 조직적인 교본의 역할을 했다.

식일법에 비추어 보면 안식일을 지킬 수 있는 사람은 최소한 다음날 하루 먹을 수 있는 양식의 여유가 있어야 한다. 곧 일용할 양식 이상을 가진 사람들이다. 그날그날 벌어야 먹을 수 있는 사람, 직업상으로 안식일을 지킬 수 없는 사람 곧 목동, 뱃꾼, 몸파는 창녀, 한재 만난 농부들 그리고 병자들은 도저히 안식일을 지킬 수가 없다. 또한 이방인 노예들이나 고용병들도 마찬가지이다. 이들은 모두 어쩔 수 없어서 안식일을 지키지 못했는데도 안식일을 지키지 못했다는 사실로 해서 '죄인'으로 정죄되고 체제 밖으로 밀려나게 되었다. 바로 이들을 '암하아레츠'라고 한 것이다. 정결법의 경우도 마찬가지이다. 불결한 일을 직업으로 삼고 사는 사람들은 정결법을 지킬 수가 없다. 항상 온 몸에 똥냄새를 풍기는 오물처리자들은 예배에 참석할 수가 없었다. 어떤 기록에 따르면 나귀몰이, 낙타몰이, 뱃꾼, 수레꾼, 목동, 잡상인, 의료행위자(돌팔이 의사), 백정 등은 모두 천직(賤職)으로 되어 있고, 또 어떤 기록에 따르면 쓰레기(넝마)주이, 동(銅)구이, 피혁가공인 등도 천직으로 되어 있는데[16] 그 이유는 이들이 정결법이나 안식일법을 지킬 수가 없기 때문이다. 그래서 이들은 이스라엘 사람이면서 이스라엘로부터 소외되었고, 암하아레츠로 규정되었다. 이들이 곧 '민중'이다.

예수가 만난 사람들

마르코복음은 처음부터 많은 무리들이 예수에게 몰려 왔다는 말을 반복한다.[17] 예수가 있는 곳에 언제나 무리들이 있다. 이들은 어떤

---

16) J. Jeremias, *a.a.O.*, 365 (한역본 383).
17) 안병무, "예수와 오클로스", 『민중과 한국신학』, 한국신학연구소 1982를 참

사람들이었나?

먼저 크게 부각된 것은 병자들이다. 예수의 행태에 병자들을 치유하는 이야기가 압도적으로 많은데,[18] 이는 그것이 얼마나 중요한 비중을 차지했나를 말한다. 우리는 그 중요성의 일면을 세례자 요한의 질문에 대한 대답에서 본다:

> 가서 너희가 듣고 본 것을 요한에게 알리라. 맹인이 보고 절뚝발이가 걸으며 나병환자가 깨끗해지고 귀머거리가 들으며 죽은 사람이 살아나고 가난한 사람들이 복음을 듣는다(마태 11,4-5).

루가에서 집약된 나자렛에서의 예수의 '선언'(루가 4,18-19)도 이와 유사하다. 예수는 몰려든 그 병자들을 단순히 치유하는 데 그치지 않고 그것을 동시에 사탄을 추방하는 운동의 일환으로 간주했다. 이것을 병자들의 측면에서 본다면, 저들은 모순과 갈등구조에서 희생당하고 있는 자들이며, 저들의 소원을 들어 준다는 것은 곧 악마와의 투쟁을 뜻한다. 이것은 다음에 사탄과의 투쟁" 마당에서 별도로 다룰 것이다.

예수의 주변에는 여인들이 많았다.[19] 남성 위주의 사회였을 뿐 아니라 여성을 '정신있는 재산'으로 보는 그때의 풍토에서 보아 이런 여인들에 대한 보도는 역사적 근거가 충분히 있을 것이며, 오히려 그보다 훨씬 많은 내용들이 남성들의 손에 의해 무시되거나 축소되었을 가능성이 더 많다. 이들은 끝까지 예수를 좇고 그의 처형현장을 지켜보는 유일한 인물들로 등장했다. 이것도 다른 마당에서 취급될 것이

조하라.
18) 일곱째 마당 "사탄과의 투쟁"을 보라.
19) 자세한 것은 여덟째 마당 "예수와 여인"을 보라.

다.[20]

　예수운동의 핵심으로 어부들이 등장한다. 어부라는 직업이 반드시 가난을 상징하지는 않는다. 야고보와 요한은 배를 가지고 있으면서 삯군을 부렸다는 것으로 보아 가난한 사람은 아니었다. 그러나 어부는 천직이다. 까닭은 어부란 물고기를 속여서 잡기 때문이라는 도덕적 의미도 있지만 그보다 더 큰 이유는 안식일을 지킬 수 없다는 데 있다.[21] 고기잡이 하는 사람에게 안식일에 맞추어 돌아오라는 것은 무리한 주문이다.

　그리고 예수의 제자 가운데 세리가 있었다는 것은 참으로 이색적인 부분이다. 끝으로 주목되는 것은 그의 제자 중 세리들과 원수관계에 있어야 할 젤롯당도 있었다는 것이다. 세리는 이스라엘 동족들에게 가장 멸시와 천대를 받는 이들로서 강도나 사기꾼과 동일시하여 그들의 헌금도 외면할 정도였다. 이들은 특히 젤롯당이 원수로 여기는 자들이다. 이들은 가난의 상징은 아니지만 그 민족 사회에서 사람으로 취급받지 못한 소외자들이다.

　시몬이 젤롯당원이었다는 것은 명기되어 있다(마르 3,18). 그런데 가리옷 유다 역시 젤롯당원이었을 공산이 크다. 그를 "시카리의 유다"라고 읽을 때 더욱 그렇다. '시카리'는 '칼을 품은 자'란 뜻으로 젤롯당운동에서 자객으로 활동한 이들이다.[22] 그리고 베드로 역시 수상쩍다. 그의 또 다른 이름인 '바르요나'(마태 16,17)는 아람어로 '테러리스트'를 의미한 것으로 해석할 수 있기 때문이다.[23] 그리고 예수

---

20) 여덟째 마당 "예수와 여인"을 보라.
21) J. Jeremias, *a.a.O.*, 345f. (한역본 391).
22) 젤롯당과 시카리를 구별하는 것을 전제로 분석하는 헹엘은 양자를 결국 같은 이념의 분파들로 보는데(M. Hengel, *Die Zeloten*, 387f.), 이러한 구별은 별 의미가 없다.
23) R. Eisler, ΙΗΣΟΨΣ ΒΑΣΙΛΕΨΣ ΟΨ ΒΑΣΙΛΕ ΨΣΑΣ. *Die*

가 처형되었을 때 좌우 편에 두 '강도'가 함께 처형되었다는 것이 사실이라면 그들 역시 젤롯당원이었음에 틀림없다.[24] 그렇다면 예수는 젤롯당과 밀접한 관계를 맺고 있었던 것이 된다. 그때 젤롯당원을 가리켜 '강도'라고 불렀는데(요세푸스도 그랬다) 그것은 로마 당국의 편에서 하는 규정이다. 단순한 강도라면 십자가형에 달릴 자격이 없었다.[25] 이른바 '강도'는 이스라엘의 해방을 위해서 싸웠던 정치범들 곧 젤롯당원이었다. 예수의 제자 중에 한 사람이라도 젤롯당원이 있었다는 사실은 예수가 젤롯당과 밀접한 관계를 맺고 있었다는 것을 부정하지 못하게 한다.

젤롯당의 중심은 갈릴래아였다. 이들의 대부분은 경제적으로 보아 거덜난 계층이었다. 이들은 예수를 따랐던 무리들과 흡사한 사회 성분을 가지고 있었다. 그래서 어떤 학자들은 예수도 젤롯당과의 관계에서 보려고 하나[26] 이 점을 논외로 하더라도 분명히 말할 수 있는 것은 예수를 따르는 무리와 젤롯당 사람들이 '민중'이란 측면에서 공통성을 가지고 있었다는 점이다. 그리고 예수의 이야기에서 보면 농부, 노동자, 거덜난 사람들, 일자리 없는 사람들과 같이 미천한 사람들이 그를 많이 따랐을 것으로 본다. 이런 자들이 때로는 사천 내지 오천 이상씩, 그것도 여인과 아이들을 빼고, 떼지어 따른 것으로 보도되고 있다(마르 6,30이하; 마르 8,1이하).

---

 messianische Unabhängigkeitsbewegung vom Aufireten Johannes der Täufer bis zum Untergang Jakobus der Gerechten nach der neuerschlossenen Eroberung von Jerusalem des Flavius Josephus und den christlichen Quellen dargestellt, Bd. 2, 1929, 67f.

24) 요세푸스는 그들을 시카리라 불리는 새로운 유형의 강도들이라고 한다. 헹엘은 그가 젤롯당원임을 의심하지 않는다(M. Hengel, *Die Zeloten*, 30).

25) G. Baumbach, *Jesus von Nazareth im Lichte der jüdischen Gruppenbildung*, Berlin 1971, 24f.

26) S. G. E. Brandon, *a.a.O.*, 322f.

이들에게서 공통점을 지적한다면 '가난한 자들'이라고 하겠다. 이 '가난'은 실제로 어느 정도의 것이었을까? 이미 앞마당에서 제시한 것 중에 구체적인 경우를 상기해 보자. 당시에 하루의 품삯은 한 데나리온이다. 한 데나리온은 밀 13리터를 살 수 있는 돈이다. 대개 여섯 되 가량으로, 식구에 따라 다르겠지만, 입에 풀칠이나 할 수 있는 최저의 생활비이다. 복음서에는 한 과부가 있는 재산을 털어서 헌금으로 바쳤다는 이야기가 있는데, 그 전 재산이란 모두 두 렙톤(Lepta)이었다. 두 렙톤이란 1/12데나리온으로, 결국 과부의 총재산은 약 반 되의 밀을 살 수 있는 액수인 셈이다. 성서에서 과부는 '민중'의 상징이다.

또 복음서에는 많은 무리들이 예수를 따라다녔는데 여인과 아이들을 뺀 숫자가 사천 명이나 되었다고 한다(마태 15,38). 이들이 사흘이나 굶었는데 이들을 먹이려면 2백 데나리온이 필요하다는 것이다. 이것은 한 사람당 평균 밀 1/4되로 친 값으로 그때의 시세에 어느 정도 상응한다. 여인과 아이들을 합치면 일인당 돌아가는 양은 훨씬 줄어든다. 여기에서 우리는 저들이 얼마나 가난한 무리였는가를 알 수 있다.

어부는 반드시 가난한 사람의 상징은 아니었다. 복음서에서 저들은 약간의 재산(배, 그물)도 갖고 있다고 한다. 그리고 세리도 그렇다. 그들은 돈을 만지는 자들로 지위에 따라서는 상당한 재산을 모을 수 있다. 예수의 제자가 된 레위는 출가(出家)의 잔치를 베풀 정도(마르 2,15)[27]였으며, 동화적으로 서술된 자캐오 이야기(루가 19, 1-10)는 그가 상당한 재산가임을 암시한다. 그러나 세리가 곧 부자는 아니다. 맨

---

27) 루가복음은 레위가 자기 집에서 예수를 위해 큰 잔치를 베풀었다고 보도한다(루가 5,29).

아랫자리에서 심부름하는 자들이 대부분이기 때문이다.[28] 저들은 모두 사회적으로 하류층이었다. 예수는 도대체 상류층이 사는 도시에 접근하지 않았으며,[29] 그의 주변에는 어떤 명망가도 그들과의 교류도 없었다.[30] 예수의 주변에 있던 이들을 묶어 마르코는 오클로스라고 한다.

오클로스

복음서들은 이러한 '무리'들에 대해서 깊은 관심을 나타내고 있다. 맨 처음의 복음서인 마르코복음서는 예수의 공생애를 말하면서 먼저 예수 주변에 모여든 '무리들'에게 주목한다. 처음 1장에서는 '사람들', '모두', '많이'라는 말로 무리들을 지시하다가 2장 4절에 이르러 비로소 이들의 정체를 밝히려는 듯, 그들을 일러 오클로스(ὄχλος)라고 한다.[31]

---

28) 유다인 세리들은 국가관리가 아니었다. 그들은 로마의 징세청부업자들처럼 세금을 대납하고 대납한 세금을 동족으로부터 거두어들이는 역할을 하였다. 그들은 세관장에 예속되어 있었고 세관장을 중심으로 결사체를 형성하고 있었다(Bo Reiche, *a.a.Q*, 103 / 한역본 153f.). 쉬러는 세액이 정해져 있지 않았기 때문에 부패의 가능성이 항상 있었다고 한다(E. Schürer, *Geschichte des jüdischen Volkes im Zeitalter Jesu Christi*, Nachdruck, Hildesheim 1964, 1, 475).
29) 예수는 예루살렘과도 교류가 없었다.
30) 아리마대 요셉은 "명망있는 의회 의원"이었다고 하는데(마르 15,43), 그닐카에 따르면, 그는 아리마대 지역 재판소의 회원이요 부유한 지주였을 것이라고 한다(J. Gnilka, *Mk II*, 332f./ 한역본 440). 그러나 비록 그가 하느님 나라의 도래를 기다린 경건한 유다인이요 예수 운동에 공감을 가졌을 것이라고 가정한다 하더라도, 그는 예수의 제자는 아니었다.
31) 안병무, "예수와 오클로스"를 참조하라.

예수와 민중

그리스어에는 대중을 지칭하는 말로서 '라오스'(λαός)라는 말과 '오클로스'라는 말이 있다. 라오스는 흔히 '하느님의 백성' 또는 '이스라엘 백성'이라고 할 때 쓰는 말로, 한 유기적인 집단에 종속된 다수를 가리키는데 현대어로는 '국민'에 해당한다. 구약을 그리스말로 번역한 70인역(LXX)에는 이른바 백성을 거의 라오스라는 말로 쓰고 있다. 이에 대해 오클로스라는 말은 아주 드물게 쓰고 있는데, '노예들'이나 '고용된 사병들'이나 '강제 징용자들'을 가리켜 오클로스라고 불렀다.[32] 글자 그대로 '오합지졸'이란 의미이다. 우리 말로 '무리'라고 번역되었는데 이것은 잘된 번역이다. 어떤 집단에 권리와 의무를 가지고 종속되지 않아 그 사회와 아무런 연대관계도 맺지 않는 자들이 바로 '무리'이다. 무리는 국민과 엄격히 구별된다. 국민은 그 민족 사회에 소속되므로 권리와 의무가 있고, 보호를 받는다. 그러나 '무리'에게는 그것이 없다.

그런데 마르코서의 편자는 이 두 말 중 오클로스라는 말만을 골라 사용하고 있다. 예수를 따랐던 사람들은 라오스가 아니고 오클로스라는 것이다. 그는 라오스라는 말을 몰라서 그랬을까? 결코 그렇지 않다. 그도 라오스라는 말을 두 번 쓰고 있는데 7장 6절은 구약을 인용한 것이고 14장 2절은 율법학자의 입으로 하는 말로 되어 있다. 여기에 비해 오클로스라는 말은 36번이나 사용하고 있다.

마태오나 루가의 경우는 이와 좀 다르다. 마태오에는 오클로스가 51번, 라오스가 13번, 루가복음서에는 오클로스가 40여번, 라오스가 35번 쯤 사용되었는데 이들의 기본입장은 마르코서에서 이어받은 것이다. 그런데 이 복음서들에서도 오클로스라는 말은 여전히 중요한 위치를 차지하고 있다. 그 중 오클로스란 말을 라오스라는 말로 몇

---

32) Meyer/Katz, Art. ὄχλος, in: *Theologisches Wörterbuch zum Neuen Testament*, Bd V, 583ff.

번 바꾸어 쓰고 있는데 그것은 의미상으로 별로 다르지 않다.[33] 단지 루가는 라오스라는 말을 그리스도의 구속공동체의 일원이란 뜻에서 즐겨 쓰고 있다.[34] 비록 오클로스를 라오스로 바꾸었으나 이들의 처지가 버림받은 자, 수난당하는 자로서 경제적으로나 정치적으로나 소외되었다는 점에 있어서는 아무런 차이가 없다.

오클로스의 실체는 무엇일까? 그것은 마르코복음 2장 13-17절의 문맥에서 파악할 수 있다. 13절에 "모든 무리($πᾶς\ ὄχλος$)가 예수께 나온다"는 말이 있는가 하면, 예수를 따르겠다는 세리 레위 집에서 고별잔치가 벌어졌을 때 예수는 많은 "세리들과 죄인들"과 함께 식탁을 같이 했다는 이야기가 있는데, 여기에서 말하는 "세리들과 죄인들"이 바로 오클로스임을 시사한다. 이러한 사람들이 많이 예수를 따랐다고 한다. 이에 대해 바리사이파의 율법 학자들이 예수가 저들과 함께 식사하는 것을 보고 "왜 예수는 세리와 죄인들과 같이 식사하시오?"(마르 2,16)라고 항의했다. 저들은 함께 식사할 수 없는 '무리'라는 것이다. 여기에 대해 예수는, "건강한 사람에게는 의사가 필요 없으나, 병자에게는 필요하다. 나는 의인을 부르러 오지 않았고 죄인을 부르러 왔다"(마르 2,17). 여기에서 우리는 "예수는 민중을 부르러 왔다'고 단언할 수가 있다. 세리와 죄인과 같은 민중, 이들이 바로 오클로스이다.

오클로스의 특징은, 다음 몇 가지로 나누어 생각할 수 있다.

첫째, 예수가 가는 곳에는 그 어디에나 민중(오클로스)이 있다(마르 2,4. 13;3,9.20.32;4,1;5,21.24.31;8,1;10,1). 특히 민중을 빼고 갈릴래

---

33) 가령 마르 11,32;12, 12등에서는 예수의 적대자들이 '오클로스'를 두려워했다고 하는데, 루가가 이를 $λαός$로 바꾸었어도 의미상 변화는 없다.
34) 그런 점에서 루가는 바르나바를 놓아달라는 사람들을 '오클로스'로 표현한 마르코(15, 11;15, 15)와는 달리 이를 지시대명사로 바꾸었으나, 그 앞에 그들이 '라오스'임을 전제한다.

아의 예수를 생각할 수 없으며 복음서의 민중은 예수를 빼고 생각할 수 없다. 이 민중은 결코 예수가 누구냐를 부각시키기 위한 배경이 아니다. 그렇게 주객의 도식을 찾으려면 바꾸어 볼 수도 있다. 즉 예수는 민중의 거울에 불과하다고! 복음서의 예수는, 그러므로, 어떤 의미로나 단독자가 아니라 '더불어'의 존재이다. 예수 이야기 따로 있고, 민중 이야기 따로 있는 것이 아니라 거기 '우리' 이야기가 있을 뿐이다. 그 이야기는 예수와 더불어 민중이 살아가는 과정이다. 그러므로 복음서는 예수의 개인 전기가 아니라는 것[35]을 수긍하는 대신 그것이 예수의 민중운동사임을 수긍해야 할 것이다. 복음서는 예수운동이 전개되는 이야기인 것이다. 이것이 바울로의 그리스도 표상과 근본적으로 다른 점이다. 이 사실이 그의 행태를 조명하는 데 일관된 바탕이 된다.

둘째, 예수는 민중과 식탁을 함께 했다(마르 2, 13-17). 이 사실을 가장 확실하게 전하는 것은 어록자료인 루가복음 7장 33-34절이다: "세례자 요한은 와서 떡도 먹지 않고 포도주도 마시지 않으니 '그는 귀신이 들렸다'고 너희가 말하고 인자는 와서는 먹기도 하고 마시기도 하니 '보라 저 사람은 먹기를 탐하고 술을 즐기는 자요, 세리와 죄인의 친구다'하고 말한다." 이 말에서 몇 가지 사실들을 지적할 수 있다. 첫째는 예수가 이른바 죄인(세리)들과 함께 먹고 마셨다는 것이고, 둘째 그것이 바로 예수가 그들의 '친구'임을 드러내는 구체적 행위라는 사실이다. 그리고 덧붙여 밝혀진 것은 그 점이 바로 세례자 요한과 대조되는 대표적인 경우라는 사실이다. 세례자 요한도 민중을 대

---

[35] 복음서들이 예수의 전기를 쓸 의도가 없었다는 것을 확인하기까지 무수한 예수전이 나왔다. 그러나 복음서의 성격이 밝혀지면서 예수전을 집필하려는 움직임은 일시에 단절되었다. 복음서의 성격에 대해서는 G. Bomkamm, *Jesus von Nazareth*, Urban-bücher 19, Stuttgart 1956의 서문을 보라.

상으로 했으나 그들과 자신을 격리시켰다. 즉 민중은 그에게 설교의 대상일 뿐 '더불어'(communicate)의 대상이 아닌데 예수는 그들과 더불어 먹고 마심으로 그 사이에 아무런 간격이 없음을 행동으로 보여주었다. 그것은 어떤 시위가 아니라 그대로 자연스러운 그의 삶이다. 이것으로 당시의 가치관 즉 상층구조를 깨버린다. 바로 저들을 억누르고 죄인으로 규정한 그 구조 말이다.

셋째, 오클로스를 '예루살렘파'와 대립시킴으로, 예루살렘파에 대립된 예수와 오클로스의 연대성을 드러내고 있다(마르 2,4-6;3,2-6.22-35;7, 1-2;8, 11;11,18.27-33 등). 갈릴래아의 민중은 예수와 간격이 없이 밀착되어 있다. 이 점에서 르낭의 표현대로 하면 갈릴래아의 봄이 지속된다. 갈릴래아의 민중은 그만큼 그와 일체감을 나타낸다. 그런데 간간이 "예루살렘에서 내려온"(마르 7,19) 바리사이파 또는 서기관들이 예수와 맞선다. 그 예루살렘은 바로 예수의 처형지이다. 우리는 여기서 예루살렘의 민중이 예수를 처형하라는 시위를 했다는 이유(마르 15,13-14)로 반민중론을 펼 필요는 없다. 복음서는 갈릴래아의 민중도 미화한 일이 없다. 따라서 돈으로 오염된 민중의 행태를 구태여 변호할 필요가 없는 것이다. 오염이 되었어도 예루살렘파에 의한 것이요, 죄인으로 규정되어 인간대우를 못 받는 이유도 '예루살렘파'에 의한 것이다.

넷째, 이것은 셋째 범주에 포함시킬 것이나 구별하여 언급하는 것은 강조하기 위한 것인데, 그것은 오클로스는 집권자들에게 공포의 대상이었다는 사실이다(마르 11,18,32:12,12). 왜 공포의 대상이었나? 저들이 불의를 자행한 때문이지만 예수와 민중이 일치되었기 때문이다. 그것은 하나로 뭉치면 무서운 힘이 된다. 그래서 사실상 물과 불이어야 할 바리사이파와 헤로데당[36]이 초기부터 야합하여 예수를

---

36) 헤로데 당원에 대해서는 분명한 것을 말하기 어렵다. 민중 가운데 헤로데

예수와 민중   165

죽일 음모를 했고(마르 3,6), 그를 처형하기까지 로마제국과 종교귀족이 그리고 헤로데가까지 야합해야 했다. 그러므로 반민중적 세력이 어느 것인지 폭로된 셈이다. 바로 그들이 민중의 적대자인데 그들이 야합해서 예수를 처형한 것이다.

다섯째, 예수는 오클로스를 '목자 없는 양'(마르 6,34)처럼 보았다는 사실이다. '목자없는 양'은 두 가지 표상으로 사용되었다. 하나는 타락한 국민으로서 처벌의 대상이다(즈가 13,7). 또 하나는 타락한 지도자(층) 때문에 고통하는 민(民)이다.

자신의 왕권 때문에 민을 강제 동원하여 전선에 보내려는 아합왕에게 미가야는 "내가 보니 온 이스라엘이 이산 저산으로 흩어지는데 마치 목자없는 양떼 같았습니다.… 이것들을 돌볼 주인이 없으니 모두들 고이 집으로 돌려보내라"(열상 22,17)고 말한다. 이것은 아합왕의 폭정을 비판한 말인데 자칭 지배층이 실은 양을 잡기 위해 추적하는 사냥꾼 같으니 양들이 뿔뿔이 흩어지는 상태를 말한다(에제 34,5). 예수가 오클로스를 목자없는 양으로 불쌍히 여겼다는 사실은 간접적으로 그 시대의 폭군들을 규탄하는 것으로 후자의 경우에 해당됨에 틀림없다. 헤로데도 그리고 바리사이파도 스스로 자신들의 업적을 "선한 목자"의 그것으로 생각했음에 틀림없는데, 이런 판정은 지도층의 규탄과 그 밑에 깔려 신음하는 민중 편에 선 것을 뜻하며, 현실적으로 예수는 어떤 종교 지도층이나 집권자들과 유리된 민중

를 신봉하는 사람들이 나타난 것은 아우구스투스가 마르쿠스 아그리빠를 예루살렘에 보냈을 때 헤로데가 황소 1백 마리를 성전에 제물로 바쳐 성전 재산을 늘려준 사건과 관련되어 있다고 한다(Bo Reicke, *a.a.O.*, 78 /한역본 118). 이들은 헤로데 아그리빠 시절에도 헤로데 당원으로 활약했다. 예수를 죽일 음모에 가담한 사람들도 바로 이 사람들이었을 것이다. 그들은 갈릴래아의 상류층으로서 친로마적 성향을 띠고 있었을 것으로 추측된다(J. Gnilka, *MK I*, 129/한역본 164).

을 본 것이다.

여섯째, 예수는 이 오클로스를 "내 어머니와 내 형제"라고 선언한다(마르 3,31-34). 그 민중에 대한 어떤 선별도 없이 내 어머니와 형제라고 한 것은 파격적이다. 이것은 혈연적 가족관계를 넘어서 새로운 연대관계를 최대한으로 과시한 것이다.[37] 비록 3장 31절과의 관련에서라는 것을 감안하더라도 단순한 형제도 아니고 어머니라는 규정은 이례적인 것이다. 형제라는 경우는 사상적으로나 또는 어떤 공동체의 일원일 경우(당시의 에쎄네나 바리사이파처럼)[38]에 부를 수 있는 말이고, 종교적 고정관념을 넘어설 경우 민족주의의 표시로도 가능하나 어머니는 그렇지 않다. 이것은 애정을 최대한 반영한 비유로 후에 복음서 편지들도 소화하기 어려운 말이었다. 그러기에 마태오는 제자에게 제한시켰고(마태 12,49), 루가는 애당초 이 구절을 삭제해 버렸다.

일곱째, 무엇보다도 중요한 것은 예수가 오클로스에 대해서 어떤 윤리나 종교적 평가도 내리지 않았다는 점이다. 이미 언급한 대로 예수는 바리사이파를 위시한 소위 지도층에 대해 맹렬하게 비판하지만[39] 이른바 죄인으로 규정된 오클로스에 대해서 비판이나 책망은 전혀 하지 않는다. 만남에서도 그리고 비유에서도 이른바 '죄지은 자'에게 과거를 청산하거나 어떤 새로운 다짐을 요구하지도 않는다.[40] 그는 오클로스를 무조건 영접할 뿐이다. 그렇다고 반대로 민중을 미화하는 것이 아니라 있는 그대로 맞아들인다. 그저 자신을 개방한 그에게 자신들을 개방하므로 만나게 된 것이 어머니요, 형제가 되는 계

---

37) 안병무, "예수와 오클로스"를 참조하라.
38) 이들은 חָבֵר("동무"라는 뜻)라는 칭호를 사용했다. D. W. Bousset, *a.a.O.*, 165. 187.
39) 마태 23,1-36; 루가 12,1-3.
40) 루가 15, 11-32; 마르 2,13-17; 루가 19,1-10.

기가 된 것 뿐이다.

　이상은 마르코복음서를 중심으로 집약해 본 예수의 민중이다. 그런데 루가나 마태오, 또는 어록자료에 반영된 모습에서도 근본적인 차이를 찾을 수 없다. 그가 온 몸을 기울여 민중 편에 서는 모습은 어떤 원인에서든 지금 고난당하는 무리, 지금 배고프고, 지금 울고, 지금 목마르고, 지금 억눌린 자들에게 자신을 내던지는 자세이다. 고난의 원인이 정치권력의 횡포에서든 부자들의 착취에서든 또는 자신들의 나약함에서든 그들의 무능함을 묻지 않는다. 적어도 그런 것이 표면화되지 않는다.

　이상으로 예수와 민중과의 관계에 대한 고찰을 끝내면서 근본적인 문제를 다시 제기할 필요가 있다. 그것은 주객도식에서 벗어나는 일이다. 우리는 쉽게 예수가 민중을 위해, 민중을 부르러 또는 저들의 병을 치료하며 해방하기 위해 민중에게로 갔다고 한다. 정말 그런가? 예수가 갈릴래아로 간 것 그리고 민중에게로 간 것은 틀림없다. 그러나 예수의 일체 행태를 예수는 주체요 민중은 단순한 객체라는 주객도식으로 갈라 보는 것은 사실과 맞지 않는다.

　먼저 예수가 있는 곳에 민중이 모였는데 예수가 저들을 불렀나, 아니면 민중이 예수를 자발적으로 찾아왔는가? 예수가 병고친 이야기가 많은데 예수가 계획을 세워 병고치는 것을 주도했나 아니면 병든 자 자신이나 그의 주변 사람들의 애절함이 주도하여 예수로 하여금 치유하게 했나? 이런 질문을 종합하면 예수가 있어 민중이 있었나 아니면 민중이 있어 예수가 있었나가 될 것이다. 그런데 이러한 형식의 질문 자체가 벌써 주객도식에 빠지게 하는 것이다. 복음서의 서술은 어느 누가 주동한 것인가를 부각시키지 않는다. 어디서나 예수와 민중이 어울릴 뿐이다. 병든 자가 바로 고통의 상태에 있으니까 예수를 찾고 또 치유해줄 것을 간청한다. 예수는 이에 응하고 네 믿음이 너를 낫게 했다고 한다. 그는 분명히 어떤 마술사와 같은 치유행각자로 나타나지 않는다. 사천 명이 운집한 그 한복판에 예수도 있다. 예수 자신이 기적의 능력을 가진 자로 인식했다면 사흘씩이나 저들을 굶기지 않았을 것이며, 저들을 측은히 여길 필요도 없었을 것이다. 예수의 민중들은 그가 굶주린 자들과 마주함으로 일어난 사건이 사천 명을 먹이는 기적을 낳았다고 이해할 수 있는 서술법을 쓴다. 그가 홀로 한 것이 아니라는 뜻을 밝히기 위해서 한 사람이 내놓은 물고기 두 마리와 떡 다섯 덩이를 기적사건의 바탕으로 내세운다(마르 6,38).

복음서는 예수가 저들을 일방적으로 가르친 것 일변도로 서술하고 있으나 정말 예수가 완결되고 정리된 논리를 폈을까, 아니면 침묵하는 민중의 염원을 대변했는가?

우리는 이 두 면을 절대로 분리시켜서는 안된다. '예수'와 '민중'이라고 일단 구별하여 논하나 실은 그렇게 구별되지 않는다. 예수가 민중을 인도한 면이 있다면 예수는 민중에게 포위되어 저들의 뜻에 따라 말하고 행동했을 뿐 아니라, 마침내 그의 운명까지도 결정된 것이라고 보아야 한다. 그러므로 예수를 주체로 하고 민중을 객체로 보는 입장을 극복할 때 예수의 민중운동을 제대로 파악할 것이다. 이런 노력은 다음에 계속될 것이다.

하느님 나라와 민중

우리는 앞의 마당에서 하느님 나라의 도래가 예수의 선포의 중심인 것을 확인했다. 여기에서는 예수의 행적에 가장 큰 비중을 둔 사건으로서 민중과 함께 하는 예수를 개관했다. 그러면 이 가장 중요한

두 사실이 어떤 관련이 있는가를 묻지 않을 수 없다. 마르코복음에 의한 예수의 생애는 하느님 나라 도래의 임박이라는 대전제 밑에서 예수의 일체의 행태를 이해하고 있다. 하느님의 나라는 관조의 객체가 아니라 쟁취하는 실천 속에서 실현되는 현실이다. 그러면 예수가 민중과 더불어 이러한 투쟁의 방향을 제시한 적이 있는가?

복음서에 나타나는 민중은 대부분이 그 사회에서 소외되고 무능한 자들로 부각되고 있다. 그들과 더불어 한 예수의 행태는 가난하고 병든 자들을 그들의 요청에 의해서 도와준 사람이라는 인상을 받게 된다. 그러므로 "그리스도를 따른다"(imitatio Christi)는 것을 바로 구제사업으로 인식해 온 오랜 전통을 서구신학은 가지고 있다. 그러나 이 민중을 하느님 나라 도래의 선포와 관련시켜 볼 때 그들을 구제의 대상으로 삼았을 수 없다. 우리는 비록 복음서에 명확하게 제시되어 있지 않으나 갈릴래아 민중을 이스라엘의 민중전통에서 볼 필요가 있다.

이미 "하느님의 나라"라는 주제의 마당에서 밝힌 대로 고대 이스라엘 부족 지파동맹을 형성한 하삐루는 민족개념이 아니라 계층을 지칭했다는 사실은 정설로 되어 있다. 이 하삐루는 군주들의 농노상태에서 탈출하여 자주적인 자치동맹을 형성했다. 이 동맹을 지탱하는 결정적인 것은 군주제도를 배격하는 일이었다. 그것이 "야훼만"(mono Yahwism)이라는 간단하고 확고한 기치가 된 것이다. 즉 야훼 외에 어느 인간의 주권도 용인하지 않겠다는 것이다. "야훼만"이 통치하는 사회가 하삐루의 이상이요 염원이었다. 약 2백 년 동안 계속한 이 고대의 해방된 이스라엘 체제는 군주국이 된 이후에도 선망의 대상이었다.

그런데 갈릴래아 지방은 지역적으로도 고대 이스라엘의 판도 안에 있었다는 것은 중요하다. 갈릴래아는 유다인들에 의해서 그 순수성에 대해 멸시를 받고 있었지만 사실은 그와 전혀 다르다. 갈릴래아에는 많은 외국인들이 거주한 것은 사실이다. 그러나 그것은 도시에 한한 것이다. 갈릴래아에 세워진 도시들은 애초부터 침략한 외세에 아첨하기 위해서 세워졌는데 특히 로마시대에 그러했다. 그러므로 이 도시들은 노예노동에 의해서 팽배해진 그레꼬 로마적 사회인데 반하여, 농촌은 고대 이스라엘 당시의 체제와 별로 달라지지 않은 이른바 준아시아적 생산양식의 사회이며 저들은 비옥한 토지, 비옥한 땅에 살면서도 가난에 시달리는 농민들이었다. 예수가 저들과 행동을 같이 할 때에 아무런 구체적 목표가 없었다고 보는 것은 상상할 수 없다. 아니 거꾸로 예수를 무조건 따르던 수많은 민중들이 단순히 구제나 기대하는 나약한 자들이었다고 볼 수는 없다. 로마제국의 식민지민으로서 착취를 당하고, 그의 앞잡이인 헤로데 왕가에 의해 그리고 더 나아가 침략세력과 야합하여 생산품의 징수권을 가진 종교귀족들에 의해서 이중삼중으로 착취당하는 저들에게 예수가 선포한 하느님의 나라가 어떻게 이해되었으며 또한 예수에게 무엇을 기대했는지를 상상할 수가 있다. 우리는 예수가 하느님 나라 자체에 대해서 별 설명이 없었다는 사실을 사람의 언어로 표현할 수 없는 신비의 현실이었기 때문이라거나 그때 상황이 그것을 언급하는 것을 허락치 않았기 때문이라는 추측보다는 오히려 그들에게는 설명이 필요없을 만큼 너무도 자명적이었기 때문이라고 말했다. 이제 그것에 관한 이야기는 다음 마당에서 계속된다.

일곱째 마당

일곱째 마당

사탄과의 투쟁

치유

이미 다섯째 마당에서 밝힌 대로 예수의 선포의 초점은 하느님 나라의 도래였다. 그러면 그는 무엇을 했나? 그가 십자가에 처형된 것이 그의 행동의 결과라고 볼 때 그 원인이 되는 행동은 그의 민중운동이다. 그런데 예수의 민중운동에서 가장 구체적이고 중요하게 전해지는 것은 기적행위이다. 복음서에는 그가 일으킨 기적이야기가 무려 29회(30회)나[1] 전해지는데, 요한복음에 의하면 그의 기적행위만 따로 묶은 세메이아(σημεῖα)집이 있었던 것으로 추측된다.[2] 요한기자는 복음서 끝말에 "이 책에 기록되지 않은 다른 많은 표징들도 제자들 앞에서 행하셨습니다"(20,30)라고 했는데, 그렇다면 전승된 이야기 외에도 많은 기적사화가 있었던 것 같다. 특히 맨처음에 씌어진

---

1) 마르 12개, Q자료 4개, 루가 3개, 마태오 10개(R.H. Fuller, *Interpreting the Miracles*, 1980, 진연섭 역, 『이적』, 기독교서회 1987, 47.88).
2) R. Bultmenn, *Das Evangelium des Johannes*, Göttingen 1968[10], 115(허 혁 역, 『요한복음서 연구』, 성광문화사 1979, 115).

마르코복음에는 예수의 가르침보다 그의 행동으로서의 기적행위가 물량적으로나 비중에 있어서 압도적인 자리를 차지하고 있다. 그러면 이 기적이야기를 어떻게 이해해야 할 것인가?

성서학이 발달되기 이전에는 그 이야기들을 아무런 비판없이 그대로 수용하는 것을 그리스도인의 도리로 알아 왔다. 그것에 대한 과학적 질문 따위는 설 자리가 없었다. 전능한 하느님의 아들 예수가 한 행위라는 대전제 하에서 그런 기적의 가능성 여부 따위를 물을 생각도 없었으며, 그럴 엄두도 못냈다. 그러나 성서를 주의깊게 읽으면 기적이야기들이 사건 그대로를 객관적으로 기록한 것이 아니라 많은 편집과정을 거쳐 달라지고 있음을 곧 발견할 수 있다. 그러므로 성서학에서는 그 이야기들의 전승과정을 밝히려는 데 주력해 왔다. 따라서 그 이야기들의 전승 단계들을 밝히고 있으며, 그 원형과 지금 전해진 이야기 사이의 차이를 규명한다. 그것이 어떻게 달라지고 있는지를 확인하기 위한 몇 가지 예를 보자. 그것을 위해서는 마르코복음에 전승된 이야기와 그것을 전승한 마태오나 루가의 것과의 차이를 보면 된다.

나병환자 치유 이야기(마르 1,40-45// 마태 8,1-4// 루가 5,12-16): 치유받은 나병환자가 예수의 경고와는 달리 그 일을 모든 사람에게 공개하고 널리 퍼뜨렸는데 바로 이 일 때문에 예수는 그 동리에 들어갈 수 없었다고 한다(마르 1,45). 마르코에는 이 치유받은 사건 자체가 치유받은 자와 상관없이 퍼져 나가서 많은 무리가 예수에게 몰려들어 그의 말씀을 듣고 병을 고쳐주기를 바랐다(1,45)고 이야기되고 있지만, 바로 이 45절의 이야기가 마태오에는 삭제되어 있다. 루가는 예수의 소문이 널리 퍼져 말씀을 듣고 병을 고치기 위해 무리가 떼를 지어 몰려왔다는 이야기는 마르코와 같이 하고 있지만(루가 5,15),

예수가 그 동리에 들어갈 수 없었다는 이야기는 마태오와 마찬가지로 삭제한다.

중풍병자 치유 이야기(마르 2,1-12// 마태 9,1-8// 루가 5,7-26): 예수가 민중에게 둘러싸여 있었기 때문에 운신할 틈이 없어서 중풍병자를 눕혀 데려 온 네 사람이 지붕을 뚫고 그 침상을 달아 내렸다고 했는데(마르 2,4), 루가에는 표현의 차이는 있으나 이 부분이 그대로 수용되어 있다(루가 5,19). 그러나 마태오에는 삭제되어 있다.

회당장의 딸을 살린 이야기(마르 5,21-43// 마태 9,18-26// 루가 8,40-56): 한 회당장이 예수에게 자기의 딸을 구해 주기를 간청했다. 그런데 마르코에는 "그의 딸이 죽게 되었다"(ἐσχάτως ἔχει)고 하고 있는데(23절), 루가는 어감은 다르나 이와 비슷하게 "죽어가고 있었다"(ἀπέθνησκεν)고 한다(42절), 그러나 마태오에서는 "죽었다"(ἐτελεύτησεν). 또 마르코에서는 흔히 있는 경우처럼 일반을 격리시키고 그 부모와 세 제자만이 있는 현장에서 그 아이를 살려 일으켰다고 한데 대해서(37-40절), 루가에는 그들 이외에 아무도 들어가지 못하게 했음에도 불구하고 일반인들을 내보냈다는 흔적은 없다. 그리고 마르코는 예수가 한 말을 아람어 그대로 "탈리다 쿰"이라고 전한 데 대해(41절) 루가는 이 말을 번역한 반면(54절), 마태오는 그 명령 자체를 삭제하고 소녀의 손을 잡았다고 말한다(25절).

혈루증 환자 치유 이야기(마르 5,25-34 // 마태 9,20-22 // 루가 8,43-48) : 마르코에는 혈루증 앓는 여인이 여러 의사에게 보이는 동안 고생을 많이 했고 자기 소유도 다 없앴으나 아무 효력이 없었을 뿐 아니라 도리어 병이 심해졌다는 전제를 갖고 있는데(26절) 마태오는 이 부분을 완전 삭제하고, 루가는 이 내용을 대담하게 축소한다(43절). 그리고 마태오는 마르코의 29-32절 내용을 아예 삭제했다.

벙어리 귀신 들린 아이 이야기(마르 9,14-28// 마태 17,14-20// 루가 9,37-43a): 이것은 분명히 마르코가 그 자료로 되어 있는데, 마르코가 벙어리귀신이라 한데 대해(17절) 마태오는 간질병(15절), 루가는 단순히 귀신들렸다(39절)고 한다. 그리고 병 증세에 대한 아버지의 설명이 마태오에서는 아주 다르고(15절) 루가에는 변형되어 있다(39절). 그리고 아버지의 "할 수만 있거든"이라는 말에 따른 믿음에 관한 논의가 있는데(마르 9,22-23), 이것이 마태오와 루가에는 전부 삭제되어 있다.

위에서 우리는 같은 이야기가 전승과정에서 달라진 것을 분명히 보았다. 이것은 목격자가 그 사건을 보도했다고 해도 그것이 전승되는 과정에서 어떤 필요에 의해 변형되었음을 입증한다. 보다 나은 문장을 만들기 위해서 또는 상호모순되는 것을 시정하기 위해서만이 아니고, 그 청중을 의식하면서 그들에게 불필요하거나 오해를 일으킬 소지가 있는 것을 제거하는 경우도 있고, 거꾸로 예수를 그리스도로 고백하는 교회의 입장이 확고해짐에 따라 예수의 권위를 강조하기 위해서 첨가되는 부분도 있다. 그러므로 성서학에서는 지금 우리 손에 전승된 이야기에서 원초적 형태를 찾으려고 노력해 왔다. 그 작업에도 통일된 정론이 성립된 것은 아니나 그것을 분류하여 성격화하면 대체로 다음의 특성들이 드러난다.[3]

첫째, 예수는 외부로부터 요청을 받는다. 거기에는 그리스도론적

---

3) 荒井 獻, 예수 그리스도, 27-28.

칭호가 없다. 예수는 기적행위의 주도권을 갖지 않는다. 둘째, 기적 자체는 특별히 강조되지 않고 고침을 받는 자에 대한 관심이 마지막까지 지속된다.[4] 가족 또는 마을로 돌아가라는 지시가 바로 그런 것이다. 셋째, 고침을 받는 자에게 특별히 신앙이 전제되어 있지 않다. 넷째, 기적행위자로서의 예수의 위대성이 강조되어 있지 않다. 기적에 참여하는 자는 민중이다. 이러한 원형으로 마르코복음 1장 40-45절, 8장 22-26절(단 22절 후반과, 26절 후반은 제외), 루가복음 17장 11-19절(단 15절의 하느님 찬양, 16절 후반, 18절, 19절 후반 제외)이 대표적인 것이다. 그런데 이런 원형이 전승되는 과정에서 치유에서의 예수의 주도권이 확대되고, 병자들이 예수를 부를 때 그리스도론적 칭호가 첨가되며, 기적에 대한 반응이 강조되며, 고침을 받은 자에 의한 선교개시로 이야기가 진전되고, 나음을 받은 자의 신앙이 강조된다.[5]

　이러한 시각에서 보면 기적 이야기는 역사적 사건을 그대로 직접 전달한 것이라고 보려는 것은 맹목적이다. 기적 자체가 일어났다는 것보다 더 중요한 것은 그것이 무엇을 말하려는지를 물어야 할 것이다. 그러기 위해서 기적전승을 냉정하게 분석해야 한다. 이에 반해 기적이야기는 그 자체로 의미가 있는 것이 아니라 어떤 다른 사실을 말하기 위한 도구에 불과하다는 입장이 있다. 근세 이후 성서학적 업적의 완성자로 볼 수 있는 불트만은 모든 기적이야기는 결국 요한복음 20장 30-31절의 내용을 목적으로 하며, 그런 의도에서 구성되었다고 한다.[6] 그러면 기적 이야기는 모두 예수가 그리스도요 하느님의 아들

---

4) 다만, 요한복음은 치유사건 후에 모든 관심을 치유자 예수에게 집중시킨다 (요한 4, 54; 5, 13-14; 9, 10-11; ll, 44b등).
5) 아라이, *a.a.O.*, 21f.
6) R. Bultmann, *Das Evangelium des Johannes*, 540f.

임을 입증하기 위해 구성된 것이 된다. 이것은 복음서는 확대된 케리그마라는 그의 기본입장을 그대로 적용한 것이다. 이로써 기적이야기 자체는 그것이 말하려는 의미만을 채취하고 나면 불필요한 것이 되고 만다.

그런데 그의 입장은 결코 새롭게 돌출된 것이 아니라 서구신학의 주류를 집약한 것이다. 이미 그리스도교 교리사에서 결정적 위치를 점하고 있는 어거스틴은 기적이야기는 자연질서를 거스르는 것이 아니라 인간들의 이해가 그것에 미치지 못했을 뿐이라고 본다.[7] 이 말은 인간의 이해력이 발달하면 그런 것들은 기적이 아니라는 말이 되므로 결과적으로 기적을 부정하는 것이 된다. 까닭은 성서에서 말하는 기적은 자연질서를 파괴하는 것으로 인간의 이성 영역 밖에 있는 사건이기 때문이다. 신학적으로 어거스틴의 영향을 결정적으로 받고 있는 루터는 기적 자체의 가능성 여부나 그 역사성을 물으려고 하지 않는다.[8] 루터는 그러한 외적 기적(miracle)에 관심이 없으며, 예수의 고난과 죽음으로 죄와 죽음이 극복되고, 믿는 자가 의롭게 되며, 죽음이 극복되는 기적을 사실상의 기적으로 보았기 때문이다. 그러나 그들은 기적 자체에 대한 과학적인 분석으로 이를 거부하려는 작업은 하지 않았다. 그런데 그런 운동은 근세에 와서 성서를 학문적으로 연구함으로써 본격화되었다.

예수 연구사를 총괄한 슈바이처는 라이마루스(H. S. Reimarus 1694-1768)에서 출발한다. 그는 예수를 도그마의 갑옷에서 해방시키려고 칼을 뺀 첫 사람이라 할 수 있다.[9] 그리고 또한 그는 복음서의 기적이야기를 합리주의적으로 풀이하려 한 첫 사람이다. 그 뒤

---

7) Augustin, *De civitate Dei*, XXI, 8.
8) M. Ruther, *WA* 38,601, 35-602, 20.
9) A. Schweitzer, *Geschichte der Leben-Jesu-Forschung*, Tübingen 1951, 13-26.

를 이어 슈트라우스(D. F. Strauß, 1808-1874)가 복음서의 기적을 신화라는 틀에서 보았다. 그런데 그에게 중요한 것은 신화에 대한 이해다. 신화는 사회적 산물로서 시대의 모든 관념이 신화화된 것이라 본다. 그러므로 그는 복음서의 이야기들은 처음 그리스도인들이 그들의 관념을 예수라는 인물로 구체화한 것이라 본다. 따라서 기적이야기도 그 시대의 관념을 신화적 언어로 표현한 것에 불과하고 예수와는 상관없는 것이 된다.[10] 이 입장을 철저화한 사람이 바우어다. 그는 마침내 예수가 그리스도교를 만든 것이 아니라 그리스도교가 예수를 만들었다는 대담한 선언을 했다.[11] 따라서 기적이야기도 모두 후기에 예수의 이름을 빌어 만들어졌다는 것이다. 이에 반해서 바로 그와 대적해서『예수전』을 쓴 사람이 르낭인데 역사의 예수를 그림처럼 아름답게 묘사했으나 역시 기적은 전적으로 배격했고, 예수의 윤리적인 면만을 강조했다. 그 뒤에 주목할 것은 포이에르바하의 입장이다. 포이에르바하의 유명한 테제는 하느님이 사람을 만든 것이 아니라 사람이 하느님을 만들었다는 것이다. 그러기에 사람에 의해 만들어진 그 신상은 인간의 희망과 소원이 투영된 것이기 때문에 그런 입장에서 해석되어야 한다고 보았다. 기적 역시 이와 똑같은 입장에서 풀이하고 있다.[12] 그의 입장을 철저화한 것이 맑스주의자인 에른스트 블로흐이다. 그는 그리스도교의 신관에서 완성될 인간성을 추구한다. 이와 마찬가지로 기적이야기도 인간의 미래성이 투영된 것이며 예수 자신이 행한 모든 것이 인간의 미래에 완성될 극점을 앞당겨 보여 주는 것이기 때문에 무신론적인 새로운 해석에 의해서 적극적

---

10) D. F. Strauß, *Das Leben Jcsu, kritisch bearbeitet von Dr. David Friedrich Strauß* Tübingen 1835, Vorrede VI.
11) B. Bauer, *Kritik der Geschichte der Of Tenbanmg*, Berlin 1838.
12) L. Feuerbach, *Das Wesen des Christentums*, Leipzig 1957, 206.

사탄과의 투쟁   179

으로 수용되어야 한다고 보았다.[13]

　이러한 과정에서 이른바 방법론적으로 종교사학적 비판학이 발전되었다. 그것은 성서를 학문적으로 분해하는 데 많은 공헌을 했으며, 오늘날에도 유용한 업적을 남겼다. 그러나 그 업적을 성격화하면 예수에게서 일어난 이야기 즉 기적이야기 등이 상대화된다. 저들은 성서의 기적이야기들을 헬레니즘 영역과 후기 유다교의 이야기들과 비교함으로써 그 유사성을 발견할 뿐만 아니라 거기서 영향을 받아 왔다는 결론에 이르렀다.[14]

　이상에서 일별한 예수 연구사에서 주목할 것은, 저들이 그리스도교의 도그마에서 예수를 해방시키려고 한 반면 저들에게는 사건보다 관념이 먼저라는 전제가 일관되어 있다는 사실이다.[15] 예수도 그리고 기적이야기도 관념의 산물이다. 불트만도 이 계보에서 벗어나고 있지 않다는 사실이 주목할 만하다. 그에게는 관념의 자리에 케리그마가 대치된다. 케리그마가 먼저 있고, 그것에서 기적이야기들이 산출되는 것이다. 그렇기 때문에 위에서 일관되게 기적이야기 자체를 부정하는 것과 똑같이 불트만도 사건 자체에서 의미(케리그마)만을 추출해 내면 기적이야기 자체는 아무 가치 없는 것이 되고 만다.[16] 그러나 위에서 언급했고 불트만 자신도 인정하는 대로 기적이야기(요한복음은 제외)에서 그가 말하는 케리그마를 찾아내기란 어렵다. 더욱이 초기의 전승들로 소급할수록 그렇다.

　"케리그마가 먼저 있는 것이 아니라 사건이 먼저 있었다. 그러므로

---

13) E. Bloch, *Das Prinzip Hoffhung*, Frankfurt am Main 1959, 1522.
14) 종교사학파의 대표적인 작품으로는 H. Greßmann 등이 편집한 *Die Schriften das Alten Testaments*으로, 1911이후 계속 발간되고 있다.
15) 불트만을 위시하여 R. Pesch, *Jesu ureigene Taten?*, Freiburg 1970,23도 같은 입장을 취한다.
16) R. Bultmenn, *Glaube und Verstehen*, Bd. 1, 1964⁵.

케리그마의 배후를 물어야만 한다."

우리는 기적이야기들을 하느님 나라 운동의 일환으로 보았다.[17] 그것은 바로 민중운동과 직결된다. 기적이야기는 바로 민중운동의 일환이다. 민중은 개인이 아니고 집단이다. 그러므로 그 기적사건이 예수 개인에게서 일어난 것인가 아니면 후기 예수의 민중운동에 의해 추가, 변형 또는 창출되었는가 하는 물음은 별 의미가 없다. 의미가 있다면 민중운동사의 규명을 위해서일 것이다. 예수의 민중운동은 예수에게서 시작되어 그의 민중에게 계승되었으며, 그것은 하느님 나라 운동으로 이어진다. 그런 시각에서 우리는 기적이야기들을 성격화할 것이다.

민중사건으로서의 기적

이 기적이야기들을 민중사건의 일환으로 볼 때 다음 사항들이 분명해진다.

첫째 기적이야기는 민중언어라는 사실이다. 일반적으로 언어는 곧 세계관이라 하는데 민중언어는 하나의 '관'이 아니라 바로 자신의 삶의 파악이며, 그것의 표현이라는 점이 분명해져야 할 것이다.[18] 그렇다면 거기에는 그들의 진실이 담겨 있다. 그들이 보고 경험한 바를 자신들의 언어로 표현한 것이 기적이야기이다. 그렇기 때문에 다른 차원의 척도로 그 전달 내용을 이해할 수도 없고 시비해서도 안된다.

---

17) R. Pesch, *a.a.O.*, 21.
18) 기적은 신이나 신적 능력을 증명하는 것으로 여겨졌다기보다 신을 전제하고 있는 저들에게는 생활의 일부였다. 참조. W. Schmithals, *Das Evangelium nach Markus*(ÖTKN), Bd.I., 304f.

가령 제국주의 하에서 서방인들이 이른바 제3세계를 정복했을 때 정복자들은 그 안에 있는 문화를 볼 눈이 없었다. 그것은 자기들의 척도로 쟀기 때문이다. 그들은 그 시각에서 그 지역의 언어 특히 종교적 표현을 미신으로 배제해 버렸다. 그러나 오늘에 와서는 바로 그 미신이라고 배제해버린 것들 속에 그들의 진실한 삶의 현실이 있음을 재발견하게 되었다. 그러므로 신화니 동화니 민담 등으로 분류해서[19] 그 역사성과 가치를 무시 내지 격하하는 입장은 지양되어야 한다.

둘째, 기적이야기에는 저들이 현실적으로 당하는 애환이 노출되어 있다. 그것은 역사적인 현실이다. 까닭은 그것이 삶과 직결되었기 때문이다. 억눌림, 가난, 패배 속에서 그것들과 무관하지 않은 생리적인 병으로 몸부림치는 구체적인 현장이 제시되었다.[20]

셋째, 이것은 저들의 삶을 위한 투쟁의 의지와 실천을 드러낸다. 그 속에서 해방되려는 의지, 고통에서 풀려나고자 하는 투지, 체념 속에 그대로 매몰되지 않고 운명론을 거부하면서 일어나겠다는 투쟁현실이 드러난다.

넷째, 그 이야기 속에는 민중의 희망이 생생하게 표출되어 있다. 앉은뱅이가 걸을 수 있다는 희망, 소경이 볼 수 있다는 희망, 아니 죽음마저도 극복할 수 있어야 한다는 희망, 이 얼마나 엄청난 일인가! 바로 이런 희망이 저들을 살게 했으며, 이것은 동시에 저들의 저력인

---

19) 디벨리우스는 설교, 파라다임, 노벨레, 전설, 신화 등으로 분류함으로써 그러한 양식규정의 성격에 매여 이야기에 담긴 본래의 역사성을 회석시키고 만다. M. Dibelius, *From Tradition to Gospel*, New York 1935, 25.70. 104. 271. 241.

20) G. Theißen, Synoptische Wundergeschichten im Licht unseres Sprachverstädnis, *Wissenschaft und Praxis in Kirche und Gesellschaft*, 1967 / 7 (안병무 역, "공관서의 기적 사화", 『신학사상』 제22집·1978가을, 527).

것이다. 이것은 기층민중이나 아니면 절망 가운데 빠진 사람이 아니고는 가져볼 수도 없는 희망이다.[21]

그러므로 우리는 그런 이야기가 현실적으로 가능한가 하는 관념적인 회의주의를 버리고 민중의 현장에 들어가 열린 마음으로 진실을 체험하려는 자세를 전제조건으로 해야 할 것이다.

그러면 마르코복음을 중심하여 병고침에 대한 예수의 행태를 일별해 보자. 마르코복음 1장 21절 이하는 예수가 그의 공생애를 시작하면서 한 첫 행위인데 그 끝말은 "예수의 소문이 곧 갈릴래아와 그 근방에 두루 퍼졌습니다(마르 1,28)"로 되어 있다. 다음으로 제자들과 함께 시몬과 안드레아 집에 들어가 시몬의 장모의 열병을 고쳤으며, 장모는 그들의 시중을 들었다(마르 1,29-31). 그리고 날이 저물었다. 안식일이 지난 것이다. 그러자 사람들이 모든 병자와 귀신들린 사람들을 예수께 데려 왔고, 그리고 온 동네 사람들이 문 앞에 모여 들었다. 그는 온갖 병자들을 고치고 많은 귀신들을 쫓아 내었다(1, 32-34a). 하루를 온통 치유에 바친 인상이다. 그 다음날에도 예수에게 병고침을 받으려고 몰려들었다(37절). 그날도 예수는 온 갈릴래아를 두루 다니며 여러 회당에서 말씀을 전하고 귀신을 쫓아냈다(39절)고 한다. 그 뒤를 이어 나병환자를 고친 이야기 다음에 많은 사람들이 사방에서 모여 들었다(45절c)고 함으로써 그들 역시 병치료를 받기 위한 민중임을 시사한다. 그것이 그 다음으로 이어지는 중풍병자 치유장면에서 드러난다. 밖에서 민중을 뚫고 예수에게 갈 수 없을 만큼 민중이 밀집해 있었던 것이다(2,4). 또는 각 지방에서 사람들이 운집해 와서 예수는 부득이 배에 오를 수밖에 없었는데, 그 무리들도 "그가 많은 사람을 고쳐 주셨기 때문"(3,10)에 그에게 온 것이다.

---

21) W. Schmithals, *Loc. cit.*

사탄과의 투쟁

또 하나의 예를 보자. 그가 게네사렛 땅에 도착했을 때 또 군중이 운집했는데 그들 역시 예수가 치유능력이 있다는 것을 알고 몰려들었다는 것이다(6, 54-56). 이쯤하면 예수의 민중운동에 있어 치유사건이 얼마나 중요하게 생각되었던 것인지를 충분히 전달한다. 이러한 종합적 서술 말고도 위에서 언급한 대로 치유의 구체적 예가 복음서 전체를 통해서 그토록 많은데, 기적이야기를 모호하게 한다거나 제외하고서는 예수의 운동을 제대로 이해할 수 없을 것이다.

사람들에게는 그 이야기들의 역사성에 대한 관심이 높다. 그러므로 예수가 정말 그렇게 했느냐를 묻는 데 치중한다. 그러나 이미 서두에서 밝힌 대로 우리는 기적이야기를 민중운동의 일환으로 볼 것이다. 그러는 경우 그것이 예수가 한 일이냐, 아니면 예수가 그렇게 했다고 믿음으로써 그들에게 그와 같은 기적이 일어났느냐, 그러므로 자신들의 경험을 예수에게로 돌렸느냐 하는 식의 구별은 그리 중요하지 않다. 까닭은 그 어느 것이든 그 결과가 역사적 현실로 나타난 사실이 되었다고 보기 때문이다.

예수의 기적사건은 일반적으로 자연기적과 치유기적으로 나뉜다. 치유기적은 만남에서 일어나는 사건으로 풀이될 수 있는 데 반해 자연기적은 마술적 성격을 지녔기 때문에 제외해 버리는 것이 일반적 경향이다. 기적이야기 자체는 전반적으로 이른바 역사적인 사건의 서술과 그것에 대한 풀이가 섞여 있어서 그것을 분명히 나눌 수 없는 부분이 있는데, 자연기적의 경우는 '상징적인 의미'를 신화적 언어로 표현했다고 단정할 만한 성격을 갖고 있다. 유태인 예수 연구가로 확실한 위치를 차지하고 있는 클라우스너는 예수의 기적행위가 유다교 영역에서 벗어난 특별한 것이 아니며, 그것은 대부분 후대에 의해 산출된 것이라는 입장인데,[22] 그가 예거하는 것은 거의 이른바 자연

---

22) J. Klausner, *Jesus von Nazareth*, 364f.; R.H. Fuller, *a.a.O.*, 65-68(한역).

기적이다. 떡 다섯 덩이와 물고기 두 마리로 오천 명 이상을 나눠 먹인 이야기(마르 6,30-44), 열매맺지 못한 무화과나무를 저주하여 죽게 한 이야기 (마르 11,14.20-21), 폭풍진압(마르 4,35-41), 바다 위로 걸어간 일 등을 유다 구약의 예언자들의 관계에서 산출했다고 보거나 합리적으로 해석하여 예수의 비유에서 유추해 만들어진 이야기로 처리한다. 그런 시각에서는 기적이야기의 역사성을 거부할 수 있을 것이다.

그러나 간과해서 안 될 것은 예수에게 투영한 민중의 열망이다. 성난 파도—그것은 저들이 당면한 험준한 문제들이다—를 잔잔하게 할 수 있는 예수, 아무 결실 없이 정죄만 일삼는 유다 귀족들을 심판하는 예수, 부가 극소수에게 편중됨으로써 굶주린 민중들에게 먹을 것의 문제를 해결해 주는 예수를 믿는 믿음은 바로 저들 자신의 염원과 결의를 나타낸 것이며, 동시에 저들에게 그럴 수 있는 힘을 제공하면서 역사적 사건을 일으켰다는 사실을 감안하면 결코 가볍게 간과해 버릴 수 있는 문제가 아니다. 그러나 여기서는 만남에서 이루어진 치유사건에 치중하여 그 성격을 규명해 보려고 한다.

사람들 중에는 치유기적 이야기도 일반적인 병을 고치는 이야기와 귀신을 쫓는 이야기를 구분하는 경향이 있다.[23] 그것은 그 자체만의 현상을 관찰할 때에는 타당성이 있다. 그러나 민중의 해방이라는 시각에서 볼 때 그 둘을 별개의 범주에 넣고 각기 다른 결론을 내리는 것은 옳지 않다. 그러므로 여기서는 그런 구별없이 전체의 성격을

---

23) 타이쎈은 일반병과의 차이는 치료법에서 나타나므로 양자를 구별해야 한다고 본다(G. Theißen, *Urchritliche Wundergeschichten*, Gütersroh 1974, 94f.). 그 이외의 주장에 대해서는 *a.a.O.*, 94의 각주 13을 보라. 그러나 P.W. Hollenbach, Jesus, Demoniacs and public Authorities, *The Journal of the American Academy of Religion*, XLIX/4(1981/ Dec)는 이러한 구별을 거부한다.

규명해 볼 것이다.

　첫째로, 병고침을 받은 자들은 기층민중, 즉 가난하고 억눌린 자들이다. 치유받은 자들의 성분은 저들이 가난한 자일 수밖에 없다는 추측을 정당화한다.

　1. 저들은 많은 경우에 홀로 나타난다(마르 1,23;1,40;5,2;5,25;10, 46). 그것은 저들이 이미 가족이나 그 부락과 절연되어 있었으리라는 상상을 가능케 한다. 예나 오늘이나 불치의 병자는 그 사회에서 버림받게 마련이다. 그가 가난한 가정에 태어났을 경우에는 단순히 가난 때문에 오랫동안 가정의 보호를 받을 수 없는 것이다. 요한복음에는 삼십팔 년 동안 병을 갖고 있던 자가 베짜타 연못에 들어가서 치유받기를 그렇게도 원했으나 그를 그리로 데려다 주는 사람이 없어서 애타하는 이야기가 있는데(5, 1-9), 팔레스틴의 병자들 중에는 가정에서 버림받아 홀로 유랑하는 환자들이 압도적이었을 것이다. 그러므로 예수가 치유받은 사람에게 집으로 돌아가라는 권고를 하고 있는 것을 여러 곳에서 볼 수 있는데(마르 2,11;5,19;5,34;8,26;10, 52), 이것은 바로 이러한 병자의 현실에서 중요한 의미를 갖는다.

　2. 예거된 병의 성격은 대부분 사회에서 배척하는 것들이다. 나병환자(마르 1,40), 이른바 더러운 귀신들린 자(마르 1, 23;5, 2;7, 26;9,17), 혈루증 환자(마르 5,25), 소경(마르 7,22;10,36), 벙어리(마르 7, 2) 등 모두 반사회적인 병들이다. 이른바 병석에 누워 있는 일반병은 거의 없다.[24] 이런 이들은 그 사회에서 소외될 수 밖에 없는데 그것은 사회 질서를 위해서 성전종교의 정결법에 근거하여 또는 반사회적인 병은 하느님에게 저주받은 것이라는 종교적 이데올로기에 의

---

24) 마르코복음에서는 열병환자(마르 1, 30)와 중풍병자(마르 2,3f.)의 경우가 언급될 뿐이다.

하여 그들을 배척한 것이다.[25] 따라서 저들은 사람 사이에 섞일 수 없었으며, 그 사회의 구성원으로서의 권리와 의무에서도 제외됨으로써 죄인 취급을 받게 된다. 결국 저들은 가난할 수 밖에 없다. 예수를 따른 오천여 명이 사흘이나 밤낮 굶었다고 함으로써 저들의 가난함을 드러내고 있는데(마르 8,2), 예수를 찾아 운집하는 환자들이 바로 그런 부류에 속했으리라는 것은 상상하고도 남음이 있다.

3. 병고침을 받은 자 중에는 부유층이나 권력자가 없다. 보도된 대로라면 사회적 신분으로 볼 때 회당장이 가장 높으며(마르 8,22-23), 그 외에는 단 한 사람도 그의 사회적 지위가 명시된 경우가 없다. 병고침을 받은 자로서 예거된 사람은 여인들, 아이들, 거지, 종 등이다. 모두 다 무력한 군상들이다. 예수의 기적행위를 과시하려면 다른 많은 종교민담에서 보듯이 권력자나 부자 따위를 치유함으로써 그 명성의 효과를 크게 부각시키려는 노력도 있음직한데, 그런 예는 일체 없다. 한 마디로 그의 치유의 대상이 기층민중이었다는 것은 예수운동의 일환에서 볼 때 당연한 현상이라고 할 것이다.

둘째, 복음서는 예수가 병자들을 치유했다는 서술법을 쓴다. 그러므로 치유사건의 주체는 예수이고 병든 계층은 객체라고 이해해버리기 쉽다. 그리스도론이 발전되면 될수록 치유사건은 그의 그리스도성을 드러내는 것으로 처리되면서 그 사건 자체에서 쉽게 떠나버릴 뿐 아니라 치유받은 민중의 존재 또한 쉽게 증발되고 만다. 그럼으로써 역사의 현장에서 일어난 사건이 관념화된다. 그러나 사건의 현장을 주시하면 그것과는 또 다른 면이 있다.

1. 먼저 유의할 것은 위에서 본 대로 예수는 가는 곳마다 민중에

---

25) 나병의 경우가 대표적인데, 그처럼 배척하는 태도는 민수 12,12 ; 레위 13,45-46에 근거를 두고 있다. 그러나 나병환자를 죄인으로 규정하는 것은 라삐 시대에 강화되었다(*IQS* 2,3-4).

게 포위되어 운신하기 어려울 정도였는데, 그들 중에 많은 수는 예수가 병을 고쳐 줄 것을 열망하는 사람들이었다는 사실이다. 즉 예수는 병에서 해방시켜 달라는 민중의 열망 앞에서 수세에 몰리는 입장에 있었던 것이다. 구체적인 치유장면에서 주목할 것은 역시 병자 자신 또는 그의 어머니나 아버지 아니면 가까운 사람들이 사건 유발의 주도권을 잡고 있는 것이 대부분이고 예수는 저들의 적극성에 '마지 못해' 응하는 수동적인 대응을 한 것으로 서술되어 있다.[26] 가령 한 나병환자가 무릎을 꿇고 간청했는데(마르 1,40/ "예수를 보자 엎드려 구했다" //루가 5,12) 그 모습이 예수에게 그를 불쌍히 여기는 마음을 일으키게 했다. 앓는 딸을 가진 한 회당장이 예수의 "발 아래 엎드려 그 딸을 살려 달라고 애원"했다(마르 5,23-34). 한 이방 여인이 "예수의 발 앞에 엎드려 자기 딸에게서 귀신을 쫓아내어 주시기를 간청"했다(마르 7,25-26/ 루가에는 "큰 소리를 질러 가로되"). 이에 대해 예수는 어떤 이유에서였든지 간에 그녀의 요청을 자녀가 먹는 떡을 개에게 줄 수 없다는 모멸스러운 말로 거부했는데, 이 여인은 "그러나 상 아래 있는 강아지들도 자녀들이 흘린 떡부스러기는 주워 먹습니다"(28절)고 말하여 스스로 개의 위치에 있어도 좋다고 애걸함으로 마침내 예수의 마음을 움직이게 한다. 한 귀신들린 아이의 아버지는 (마르 9,14-27) 예수에게 "할 수 있으면" 그 아이를 구해 달라고 한 데 대해서(22절) 예수는 "'할 수 있으면'이 무슨 말이냐 믿는 사람에게는 무엇이든지 가능하다"(23절)고 힐책할 때 그는 큰 소리로 "내가 믿습니다. 믿음없는 나를 도와주십시오"라고 함으로 예수를 막다른 골목에 몰아넣는 듯한 장면을 묘사한다. 바르티매오라는 맹인 거지는(마

---

[26] 단, 예외가 있다. 안식일 문제처럼 적대자와의 논쟁이 주제가 되는 경우가 그렇다. 예컨대, 한 손 오그라진 사람(마르 3,1-6), 십 팔 년된 병자(루가 13,10-17), 수종병 앓는 사람(루가 14,1-6).

르 10,46-52) 예수가 지나간다는 말을 듣고 "다윗의 자손 예수여, 저를 불쌍히 여겨 주십시오"(24절)라고 소리질렀다. 여러 사람이 그를 만류하자 그는 더욱 소리높여 같은 절규를 반복함으로 마침내 예수가 응할 수 밖에 없게 하는 데 성공한다(48절). 대체로 이상과 같은 것이 대부분의 서술이다.

컨텍스트는 약간 다르지만 요한복음에만 전승된 라자로를 살리는 이야기는 이러한 상황을 잘 드러내고 있다. 마리아 자매의 오라비 라자로가 앓는다는 소식을 전달받은 예수는 이틀이 경과한 후에야 길을 떠났다(요한 11,6). 두 여인의 애걸과 그들을 둘러싼 사람들의 슬픔이 마침내 그마저 눈물을 흘리게 만든다. "예수께서 마리아도 울고 따라 온 유다사람들도 우는 것을 보시고 심령에 충격을 받으시고 안타깝게 여기셔서 '그를 어디다 두었느냐?'하고 물으셨습니다. '주님, 와 보십시오'하고 그들이 대답하니 예수께서 눈물을 흘리셨습니다"(요한 11,33-35). 이것은 분명히 그를 살려 달라는 열망에 포위된 예수를 묘사한 것이다. 저들의 애절함이 없었던들 기적사건이 일어날 수 있었을까? 혈루병자 치유이야기(마르 5,25-34)에서 예수는 자신의 참여에 의해서가 아니라 병에서 해방되고자 하는 그 여인 자신의 열정과 신앙이 성취된 것이라고 말한다.

2. 병이 치유된 사람들에 대해 한 예수의 말에도 주목할 것이 있다.[27] 예를 들어 자신이 그의 병을 고쳤다는 말 대신에 "네 믿음이 너를 낫게 했다"(마르 5,34; 마르 10,52; 루가 17,19) 또는 "네 믿음대로 되리라"(마태 8,13)고 하는 경우가 많다. 만일 우리가 이런 선언을 그가 자신의 고향 나자렛에서 저들이 믿지 않으므로 기적을 행할 수 없

---

27) J. Blank, Zur Christologie ausgewählter Wundergeschichte, in: *Schriflauslegung in Theorie und Praxis*, München 1969, 104ff.; R. Pesch, a.a.O., 25.

었다(마르 6,5)는 말과 연결시켜 생각하면 기적행위는 예수의 능력을 시위하는 사건이 아니라 병든 민중과 예수의 만남에서 이루어진 사건이라고 보아야 하겠다.

확실히 예수는 그 당시 흔히 있었던 마술사처럼[28] 계획적으로 치유행각을 했거나 치유능력을 과시함으로 자신의 권위($ἐξουσία$)를 입증하려고 하지 않았다.[29] 여기서 분명히 해야 할 것은 "네 믿음"(마르 5,34;10,52/이와 같은 성격의 표현으로는 마르 1,40 ; 9,24)이라는 말에서의 '믿음'의 성격이다. 어느 한 곳도 이른바 그리스도론적 의미에서의 신앙을 말하고 있지 않다. 즉 그가 그리스도이니까 병을 낫게 할 수 있다는 전제는 없다. 단지 그가 내 병을 고쳐줄 수 있으리라는 믿음이 주요한데, 그것은 그를 만난 나 자신이 병에서 해방될 수 있다는 믿음과 유리되어 있지 않다.[30]

양식사학파들은 기적이야기들을 그 안에 있는 예수의 말을 살리기 위한 틀(형식)로 보면서 제거해 버리는데,[31] 그 형식에서는 치유된 이후의 마지막 장면을 감탄문이라고 명명한다.[32] 그것은 병이 나은 것에 대한 시위장면이다. 그런데 바로 그 시위장면에서 예수를 찬양하는 곳은 단 한 곳 이외에는 없고[33] 오히려 하느님을 찬양하는 것이

---

28) 스미스는 복음서들 자체에 예수가 마술사였다는 증거가 내포되어 있다고 지적한다(M. Smith, *Jesus the Magician*, 31ff.). 그가 증거로 들고 있는 것은 마태 12,28; 마르 3,20-30 등이다. 그러나 샌더스는 예수가 마술사의 특질을 지니지 않으리라고 말함으로써 스미스의 가설을 뒤집는다(E.P. Sanders, *Jesus and Judaism*, Philadelphia 1985, 168).
29) 불트만은 바로 이러한 시위가 기적사화의 주요 동기였다고 말한다(R. Bultmann, *Geschichte der synoptischen Tradition*, 234(한역본, 273f.).
30) R. Bultmann, *a.a.O.*, 234f.(한역본, 273f.).
31) 불트만은 이런 의미에서 기적사화가 아포프테그마의 문체와 유사하다는 결론을 내렸다. R. Bultmann, *a.a.O.*, 235(한역본, 274).
32) R. Bultmann, *a.a.O.*, 241(한역본, 28If.).
33) 가파르나움에서 귀신들린 자를 고친 다음에(마르 1,27).

대부분이다(마르 2,12/공관 ;마태 15,31; 루가 18,43). 바로 이것이 치유사건에서의 주객도식 즉 예수가 민중을 낫게 했다는 도식은 사라지고 예수와 민중과의 만남에 의해서 치유사건이 일어났다는 이해를 정당화한다. 이것을 가능케 한 것이 하느님이라는 것이다.

셋째로, 주목되는 것은 예수가 병든 사람을 치유한 다음에 그들을 자기가 소속한 집 또는 마을로 가라고 명령하는데, 어떤 경우에는 예수를 따르고자 원하는 사람에게마저도 그렇게 하고 있다(마르 5,19). 이것은 예수가 제자들에게 나를 따르라고 한 것과 상반된다. 어떻게 이해해야 할 것인가? 마르코복음에서만 이런 경우가 다섯 번 나온다. 나병환자를 치료한 예수는 그로 하여금 제사장에게 그 병이 나은 것을 확인하게 하는데 그것은 나병 때문에 소외된 그 사회로 돌아갈 수 있게 하기 위해서이다(마르 1,43). 한 중풍병자의 경우에도 중풍병을 치료한 다음에 일어나 침상을 들고 집으로 가라고 한다(2,11). 귀신들린 자를 치유한 다음에 그가 예수와 함께 가기를 애원했음에도 불구하고 역시 집으로 즉 가족에게로 가라고 한다(5,18-19). 혈루증 앓았던 여인에게도(5,34), 그리고 베싸이다의 맹인에게도(8,26) 마찬가지이다. 일본 성서학자 아라이(荒井 獻)는 이 이야기들이 가족(사회)으로의 귀환명령이라는 사실과 그 이야기들이 모두 비교적 초기에 형성된 것에 주목한다.[34] 집을 떠나 헤매는 환자에게 집으로 돌아가려는 욕구 이상 간절한 것은 없을 것이다. 이것은 범죄자에게 단순한 복권 그 이상의 해방사건일 수 밖에 없다. 게라사의 광인이야기(마르 5,1-2)를 제외하면 그 어느 것에도 케리그마적 요소가 없는 전형적인 민중적 단순성을 그 특징으로 한다.

이런 시각에서 또 하나 주목해야 할 것이 있다. 그것은 이상에서 나열된 병인 나병과 정신병은 비단 유다 사회에서만이 아니라 어느

---

34) 荒井 獻, *a.a.Q.*, 85.

사회에서도 거부되는 상징적 병이라는 점이다. 혈루증은 성전종교의 정결법에 저촉되기 때문에 역시 소외된다. 문둥병환자는 사람들에게 접근해서는 안된다. 중풍병자라는 것은 절뚝발이와 같은 의미로 쓰인다. 동맥경화증에 걸린 사람은 손발을 잘 쓸 수 없다. 이것은 정결법의 측면에서 보거나 윤리적인 측면에서 보아 반드시 소외될 병이 아니다. 그러나 유다 사회에서는 다윗왕조 이래로 사회에서 소외되어 왔다.

그 중에서도 제일 흥미있는 것은 맹인의 경우이다. 유다 사회에서 맹인은 무능함의 상징으로 보았기(신명 18장; 이사 59,9-12) 때문에 소경에 대한 보호법까지 설정되었다(레위 19, 14; 신명 27, 18). 그럼에도 불구하고 해괴한 것은 맹인들이 사제의 시각에서 정결법과 관련됨으로 소외되었다는 것이다. 왜 연민의 대상이 되어야 할 소경이 이렇게 소외되어야만 했을까. 이것은 어쩌면 다윗의 비위를 맞추기 위한 변칙에서 온 것일 수 있다. 다윗이 여부스인들의 성인 예루살렘을 침공하려 할 때 여부스인들이 다윗을 멸시하여 "소경이나 절름발이도 너쯤은 쫓아낼 수 있다"고 했는데, 그는 예루살렘을 점령한 이후에 바로 이 모욕적인 말에 대한 복수로써 소경과 절름발이를 소외시키도록 규제했다(삼하 5,6-8). 그것이 후기 유다교에 와서는 그들의 죄 때문에 하느님께 벌을 받은 것으로 규정하기에 이른다.[35] 이런 유다교의 시각에서 보면 위의 모든 병들이 그런 부류에 속한다.

사회에서 철저히 소외된 바로 이들을 제가 속했던 데로 복귀시키는 것은 그들에게 권리회복이며 해방운동이다. 그러나 민중운동의 차원에서 볼 때 이것은 단순히 옛 상태로 환원하는 사건에 머물 수 없다. 그들은 예수를 통해 해방의 경험을 한 것이다. 옛 모습을 다시

---

35) *Bill*. II, 193.

찾는 데 그친 것이 아니고 새로운 삶을 얻은 것이며, 그 새로운 삶은 민중운동의 일환 속에서 얻어진 것이다. 가령 나병환자의 경우를 보자. 예수는 치유된 그 사람에게 모세가 명한 예물을 드려 사람들에게 증거를 삼으라고 했는데, 그는 나가서 모든 이야기를 공개하고 널리 또한 멀리 퍼뜨렸기 때문에 예수가 그 동리에 들어갈 수 없게 되었다고 한다(마르 1,45). 이 나병환자는 이미 이전의 사람이 아니다. 그는 새 사실을 체험한 자로서 소명을 실천한다. 그것은 자신이 직접 예수중심의 민중운동을 일으켰거나 아니면 그가 치유된 사실 자체가 예수의 민중운동의 실세를 입증함으로 그 동리 사람들이 자신들의 안전을 위해서 예수를 거부하는 결과를 가져 왔을 수 있다. 그렇지 않으면 예수가 그 동리로 들어갈 수 없다는 말이 설명되지 않는다. 이것은 게라사에서 일어난 사건의 서술과 부합된다. 예수는 정상화된 귀신들렸던 사람에게 하느님이 "네게 행하신 큰 일과 큰 자비를 이야기하라"(마르 5,19)고 했지만 그는 더 나아가 예수가 자기에게 행한 일을 데카폴리스 지방에 두루 알렸다고 하는데(마르 5,20), 이 사실과 그 동리 사람들이 예수를 배척한 것은 이러한 상상을 가능케 한다(후론). 비록 그러한 후문의 언급이 없는 이야기들이라도 그것이 어떻게 운동으로 전개되었는지를 상상할 수 있다. 그러므로 돌아가라고 한 예수의 명령은 민중운동의 확대의 일환으로 볼 수 있을 것이다.

넷째, 귀신축출 이야기는 다른 치유이야기와 본질상 다르지 않으나 민중운동의 차원에서 볼 때 핵심적인 사실을 드러낸다. 유다 사회뿐 아니라 사회 일반에서 치유기적은 인정되고 있다. 그러나 치유와 종말론을 연결시킨 것은 신약에서만 볼 수 있는 특징이다.[36] 그런데

---

36) G. Theißen, *Urchritliche Wundergeschichten*, 274-277.

이런 특성이 귀신축출(Exorcism)이야기에서 뚜렷하게 드러난다. 귀신축출 자체도 예수에게만 고유한 것이 아니라 세계 도처에서 일어나고 있는 현상이다. 우리나라의 경우에 무당들도 엑소시스트에 속한다. 그리고 유다교에서도 이런 이야기는 다반사로 있으며, 신약에서도 예수만이 아니라 그의 제자들도 예수 못지 않게 기적을 행했는데, 심지어 죽은 자를 살려 일으킨 이야기마저(사도 9,36이하) 자명한 듯이 전한다. 그러나 예수의 귀신축출은 민중 해방운동으로서의 하느님 나라운동과 직결되어 있다.

홀렌바하(Hollenbach)는 복음서에 서술된 예수가 귀신축출에 자신의 사명의 초점을 둔 듯한 전거로서 다음의 사실들을 예거한다.[37]
1. 예수는 "내가 하느님의 손을 힘입어 귀신들을 쫓아낸다고 하면 하느님의 나라는 이미 너희에게 임한 것이다"(루가 11, 20)고 말한다. 이로써 그는 자신의 기적행위와 하느님 나라를 직접 연결시키고 있다. 2. 예수는 그의 공생애의 절정기에 제자를 파견할 때에 귀신(사탄, 악령) 축출을 중심적 과제로 삼고 있다(마르 6,7). 그런데 그가 제자를 선택할 때 그 목적이 귀신축출에만 있는 듯한 내용이 있다(마르 3,15; 루가 9,1). 3. 그는 그의 공생애에서 처음부터 끝까지 귀신축출을 감행했으며, 바로 그 행위 때문에 유다지도자들에게 비판의 표적이 된다(마르 3,22-27). 4. 헤로데가 예수를 죽이려 했던 결정적 요인이 바로 그의 귀신축출 행위이며, 예수 자신도 그런 전제에서 대답한다(루가 13,32).

그러나 현실적으로 예수는 귀신추방에만 전념하지는 않았다. 그의 행태를 성격화한다면 민중 속에서 민중과 더불어 민중으로 행위했다고 하겠다. 그러므로 귀신축출 이야기도 민중운동의 일환으로

---

[37] P.W. Hollenbach, *a.a.O.*, 582f.

볼 때 비로소 홀렌바하의 시각이 정당해진다. 예수는 사탄이 하늘에서 떨어지는 것을 보았다고 한다(루가 10,18). 그것은 낡은 에온을 지배하는 주권이 무너지고 있는 것을 보았다는 말이다.[38] 그것은 어떤 현실일까? 예수를 묵시적 상상력의 소유자로 처리해 버림으로 그를 하나의 무위의 예언자로 이해하면 되는가? 아니, 예수의 행태는 민중운동이다. 그 행태의 구상화가 귀신축출로 첨예화된다. 예수는 사탄을 굴복시킴으로 하느님의 주권의 도래를 입증하는 것이다.[39] 그러면 예수를 일개 정신병자를 치유함으로 기존의 권력구조가 무너지리라고 보는 그런 망상가로 치부해도 되는가?

아니, 그는 민중운동의 일환으로 사탄이 굴복하는 사실을 중시한 것이다. 그가 제자들을 선정할 때 귀신축출을 목적으로 했다는 단순한 표현은 그들에게 낡은 주권과의 투쟁을 위한 능력을 주었다는 말이고, 그 운동의 일환으로 그를 따르는 자들을 파견한 것이다. 민중운동의 확산이다. 유다교에서 귀신축출은 일반적으로 정당한 행위로 인정되고 있는데 왜 예수의 귀신축출 행위는 용납될 수 없었을까? 예수가 일개 엑소시스트에 불과했다면 왜 헤로데 안티파스가 불안해했을까?(루가 9,7-9)

그것은 그의 귀신축출 행위가 사회적·정치적으로 기존체제를 전복시킬 우려가 있기 때문이었을 것이다.[40] 그렇다면 이 귀신축출은 민중운동과 불가분의 관계에 있었음을 말하는 것이다. 세례자 요한

---

38) S. Hollenwieder, *a.a.O.*, 197.
39) 센더스는 마태 12,28을 지적하면서 예수가, 귀신축출을 통해 하느님 나라가 도래한다고 생각했다고 확신할 수 없다고 한다(E.P. Sanders, *a.a.O.*, 166).
40) P. W. Hollenbach, *a.a.O.*, 583. 그런데 예수운동의 확산이 헤로데의 개입을 자극했다고 한 것은 옳으나, 그 예수운동이 "열두 제자의 선교"로 알려졌다고 말한 것은 홀렌바하의 인식의 한계이다.

은 귀신처럼 민중을 현혹한다고 하는 표현이 있는가 하면(마르 6,14-16), 그를 체포하여 처형한 결정적 이유가 민중소요에 있었던 것처럼, 예수의 경우에도 의심할 여지가 없다.

귀신들렸다는 것은 곧 정신병인데 그것은 사회적 긴장 속에서 심화된다. 가령 경제적 착취에 뿌리를 내린 계급간의 적대감, 전통사회가 이질문화에 의해 붕괴되어 감으로 일어나는 갈등의 반영(홀렌바하) 등을 생각할 수 있는데, 이러한 현상의 가장 전형적인 형태는 바로 식민지 지배 하에 있는 사회에서 볼 수 있다. 경제적으로나 사회정치적으로 돌출구를 찾지 못함으로써 일으키는 자기파괴적 행위 또는 억압자에 대한 분노가 극치에 이르고 있으나 정면대결할 무기를 갖지 못한 약자이기 때문에 위장되어 나타나는 저항행위 등일 수 있다. 거꾸로 식민지 세력이나 통치자가 민중봉기의 주동자들을 무력하게 하는 방법으로 귀신이 들렸다는 말과 소요분자라는 말을 혼용해 왔는데, 식민지 하에 있는 사람들 중에는 바로 이러한 술수를 역이용하는 경우도 있을 수 있다.[41] 한마디로 미친 척 하는 것이다. 예수를 바알세불이 들렸다고 비판하는 것은 바로 그가 민중에게 끼치는 영향을 희석시키려는 권모술수적 루머였을 수 있다. 이러한 사실들을 가장 잘 표상하고 있는 것이 마르코복음 5장 1-20절의 게라사의 귀신들린 사람 이야기다.

반로마 민중운동의 한 예

게라사의 귀신들린 사람 이야기는 마르코복음 1장 21절 이하의 더

---

[41] F. Fanon, *The Wretched of the Earth*, New York 1963, 250f.

러운 귀신들린 사람에 대한 치유이야기와 더불어 귀신 쫓는 이야기의 전형이다.[42] 그 귀신들린 자가 큰 소리로 예수의 정체를 알리면서 저항하는 것, 예수가 그 사람에게서 나오라고 명령한 것, 들어온 귀신이 그에게 경련을 일으켜 놓고 큰 소리를 지르며 나가는 것(26절), 모든 사람들이 이것을 보고 놀란 것(27절), 그리고 이 소문이 갈릴래아 일대에 퍼졌다는 것(28절) 등과 같은 1장의 이야기의 틀을 게라사의 귀신을 쫓는 이야기(5, 1-20)에서도 그대로 볼 수 있다.

그렇다고 이 이야기를 1장에 있는 것을 기준으로 하여 축소해 버리고 그 외의 것은 여기에서 발전된 것이라거나 마르코의 편집구라고 제거해 버리는 데는 동의할 수 없다. 가령 5장 18절 등은 마르코의 편집구로 돌릴 수 있으나 중복 또는 과장된 부분들(가령 16절 혹은 16-18.19a절)을 마르코의 편집구로 돌려버리려는 데는[43] 동의할 수 없다. 까닭은 민중전승이 구전단계에서 확대될 수 있으며, 중복 등을 오히려 강조의 방법으로 애용하는 것이 민중이야기의 특징이기 때문이다. 우리는 이 이야기를 세 단락으로 나눠 볼 수 있다. 그것은 치유이야기 자체(1-13절), 목격자들의 반응(14-17절), 귀신들렸던 자의 행위(18-20절)이다.

이 사건의 현장은 이방 땅이다. 마카베오 시대에는 유다 영역에 속했으나 로마가 그것을 헤로데의 영역에서 배제함으로써 그렇게 된 것이다. 그러므로 그 땅은 문화적으로나 주민의 시각에서 볼 때 순수 이방지대라 하기는 어렵다. 마르코는 그 장소를 게라사라고 했는데 그것은 바다(호수)에서 60킬로나 먼 거리에 위치하고 있기 때문에 이 이야기의 전개와 어울리지 않으므로 마태오는 호수에서 훨씬 가까

---

42) R.Bultmann, *a.a.Q.*, 224(한역본 262).
43) J. Gnilka, *Mk I*, 194(한역본 258f.); 아라이는 2절b-15절, 19절b만 전승자료이고 그 외는 마르코의 편집구로 본다.

운 가다라로 바꾸고 있다(8,28). 그런데 이 이야기에서 중요한 것은 그곳이 이방이라는 것을 강조하려는 점이다.

예수는 그곳에 도착하자 무덤 사이에 있는 귀신들린 자를 만난다. 유다 민속신앙에는 무덤 혹은 공동묘지가 귀신들이 좋아하는 거처로 되어 있다.[44] 그곳은 사회에서 격리된 장소이다. 산 사람과의 관계는 끊어지고 죽은 자들과 더불어 살고 있는 셈이다. 이 사람은 쇠사슬이나 쇠고랑으로도 묶어둘 수 없을 만큼 강력하고 난폭했다(마르 5,4). 그는 밤낮 소리를 지르며 돌로 자기 몸에 상처를 내고 있었다. 비록 강포했으나 남을 해치는 것이 아니라 자신을 해치며 무엇인가를 위해 절규하고 있는 것이다. 그가 예수를 보자 달려와 엎드려 큰 소리로 "지극히 높으신 하느님의 아들 예수여, 나를 어떻게 하시렵니까? 제발 저를 괴롭히지 마십시오"(마르 5,6-7)라고 애걸한다. 이것을 놓고 귀신이 예수의 정체를 알고 있었다는 이른바 그리스도론의 핵심으로 삼으려는 사람도 있으나[45] 중요한 것은 그가 예수를 만남으로 무서운 갈등을 일으켰다는 사실이다("제발 저를 괴롭히지 마십시오"). 예수는 그에게 이름을 물었는데 이에 대한 그의 대답이 주목된다: "제 이름은 레기온입니다. 우리의 수효가 많기 때문입니다"(9절). 그는 여기서 단수와 복수를 번갈아 쓰고 있다. 홀렌바하는 여기서 정신병자의 실상을 찾아내고 있다. 그것은 바로 자기 분열이다.[46] 그 안에서, '나'와 '우리'가 갈등을 일으키고 있는 것이다. 그렇게 볼 때 그 '나'는 귀신들린 자 자신일 것이고 '우리'는 바로 귀신의 집단성을 나타낸다. 그것이 무엇인가?

우리는 여기서 신약에서 유일하게 보는 '레기온'이라는 말에 주목

---

44) Böcher, *Christus Exorcista*, 74f.
45) W. Smithals, *Das Evangelium nach Markus*, 166.
46) D.W. Hollenbach, *a.a.O.*, 579.

하게 된다. 그것은 육천에서 만 명에 이르는 로마병력의 단위를 표시하는 군사용어로[47] 일개 사단에 해당한다. 그러면 이 귀신은 바로 로마의 군대와 관련된 것이다. 그는 또 자기들을 그 지방에서 쫓아내지 말아 달라고 간청한다. 여기에서는 분명하게 레기온이라는 이름의 귀신만을 지적하는 것이다. 그것이 로마의 군대라고 하면 데카폴리스 일대에 주둔하고 있는 로마군대임을 나타낸다. 그런데 이 레기온은 그들의 주변에 있는 돼지떼에게 보내서 그 속에 들어가게 해 달라고 간청한다. 이것은 예수에게 이미 항복했다는 의미와 더불어 어떤 형태로나마 살아 남으려고 하는 몸부림의 표현인데, 이는 이방인과 돼지를 부정하다는 의미에서[48] 함께 취급하고 있는 유다 사회의 관념에서 나온 발상으로 로마군대와 돼지를 일치시킨 것이다. 로마군대가 머물 곳은 사람 안이 아니라 돼지 안이라는 것이다. 그러므로 예수는 그것을 쉽게 허락한다(13절). 그러나 이 레기온의 소원은 몰락으로 끝을 맺는다. 이천 마리의 돼지떼가 한꺼번에 바다에 빠져 죽기 때문이다(13절).[49]

    이것은 로마제국에 대한 민중의 소원이 적나라하게 드러난 것이다. 무덤에서 자기분열로 고통하는 사람은 바로 로마 세력과의 모순 속에서 고뇌하는 인간상을 나타내는 것이며, 로마 군대를 추방함으로 그가 자기를 다시 찾았다는 이야기는 예수와의 만남에서 이러한 사건이 일어났다는 것이다. 이에 대한 동리 사람의 반응은 우리의 이 같은 추측을 뒷받침한다. 그 광인이 성한 사람으로 된 것을 본 동리 사람들은 예수 보고 그 동리에서 떠나달라고 한다. 왜 그랬을까? 이 이야기를 그리스도론의 시각에서 풀이하는 사람들은 거룩한 사건

---

[47] *Bill.* II, 9.
[48] 이사 65,4.
[49] C.H. Cave, The Obedience of unclean Spirities, *NTS 11*(1964/65), 97.

앞에서의 공포 때문이라고 처리해 버린다.[50] 그러나 이것은 정치적인 동인이 강력하게 노출된 이야기로서[51] 로마제국과의 투쟁을 반영하는데, 바로 그렇기 때문에 그 지방사람들은 로마제국으로부터 받을 탄압을 두려워하여 예수를 추방한 것이라 볼 수 있다.

　이상의 이야기를 다시 한번 성격화해 보자. 지금까지의 이야기가 정당하다면 이 이야기는 민중운동의 극치를 나타낸 것이라 하겠다. 이 민중운동은 하느님 나라의 도래와 직결되는데, 그것은 실제적인 행위로서는 사탄의 추방으로 집약된다. 그런데 식민지인을 미치게 한 그 사탄은 바로 로마제국이라고 함으로써 사탄을 비신화화했다. 이로써 예수의 민중운동은 로마제국과의 대결이라는 풀이가 성립된다. 로마제국을 돼지와 연결시킨 것은 민중들의 로마에 대한 감정을 그대로 노출하는 것이다. 돼지는 이미 위에서 본대로 가장 더러운 것의 상징이다.

　그런데 그 레기온이 더러운 돼지 속에 들어가서라도 그 곳에 잔류하기를 소원했다는 것은 저들의 체질을 해학적으로 야유한 것이다. 즉 수단방법을 가리지 않고, 주민과의 관계는 아랑곳 없이 목적달성을 위해 식민지를 장악해야 한다는 제국주의의 본질을 드러내는 것이다. 그 사탄이 처음부터 예수의 권위를 인정했으며 그리고 그에게 구걸했다는 사실은 예수가 로마제국에 대해 단연 우월한 위치에 있다는 민중들의 신념이 반영되고 있다. 마침내 예수는 그 레기온을 추방한다. 그런데 그 레기온이 원하는 대로 돼지떼 속으로 추방함으로 예수의 로마에 대한 감정을 드러낸다.[52] 그러나 야훼가 하삐루를 추

---

50) E. Haenchen, *Der Weg Jesu,* 195.
51) Winter, *On the Trial of Jesus*, 1901, 129; J. Gnilkra, *Mk II*, 204(한역본 262): "반로마적경향"
52) 마태오복음에는 없다.

격하던 에집트군을 전부 바다 속에 쳐 넣은 해방사건처럼 저들을 몽땅 바다 속에 쓸어 넣어 버린다. 이로써 그 게라사의 사람은 회복된다.

귀신들림은 바로 로마제국에 점유되어 고통을 당하고 자기분열을 일으킨 현상이며, 따라서 귀신들린 자는 그 귀신을 추방함으로써 비로소 자기를 되찾을 수 있었다. 이러한 사건은 결국 로마제국 자체가 귀신임을 의미한다. 그런데 이러한 사건의 현장을 경험한 동리 사람들이 예수로 하여금 자기들에게서 떠나달라고 하는데, 이 이야기의 문맥으로 보면 물론 바다에 빠진 돼지가 아까워서는 아니다. 귀신들린 사람이 치유된 일과 돼지에게 발생한 일을 듣고 그러한 자세를 취했기 때문이다. 무엇 때문일까? 앞서도 언급했듯이 그로 말미암아 일어날 로마제국의 박해가 두려웠기 때문이었을 것이다. 다시 말해, 예수의 민중운동이 반로마운동으로 확대되어 그 동리에까지 영향을 미침으로 피해를 받게 될 것을 두려워했을 것이라는 말이 된다. 말하자면, 그 동리 사람들은 식민지 하에서의 삶을 현실로 받아들이고, 그 아래에서 정착하려는 무리들이었다는 말이 된다.

이에 반해서 귀신들렸던 사람은 그러한 동리를 탈출하여 예수와 합류하기를 원한다(마르 5,16). 그러나 예수는 오히려 그를 그의 뿌리가 있는 곳으로 가라고 한다. 이것이 단순한 사회복귀 명령에 지나지 않는 것일까? 그렇게만 볼 수 없는 것은 예수 자신도 그가 경험한 사건을 이야기하라고 했으며, 그 말에 따라 그는 데카폴리스의 모든 지방을 두루 다니면서 이 사건을 전파했다고 하기 때문이다(마르 5,19-20). 예수가 명한 것과 그 사람이 행한 일 사이에는 단절이 없다. 사건이 연이어 확대 전개되는 것이다. 헬라어 카이($καί$)라는 접속사는 그러므로 예수의 명령과 그의 행위 사이를 절묘하게 이어내고 있다.

그렇다면 귀신들림에서 해방된 그 사람이 데카폴리스에서 행한 일은 무엇일까? 이미 앞에서 암시했듯이 반로마 민중운동을 확산시켰다고 보는 것이 옳다. 비록 단순하게 자기를 귀신들림에서 해방한 예수의 행위를 이야기한 것에 지나지 않는다고 해도, 그것이 레기온을 추방하는 이야기인 한 그 이야기 전파 행위 자체가 민중운동이 되지 않을 수 없다.

 이상과 같은 시각에서 보면 "가난한 자, 복이 있다. 하느님 나라가 너희의 것이다"(루가 6,20)는 선포를 원용하여, "병자, 귀신들린 자, 복이 있다. 하느님 나라가 너희의 것이다"라고도 할 수 있을 것이다. 사실 루가복음 4장에서 서술하고 있는 예수의 공생애 선언(18절), 세례자 요한에게 전하라는 말인 예수의 자기증언에서도(루가 7,22) 하느님 나라의 도래에서 병자들이 결정적인 위치를 차지하고 있다.

여덟째 마당

여덟째 마당
예수와 여인

근래에 여성들의 눈으로 성서를 봄으로써 종래 남성 위주의 성서 해석에서 보지 못했던 문제들이 제기되고 있다. 여러 가지 지적 중에 주목되는 것은 다음의 몇 가지다. 첫째로 가부장제도에 대한 맹렬한 비판과 함께 예수운동을 가부장제도와의 관련 속에서 조명하는 일이며,[1] 둘째는 위와 관련된 것으로 남성 위주의 사회에서 예수가 남성과 대비해서 여성에게 어떤 제자로서의 위상을 주었느냐 하는 것이[2] 핵심적인 문제이다. 그 외에 하느님에 대한 아버지로서의 호칭에 대한 논란과,[3] 하느님과 관련하여 여성적인 것을 거부하는 등의 전통

---

1) E.S. Fiorenza, *In Memory of Her. A Feminist Theological Reconstruction of Christian Origins,* New York 1983. 피오렌자는 가부장적 구조로부터의 해방 이야말로 예수의 하느님 나라 선포의 핵심이라고 주장한다.
2) Luise Schottroff, Frauen in der Nachfolge Jesu in neutestamentlicher Zeit, in: *Traditionen der Befreiung 2,* W. Schottroff / W. Stegemann(Hrsg), München 1980, 91-133(김윤옥 편, 『여성해방을 위한 성서연구』, 한국신학연구소 1989, 179-225).
3) Catharina Halkes, Motive für den Protest in der feministischen Theologie gegen Gottden Vater, *Concilium* 17Jrg. Heft 3(1981/5)에 이 주장이 소개되어 있다(한역본, 상게서 21-33).

적인 시각에 도전하려는 시도도[4] 있으나 이 두 가지 입장에는 무리가 있고, 또 의견의 일치가 되어 있지 않다. 그러나 이처럼 여성의 입장에서 성서를 보려는 노력은 남성중심의 시각을 당연시해 온 전통적인 해석에 제동을 걸었으며, 특히 예수운동을 이해하는 데 크게 기여하고 있다. 이 마당에서는 이러한 물음을 최대한 수용하면서 구약의 전통과 예수의 시대적 상황인 유다교의 맥락 속에서 예수와 여인과의 관계를 다각도로 밝혀보려고 한다.

유다 사회에서의 여성의 위상

유다 사회 전통의 원천인 구약에서의 여성관이 결코 한 갈래만 있는 것은 아니다. 남성 위주의 사회가 고착화됨에 따라 남녀차별이 모든 분야에서 고질화된 것이 사실이나 그 밑바닥에는 그 이전 또는 그와 병행해서 남녀평등사상 내지 여성을 보호하려는 노력의 흔적이 그 맥을 이어오고 있다. 성서 전체는 그 시대 전반적인 흐름과 마찬가지로 가부장제도를 배경으로 하고 있음에 틀림없다. 가부장제도를 당연시하는 사회 안에서 남녀차별은 필연적인 것이다.

여인은 결혼 전에는 아버지(家父)에게 예속되어 있다가 결혼 후에는 남편에게 예속된다.[5] 결혼할 때는 혈연관계와는 또 달리, 타인에게 상품처럼 팔려가는 셈이다. 가령 군대에 징집되는 것을 면제받는 조건으로 새 집, 새 포도원이 있는 경우와 함께 약혼녀가 있는 경우를 나란히 언급하는 것에서(신명 20,7) 볼 수 있는 것처럼 여인은 재

---

4) Rosemary R. Ruether, Is Christianity Misogynist? The Failure of Woman's Liberation in the Church, In: *Liberation Theology* (New York 1972), 95-114.
5) J. Jeremias, *Jerusalem*., 404(한역본 460).

산목록의 하나로 간주되었다.⁶⁾ 그것은 노예의 경우와 마찬가지다. 그러므로 노예가 주인에게 대하는 것과 마찬가지로 결혼한 여인은 남편을 주인(ba'al)이라 부른 것이다.⁷⁾ 남성은 여성을 노동력의 하나로 간주했기 때문에 경제력이 허락되는 만큼 일부다처제를 이용하여 아내라는 이름으로 여인의 노동력을 최대한 이용한 것이다.⁸⁾ 그러나 일반 재산목록과 다른 점은 여인은 가부장제도 하에서 혈통을 잇는 기능으로 취급되었다. 이런 사실은 다말의 예(창세 38장)만으로 충분하다.

성(性)에서의 남녀차별도 뚜렷하다. 가령 남아를 낳는 경우에는 7일 동안 부정한 것으로 간주되었으며 그 부정이 정화되기까지는 33일 동안 사람과 접촉하지 않고 집에 있어야 하는 데 비해, 여아를 낳았을 경우에는 그 부정의 기간을 꼭 배로 계산했다(레위 12,1-5).

이상은 많은 예 중의 몇 가지에 불과한 것이며, 남녀차별의 기본적인 근거로 요약된 것이 이른바 창조설화 중 야위스트자료(창세 2장)에 집약되어 있다. 이것을 근거로 남녀의 종속관계를 정당화했으며, 반대로 그러한 사회제도가 집약되어 반영된 부분이 바로 이 이야기이다. 여인 이브가 만들어진 동기는 첫째 아담이 홀로 있는 것이 좋지 않았기 때문이며, 둘째는 그를 도울 누군가 필요했기 때문이다. 그런데 하느님이 여러 종류의 짐승들을 창조하여 아담에게 예속시켰으

---

6) 루가 14, 15-24의 비유에서 그런 예를 본다. 먼저 초대받은 자들은 만찬의 참여를 거부하는 여러가지 이유들을 내거는데, 여기서 밭, 소, 여인은 같은 반열에 놓여 있다.
7) Jos. *C. Ap.*, *II*, 24, §201.
8) J. Jeremias, *a.a.O.*, 406(한역본 462). 예레미야스는 경제적 이유로 인한 일부다처제가 흔한 일은 아니었다고 한다. 그러나 그 당시 여성노동의 산물에 대한 남성의 지배권이 완전하게 인정되었음을 전제한다면, 예레미야스의 결론은 지나치게 문헌적 증거에 의존한 것이라고 평가하지 않을 수 없다.

나 저들은 아담을 돕는 것들이 되지 못했다. 그러므로 하느님은 아담의 갈빗대에서 이브를 만들어 냈다는 것이다. 이것을 풀이하면 다음과 같다. 이브는 남자와의 관계에서는 창조질서에서부터 종속적이라는 것이고, 둘째로는 그의 외로움을 달래 줄 대상으로 창조되었다는 것이다. 그런데 여기서 주목되는 점은 여러 종류의 동물을 이브를 만들기 이전에 창조했으나 저들이 그런 역할을 못했기 때문에 이브를 창조했다는 사실이다.[9] 이러한 남녀관은 성서에 고유한 것이 아니며 세계 여러 나라의 고대신화에서 볼 수 있는 것인데, 이는 여성을 극도로 모멸한 내용이다.

이에 반해서 가장과 맞먹는 역할을 해내는 여성상(사라, 레베카, 레아, 라헬, 나오미, 한나 등)이 있는가 하면 예언자 미리암(출애 15장; 민수 12장), 판관의 자리에 오른 드보라(판관 4,4이하), 나아가 침략군의 적장을 살해한 야엘(판관 4,17-22), 스스로 왕을 참칭한 아비멜렉을 죽인 무명의 여인(판관 9,53), 그리고 에스더 등 자기 종족을 구하는 용사의 모습도 있다. 그런가 하면 성법전에서는 여인의 보호에 상당한 관심을 집중하고 있다.

이와 다른 또 하나의 줄기는 창조설화 1장(P자료)에 잘 집약되어 있다. 여기서는 하느님의 상대로 남자와 여자가 창조되었다(27절). 여기에는 남자의 외로움을 달래기 위해서라거나 그의 보호자로서 또는 그의 몸에서 여인을 만들어냈다는 흔적도 없다. 단지 만물을 창조하고 그것을 총괄하게 하기 위해서 남녀를 동시에 창조했다는 것

---

9) 궁켈과 베스터만은 아담의 갈비뼈 하나로 이브를 창조한 이야기가 남성과 여성의 동류성, 동질성을 강조한다고 주장하지만, 창세 2, 21이하에 근거하여 여성에 대한 남성의 선차성, 창조질서에서의 남성 우위를 주장하는 견해가 정통적 견해로 굳어져 왔음을 간과해서는 안된다. H. Gunkel, *Genesis*, Göttingen 1969^8, 12 ; C. Westermann, *Genesis*(BKl/l), Neukirchen-Vluyn 1976^2, 313f.

이다. 창조에서부터 남녀는 더불어 일하는 존재로서 똑같은 임무를 공동으로 지닌 평등한 존재다.[10]

그런데 이 여인상은 바빌론 포로 이후 야위스트자료에 의거해서 그 위상이 결정되고 만다. 한 예를 들면 필로는 여자는 믿을 수 없는 존재로 규정한다. 그것은 창조질서에서부터 남자는 이성(nous)에 의해 움직이는 데 반해 여자는 감각(aisthesis)에 의해서 움직인다고 함으로 이 시각에서 여성의 역할을 규정해갔다.[11] 이런 전제는 라삐문서의 도처에서 볼 수 있는데, 여성은 남성의 유혹의 대상이며(bBer 24a), 여인의 충고를 들으면 지옥에 간다는가 하면(bBM 59a), 여인을 허영, 호기심, 불결, 질투, 수다의 상징처럼 말하는데(BerR 45,5), 이런 것은 모두 야위스트 자료의 실락원 설화에 근거를 둔 것이다. 그래서 마침내 여인을 아이와 노예와 함께 취급해 버린다(bNid 31b).

후기 유다교로 내려 올수록 남녀차별이 엄격해서 여인은 토라를 배울 권리가 없고 회당에서 가르칠 권리도 없으며, 라삐는 여자를 제자로 둘 수 없음은 물론, 자기 아내가 아닌 여인과 길에서 마주하는 것도 수치로 여길 정도였다. 그러므로 유다인 남성들은 매일 아침 이방인으로 태어나지 않은 것과 함께 여인으로 태어나지 않은 사실에 대한 감사기도를 드렸다(bMEN 43b).

이런 유다 전통이 신약에까지 이어져서 바울로는 여인에게 공적인 모임에서 잠잠할 것을 명령하는가 하면(고전 14,34), 그리스도가

---

10) 레티 러셀은 칼 바르트의 성차별론(K. Barth, *Kirchliche Dogmatik* III/2, Göttingen 19)을 비판하면서, 여성과 남성은 모두 하느님의 형상에 따라 창조되었고 하느님의 형상은 내재적 삼위일체 곧 3위의 완전한 동반자적 의사소통을 전제하는 것이므로 여성과 남성은 평등한 동반자적 관계로 치유받은 셈이라고 한다. R. Russell, *The Future of Partnership*(김상화역, 『파트너쉽의 미래』, 대한기독교출판사, 1983).
11) 1Philo, *de opif. mundi*, §134ff.

남성의 머리인 것처럼 남성은 여성의 머리(고전 11, 3)라고 하면서 여성에게 머리에 수건을 쓸 것을 요구했다(고전 11,10). 그런가 하면 그보다 훨씬 후에 기록된 복음서마저 여인을 아이들과 더불어 사람 수에서 제외하고(마태 14,21;16,38), 제자들을 서술함에 있어서 여인을 표면에 내세우지 않았으며, 일찍이 형성된 부활증인을 열거하는 반열에서 여인의 증언을 제거해 버렸다(고전 15,3-8). 그러면 예수에게 있어서는 어떤가?

여인에 대한 예수의 관심

여인에 대한 예수의 일반적 평가 : 복음서에서 주목되는 점은 그 내용이 짧은 데 비해 예수와 여인과의 관계가 자주 보도되고 있다는 사실이다. 위에서 살펴본 그 당시의 사회풍토로 보아 예수가 여인과 관계했다는 사실은 결코 명예스러운 일이 아니었다. 그러므로 오히려 그러한 전승들이 전승과정에서 많이 축소되었을 가능성이 높다. 대표적인 예로 초기에 쓰여진 서간에는 예수를 따르던 단 한 사람의 여인의 이름도 거명되지 않고 있다. 심지어 십자가 사건과 부활의 목격자인 막달라 마리아를 위시한 여인들이 전혀 언급되고 있지 않으며, 복음이 전해지는 곳마다 이 여인이 행한 일을 전하라고 하던 그 여인의 이야기도(마르 14, 19) 전해지지 않고 있다. 그럼에도 불구하고 복음서에는 예수가 여인과 접촉한 십 여 차례의 경우가 전승되고 있는데, 그 중의 일부는 예수의 남자들과의 관계에서 그 예를 찾아 볼 수 없는 특수성을 보이고 있다. 이런 사실은 뒤에서 좀더 집중적으로 고찰할 것이다.

예수가 여인을 이야기의 주인공으로 삼은 예도 많다. 그런데 그것들은 예외없이 적극적이고 또 중요한 문제와의 관련에서 언급되고 있다. 몇 가지 예를 보자.

여기 비정한 재판관(남자)과 한 과부(여자)가 있다(루가 18,2-5). 남자는 지배층이고 여자는 피지배층이다. "사람도 하늘도 무서워하지 않는다"는 말로써 남자의 완고한 의지와 위치가 이야기되고 있다. 이에 비해서 여인은 과부라는 신세가 말해주듯이 가난하고 외로우며 아무런 힘도 못가진 사람이다. 이 여인은 억울하게 경제적인 수탈을 당했다.[12] 이 이야기는 이처럼 남녀를 대결시키고 있는데, 여인의 집요한 투쟁에 그 남자는 마침내 항복한다. 약한 것이 강한 것을 이겼다는 표본이 된다. 그러나 적극적인 면에서 보면, 그 여인이 그 남자를 이김으로써 재판관으로 하여금 재판관이 되게 했다. 재판관이 재판관되는 것으로 자기를 찾았다면, 이 여인은 그 남성에게 자신을 찾는 길을 열어 준 셈이다.

여기 또 한 과부가 있다(마르 12,41 이하). 이에 대해 돈 많은 부자 남자가 대조적으로 등장한다. 둘 다 하느님께 헌금을 한다. 이 과부가 바친 돈은 두 렙톤에 불과하다.[13] 반면, 그 부자는 과부의 것보다 몇 십 배, 몇 백 배를 바칠 수 있었다. 물량적인 면에서 보면 이 남성이 압도적으로 우세하다. 그러나 예수의 계산은 다르다. 그는 가진 것 전체와 헌금한 것과의 거리를 비교하여 판정한 것이다. 과부는 가진 것 전체를 바친 데 반해 이 부자는 가진 것 중에 극히 일부분을 바쳤

---

12) J. Blank, Frauen in den Jesusüberlieferungen, in:*Die Frau im Urchristentum*, G. Dautzenberg, H. Merklein, K. Müller(hrsg.), Freiburg/Basel/Wien 1987, 65. 그런데 여기서 설정된 상황은 임박한 종말이다(J. Jeremias, *Die Gleichnisse Jesu*, Göttingen 1962⁶, 156). 그러므로 그것은 극한 투쟁이다.
13) 1렙톤은 1/100드라크마에 해당하는 금액이었다. 그것은 하루 임금의 1/100로서 풀빵 1개를 살 수 있을 정도의 적은 돈이었다.

다. 여인의 헌신적인 진실이 부자의 물량적 우위를 이긴 것이다.[14]

여기 한 어머니가 있다(마르 7,24-30). 그녀는 유다인이 아닌 헬라 여인인데 병든 딸을 구해달라고 간청한다. 그러나 이 여인에 대한 예수의 반응에서 유다인과 이방인 사이에 넘을 수 없는 담이 노출된다. 예수는 "자녀들을 먼저 배부르게 해야 한다. 자녀들의 떡을 집어 강아지에게 던져 주는 것은 옳지 않다"(마르 7,27)고 대답한다. 그 요청에 대한 거절로서는 너무나 잔인한 말이다. 만일 이 말이 이방선교를 변호하기 위한 후기 창작이 아니고[15] 예수 자신이 실제로 했던 것이라면 그 여인을 최대한으로 시험한 것이 된다. 그런데 그 여인은 "옳습니다, 주님. 그러나 상 아래 있는 강아지들도 자녀들이 흘린 떡 부스러기는 주워 먹습니다"고 응수한다(마르 7,24-30). 여기에서 그 여인의 절실한 모성애와 더불어 그녀의 슬기로움이 과시된다. 이방인에 대한 도움 문제를 둘러싼 강자(예수)와 약자(여인)와의 대결에서 강자가 약자 앞에 굴복한다. 그것은 동시에 유다와 이방 사이에 막힌 담을 헌 것[16]이 남자인 예수가 아니라 약한 여인이었다는 말이 된다.

---

14) 예수가 율법학자들에게 한 비판에서 과부의 집을 삼키는 자들(마르 12,40)이라는 표현이 바로 그 앞에 있는 것은 대조적이다. 당시 라삐들은 과부를 착취하는 경우가 많았다. R. Schnackenburg, *Das Evangelium nach Markus* Bd.II, Düsseldorf 1971, 180.

15) 페쉬는 이 본문이 이방선교에 관련된 상징적 이야기이지 역사적 사실일 리가 없다고 단정한다(R. Pesch, *Das Markusevangelium*(HThK II/1-2), Freiburg 1976, Bd. I, 390). 그러나 블랑크는 이미 갈릴래아에서 이방선교의 길이 열렸음을 전제하면서 이 이야기의 역사적 핵을 인정한다(J. Blank, *a.a.O.*, 17). 타이쎈은 마르코복음기자가 예수의 띠로 여행을 "이방 땅으로의 여행"으로 이해했다고 주장하면서도 예수의 이방지역 여행은 유다인들이 살고 있던 지역으로의 여행에 지나지 않았다고 분석한다(G. Theißen, Lokal-und Sozialkolorit in der Geschichte der syrophönikischen Frau(Mk 7,24-30), *a.a.O.*, 208f.(한역본 825).

16) 타이쎈은 유다와 이방 사이의 막힌 담이 도시와 농촌 사이에 존재했던 수

예수가 여인을 소재로 하는 경우 언제나 적극적인 의미를 부여하고 있으며, 부정적으로 이용하는 경우는 하나도 없다. 여인의 역할을 그토록 부정적으로 보는 유다교의 상황에서 볼 때 이 사실은 결코 가볍게 보아 넘길 문제가 아니다. 그렇다고 예수가 사람 모두를 긍정적으로만 본 것도 아니다. 불의한 상을 그릴 때 남성을 내세우는 예는 얼마든지 있다.[17] 남성인 제자들의 무지와 잘못을 책망하는 것은 여러 장면에서 볼 수 있지만 여인들을 책망하는 경우는 단 한 군데도 없다. 이것은 예수의 민중 일반에 대한 태도와 꼭같다.

이와 관련지어 주목할 것은 유다의 종교적 모범자들과 대립되는 세리와 더불어 창기들이 하늘 나라에 먼저 들어가고 있다는 말이다 (마태 21,31)[18] 복음서에서 예수와 창기와의 관계는 구체적으로 보도되어 있지 않다. 그러나 동시에 예수가 창기와 같은 여인들에게 더 큰 관심을 가졌음은 물론이고 오히려 그들에게 참된 미래를 기대했을 수 있다. 이 말의 맥락은 그런 상상을 가능케 한다. 한 아버지가 두

취관계상의 모순을 반영한다고 분석한다. 이 점을 인정하면, '개에게 떡을 던져줄 수 없다"는 예수의 말은 시골지역의 유다 사람들이 도시지역의 헬레니스트들에 대해 품은 적대감을 표현한 것으로 볼 수 있다(G. Theißen, *a.a.O.*, 2161 한역본 835).

17) 악한 종(마르 12,1-7; 마태 25,14-30), 악덕부자(루가 16,19-31), 어리석은 부자(루가 12,13-21), 음모자(마르 14,1).
18) 로마이어와 슈마하는 이 구절이 종말의 날에 일어날 대전환을 말한다고 보고 "내가 진정으로 말한다"는 예수의 어법이 이를 뒷받침한다고 본다 (Lohmeyer/Schumach, *Das Evangelium nach Matthäus*, 308). 그러나 이러한 해석은 "세리와 창기가 먼저 하늘나라에 들어가고 있다"는 어구의 현재시제형과 충돌한다. 슈바이쳐는 이 구절이 예수 자신에게서 기인했다고 본다(E. Schweitzer, *a.a.O.*, 267/한역본 432). 슈바이쳐는 이 어구의 현재시제형에 주목하면서 이것은 지금 하느님의 뜻을 행하지 않는 자에 대한 심판이요, 실천을 촉구하는 급박한 요구라고 본다(*a.a.O.*, 269/한역본 435). 퀌멜은 종말론적인 하느님의 백성이 믿지 않는 유다인을 대신한다는 식으로 이 구절을 해석한다(Feine/Böhm/Kümmel, *a.a.O.*, 68).

아들에게 포도원 일을 하도록 지시했을 때 동의했던 아들은 가지 않고 오히려 이를 거부했던 아들이 그 뜻을 실행했다(마태 21,28-31)고 하면서 그 중에 누가 아버지의 뜻대로 실천했느냐고 묻고 그 맥락에 이 이야기를 연결시켰다. 그것은 이른바 '모범적'인 계층과 '거역자'를 대조시키면서 세상에서 판단하는 것과 달리 창기가(세리와 더불어) 참을 실천하고 있으므로 하느님 나라에 들어가고 있다는 것이다. 또 그토록 심하게 정결법을 주장하는 사회였는데도 그런 시각에서 여인을 경원하는 예수의 태도는 그 어디에도 찾아볼 수 없다. 부정한 죄로 인해 정죄받았다고 하는 혈루증 앓는 여인[19]에게 "딸아"라고 부르며 "편안히 돌아가라"고 한 것은 아주 다정한 관계를 표시한 것으로 예수의 자세가 잘 드러난다(마르 5,34).

  예수의 언어가 농경사회의 언어임은 모두 인정하고 있다.[20] 그런데 그 중에서도 주목되는 것은 예수가 여성의 언어 또는 여성과 관련된 언어를 많이 사용하고 있다는 사실이다. 떡, 식탁, 소금, 맷돌, 누룩, 옷깁기, 물동이, 신랑을 기다리는 처녀, 잔치, 유방 또는 젖, 태, 품 등. 그런데 이 언어들이 쓰인 맥락을 보면[21] 모두 중요한 주제에서 사용된 것이다. 떡은 식탁, 나눔, 잔치, 결혼식 등과 결부된 것으로 공동체와 깊은 관계가 있으며, 그것은 하느님 나라 비유에 연결된다. 가령 잔치라고 하면 우리는 거기에 참여하는 손님을 생각하기 쉬우나 잔치에 필요한 모든 것을 장만하는 이는 사실상 여인들이다. 예수는 하

---

[19] "이런 상태의 여인이 가까이 오면 발효 전의 과즙은 시어지고 정원의 나무는 시들며… 심지어 쇠까지도 녹이 슬고 공기에서도 불쾌한 냄새가 난다"(Plinius d. Ä, *Nat. Hist*. VII, 64;XXIII, 23). 이것은 그 당시 유행하던 혈루증 환자에 대한 미신이다.

[20] M. Dibelius, *Theologische Literaturzeitung*, 52(1928), 529 ; J. Jeremias, *Gleichnisse Jesu*, 3.

[21] 그 맥락은 아래에서 자연히 드러날 것이다.

느님 나라를 생각하는 데 떡가루 속에 누룩을 집어 넣는 노동하는 여인의 현장을 연상하였을 수도 있으며(마태 13,33), 떡 만드는 여인을 주목하면서 그 여인의 손에 의해 가루 속에 섞여진 누룩의 역할을 보고 하느님 나라를 생각했을 수도 있다. 누룩을 넣고 떡가루를 반죽하는 여인에게서 하느님 나라 건설에 참여하는 전형적인 인간상을 보았을 수 있다.

예수는 심판과의 관계에서도 여인들의 세계를 연상하였다. 소금은 일상생활에 있어서 여인들의 전용물이라 할 것이다. 그런데 그 소금이 맛을 잃으면 결국 쓸데없는 것이 되어 밖에 버려져 사람들에게 밟힐 것(심판)이라 한다(마태 5, 13). 또 심판날에 맷돌을 가는 두 사람 중 한 사람을 데려 갈 것(마태 24,41)이라 했는데 맷돌을 가는 것은 여인들이다. 이 경우에도 예수는 맷돌가는 여인들에 주목함으로써 심판의 그 날을 연상했을 수 있다. 그것은 여인의 행위를 주시한 발로일 수 있다.

심판을 경고하는 예수의 말 가운데 여인들의 운명을 걱정하는 말이 여러 번 나오는 데서 그것을 볼 수 있다. "그 날에 아이 밴 여인들과 젖 먹이는 여인들은 화를 입을 것이다"(마르 12,17). "보라, 그날이 정녕 올 터인데 그 날에는 사람들이 아기 배지 못하는 여인과 아기 낳아 보지 못한 태와 젖먹여 보지 못한 유방이 행복하다 할 것이다"(루가 23,29). 이와 관련해서 수난의 도상에 있는 예수가 그 여인들을 위해 한 말인 "예루살렘의 딸들아, 나를 위하여 울지 말고 너희 자녀를 위하여 울라"(루가 23,28)고 한 것도 이 범주에 속한다. 생베 조각으로 낡은 옷을 기워서는 안된다는 말(마르 2,21)도 심판과 관련 있다. 즉 낡은 것과 새 것은 분명히 갈라 놓아야 된다는 맥락에서 씌어진 것이다. 끝으로 주목할 것은 예수가 예루살렘을 보면서 "암탉이 병아리를 모아 날개 아래 품듯이 내가 몇 번이나 자녀를 모으려

했던가"(루가 13,24)[22]라고 한 말이다. 이는 예수의 심정을 토로한 것인가?[23] 그렇다면 그는 자신의 진실한 사랑을 여성의 품으로 상징한 것이다. 이것은 바로 예루살렘에 대한 하느님의 사랑을 말한 것일 수도 있다. 예레미야 22장 5절에 근거해 보면 충분히 그렇게 생각할 수 있다. 품! 그것은 생명을 보호하며 양육하는 창조적인 사랑의 전형적인 상징이다.

　이상의 관찰이 물론 여성에게만 해당된다고 주장하는 것은 아니다. 남성과의 관계에 있어서도 중요한 주제와 연결해서 사용된 남성적 언어가 얼마든지 있다. 씨뿌리는 행위(비록 남성만의 전유행위는 아니지만), 밭 가는 일, 포도원 재배, 건축, 고기를 낚는 일 등등이 그런 것이다. 단지 명기할 것은 예수의 세계가 결코 남성의 독무대가 아니라는 사실이다. 새 술은 새 부대라고 하는 것이 남성적 표현이라면 그와 곧 병행해서 낡은 옷을 새 조각으로 기우면 안된다는 여성적인 것으로 대비시킨다. 두 남자가 밭에 있으면 하나는 데려가고 하나는 버려둘 것이라는 말(마태 24,40)과 더불어 맷돌을 가는 두 여인의 이야기를 나란히 든다(마태 24,41). 또 잃은 양을 찾아 기뻐하는 목동(남성)의 이야기와 나란히 잃었던 은전을 찾아 기뻐하는 여인의 이야기를 병행시킨다(루가 15,1-10).

　끝으로 이상의 사실들을 가장 극명하게 드러내는 예수의 입장을 보자. 이미 우리는 위에서 두 가지 창조설화에 대해 언급했다. 사제자료(P)와 야위스트자료(J)가 그것이다. 예수는 어느 편에 섰는가? 이

---

[22] "병아리들"에 해당하는 νοσσία는 "한 배에서 난 병아리들"을 뜻하기도 하고 "둥우리"를 뜻하기도 한다. 이 구절은 어미새(ὄρνις 또는 ὄρνιξ [B.D. 47¹])가 둥우리 속에 있는 새끼새들을 보호하기 위해 품고 있는 장면을 묘사한다(J.H.Marshall, *Lk II*, 해당부분 참조 / 한역본 268).

[23] 이 구절은 예수 자신에게서 기원했다고 보는 것이 좋다(J.H. Marshall, *Lk II*, 해당 부분 참조/ 한역본 266).

혼이 남성 마음대로 가능한 남성 위주의 유다 사회 지도계층이 "남편이 아내를 버려도 좋습니까?"라고 물었을 때 예수는 먼저 모세의 계명을 묻는다(마르 10,2-3). 모세의 계명에는 이혼증서를 써주면 된다고 하는 대답에(마르 10,4) 예수는 준엄하게 저들을 비판한다. "너희가 완악하기 때문에 너희에게 이 법을 제정해준 것이다"(마르 10,5). 이 "너희"는 물론 남성이다. 저들은 필요하면 언제든지 이혼할 권한을 보유하고 있는 것이다. 그것은 모세의 법(신명 24,1)에 허락되어 있다.[24] 그런데 이 사실 자체가 바로 남성들의 완악성(σκληροκαρδίαν)을 폭로하는 이상의 아무 의미도 없다고 하면서 모세의 법도 상대화하고 만다(마르 10,5). 그런 다음 예수는 바로 사제 자료의 입장에 서서 "하느님께서는 창세 때부터 사람을 남자와 여자로 만드셨다"고(10,6) 선언하고 "둘이 한 몸이 되는"(10,8)[25] 결혼은 바로 이 동등한 인격을 하느님이 짝지어 주셨기 때문에 사람은 이혼해서는 안 된다고 선언한다(10,9).[26] 여기서 그는 남녀의 종속관계를 전혀 인정하지 않고 있으며 오히려 여성에 대한 남성의 방종을 신랄하게 비판

---

24) 신명기 24, 1에 대한 힐렐학파의 해석에 따르면, 부인이 간음했거나 무엇인가 남편의 마음에 들지 않으면 남편이 부인과 이혼할 자격을 갖게 된다고 한다(J. Jeremias, *Jerusalem*., 407/한역본 463).
25) "한 몸"(μίς σάρξ)은 단순히 성교를 전제한 말이라기보다 파괴되지 않는 생명의 공동성을 말한다는 루이제 쇼트로프의 통찰은 날카롭다. L. Schottroff, a.a.O., 104.
26) L. 쇼트로프에 따르면, 이 구절은 하느님과 예수의 이름으로 결혼의 유지를 강요하는 이혼금지의 의미로 해석되어서는 안 된다고 한다. 이혼장도 이혼당한 아내에게 경제적 미래의 전망을 확보해주고 새로운 결혼의 권리를 보증하는 실제적 의미가 있다는 것이다. 따라서 이 구절이 말하는 이혼금지는 한 몸을 이루는 공동체성의 회복 곧 창조의 새 회복이라는 의미로 읽어야 한다고 본다(L. Schottroff, a.a.O., 105). 그러나 쇼트로프는 모세의 법을 상대화시키는 것이 그 당시의 율법체제와 관련해서 어떤 의미를 갖고 있는가를 간과하고 있다.

할 뿐 아니라, 그것을 가능하게 한 모세의 법까지 상대화해 버린다.

그러한 그의 의지는 그 다음에 나오는 이혼문제에서 되풀이 된다. 그것은 남자나 여자 모두 결혼과 이혼에 대한 권리와 의무가 똑같다는 것이다(10,11). 여인은 생식기능을 담당하는 존재이기 전에 남자와 똑같이 창조된 존재이다. 따라서 여인은 결코 남성의 단순한 음욕의 대상이 될 수 없다(마태 5,27이하). 여인을 음욕의 대상으로 보는 것을 금하는 말에 이어 "네 오른 눈이 너를 범죄하게 하거든 빼어 버리라"(마태 5,29)는 등의 극단적인 말이 뒤따르는 것은 가볍게 처리해서는 안 될 점이다.

여인과 제자직 – 예수와 여인과의 관계: 위에서 본 대로 여인들에 대한 예수의 관심은 컸으며, 그와 많은 여인들 간에 교류가 있었음을 충분히 인정할 수 있다. 그러나 여성들의 입장에서 문제를 제기하는 바대로, 예수의 이야기에도 남성들이 표면에 나서고 여성들은 주역이 아닌 것처럼 서술되어 있는데, 그것이 당시 여성들의 실상을 나타내는 것인지 아니면 남성 위주의 시대상을 전제한 복음서 기자들에 의한 서술 때문인지를 물어야 할 것이다. 여기에서 첫째로 문제가 되는 것은 예수가 여인들을 제자로 삼았느냐 하는 점이다.

복음서에는 예수가 열두 제자를 선택한 것으로 되어 있다. 그런데 그것은 몽땅 남성들이다. 그렇다면 예수는 제자의 반열에서 여인을 배제했던 것일까? 이런 물음에 앞서서 정리해야 할 것이 있다. 이른바 열두 제자 제도가 역사적인 사실인가 하는 것이다. 열둘이라는 숫자는 분명히 이스라엘의 열두 지파를 상징한다. 그럼으로써 이스라엘 민족의 대표성을 내세우는 것이다.[27] 그런데 예수에게 실제로 그런

---

27) 그닐카에 따르면, 예수시대의 이스라엘은 두 지파 내지 두 지파 반으로 구성되어 있었기 때문에 예수의 제자들의 수효를 가리키는 "열둘"이라는 숫

의식이 있었을까?[28] 저들에게 그와 같이 막중한 역할을 기대한 것이라면 저들의 행동이 뚜렷이 부각되어야 할 것이다. 그러나 복음서에는 제자들의 이름조차도 일치되어 있지 않으며[29] 베드로와 요한, 야고보 등 세 사람 이외에는 사실상 제자들의 역할이라고 할 만한 것이 뚜렷이 없다. 따라서 여인들이 열두 사도라는 선택된 범주에 속하지 않았다는 사실을 놓고 실질적인 남성우위성이 드러났다고 단정할 수는 없다. 그럼에도 불구하고 핵심으로 등장하는 세 제자들의 역할은 무시할 수 없는데, 거기에 여인들이 끼지 못했다는 것은 현실이다. 이것은 여인들이 대표성을 갖고 전면에 나서지는 않았다는 말이다.

그러면 여인들은 단순히 예수의 뒷바라지나 한 것이며 제자의 반열에는 속하지 못했다는 말인가? 예수와 여인과의 관계는 주인과 종의 관계처럼 단순히 섬기는 관계이며, 정신적인 유대나 사명과는 무관했는가? 결코 그렇지 않다.

먼저 섬긴다는 말의 의미를 규명할 필요가 있다. 루가복음 8장 1-3절에서 예수가 하느님 나라를 선포하고 복음을 전하는 데 열두 제자

자는 종말론적으로 회복되어야 할 이스라엘을 상징한다고 본다(J. Gnilka, *Mk II*, 139/한역본 179).

28) 이 문제는 제자임명이 부활절 이전에 있었는가 그 이후에 있었는가와 관련된 복잡한 논의와 관련되어 있다. 그닐카는 부활절 이전설을 지지하는 데 반해(J. Gnilka, *Mk II*, 142/한역본 182), 마샬은 부활절 이후설을 지지한다(I. H. Marshall, *Lk II*, 해당부분 참조/한역본 311). 필하우어는 "열둘"이라는 숫자를 제베대오의 아들들의 처형과 아그리빠 1세의 박해로 인한 베드로의 도피 때문에 사라진 부활절 이후 공동체와 연결시킨다(Vielhauer, *Aufsätzezum neuen Testament*. TB 31, 1965, 68).

29) 제자들의 명단은 마르 3,16-19 ; 마태 10,2-4 ; 루가 6,14-16; 사도 1,13에 나온다. 이 명단들은 대체로 일치하지만 차이점도 있다. 마르코와 루가의 명단을 비교해 보면, 루가에는 타대오 대신 야고보의 아들 유다가 나온다. 마르코와 마태오를 비교해 보면, 마르코가 말하는 열혈당원 시몬은 가나안 사람 시몬으로 바뀌어 있다.

들이 동행했다고 하고, 그 일행에는 여러 여인들이 참여했는데 저들은 자신들이 가진 것으로 예수 일행을 "섬겼다"고 한다(3절). 먼저 주목할 것은 여러 여인들이 예수와 동행했다는 사실 자체이다. 이것은 라삐전통에서는 생각할 수 없는 일이다. 그런데 섬겼다는 말인 디에코노운(διηκόνουν)은 우리가 보통 집사라고 번역하는 디아코노스와 어간이 같다. 이 디아코노스는 사도행전에 비로소 나오는데, 저들은 사회봉사를 분담할 사람을 디아코노스라고 명명했다(사도 6,1-6). 현실적으로 그 여인들은 모두 사도들과 똑같이 복음선교의 전선에 나섰다. 마르코는 십자가의 처형장에 있었던 여인들은 예수가 갈릴래아에 있을 때부터 따르며 시중들던 여인들이라고 한다(마르 15,41). 시중든다는 말은 루가에서와 마찬가지로 디아코에노운이다. 그리고 주목할 것은 "따르며"라는 말이 병행되고 있다는 사실이다. 루가복음 8장에서는 따른다는 말은 없으나 여인들이 실제로 열두 제자와 같이 예수를 따랐고, 그들이 갖고 있는 재산으로 예수를 섬겼으므로 내용상 제자였다고 할 수 있다. 또 이와 관련하여 주목할 것은 예수 자신이 세상에 온 목적은 섬기기 위함이라고 했는데(마르 10,45/병행), 이때 쓰이는 말도 똑같은 단어 디아코네오(διακονέω)이다. 그와 같이 예수는 제자들에게도 바로 "섬기는 일"을 요구하고 있다.[30]

이상에서 보는 것처럼 남성에 비해 여인들은 제자들이 아니며 단순히 그들의 뒷바라지나 하고 있다는 사고는 예수운동과는 맞지 않는다. 남성들이 대표자로 표면에 나섰다는 것은 단지 당시의 시대적 풍습 하에 놓인 여인들의 자세에서 온, 어쩔 수 없는 한계라고 보아야 할 것이다.

---

30) 섬김과 따름에 관해서는 L. Schottroff, Maria Magdalena und die Frauen am Grabe Jesu, *EvTh* 1982(42Jrg. Heft 1), 10ff.; L. Schottroff, *a.a.O.*, 107ff.

가부장제도와 여인 : 다음에 물을 것은 예수가 가부장제도를 전제했는가 하는 점이다. 이미 말한 대로 만일 그랬다면 제도적으로 남녀차별은 불가피했을 것이다. 그런데 예수의 시대가 가부장적 사회였음에도 불구하고 그가 그러한 틀 안에서 여인들의 위상을 규정하고 있는 곳은 한 군데도 없다. 거의 같은 시대 사람인 바울로는 여자의 머리는 남자이며, 남자의 머리는 그리스도라고 결정적인 주종관계를 말하고 있는데(고전 11.3), 예수에게서는 그런 사고를 상상조차 할 수 없다. 예수는 여러 여인과 관계한 그 어느 한 곳에서도 여인을 가부장제도에 예속된, 구체적으로 남편에게 예속된 존재로 대한 흔적이 전혀 없으며, 자주적인 존재로 여인을 대할 뿐이다.[31]

오히려 예수에게는 가부장적인 제도와 충돌되는 행위와 말들이 있다. 이미 지적한 대로 예수는 이혼을 반대하는 근거로 "하느님께서 창세 때부터 사람을 남자와 여자로 만들었다. 그러므로 사람(남자)은 그 부모를 떠나 자기 아내와 합하여 둘이 한 몸이 되는 것이다. 이제는 둘이 아니라 한 몸이다. 그러므로 하느님이 짝지어주신 것을 사람이 나누어서는 안된다"(마르 10,6-8)고 했다. 여기서 주목할 것은 남자가 부모를 떠난다는 것과 둘이 한 몸이 되었다는 것이다. 그 어디에도 가부장제도나 남성 우위를 인정한 데가 없다. 오히려 이어서 "누구든지 자기 아내를 버리고 다른 여자와 결혼하면 그는 그 여자와 간음을 행하는 것이요, 또 아내가 자기 남편을 버리고 다른 남자와 결혼하면 그 여인은 간음을 행하는 것이다"(마르 10,11-12)라는 말로 남녀의 동등권 행사를 주장했을 뿐 아니라, 당시의 일부다처제를 불가능하게 만들었다.

---

[31] 사실 예수의 민중은 가부장적 가족생활을 영위할 수 없었다. 왜냐하면 그들은 가난했기 때문이다. L. Schottroff, Frauen in der Nachfolge Jesu., *a.a.O.*. 103. 106f.

예수에게서는 가부장적 사회구조에서 결정적 역할을 하는 권위를 거부하는 발언도 볼 수 있다. 당시 체제의 이론적 수호자인 율법학자들과 바리사이파를 공격한 말 속에는(마태 23,1 이하) 그러한 예수의 의도가 역력히 보인다. 저들은 무거운 짐을 남에게 지우고 자기들은 손가락 하나 까딱하지 않으면서 잔치의 윗자리와 회당의 높은 자리에 앉기를 좋아하며 사람들이 '선생'이라 불러주기를 좋아한다고 신랄히 비판한 다음 "너희는 모두 형제이다. 또 땅에 있는 자를 아버지라 부르지 말라. 너희의 아버지는 하늘 아버지 한 분뿐이시다. 또 너희는 지도자라는 칭호도 듣지 말라. 너희의 지도자는 그리스도 한 분뿐이시다"(마태 23,8-9)고 말한다. 동양의 봉건사회 윤리에서는 군사부일체라는 관념이 확고한 자리를 차지하고 있는데, 이 예수의 말 속에는 바로 그런 체제가 거부되고 있다. 여기에는 새로운 공동체에서는 모든 사람이 똑같은 형제(8절 후반)라는 대전제가 있다. 하늘 아버지, 그리스도만이 주권자라는 전제가 권위주의에 의해서 유지되는 가부장제도를 파괴한다. 그러므로 땅에 있는 자를 아버지라 부르지 말라는 파격적인 말이 가능한 것이다. 이런 전제에서 보면 예수가 여성에 대한 남성의 우위성을 인정했을 리가 없다.

복음서 기자들마저도 남성에 비해서 아이와 여인을 구별하여 제외했다(마르 6,44; 마태 14,21).[32] 그것은 유다교 전통을 탈피 못한 찌꺼기다. 토라에 대한 지식과 그것에 대한 실천이 인간성을 측정하는 기준인데,[33] 저들은 그렇지 못하기 때문에 사람 취급을 하지 않아도 된다는 궤변이 이를 뒷받침했던 것이다.[34] 그런데 예수는 "누구든지

---

32) 마르코와 루가에는 단순히 "남자가" 오천명이라고 했는 데 반해(우리말 성서 새번역의 "남자만"은 잘못된 것이다), 마태오는 "여자와 어린이를 제외하고"를 첨가한다(마태 14,21).
33) Bousset, *a.a.O.*, 187.
34) 어린아이를 데려와서 예수가 위의 말을 한 것을 놓고 학자들은 아포프테

어린이 하나를 내 이름으로 영접하는 것이 나를 영접한 것이다"고(루가 9,37) 함으로써 자신과 어린이를 일치시킨다. 권위주의를 철저히 배제한다. 그런데 마태오는 이것을 "너희가 마음을 돌이켜 어린아이와 같이 되지 않으면 결코 하느님 나라에 들어가지 못할 것이다"(마태 18,3)라고 해석하며, "어린아이처럼 자신을 낮추는 사람만이 하느님 나라에서 가장 위대한 것이다"고 한다(마태 18,4). 그런데 또 한 번은 사람들이(아마도 어머니들이었을 것이다) 어린이를 데리고 와서 축복해 주기를 바라는 것을 꾸짖는 제자들을 본 예수는 도리어 노하여 제자들을 꾸짖으며 다음과 같이 선언한다: "…하느님 나라는 이런 어린이들의 것이다. 내가 진정으로 너희에게 말한다. 누구든지 어린이의 심정으로 하느님 나라를 받아들이지 않으면 결코 거기 들어가지 못할 것이다"(마르 10,15). 어른(남자/권위)의 위치에서가 아니라 어린이의 위치에서 새로운 세계의 질서를 천명하는 중요한 말이다. 이런 세계에서는 가부장적 권위주의가 성립될 수 없다.

  마침내 예수는 남성 위주의 가족제도에 대한 폭탄선언을 한다. 위에서 말한 대로 유다사회에 있어 여인은 재산목록의 하나이며, 그 임무 중에는 노동력을 제공하는 것과 더불어 그 집안의 혈통을 이어주는 것이었다. 바로 그렇기 때문에 자녀가 없이 남편이 죽으면 그 대를 잇기 위해 그 남편의 형제들과 관계해서라도 자손을 낳아 주어야 한다. 그런데 어떤 예수의 반대자가, 일곱 형제가 차례대로 한 여인을 그런 결혼풍습에 따라 아내로 삼았는데 부활하면 그 여인은 누구의 아내가 될 것이냐는 질문을 한다(마르 12,9-23). 이에 대해서 예수는 "사람이 죽은 자들 가운데서 살아날 때에는 장가도 시집도 가지

그마적 성격이라고 규정 하는데(R. Bultmann, *Geschichte der synoptischen Tradition*, 70 / 한역본 77; J. Gnilka. *Mk II*, 56/한역본 78), 이에는 동의할 수 없다.

않고 하늘에 있는 천사들과 같이 되는 것이다"(12,25)라고 대답한다. 이것은 무엇을 의미하는가? 이 말 바로 앞에는 "너희는 성경도 모르고 하느님의 권능도 모르기 때문이다"(12,24)는, 묻는 자에 대한 분노 섞인 책망이 있다. 그것은 바로 여인을 결혼이라는 합법적인 제도를 통해 단순히 혈통을 잇는 도구로 삼는 것을 자명한 것으로 아는 가부장제도에 대한 분노가 아니겠는가!35) 새 세계에서 결혼이라는 것은 없다는 선언은 가부장제도에 대한 전면적 부정을 내포한 것이 된다. 이것은 하느님 나라 자체에 대한 서술이기 전에 현 체제 아래서 신음하는 자를 해방해야 한다는 의지의 표명이 아닐까. 그렇다면 그 해방의 대상은 말할 것도 없이 여인들이다. "하늘에 있는 천사와 같이 되리라"는 말은 무슨 뜻인가? 이 구절에서 천사는 결혼하지 않는다는 뜻으로 성격화한 데는 없다.36) 이것은 남에게 굴종하거나 예속되지 않는 존엄한 존재가 된다는 뜻이다.

예수가 그의 어머니와 형제들과 누이가 찾아 왔다는 말을 듣고 "누가 내 어머니와 내 형제들이냐? 보라 여기 내 어머니와 형제들이 있다. 누구든지 하느님의 뜻을 행하는 자가 곧 내 형제요 자매요 어머니이다"(마르 3,33-35)고 선언한다. 우리의 관심에서 주목되는 것은 두 번이나 비슷한 말을 반복하는 데서 언제나 아버지가 빠졌다는 사실이다. 물론 예수를 찾아온 이들 중에 아버지가 없었기에 언급하지 않았다고 할 수 있다.

---

35) 예수의 이 선언을 그 시대의 가부장제와 연결시키지 않고, 26-27절의 부활에 대한 언급에 비추어 해석하는 것은 문제가 있다. 이 단화에서 전승의 핵심이 되는 것은 18-25절이고, 이것은 다시 예수의 활동에 대한 역사적 회상에 터잡은 것으로 보는 것이 옳다(Lohmeyer, *Das Evangelium nach Markus*; KEK 1/2, 1963[16], 257).

36) 천사는 결혼하지 않는다는 것이 유다교의 관념이다. J. Gnilka, *Mk II*, 159(한역본 213).

그러나 예수 주위에 둘러 앉은 사람들, 그들이 바로 민중들인데, 저들이 나와 가장 가까운 사람들이라는 뜻으로 말하면서도 아버지라는 말은 뺐다.[37] 예수의 가정에서는 아버지가 전제되어 있지 않다. 아마도 요셉은 일반적인 추측대로 일찍 죽었을지도 모른다. 바로 이것이 예수가 가부장제도를 전제하지 않게 된 이유 중의 하나일 수도 있다.[38]

예수를 움직인 여인들

예수가 하느님 나라의 복음을 선포하며 다닐 때 열두 제자와 더불어 많은 여인들이 동행했다는 보도는 루가의 특수자료이다(루가 8,2-3). 그런데 그들은 특별히 병을 앓다가 고침을 받은 여인들이라고 하면서 그 이름들을 나열했다. 맨 처음에 거명된 것이 저 유명한 막달라 마리아이며, 그 다음이 헤로데의 시종 쿠자의 아내 요안나와 수산나라는 여인이다. 그리고 "그밖의 여러 다른 여인"이라는 표현으로 보아 상당수의 여인들이 예수를 에워싸고 있었던 것을 알 수 있다. 이들이 자기네가 가진 것(재산)으로 예수를 섬겼다는 표현이나 헤로데의 시종의 아내가 끼었다는 이유 등으로 저들을 반드시 가진 자 또

---

37) 어떤 이들은 마르 10,30에도 아버지가 빠져 있음을 지적한다.
38) H. Wolff, *Jesus der Mann. Die Gestalt Jesu in Tiefenpsychologischer Sicht*, 1977³, 30f. 볼프는 심층심리학적 입장에서 가부장제도의 성립근거를 다음과 갑이 설정한다. 첫째 종교적 편견에서 오는 여성 멸시, 둘째 남자에 대한 여성의 능력상, 인간성에서의 열등성, 셋째 성적 감수성이 강하기 때문에 육정이 강한 점 등이 그것이다. 그런데 예수는 그 어느 곳에서도 여인을 이렇게 평가하거나 취급한 일이 없으며, 이러한 예수의 행태는 그가 가부장적 질서를 인정하지 않은 증거라고 본다.

는 상류층의 여인들이라고 볼 필요는 없다.[39] 그렇게 볼 때 저들은 열두 제자와 결코 어울리지 않는다. 그러나 이 말은 예수의 주변에 많은 여인들이 있었다는 종합적인 보도로서 중요한 자료가 된다.

맨처음에 씌어진 마르코복음에는 그런 내용의 종합적 보도가 없다. 그러나 다른 맥락에서 진술한 보도는 이와 관련된 중요한 자료가 될 수 있다. 마르코는 예수가 십자가에 달렸을 때 그의 운명을 지켜본 여인들에 관한 이야기를 다음과 같이 서술하고 있다:

> 또 여인들도 멀리서 바라보고 있었는데 그 중에는 막달라 마리아와 젊은 야고보와 요셉의 어머니 마리아와 그리고 살로메가 있었습니다. 그들은 예수께서 갈릴래아에 계실 때 따르며 시중들던 여인들입니다. 그밖에도 예수와 함께 예루살렘에 올라온 많은 여인이 있었습니다(마르 15,40-41).

이 보도에서 주목할 것은, 첫째 저들이 갈릴래아에서부터 예수를 따르며 시중들었다는 것이며, 둘째 저들이 갈릴래아에서 예루살렘까지 예수와 동행했다는 것이고, 셋째 그 수가 많았다는 것인데[40] 무엇보다 중요한 것은 저들이 죽임을 당할 위험을 무릅썼다는 사실이다.[41] 이것은 루가의 보도와 상응된다. 루가 자신도 마르코의 내용에

---

39) 예수 시대 이후 그레꼬-로마사회에서는 여성의 경제권이 어느 정도 인정되었다(K. Thraede, Frau, in: *RAC* VIII, 1972, 229f.). 그러므로 여인들의 경제적 지원은 헬레니즘 사회를 전제한 루가의 서술일 것이다. L. Schottroff, Frauen in der Nachfblge Jesu., *a.a.O.*, 101.
40) 이렇게 많은 여인들이 갈릴래아로부터 예루살렘까지 예수를 동행하였다면, 그것은 그 당시 사회체제에서 가히 여성해방대열이라고 할 만하다.
41) 티베리우스 황세 시대에는 십자가에 처형된 사람을 애도하기만 해도 공범자로 처벌당했다. L. Schottroff, Maria Magdalene., *a.a.O.*, 5.

따라 갈릴래아에서부터 예수를 따라다니던 여인들이 예수의 운명을 지켜 보았다고 한다(32,49b). 단, 그들만이 아니고 "예수를 아는 다른 사람들과 더불어"라는 말을 첨가함으로써 그 여인들의 행위를 상대화시키고 있으며, 그 중에 여인들의 이름을 예거하지 않고 있는 것이 마르코와 다른 점이다. 루가에는 예수가 처형장을 향할 때 수많은 사람들이 그 뒤를 따랐는데, 그 중에는 여인들도 있었다고 하고, 그 여인들은 예수를 위해 슬퍼하며 통곡했다고 한다(루가 23,27). 십자가처형을 지켜보던 여인들은 십자가를 지고 가는 예수의 뒤를 따랐을 것이므로 이 구절은 신빙성이 있는 보도이다. 그러나 루가는 여인들을 말하기 전에 수많은 사람들이 그 뒤를 따랐다는 전제를 붙이는데, 이는 십자가를 쳐다보는 사람들을 말하는 것과 꼭같은 루가적인 것이다. 그러나 사실상 여인들만이 그 뒤를 따랐다는 것은 루가의 보도 자체에서도 반영되고 있다. 그것은 28절에서 예수가 여인들을 돌아보면서 "예루살렘의 딸들아, 나를 위해 울지 말고 너희와 너희 자녀를 위해 울라"고 한 것이 바로 그것이다. 요한복음마저도 십자가 처형을 지켜보고 있던 여인들을 언급하고 있다(요한 19,25).[42] 따라서 마지막까지 예수를 따른 이는 여인들뿐이었다는 마르코의 서술은 믿을 만한 전승이다. 그렇다면 평소에 예수는 많은 여인들에게 둘러싸여 있었음에 틀림없다. 루가는 예수를 따르며 섬기던 여인들이 예수로부터 병고침을 받은 사람들이라고 했는데, 사실상 예수의 치유 이야기 가운데는 여인을 치유한 이야기가 많이 전해지고 있다. 마르코는 예수가 맨 처음 치유한 사람이 베드로의 장모라고 보도하고 있다(마르 1,30-31).

그런데 예수와 여인과의 관계에서 우리가 관심을 집중하려는 것

---

42) 단, 여기에는 여인들이 중심에 있지 않고 예수의 어머니를 위해 부탁하는 것이 그 중심이다.

은 그것이 어떤 성격의 것이었는가 하는 점이다. 가령 예수와 베드로를 위시한 제자들과의 관계는 보다 뚜렷이 전해지고 있다. 예수는 어부인 베드로를 위시한 두 형제를 그들의 삶의 현장에서 불러냈다(마르 1,16-17). 예수는 열두 제자들 가운데 특히 세 사람을 핵심 인물처럼 거느렸다. 그런 과정에서 특히 베드로의 성격과 그것과 관련된 예수와의 관계가 가시적으로 드러난다. 예수와 제자들 사이에 주고 받은 이야기의 내용, 예수가 한 말씀에 대해 설명을 요구함으로써 그들의 무지를 폭로하여 곧잘 책망을 받았던 점,[43] 그리고 마침내 예수를 배신하고 도망치는 장면[44] 등이 그런 것이다. 그 중에 특히 저들이 예수를 이해하는 수준이 그대로 드러나 있다. 가령 마르코복음 8장에서 예수가 수난을 예고했을 때 제자를 대표하는 베드로의 몰이해가 예수의 분노를 사서 "사탄아, 물러가라"는 극단적인 책망을 듣기에 이른다(마르 8,33).

그러나 자주 거론되는 여인들에 대해서는 그 관계를 거의 알 길이 없다. 십자가에서의 최후를 지켜 본 그 여인들이 언제 어디서 어떻게 예수를 만났는지 일체 알 길이 없다. 다만 루가에서 그 중의 한 사람인 막달라 마리아가 심한 정신병 환자로 예수에게 치유받았던 것이 예수를 따른 계기처럼 이야기되고 있다(8,2). 또한 예수와 저들 사이에 나눈 대화의 장면도 없다. 루가복음에 나오는 예수가 마르타(루가 10,40), 그리고 시로페니키아 여인과 제한된 상황에서 나눈 대화를(마르 7,28; 마태 15,25.27) 빼면[45] 그 어디에도 저들의 생각을 파악할 만한 일체의 대화가 없다.[46] 그러므로 그들의 말로서는 그들이 생

---

43) 제자들을 비판한 예들은 마르 4,40; 8,33 ;10,33에 나온다.
44) 예수를 판 자도 그를 부인한 자도 남자들이다.
45) 요한복음에 나오는 대화장면들은 여기서 일단 제외한다.
46) 마르타의 예수에 대한 "주님은 세상에 오실 그리스도요 하느님의 아들이심을 제가 믿습니다"(요한 11,27)는 고백이 주목되기도 한다. 보른캄은 이 구

각하는 바를 알 길이 없다. 더욱이 그들이 예수를 어떻게 생각하고 있었는지를 고백하는 말은 전혀 찾을 수 없다. 그렇다면 저들은 단지 예수에 대해서 수동적인 한 객체에 불과했는가? 만일 그것뿐이라면 예수가 그들에게 무엇을 베풀었는가 하는 것을 보는 것으로 끝난다. 그러나 현실은 다르다. 아래에서 구체적인 경우들을 집중적으로 살펴보자.

이름없는 여인[47] : 우선 예수에 의해서 결정적으로 인정을 받은 기름부은 여인 이야기부터 보자. 이 이야기는 네 복음서에 전부 실려 있다(마르 14,3-9; 마태 26,6-13; 루가 7,36-50; 요한 12,1-8). 마르코가 전한 이 익명의 여인 이야기는 이렇다. 장소는 베다니아에 있는 나병환자 시몬의 집이고, 때는 예수가 식사할 때이다. 한 여인이 매우 값진 순 나르드 향유를 담은 옥합을 깨뜨리고 그것을 예수의 머리에 부었다(마르 14,3). 이 일을 같이 있던 몇 사람이 삼백 데나리온에 해당하는 향유를 낭비한다고 항의한다(마르 14,4-5). 이에 대해 예수는 "가만두어라, 왜 그를 괴롭히느냐? 그가 내게 한 일은 아름답다… 이 여인은 자기 힘껏 했다. 곧 내 몸에 향유를 부어 내 장사를 미리 준비한 것이다. 내가 진정으로 너희에게 말한다. 온 세계 어디서든지 복음이 전파되는 곳마다 여인이 한 일도 전해져서 이 여인을 기억하게 될 것이다"(마르 14,6.8.9).[48] 이 이야기를 일단 루가복음을 뺀 나머지 두

절이 세례고백문이라고 본다(G. Bomkamm, *Gesammelte Aufsätze II*, 1970, 192). 이것은 역사의 예수와 연결된다기보다 상당히 진전된 공동체의 신앙고백으로 보는 것이 옳다.

47) L. Schottroff, Frauen in der Nachfolge Jesu., *a.a.O.*, 128f. 쇼트로프는 이 이야기에서 가난한 자에 대한 입장이 마르코적이라고 보고 이를 예수 시대로 돌릴 수 없다고 주장한다. 이것은 너무 단순한 처리다.

48) 이 이야기의 어투는 셈어의 성격이 강하기 때문에 유다적 분위기를 잘 드러

복음서와 비교하면 다음과 같은 공통점이 있다. (1) 이 이야기가 수난사의 서장으로 되었다는 점, (2) 일상성을 파괴하며 (그 값진 기름을 쏟아붓는 것과 그 행위에 항의하는 데 대한 예수의 옹호하는 대답이 그렇다), (3) 이 행위에 대한 비판자가 등장하고, (4) 여인은 끝끝내 말이 없으며, (5) 예수는 이 행위를 옹호하고, (6) 그 여인의 행동의 의미를 대변해 주는 것 등이 그것이다. 이상은 이 이야기에서 가장 중요한 내용들이 세 복음서에서 공통됨을 의미한다. 이에 대해서 루가복음에서도 같은 점은 그 여인이 비싼 옥합을 깨고 기름을 부었다는 사실과 그 여인은 행동할 뿐 말이 없다는 사실이다(루가 7,37-38). 그러나 가장 중요한 차이는 루가에서 이 이야기의 맥락은 수난사가 아니며 그녀가 기름부은 것은 죄사함을 받은 데 대한 감사의 표시라고 함으로써 이 여인을 죄인으로 규정한 점이다(루가 7,37). 그런데 다른 복음서들은 여인이 기름을 예수의 머리에 부었다고 하는 데 비해서 루가복음과 요한복음이 유사한 것은 여인이 기름을 예수의 발에 붓고 머리카락으로 그 발을 닦았다는 점이다(루가 7,38; 요한 12,3).[49] 그러나 요한에는 그녀가 눈물로 예수의 발을 씻었다는 말은 없다.

    루가와 마르코와 상통하는 점들이 요한복음에 있는 것으로 보아 요한은 이 두 복음을 자료로 사용했음을 엿볼 수 있다.[50] 그런데 요한이 이를 예수의 수난사와 결부시킨 점은 같으나 그 구체적 계기는

    낸다. 이 이야기의 역사성을 의심할 타당한 근거가 없다. R. Schnackenburg, *a.a.O.*, II, 229 ; J. Gnilka, *Mk II*, 221(한역본 289)를 참조하라. 그러나 이 이야기에서 그리스도론적 케리그마를 읽어 내려는 해석들은 역사적 현실로부터 이탈하고 만다.

49) 머리와 발에 기름을 부은 차이는 그리 중요한 의미가 없다.
50) C. K. Barrett, *The Gospel according to St. John*, SPCK 1978², 409(한국신학연구소 번역실,『요한복음 I』[국제성서주석 32.1], 한국신학연구소 1985, 198f.)

죽은 라자로를 살려 일으킨 것이며(요한 12,1), 이에 따라 그의 현장도 라자로의 형제인 마리아와 마르타의 집으로 하고 있다. 그런데 이 익명의 여인의 이름을 밝힌 것은 요한복음 뿐이다(요한 12,3).

이렇게 보면 이 이야기는 예수의 민중들의 뇌리에 박힌 사건으로 약간씩 변화를 일으키면서 전승되었음을 보여 준다. 그런데 요한을 제외하면 그렇게 중요하게 취급되는 이 이야기의 주인공의 이름을 모두가 감추었다는 것이 이상하다. 요한도 죽은 라자로를 살려 일으켰다는 것을 수난의 계기로 보았기 때문에 마리아를 거명하는 것이지 그 이름 자체를 밝히려는 데 목적을 둔 인상은 아니다. 서방교회는 루가의 것과 다른 복음서의 이야기를 같은 이야기로 보고 그 마리아는 죄인이었다고 해석해 왔는데, 동방교회는 그들은 전혀 다른 이야기라고 보아 왔다.[51] 그러나 이 두 이야기는 같은 원천을 가졌다는 입장이 옳은 것으로 보인다.[52] 루가가 맥락을 바꾸어서, 그가 즐겨 주제로 삼는 회개한 죄인의 반열에 이 여인의 이야기를 포함시켰기 때문에[53] 달라진 것이지 그것을 제외하고 보면 내용상 별로 다를 바가 없다. 그런 전제에서 예수와 여인과의 관계의 대표적인 경우로서 이 이야기에 우리의 관심을 집중해 보기로 한다.

첫째로 수난사의 서장을 장식하는 이 이야기의 주인공이 여인이라는 사실에 주목해야 할 것이다. 거기에 합석한 남자들은 "그때"에 대한 인식이 전혀 없었다. 세 복음서에서 남자들은 오히려 일상적인 입장에서 그 여인의 낭비성을 비판한다(요한은 가리옷 유다로 국한시킨다). 확실히 그 여인의 행위는 비정상적 행위이다. 그것은 그 여

---

51) 이에 대해서는 J. Gnilka, *Mk II*, 227ff. (한역본 300ff.)를 보라.
52) Wellhausen, *Das Evangelium Lucae*, Berlin 1904, 31f.;R. Bultmann, *Geschichte der synoptischen Tradition*, 19f.(한역본 22).
53) U. Wilkens, Vergebung für die Sünderin (Lk 7, 36-50), in:Hoffmann(hrsg), *Orientierung an Jesus*, Freiburg 1973, 400ff.

자만이 비상한 때를 알고 비상한 행위를 감행했다는 뜻이 된다. 둘째로 이 여인은 그림자처럼 나타나 행동하며 비판의 소리에도 아무 반응이 없다. 이것은 당시의 사회적 관습에 의한 여인의 일반적 자세를 나타내는 것일까? 그것을 그 여인의 행동에 대한 예수의 인식과 관련시켜 보면 후자의 경우임에 틀림없다. 이 여인은 예수의 죽임당함을 기정사실로 알고 있다. 아니, 알고 있는 것이 아니라 그래야만 한다는 결론을 안고 행동하고 있는 것으로 보인다.

이것을, 수난예고를 들은 예수의 남성 제자들의 경우와 비교해 보면 놀라운 대조를 이룬다. 예수는 예루살렘 도상에서 필립보의 가이사리아에 이르렀을 때 처음으로 수난예고를 한다(마르 8,27.31-32). 그것은 베드로가 예수를 그리스도라고 고백한 이후이다(마르 8,29). 그런데 예수가 수난을 당할 것이라는 말에 베드로는 "예수를 따로 모시고 간했다"(마르 8,32)고 한다.[54] 그것은 예수의 선언을 철회하라는 것이며, 그 길을 거부한다는 말이었음에 틀림없다. 그에게 그리스도 고백과 예수의 수난은 상부될 수 없다는 것이다. 그것은 자신들의 이해관계(저들은 누가 높으냐를 두고 싸운 자들이다)에서나 아니면 예수를 향한 애정의 표시로 그랬을 수 있을 것이다. 이에 대해서 예수는 "사탄아, 물러가라. 너는 하느님의 일을 생각하지 않고 사람의 일만 생각한다"(마르 8,33)고 가장 준엄한 저주에 가까운 책망을 한다. 이것이 표면에 나타나는 제자들의 모습이다.

이에 대해서 이름없고 말없는 이 여인의 행동은 어느 누구보다도 예수가 가야 할 길을 정확히 인식한 것이며, 그 인식을 행동으로 나

---

54) 마태오는 베드로의 고백에 대한 예수의 큰 칭찬을 삽입한 다음에 "간했다"는 말을 쓰면서까지 "주님, 안됩니다. 결코 그런 일이 있어서는 안됩니다"는 베드로의 주장을 쓰고 있는데(마태 16,22), 루가는 이를 삭제함과 동시에 예수의 책망도 삭제했다.

타낸 것이다. 바로 그것을 예수는 감지한다. 베드로는 사랑하는 스승을 잃어버리는 데 대해서 항의했는데, 왜 이 여인은 그와 반대로 그의 죽음의 길을 기정사실로 단정하는 이런 행위를 했을까? 베드로는 수제자였으면서도 스승이 갈 길을 몰랐는데, 어떻게 이 여인은 예수의 길을 그렇게 정확히 통찰할 수 있었을까? 그것은 그의 사랑이 그녀의 눈을 뜨게 한 것이 아니었겠는가!(후론) 그러나 이 여인은 결코 그 사랑에 침몰되지 않는다. 사랑하는 이를 잃는다는 아픔을 넘어서는 강인함을 행동으로 시위하고 있다. 예수가 이 여인이 한 일이 아름답다는 말은 바로 이러한 내면성을 말한 것이라고 볼 수 있겠다. 베드로는 하느님의 뜻과 사람의 뜻 중에서 사람의 뜻을 선택했기 때문에 사탄이라고 비판받은 데 대해 이 여인은 사랑(사람의 뜻)과 예수가 가야 할 길(하느님의 뜻) 중에서 사랑의 아픔을 견디면서 예수를 예수되게 하는 길을 택한 것이다.

이와 더불어 간과하지 말아야 할 것은 이 여인의 행동에 대한 예수의 의식이다. 말없는 여인의 행동을 말없이 읽는 관계, 이것은 남성 제자들과의 관계에서는 찾아 볼 수 없는 그런 것이다. 이 여인이 내 장례를 미리 예비했다는 예수의 반응은 예수가 이미 각오하고 있는 바를 알고 있는 그 여인의 행동을 그대로 반영하는 것인가, 아니면 아직도 내적으로 고뇌하고 있는 예수에게 그 죽음의 길로 내모는 결정적인 사건으로 이해한 것인가. 만일 우리의 상상력을 허락한다면 후자의 경우가 맞을 것이다. 게쎄마니동산에서의 예수의 고투를 그의 심리적 갈등을 묘사한 역사적 사실로 받아들인다면 후자의 상상이 결코 무리라고는 생각되지 않는다. 그렇게 볼 때 "내가 진정으로 너희에게 말한다. 온 세계 어디서든지 복음이 전파되는 곳마다 이 여인이 한 일도 전해져서 이 여인을 기억하게 될 것이다"(마르 14,9)는 그의 말은 제 자리를 찾는다. 이것은 이 여인 외에는 어느 누구도 들어 보지 못한 최고의 찬사이다. 여기에서 예수와 여인과의 관계는 결코 주객도식으로 설명할 수 없으며, 가장 전형적인 동반자적 관계를 나타내고 있다. 예수가 그 여인(들)에게 구원의 길에 대한 의식을 강화시킨 반면에 그 여인은 바로 그런 입장에서 예수의 자기인식과 결단을 강화시킨 것이다. 어쩌면 그 길을 피하고 싶은 예수에게 더 이상 도피할 가능성을 완전 봉쇄한 결정적 순간이 되었을 수도 있다.

막달라 마리아 : 다음으로 예수와의 관계를 보여 주는 대표적인 또 하나의 전승으로 그 이름이 알려진 막달라 마리아를 주목해야 할 것이다. 마르코전승에는 이 여인이 맨 마지막 십자가 처형의 현장과 빈 무덤 전승에서만 등장한다(마르 15,40;16, 1 이하). 또 여인들도 멀리서 바라보고 있었는데 그 중에 막달라 마리아가 가장 먼저 꼽히며, 그는 예수가 갈릴래아에 있을 때부터 그를 따르며 시중들던 여인이라고 한다(마르 15,40-41). 그는 제자들이 모두 도망해 버렸는데도 두려움을 무릅쓰고 다른 여인들과 예수의 운명을 지켜 보았으며, 그의 시체를 둔 데까지 확인한다(마르 15,47). 그리고 안식일 다음날 몇 여인들과 함께 그의 시체에 바를 향유를 가지고 무덤을 찾아간다(마르 16,1-2). 죽은 시체라도 섬기겠다는 애절함이 충분히 반영된다.

이 여인은 누구인가? 본문에서 유추할 수 있는 것처럼 이 여인은 첫째 갈릴래아에서 왔다는 것, 둘째 갈릴래아에서부터 예수를 따르며 시중들던 여인 중의 하나였다는 것(이것은 위에서 언급한 대로 제자였음을 말한다), 셋째 예수의 수난의 도상에 동행해서 예루살렘까지 왔다는 사실이다. 그런데 위에서 언급한 대로 루가의 특수자료에 있는 새로운 사실은 그녀가 일곱 귀신이 들렸었다는 것이다.[55] 루가

---

55) I. H. Maphall은 일곱 귀신이 들렸다는 것은 심한 정신병을 앓았다는 뜻으로 해석한다(I. H. Marshall, 해당부분 참조 / 한역본 422).

복음 11장 26절에서도 보는 바와 같이 일곱이라는 숫자는 최악의 상태를 나타내는 것이다. 여기에서의 대전제는 막달라 마리아가 예수에 의해 치유된 자로 그것이 계기가 되어 예수의 제자가 되었다는 것이다. 이로써 루가는 막달라 마리아의 병력을 저 익명의 여인의 경우처럼 수치스러운 것으로 간주하지 않는다. 바로 그가 예수의 수난과 부활사건의 중심적 증인으로 부각되는 데, 그는 예수에 의해 악마에게서 구출되어 새 사람이 되었을 뿐 아니라 그같은 엄청난 사건의 증인이 되게 함으로써 예수의 능력을 과시하려는 목적이 있는 것을 보인다. 그런데 마르코복음서의 추가문인 16장 9절에서 이 사실이 다시 언급된다. 따라서 이 사실은 널리 유포된 전승으로 보인다. 마르코는 이 사실을 루가에서 그대로 전승했을까? 그런데 놀랍게도 루가와는 달리, 마르코에서 이 여인은 홀로 무덤에 가서 예수를 만난 첫 사람으로 되어 있다. 그러므로 이 여인이 어떤 사람인지를 주목해야 할 것이다.

 예수의 수난사와 빈 무덤 이야기에서 서술하고 있는 이 여인은 모든 여인 중에 가장 예수를 추앙하고 사랑한 이로 부각되어 있다. 복음서마다 그 두 장면에 나타난 다른 여인들의 이름이 통일되어 있지 않으나 막달라 마리아만은 동일하게 거명될 뿐 아니라 언제나 먼저 꼽힌다. 그리고 요한복음(20,14.16)과 마르코의 추가부분(16,9 이하)에서는 부활한 예수의 현시를 처음 그리고 홀로 경험한 이로 부각되어 있다. 그 중에서도 요한복음의 서술은 특이하다. 마리아가 새벽 미명에 죽은 예수의 무덤을 찾아갔다가 빈 무덤에서 울고 있는데 부활한 예수가 홀연히 "마리아야"하고 부르자 마리아는 "라뽀니"라고 응답한다. 예수가 "나를 만지지 말라"고 한 것은 그 여인이 몸으로 반가움을 나타내려고 했다는 것을 전제한다. 이것은 생시의 예수와 그와의 관계가 깊었음을 극적으로 묘사하려 한 것이다. 이 여인은 누구일까?

　예수에게 기름부은 익명의 여인은 누구인가? 그가 예수의 운명을 가장 바르게 예견한 여인이었다면 그리고 예수를 가장 사랑한 여인이었다면 이 결정적인 장에 나타나지 않을 수 있을까? 오히려 그 여인은 이 마지막 현장에서도 가장 선두에 서야 할 사람이 아닐까? 이렇게 생각할 때 그 익명의 여인과 막달라 마리아를 별개의 사람으로 단정해 버리기는 어렵다. 그렇지 않으면 막달라 마리아는 너무도 갑자기 돌출했으며 또 그 후에도 그녀의 이름은 다시 등장하지 않으므로 그의 정체는 미궁에 빠지기 때문이다.

　눈을 돌려 루가에만 전해지는 이야기를 우리의 관심과 관련해서 고찰해 보기로 한다. 예수는 마르타라는 자매를 가진 마리아를 방문한다[56] (루가 10,38 이하). 그런데 이 이야기도 예루살렘 도상이라는 맥락에 엮어져 있다. 그러므로 그의 방문의 성격은 일상적인 것이 아니다. 마리아는 예수의 무릎 아래 조용히 앉아 있었다는 이상의 다른 언급은 없다. 그의 자매인 마르타의 항의에서 이 마리아의 행위가 간접적으로 드러날 뿐인데 그것 역시 일상적이 아니다. 이 여인의 행태에 대해 마르타는 저 익명의 여인의 행태에 대해 제자들이 비판한 것과 같은 비판을 한다. 그러나 바로 저 익명의 여인처럼 이 마리아도 끝까지 그림자처럼 침묵한다. 그 대신 예수가 이 여인을 옹호하여 "마리아는 좋은 몫을 택했다. 그러니 아무도 그것을 마리아에게서 빼앗지 못할 것이다"(42절)라는 말로 그녀의 행태에 대해 저 익명의 여인에게 한 것과 유사한 변호와 특수한 의미부여를 하고 있다. 말하자면 이 여인은 저 익명의 여인처럼 남성들이 얻지 못한 특수한 인정

---

[56] 루이세 쇼트로프는 이 이름들은 개인들의 이름이 아니라 특정한 역할을 유형화한 이름이라고 한다(L. Schottroff. Frauen in der Nachfolge Jesu., 121f.). 그러나 이것이 역사적 사실을 부정할 이유는 못된다.

을 받고 있는 것이다.

그런데 놀라운 것은 이 여인이 요한복음에 나타난 마르타의 형제인 마리아와 상당한 유사성을 가지고 있다는 점이다. 이 마리아는 라자로라는 동생을 잃었다. 그들을 찾아 온 예수에게 달려간 것은 마르타였고, 마리아는 집에 앉아 있었다고 한다(요한 11,20). 성격적으로 루가에 있는 그 자매들과 상통한다. 마르타를 본 예수는 보이지 않은 마리아를 불렀다(요한 11,28). 이 말을 듣고야 비로소 마리아는 예수에게로 간다. 우는 마리아를 본 예수는 마음에 충격을 받고 안타깝게 여겼으며 눈물을 흘렸다(요한 11,23). 요한은 의도적으로 그 깊은 사랑의 관계를 극화한다. 예수는 마침내 죽은 라자로를 살려냈다. 그런데 다른 어느 날 예수는 다시 그 집을 찾아간 것으로 되어 있다(요한 12,1). 유월절 엿새 전이라는 말로써 바로 그것이 예수의 수난주간임을 시사한다. 이때에 마르타는 역시 시중드는 일에 분주했는데 마리아는 아무 말 없이 예수에게 향유를 부었다는 이야기로 이어진다(요한 12,2). 그에 대한 가리옷 유다의 비판에 예수가 마리아를 옹호한 내용이나 마르타의 비판에 대해 그 여인을 옹호한 내용이 또한 유사하다. 요한이 루가의 이 마르타와 마리아 이야기를 잘 알고 새로운 얘기를 엮어내지 않은 이상 그 유사성은 실질적 인물들에 대한 묘사라고 볼 수 있을 것이다.

그런데 우리의 호기심을 풀기 위해서 대답을 기대할 수 없는 질문을 해 보자. 마르타가 음식장만에 분주했을 때 예수와 마리아는 무슨 얘기를 나눴을까? 적어도 그것은 일상적인 교훈이나 이야기는 아니었을 것이다. 만일 우리가 요한의 이야기와 연결시켜서 이 여인이 예수의 죽음을 예지하고 그의 장례를 준비하기 위해 기름을 부은 그 여인이었다면, 그 대화의 내용은 최후의 결단과 관련이 있는 것이라 추측할 수 있다. 또 한편 만일 우리가 게쎄마니동산에서 고투하는 예수의 고뇌를 이 장면과 연결시킨다면, 죽음을 앞둔 시점에서 사랑하는 사람과 나눈 대화는 어떤 것이었을까?

예수는 기름부은 익명의 여인의 행위를 자신의 장례를 예비하는 것이라 했다(요한 12,7). 이 말을 그 여인에게 적용시키면, "당신은 죽어야 합니다"라는 뜻을 행동으로 나타낸 것이 바로 기름부음의 행위가 된다. 요한에게서처럼 그가 바로 이 마리아라면 예수가 한 말은 그의 고뇌를 토로한 것일 수 있으며, 만일 이에 대해서 그 여인이 끝끝내 침묵했다면 그것은 "당신의 길은 이미 결정되었습니다"라는 엄숙한 대답 이상 다른 것이 될 수 없을 것이다.

이상에서 계속 "만일"이라는 말을 전제하면서 여러 각도로 상상해 왔지만 처음부터 구체적인 대답을 전제하지는 않았다. 그러나 이러한 상상에서 얻어내려는 결론은 죽음에 대한 예수의 결단이 영웅주의에서 말하듯 홀로의 결단이 아니라 민중의 염원 그 중에서도 그를 둘러 싼 여인들, 그 중에서도 어느 특수한 여인의 통찰에 의한 기대와 결단에 영향을 받았으리라는 것을 배제해서는 안 된다는 것이다. 기름부은 익명의 여인, 베다니아의 마리아 그리고 막달라 마리아는 한 여인이거나 아니면 예수의 운명에 결정적인 영향을 끼친 한 여인군(群)을 상징한 대표적인 이름일 수도 있다. 남성 위주의 사회에서 언제나 그러했던 것처럼 여인들이 자신의 행위를 표면에 내세울 수 없었다는 데서 이와 같은 혼선이 가능하다.

그런데 왜 여인들이 예수의 결단에 결정적인 역할을 했을까? 그들의 특유한 위치 즉, 자신들의 억압에 의한 한을 풀려는 염원과 기대가 예수에게 종교적 차원으로까지 승화되었을 수도 있다. 또한 예수에 대한 그들의 기대와 존경에는 성이 작용했을 수 있다.[57] 그러나 예

---

57) Elisabeth Moltmann-Wendel, *Ein eigener Mensch werden. Frauen um Jesus*, Gütersroh 1980(김희은 역, 『예수 주변의 여인들』, 대한기독교출판사 1982).

수가 해야 할 일, 가야 할 길을 투시함으로써 죽음으로 나뉘어질 아픔도 초극하는 결단을 하게 한 것은 투철한 민중의식이었다고 보아야 한다. 여인은 민중 중의 민중이다. 이중삼중의 억압과 착취 밑에서 소외되어 있었다. 국가적 차원에서는 제도와 법적 질서에서 배제되었고, 가정에서는 가부장제도 밑에 혹사당하며, 노동력을 착취당하고 생식기능을 담당하는 도구에 불과했다. 그러나 그러한 한을 풀 수 있는 어떤 수단도 갖고 있지 않았으며 자신들의 편에 서 주는 이도 없었다. 종교마저도 저들을 소외했다. 여성은 가장 종교적이면서도 종교에서 가장 소외되는것이 여성이라는 말 그대로가 저들의 현실이다. 저들의 유일한 희망은 군림하는 철권의 메시아가 아니라 저들 편에 서 주는 이, 그게 바로 그들의 메시아여야 한다는 것이다. 그런데 하느님의 나라를 선포하며 무조건 여인들 편에 서되(제자라는 '이름'을 내세우며) 저들 사이를 차단하는 남성들의 포위망까지 헤치면서 그들과 합류하려는 예수에게서 여인들은 새 세계를 본 것이다.

  그러나 그 새 세계는 직선적으로 오는 것이 아니라 민중의 고난을 통해 온다. 이 사실을 통찰한 저들은 민중운동에 앞장 선 예수가 가야 할 피할 수 없는 십자가의 길을 보았다.

벤델은 특히 요한복음의 빈 무덤 설화 가운데 부활한 예수와 막달라 마리아의 만남을 논하면서 '막달라 마리아는 구원을 육체적인 것으로 체험했다. 그녀는 예수를 개인적으로 사랑했다"(한역본 97)고 한다. 그녀는 예수를 육체적으로 만지려 했는데, 예수는 거부했다. 그것은 막달라 마리아에게 "성숙한 존재가 되라"는 요구요 방향전환의 요청이었다고 벤델은 해석한다. 벤델은 막달라 마리아에 대한 말을 인용하여 예수와 막달라 마리아의 깊은 관계를 나타내며, Paul Heyse, Heinrich Böll 등의 글을 동원하여 교회의 전통인 성의 경원시로 인해 진실이 은폐되고 말았다고 한다(한역본 118f.).

아홉째 마당

아홉째 마당
하느님의 것은 하느님에게(公)
회개

예수의 율법해석을 확대 실천하면 기존질서는 모두 붕괴된다. 기존질서는 사유화를 인정하고 보호해 주는 것을 중심과제로 하고 있다. 그 사유화의 과정이 어떠했는지 그 결과가 무엇을 초래했는지는 묻지 않고 그것을 보호해 주는 것이 국가권력의 존재이유이다. 국가권력 자체도 사유화에서 독점화를 위한 도구로 이용된다. 사유화를 확대하고 유지하기 위해서는 노동력이 필요하다. 그것을 위해 노예가 필요했던 것이다. 로마제국은 상업으로 부유해진 재산의 보호와 증대를 위해서 약소민족을 속속 침략하여 전리품을 모으는 동시에 노예를 확보해 나갔다.[1] 그래서 자신들의 부를 계속 증가시킬 수 있었다. 그 부의 분배가 정의로운지는 묻지 않은 채 계급체제에 의해서 자동적으로 상위층이 독점하게 되었다. 팔레스틴 역시 이와 근본적으로 다르지 않았다. 로마는 오직 부강하다는 이유만으로 팔레스틴을 점령했으며, 아무런 정당성이 없는 기득권을 행사해서 막대한 조

---

[1] 이에 관한 요령있는 설명으로는 K.M. Fischer, *Das Urichristentum. Kirchenges-chichte in Einzeldarstellungen I/1* Berlin: Evangelische Verlagsanstalt 1985, 24-25.

공을 바치게 하고,[2] 정치적으로는 괴뢰정부를 세우며 이스라엘의 상류층과 연계하여 이른바 분할 통치를 꾀했는데, 그것은 모두 사유권을 조장함으로써 이루어졌다. 예루살렘의 종교귀족들마저도 성전을 독점하고 그것을 근거로 전 국민에 대해 경제적 포탈을 권리로서 자행할 수 있었다.[3]

이런 현장에서 예수는 하느님 나라의 도래를 선포하고 회개를 외쳤다(마르 1,15). 이 회개는 구체적으로 어떤 것일까? 지금까지 서구 성서학에서는 그것을 '가던 길을 돌아선다'는 뜻[4]이라고 이해하면서 그 결론은 오고 있는 하느님 나라에 대해서 자신을 개방하는 일이라고 했으며, 그것을 다른 말로 '믿는 일'이라고 함으로써 구체적이며 실천적인 행위보다 한 개인의 내적 자세를 말하는 데 그쳤다. 그러나 이것은 하느님 나라 자체에 대한 해석과 마찬가지로 관념적인 것으로서 예수의 본래 뜻과는 거리가 멀다. 복음서의 내용들은 바로 회개의 구체적 실천내용이라고 보아야 할 만큼 그 의미가 중요하다.

예수가 세례자 요한에게 세례를 받은 것은 그의 회개의 설교에 동의했음을 의미한다.[5] 마태오복음은 주저 없이 세례자 요한의 설교와 예수의 설교를 일치시킨다(마태 3,2;4,17). 이 회개는 이른바 '죄인'에게만 요구한 것이 아니라 이스라엘 전체에 요청한 것으로 그것만이 구원에 이르는 길이라고 한다. 그것은 이스라엘에게 무엇을 뜻하는가? 그것은 토라를 지킴으로 구원받는다거나 성전종교의 의무를 다함으로 구원받는다는 유다교의 특권을 전면적으로 부정하는 일이

---

2) 로마는 년 600달란트의 조공을 팔레스틴에 요구했다. B. Schtürer, *Geschichte des jüdischen Volkes in Zeitalter Jesu Christi*, Bd. I., 1901, 473ff. 508ff.
3) 둘째 마당 "예수의 시대상"을 참조하라.
4) 바로 이것이 회개를 뜻하는 μετανοια의 문자적 의미이다.
5) J. Becker, *Johannes der Täufer und Jesus von Nazareth*, 1972, 68.

다.[6] 예배를 드리거나 율법을 지킴으로 새 사람되는 것이 아니다. 그러면 회개의 구체적 행위는 무엇인가? 세례자 요한의 입을 통해서 그 중요한 단서를 찾을 수 있다. 회개의 설교를 듣고 모인 사람들이 세례를 받고 구체적으로 어떻게 해야 할까를 묻는 데 대하여 세례자 요한은 "속옷 두 벌 가진 사람은 없는 사람과 나누어 가지고, 먹을 것을 가진 사람도 그렇게 하라"(루가 3,11)고 지시한다.[7] 이것은 위에서 예수가 말했던 하느님 나라의 내용과 연관이 있지 않을까? 하느님 나라의 도래와 관련시켜 볼 때 이것은 회개의 실천 방향을 제시하는 것을 넘어서 기존사회의 불의를 파헤치려는 근본적인 의도가 있다고 볼 수 있다. 있는 자는 없는 자에게 나누어 주라고 명령하는 것은 자선의 문제를 넘어선 기득권에 대한 부정과 관련이 있지 않을까?

그런데 예수는 다른 차원에서 회개의 길을 제시한다.

땅은 하느님의 것

"땅은 내 것이요, 너희는 나에게 몸붙여 사는 식객에 불과하다"(레위 25,23). 땅이 하느님의 것이라는 사상은 구약에서 많이 발견할 수 있다. 모세는 히브리를 해방하기 위해 파라오와 결전을 벌일 때 "내가 이 성을 나서면 곧 야훼께 손을 들어 빌겠습니다. 그러면 저 천둥소리가 멎고 우박이 그칠 것입니다. 그래서 이 땅도 야훼의 것임을 알려 드리리다"(출애 9,29)고 말한다. 파라오는 호루스(Horus)라는

---

6) 셋째 마당 "세례자 요한과 예수"를 참조하라.
7) 세례자 요한의 지시는 구약에서 볼 수 있듯이(예컨대 삼상 10,2), 자기 영역을 넘지 않은 것이었다고 보는 이들도 있다(I. H. Marshall, *a.a.O.*, 해당부분 참조/한역본 179). 그러나 11절에서 세례자 요한의 지시가 가난한 계층의 사람들을 전제하고 있음을 간과해서는 안된다.

창조신의 대리자로 자처하는 현존하는 신[8]으로, 모든 것을 자기의 것이라고 주장하는 이데올로기로 에집트를 통치하고 군림하였다. 그런데 그 땅도 야훼의 것이라는 것이다. 어찌 그 땅을 점유하고 전제(專制)한다고 그 땅이 '사람의 것'이 될 수 있느냐! 시나이산에서 야훼는 히브리에게 자신이 그들을 어떻게 에집트에서 해방하였는지를 상기시키면서 "온 세계가 나의 것이 아니냐?"(출애 19,5)고 묻는다. 그러므로 야훼 자신이 각 민족에게 필요한 직책을 맡긴다고 한다.

신명기학파에게도 이같은 신념은 일관되어 있다. "그렇다. 하늘과 하늘 위의 또 하늘, 그리고 땅과 그 위에 있는 것 모두가 너희 야훼 하느님의 것이다"(신명 10, 14). 이것은 새 이스라엘을 건설하려 했던 요시아왕의 신앙이다. 이스라엘 만이 아니라 바빌론까지 포함한 온 땅, 아니 하늘까지도 하느님의 것이라는 말이다. 시인은 이렇게 하느님의 주장을 노래한다.

> 숲 속의 뭇 짐승이 다 내 것이요
> 산 위의 많은 가축들이 다 내 것이 아니냐?
> 공중의 저 새들도 다 내 마음에 새겨져 있고
> 들에서 우글거리는 생명들도 다 내 손 안에 있다.
> 이 땅이 내 것이요 땅에 가득한 것도 내 것인데…(시편 50,10-12).

땅이 하느님의 것이니 그 위의 모든 생물이 하느님의 것인 것처럼, 하늘도 하느님의 것이니 그 안에서 날아다니는 것도 모두 하느님의 소유라는 것이다(시편 24,1-2 참조).

역대기사가는 이렇게 고백한다.

---

[8] *ANET*, 14-15.

> 야훼 하느님은 위대하시고 힘 있으시어 존귀와 영화가 빛납니다. 하늘과 땅에 있는 것 어느 하나 하느님의 것 아닌 것이 없습니다. 온 세상 위에 군림하시어 다스리실 이 야훼뿐이십니다. 부귀영화는 하느님께서 주시는 것, 하느님께서는 세상의 통치자이십니다(역상 29,11-12).

왜 이처럼 이 땅이 하느님의 것이라고, 아니 하늘도 그리고 바다도 (시편 95,4-5) 하느님의 것임을 거듭 강조하고 있는가? 그것은 그가 창조주인 한 당연한 일이 아닌가? 그것은 이 사실을 무시하고 자신이 땅을 사령화(私領化)한 것으로 착각하는 자들을 겨냥한 말이다. 벌써 그 땅이 갈기갈기 찢어지고 강한 자가 약자를 마음대로 침범하고 기득권을 주장하기 때문이다. 그래서 국경이 생기고 한 나라 안에 빈부의 차가 생기며, 계급이 발생하여 상류계급이 그 소유권을 주장하면서 하류계급 위에 군림하기 때문이다. 아직 땅의 사유화를 정당한 것으로 알던 때인데 하늘과 바다 그리고 그 위의 있는 모든 것이 하느님의 것이라는 주장은 놀랍다. 그것은 땅의 국경선은 물론, 그것을 기준으로 하늘과 바다의 사유화까지 주장하여 전쟁을 계속하는 오늘의 문제를 이미 예견하여 주장한 것이 된다.

땅은 하느님의 것이기 때문에 인간은 누구도 땅에 대한 영구한 사유권을 주장할 수가 없다. 사람은 식객처럼 자기에게 허락된 땅을 경작할 수 있는 날까지 경작할 뿐이다. '하느님의 것'이라는 주장을 사회학적 개념으로 말하면 땅에 대한 공(公) 개념이다. 아무도 사유화할 수 없는 것, 모두를 위한 것이면서도 어느 누구에게도 소속될 수 없는 것이다. 하느님이 창조주라고 믿는 한, 이것은 사고의 자연스러운 귀결이라고도 할 수 있을 것이다.

그러므로 어떤 기득권(가령 땅의 소유)을 창조 질서에 속한다고 하는 주장은 창조설을 왜곡하는 것이다.[9] 모든 것이 하느님의 것이라는 이 주장의 반복은 공이 사유화로 침범되어 기득권으로 고집되는 한 계속되어야 할 것이다. 역사의 이른바 죄악은 바로 하느님의 것 즉 공을 사유화한 데서 시작되었고 계속되고 있다. 그러면 회개란 무엇일까? 그것은 바로 공을 공으로 돌리는 행위일 것이다.

물(物)의 사유화에서 해방

이제 예수의 행태에 눈을 돌려 보자. 예수가 활동하던 시대는 로마제국이 온 세계를 점유할 듯한 기세를 부릴 때다. 이 신흥세력은 희랍세력에 대치된 것이다. 저들은 군사력으로 점유한 땅을 자기들의 것으로 하고, 그 안의 모든 것, 심지어 사람들까지도 자기들 것으로 치부하여 마음대로 혹사하였다. 이런 판국은 그 안에 있는 모든 것의 균형을 깨뜨린다. 소유권을 주장하는 편에 가까이 서는 자들은 소유권을 분배받는다. 따라서 권력과 경제에서 계급이 생긴다. 팔레스틴도 물론 예외가 아니었다.

갈릴래아 지방은 특히 이 소유권 주장으로 인한 쟁탈전에 시달린 땅이다. 그러므로 이스라엘에서 잘려 나가, 신흥세력이 일어날 때마다 그 주인이 바뀌어 비리가 난무하는 현장이었다.[10] 로마가 새 주인권을 발동했을 그때, 그 그늘 아래서 소유권 주장자들이 많이 생겨났다. 이 마당에 예수는 부한 자들과 가난한 자들을 주목하여 부자

---

[9] 비록 하느님이 창조주라고 해도 일단 만들어진 것은 모두 공이다. 공을 공으로 지켜야 하는 것은 사람만이 아니다. 하느님도 그것을 지켜야 한다. 이것은 그 형식에 있어서 계약관계와 상통한다.
[10] 넷째 마당 "갈릴래아로"를 참조하라.

들을 깨우치는 일에서 출발한다. 예수는 부자가 하느님 나라에 들어갈 수 없다고 단호히 말하는데 그것은 어떤 부자 청년과 접촉한 다음에 한 말이다(마르 10,25). 이 부자 청년에게 예수는 그가 가진 모든 재산을 팔아 가난한 자에게 주라고 명한다(마르 10,21). 그 청년에게는 이것이 불가능했다. 그는 사유화한 재산이 영원히 자기 것이어야 한다는 생각에서 풀려나지 못하고 있다. 그 재산이 공이라는 것을 모르고 있다.

수확을 많이 거둔 한 부자가 곳간을 더 크게 짓고 그것을 보관한 다음 "내 영혼아 여러 해 동안 쓰기에 넉넉한 좋은 물건들을 많이 쌓아 두었으니 너는 안심하고 먹고 마시고 즐기라"(루가 12,19)고 했다. 이 부자는 재산을 사유화할 수 있다고 보고, 소유가 삶을 보장한다고 믿고 있는 사람이다. 이에 대해 하느님은 "이 어리석은 사람아, 바로 오늘 밤에 네 영혼을 도로 찾을 것이다. 그러면 네가 장만한 것이 누구의 것이 되겠느냐?"(루가 12,20)라고 했다. 이것은 소유와 삶은 별개라는 말이며, 소유는 삶을 보장할 수 없다는 것이다. 이 어리석은 자는 수확한 곡물이 자기 것이라고 생각한 데 대해 하느님은 그가 오늘 밤 죽으면 그것이 모두 누구의 소유가 되겠느냐고 반문한다. 예수는 마침내 저들을 심판한다.

> 너희 부요한 사람들은 화가 있다.
> 받을 위안[11]을 이미 받았다
> 너희 지금 배부른 사람들은 화가 있다.
> 굶주리게 될 것이다(루가 6,24-25).

---

11) παρακλσις ("돈이 주는 위안").

왜? 저들은 자기가 향유하는 것이 영원히 자기의 것이라고 착각한다. 저들의 부는 하느님의 것을 유린한 것이다. 그러므로 그만큼 분배에 차질이 생겨 한 쪽에는 가난한 자들이 생기는 것이다. 저들은 저 가난의 원인이 자신들의 독점에 있다는 것을 생각지 않는다. 저들은 공(公)을 침범한 자들이기에 화가 있다.

한 부자가 저주를 받게 되었다. 그는 자신이 왜 저주를 받아야 하는지 모르고 산 자였다. 그는 자신의 삶을 만끽했다. 그의 집 문전에 라자로라는 거지가 있어 상 아래 떨어진 부스러기로 연명하며 그 집 개들이 그의 종기를 핥는 처참함을 보여 주었다(루가 16,20-21). 그 거지는 바로 그에게 계속 경종을 울리기 위해 보내진 셈이다. 그러나 그 부자는 그것을 몰랐다. 자신의 소유를 당연한 '권리'로 알 뿐, 바로 그의 독점이 가난한 자들을 만듦으로써 하느님의 질서 즉 공을 침범한다는 사실을 몰랐으며, 자신이 왜 저주를 받아야 하는지도 알 수 없었다. 까닭은 그가 부자라는 것 외에 그리고 라자로에게 전혀 무관심한 것 외에 그의 잘못을 나타내지 않았기 때문이다(루가 16, 19이하).[12]

어떤 왕이 일만 달란트나 되는 재산을 축낸 종에게 그의 몸과 처자와 그 밖에 그가 가지고 있는 것을 모두 팔아 갚으라는 단호한 명령을 내린다. 그러나 다음 순간 이 왕은 아무런 조건도 제시하지 않고 그를 빚에서 해방시켜 준다. 참 소유권자로서의 자유를 보여준다(마태 18,27). 그런데 이렇게 빚에서 해방된 그는 자기가 졌던 빚에 비해서 극히 미미한 빚을 진 그의 동료가 자기가 왕에게 간청했던 것과 똑같이 간청했어도 용서하지 않고 옥에 가두었다(마태 18,30). 그는 자기의 소유권을 절대적인 것으로 생각한 것이다. 이 소식을 들은 왕

---

12) 안병무, "가난한 자", *a.a.O.*를 참조하라.

은 그를 다시 체포하여 옥에 가두고 그 빚을 다 갚을 때까지 석방하지 말라고 지시한다(마태 18,34). 이 왕은 우리가 말하는 공에 해당하며 이 종은 공을 사유화한 전형적인 경우다. 그러므로 그의 죄는 용서받을 수 없다. 이것은 하느님 나라에 대한 예수의 비유이다(마태 18,23-35).

들에 핀 꽃 한 송이를 보고 예수는 "온갖 영화를 누린 솔로몬도 이 꽃 하나만큼 입지 못하였다"(마태 6,29)고 말한다. 솔로몬—그는 이스라엘 역사에서 모든 권력을 한 손에 쥐고 가장 화려하게 산 행복한 사람의 상징이다. 그러나 그는 하느님의 것, 공을 침범한 대표적 상징이기도 하다. 공중에 나는 새, 들에 핀 꽃—그것은 위의 구약 여러 본문에서 보았듯이 하느님의 땅과 하늘에서 아무런 사유함도 없이 하느님의 것을 먹고 입는 구체적인 예로서 먹을 것과 입을 것 때문에 걱정하는 사람들에게 참 삶의 모범으로서 제시되며, 안심하고 살도록 격려한다. 즉 가짐에서가 아니라 공에서 살라는 것이다.

예수 자신은 자신의 삶의 양식에 대해서 "여우는 굴이 있고 공중에 나는 새도 깃들일 곳이 있는데 인자는 머리 둘 곳도 없다"(마태 8,20)고 한 것처럼 집도 가정도 아무 소유도 없이 글자 그대로의 무소유의 방랑객처럼 살았다. 이것은 사유화와 독점화로 공을 침범하는 타락된 세대를 향한 상징적인 저항행위로 볼 수 있을 것이다. 그러나 그와 같은 생활로 문제는 해결되지 않는다.

권력의 사유화로부터의 해방

예수가 탈가족적이라는 것을 구조적으로 이해할 필요가 있다. 탈가족적 생활양식은 예수로부터 발단된 것이 아니다. 예수 당시의 에쎄네파, 세례자 요한파 등도 그러했다. 그러한 생활양식을 종교적 동기에서 찾는 것은 틀리지 않는다. 종교적인 금욕주의 전통에 종말사상이 가미된 것으로 보면 된다.[13] 그런데 그런 시각에서 결론을 내버리는 것은 옳지 않다. 그것은 또한 기존체제에서의 탈출이기도 하다는 사실을 간과해서는 안될 것이다.

당시의 가족제도는 가부장제도이다. 그것은 부권 위주의 사회단위로 그 권위는 절대적이다. 그런데 그것은 결코 일부일처제에서 보는 것과 같이 성이 중심에 있지 않다. 나아가서 일부다처가 허용되었다. 그런데 그것은 반드시 성적 향락의 욕구가 그 중심에 있는 것이 아니라 노동력 수탈을 위한 수단으로 성을 이용한 경우이다. 일부다처제는 남자의 경제능력만큼 허용되었는데 그것은 동시에 그의 사회적 지위에 상응한다.[14]

가부장제도는 국가권력구조의 단위이다. 국가에서 군주의 절대주권이 주장되었듯이, 가족 내에서는 가부장의 절대권이 행사된다. 종과 더불어 그 밑의 여인들이나 아이들의 인간적 존엄성 따위는 인정되지 않는다. 예수는 한 사람, 한 사람이 하느님께 직속되었다고 본다. 그 뜻을 "아버지께서는 너희의 머리카락까지도 다 세고 계시다"(마태 10,30)고 표현한다. 인간은 하느님에게 직속되었다. 그것은 사유화할 수 없는 공적 존재라는 말이다. 그러므로 탈가족은 바로 가족성원을 사유물처럼 아는 가부장제도에 대한 거부행위라고 볼 수 있겠다.

---

13) 에쎄네파는 스스로를 "종말론적 구원공동체"로 이해했다. 그런데 행엘은 이 공동체의 형태가 종교적 사법체의 전형적 특징들을 갖고 있었다고 하며, 그것은 헬레니즘 시대의 전형적 현상이라고 분석한다. 여기서는 성인들의 가족적 유대 같은 것은 해체되었다. M. Hengel, *Judentum und Hellenismus*, 404. 446.
14) 여덟째 마당 "예수와 여인"을 참조하라.

사람들 중에는 사랑의 가부장제도가 초대 그리스도교의 이상이라고 하는 사람들이 있다.[15] 그러나 이것은 적어도 예수에게는 해당되지 않는다. 그는 오히려 가족적 윤리를 거부하라고 권유한다(마르 3,33-34; 루가 9,39 이하; 마태 8,21 이하). 이것은 결코 상대화해 버리거나 간과해도 좋은 내용이 아니다. 그것은 무엇보다도 예수는 물론이요 그의 제자들의 행태에서도 뚜렷이 반영된다. 우리는 그를 따랐던 자들의 가족관계를 거의 모른다. 만일 베드로의 장모가 열병에 걸리지 않았다면 그의 제자들 모두가 독신자로 보일 정도로 그들과 가족과의 관계가 일체 언급되지 않는다. 우리는 예수의 제자들의 자식이나 아내 또는 남편이 등장하는 구체적인 경우를 알지 못한다.

이러한 여러 사례에서 짐작되는 예수의 가족관은 다음 말로 구체화된다: "부활 때에는 장가가는 일도 없고 시집가는 일도 없다"(마르 12,25 병행). 이것은 부활을 부정하는 사두가이파의 교리적 질문에 대한 답변인데 궁극적으로는 가정의 중심인 부부관계는 그 자리가 없다는 언명이다. 이상은 모두 사유화의 근거를 파괴하는 행위로 볼 수 있다. 사유화는 물질에만 국한되는 것이 아니다. 권력도 '공'이지 사유화의 대상일 수 없다.

팔레스틴 땅은 역사적으로 그 소유권을 주장하는 세력이 계속 바뀌어 왔다. 바빌론, 에집트, 희랍, 로마 등등의 외세들이 침범해서 주권행사를 해 왔는데, 예수 당시에는 로마가 그 땅의 주인행세를 했으나 그들의 식민정책에 의해서 주권행사가 최소한 세 갈래로 나뉘어져 있었다. 그것은 공납의 대상이 셋으로 되어 있기 때문이다. 로마제

---

15) 사회적 관심을 크게 내세우는 서구의 성서학자들은 놀랍게도 예수의 이상이 사랑의 가부장제도에 있었다고 본다. M. Hengel, *Eigentum.*, 36f.; G. Theißen, *Studien zur Soziologie des Urchristentums*, Tübingen 1983, 102. 288.

국 자체, 헤로데 왕가, 그리고 예루살렘 세력인 산헤드린과 성전이 그 것이다. 그런데 그것도 내부적으로 더 복잡하게 분화되어 갔다. 위에서 이미 서술한 대로 이른바 헤로데 대왕 시대에는 헤로데 왕가가 팔레스틴 전체에 대한 정부적 권력행사를 해왔으나 그의 유언에 의해서 팔레스틴이 그의 아들 셋에게 분할됨으로 나뉘어졌다.[16]

그 중에서도 특히 갈릴래아 지방은 오랫동안 이스라엘 주권에서 완전히 잘려나가 이방세력에게 예속되는 역사가 600년이나 계속된 땅이다.[17] 그러는 동안 갈릴래아는 종족적으로나 문화적으로 많은 이방인들과 공존하므로 유대 지방 사람들은 이 지방과 그 사람들을 멸시하여 이방인의 땅 갈릴래아인이라고 불렀다. 아켈라오스가 지배하는 영역도 종교적으로 나뉘어 서로 반목 질시하는 상태였다. 이렇게 보면 팔레스틴은 비록 로마의 통치권 아래 있었으나 내부적으로는 국경 아닌 국경이 많이 있었던 것이다. 그런데 유대와 사마리아 지방은 10년 만에 아켈라오스 대신 로마총독이 직접 관할하는 지역이 되었다.[18]

땅은 하느님의 것(公)인데 그 소유(사유)권 쟁탈을 위한 전쟁이 계속되고 그로 인해 불의가 자행되며, 사실상의 주인인 현주민은 가혹한 착취의 대상이 되어 인간으로서의 존엄성을 유린당했다. 땅의 소유권을 둘러싼 싸움은 바로 권력 싸움이었다. 그런데 이같은 판국에 예수는 로마나 헤로데 일당과 정면 대결하지 않았을 뿐 아니라 저들을 거의 묵살해 버리는 자세였다. 왜 그랬을까? 땅의 주인이 계속 바뀐 역사가 가르쳐 온 것처럼 저들이 그 땅의 주인이 아니라고 믿었기 때문일까? 이 문제는 앞으로 계속 논의하게 될 것이지만 예수의 권력

---

16) BoReicke, *a.a.Q*, 84f.(한역본 126ff.).
17) 넷째 마당 "갈릴래아로"를 참조하라.
18) Bo Reicke, *a.a.O.*, 99f.(한역본 148f.).

에 대한 인식은 뚜렷하다. 그것은 이미 언급한 마르코복음 10장 42절에서 볼 수 있다. 그것을 직역하면 다음과 같다. "민족들을 지배한다고 생각하는 자[19]들은 저들 위에 주인으로 군림하고, 저들 중의 큰 자들은 저들에게 세력을 부린다. 그러나 너희는 그래서는 안된다"(마르 10,42-43). 이 구절에서 "생각하는 자들"에서 "생각하는"(δοκέω)은 "…처럼 생각" 또는 "…처럼 인정한다"로 통치자를 상대화하는 표현법이다. 주인으로 민에 군림할 수 없는 것들이 자기에게 속하지 않는 권위(ἐξουσία)를 자기 것인 양 민에게 행사한다. 그래서는 안 된다는 것이다. 이와 연결해서 "누구든지 크게 되려고 하면 남을 섬기는 자가 되어야"(마르 10,43-44) 하고, 누구든지 주인이 되고자 하면 모든 사람의 종이 되어야 한다고 한다. 바로 권위와 상반된 것으로 섬김을, 주인됨에 상반된 것으로 종됨을 내세워 권력구조나 그 체질을 정면으로 거부한 것이다.

　사실상 공의 이름으로 권력을 행사한 사람들은 도둑놈들이었다. 로마의 황제들은 다분히 살인을 전문으로 하는 군인 출신이었으며, 그 중에는 네로나 도미티아누스 같은 광인들이 섞여 있었다. 저들은 당시의 도덕적 차원에서도 용인될 수 없는 인물들이었다.[20] 국내적으로는 권력투쟁에 잔인했으며, 대외적으로는 무죄한 약소국을 먹어삼키는 것을 전문으로 한 자들이었다. 팔레스틴에 주둔한 역대의 총독들도 모두가 빌라도의 후예인 듯이 공권력을 사유화하여 짧은 임

---

19) 새번역은 "이방사람들의 집권자로 알려진 사람들"로 되어 있다.
20) 네로는 그의 어머니가 시아버지를 독살함에 따라 권좌에 올랐는데, 그는 이복동생, 어머니, 누이, 부인까지도 살해했다(H. Döme, Art., Nereus und Achilleus, in: *RGG*, Bd. IV, 1402). 도미티안도 후기에는 전제군주가 되어 그리스도교를 박해했으며, 그의 백부인 Flarios Clement를 처형하고 그 부인을 추방하는 등 광인적 행위를 했는데(H. Döme, *RGG*, Bd. II, 238), 로마 황제들 가운데는 이런 자들이 많았다.

기 동안 최대의 치부를 하는데 혈안이 된 자들이었다. 헤로데가는 더욱 그러했다.[21] 대왕으로 자처하고 군림한 헤로데는 로마에서 뇌물과 아첨으로 권력투쟁의 자리를 뚫고 들어가 마침내 영토가 없는 왕으로 임명받고 군대를 이끌고 쳐들어와 동족 아닌 동족과 싸워서 왕좌를 굳혔으며, 그 정권을 유지하기 위하여 로마 권력에 아첨하고 유다교에 아첨하는 야누스적인 얼굴을 가진 자였고, 십만으로 추정되는 사람을 죽이고 자기 아내와, 그 사이에서 난 자식들, 그리고 장모까지도 죽여버린 광적인 인간이었다. 아켈라오스는 그의 아비의 유언대로 유대지방의 왕권을 차지하기 위하여 로마에 뇌물공세를 계속 펴왔으며, 민중봉기에 대해서는 한꺼번에 삼천명을 죽인 살인마였다. 갈릴래아의 봉건주 안티파스는 자기 형제 아켈라오스와 경쟁하여 왕권을 쟁취하기 위한 온갖 방법을 다 썼으며, 마침내 민중이 예언자로 받드는 세례자 요한을 살해한 위인이다.

이중 어느 누구도 그 땅의 주인들로 자처할 수 있는 인물들은 아니었던 것이다. 저들은 모두 주인이 아니라 침략자였고, 하느님의 것 즉 공을 뺏은 도둑들이었다. 예수가 저들을 인정할 까닭이 없다. 하느님의 나라 선포는 이처럼 잘못된 권력구조에 대한 전면적인 부정과 떼어 생각할 수가 없다. 그러면 구체적으로 어떻게 하라는 것인가?

카이사르의 것과 하느님의 것

서구 전통에서는 이른바 두 나라설을 합리화하는 데 "카이사르의

---

21) 헤로데 가문에 대해서는 둘째마당 "예수의 시대상"을 참조하라.

것은 카이사르에게, 하느님의 것은 하느님에게"(마태 22,15-22)라는 예수의 말로 된 구절을 최대의 무기로 삼고 있다. 그런데 이 말을 예수의 말로 받아들이기에는 문제가 많다. 첫째, 이 말은 유대지방 그것도 예루살렘에서 한 것으로 되어 있는데 그것은 카이사르에게 세금을 바치는 것이 옳으냐라는 질문에 대한 대답이다. 이에 대해 예수가 동전 하나를 보여 달라고 했는데 거기에 카이사르의 상이 그려져 있었다는 것이다. 그러나 유다지방에서 통용되는 돈에는 카이사르의 그림이 없었다.[22] 그것은 예루살렘파가 어떤 상을 만드는 것도 일체 거부했기 때문이다. 그렇다면 이 말은 상황(context)이 잘못된 말이다. 둘째로 하느님의 것과 카이사르의 것의 대비는 유다 전통에서 불가능하나. 어떻게 하느님의 것에 대하여 카이사르의 것이 동등한 위치에서 거론될 수 있겠는가? 위에서 거듭 반복한 것처럼 이스라엘에게는 모든 것이 하느님의 것일 뿐이다—적어도 관념상으로는.

　이 말은 그 질문 자체가 보여주듯이 젤롯당의 주장과 직접 관련이 있다. 주후 6년 로마 정권이 세금을 징수할 목적으로 인구조사를 실시했을 때 갈릴래아 유다를 선봉장으로 한 민중들이 야훼 이외에 어떤 인간에게도 세금을 징수할 권한을 인정할 수 없다는 신념에서 궐기했다.[23] 그것이 젤롯당운동의 시작인데 바로 그러한 주장에 동조하는 것이 옳으냐 라는 질문인 것이다. 이것은 다분히 초대교회의 고민의 반영이며, 그것이 어떤 과정을 통해서 이러한 양식으로 낙착이 되었을 수 있으나, 예수에게서 이것은 불가능한 말이다. 백보를 양보해서 이것이 예수의 말 그대로라 하더라도 간과해서 안될 것은 예수

---

22) Bo Reicke, *a.a.O.*, 92(한역본 138). 그닐카는 티베리우스 황제 시대의 보수적 화폐 정책과 관련시켜 황제흉상이 새겨진 동전의 통용가능성을 시사하지만, 그것의 역사적 증거는 제시하지 못한다(J. Gnilka, *Mk II*, 153/한역본 205).
23) 둘째 마당 "예수의 시대상"을 참조하라.

의 대답 형식이다. 질문은 카이시르에게 세금을 바쳐야 하느냐(마태 22,17)인데, 대답은 그것과 상관없는 것이 더 강조되었다. 그것은 즉 "하느님의 것은 하느님에게"라는 것이다(마태 22,21).

이런 대답 형식은 다른 예에서도 발견할 수 있다. 어떤 사람이 예수에게 무엇이 제일 큰(첫째) 계명이냐고 물었을 때(마태 22,36) 예수는 두 가지 대답을 한다. 첫째는 하느님을 사랑하라는 것이고, 둘째는 이웃을 네 몸같이 사랑하라고 했다(마태 22,37-39). 질문은 하나인데 대답은 두 가지다. 예수가 한 대답의 첫째 것은 유다교에서 너무 자명한 것이기 때문에 거의 반복할 필요가 없는 것이고, 그것에 첨가한 두 번째 대답은 당시 유다 사회에서 소홀히 취급되고 있는 것이기 때문에 액센트는 후자에 두고 있다. 이와 마찬가지로 카이사르의 것보다 "하느님의 것은 하느님에게" 하는 데 초점이 있다. 하느님의 것에 이른바 카이사르의 것이 제외될 수 있을까? 없다면 "카이사르의 것은 카이사르에게"라는 것은 무의미한 말이 된다.

도대체 예수에게서는 '국가'라는 개념을 찾아볼 수 없다. 우리가 일반적으로 번역하는 이방이라는 말은 민족(ἔθνος)의 복수이다(ἔθνοι). 따라서 카이사르나 왕이 등장하지 않는 것은 이상할 것이 없다. 권력자는 그 땅의 주인이 아니다. 계속 등장했다가 사라지는 것은 바로 권력자이다. 외세나 국가권력이 계속 변질되거나 바뀌어도 유다인의 중심이 되는 것이 있었다. 그것은 솔로몬 이래로 확고하게 자리를 굳힌 예루살렘의 성전이다. 예루살렘이 로마에 유린되면서 사제를 중심으로 하는 지방이 된 후 종교귀족은 민(民)의 것을 약탈하여 로마에 공납하는 대가로 성전을 수호했으며, 그것을 중심으로 민 위에 군림했다.[24] 그러나 예수는 그것을 부정한다. 다음 마당에서 다시

---

24) 예루살렘 성전체제의 정치적, 경제적 실천에 대해서는 F. Belo, *A Materialist Reading of the Gospel of Mark*, New York 1975, 63f. 65를 보라.

상세히 이야기하게 되겠지만 예수의 공격의 초점은 바로 이 성전과 종교귀족을 향한 것이었다. 그것은 하느님의 것 즉 공(公)을 사취한 것이기 때문이다. 그런 것은 없어져야 한다. 그러면 무엇이 지속적으로 변하지 않고 그 땅을 지켰는가? 그것은 농민들의 공동체뿐이었다. 국내외의 모든 권력자들은 잠깐 나타났다 사라졌으나 이 농민공동체는 그 땅과 운명을 같이 했다. 저들은 오가는 권력자들에 의해 많은 수난과 착취를 당하면서도 생산의 주체자로서 그 땅을 지켰다. 저들은 이스라엘의 얼이기도 했다.

도시는 여러 족속들이 살면서 그 점령한 나라의 문화가 이식되어 온 특수지대였다. 로마 당시에는 헬레니즘 문화가 도시를 지배했다. 그러나 그것들은 농촌에 둘러싸인 고도(孤島)와도 같았다. 이 말은 농촌은 그런 이방의 문화에 물들지 않았다는 뜻이다.[25] 예수가 도시로는 가지 않고 농촌지방만 순회한 것을 위와 같은 시각에서 보면 의미심장하다. 그는 그 땅의 참 주인들과만 상대한다는 뜻이 되기 때문이다.

땅은 하느님의 것이다. 그러므로 누구의 소유도 될 수 없다. 땅을 몸소 가꾸는 자는 하느님에게 위탁받고 경작하는 심부름꾼이다. 그러므로 하느님과 농민 사이에 있는 지주란 둘 사이에 끼어든 착취자 이상이 아니다. 따라서 하느님의 것을 하느님에게 돌리는 길은 농민에게 땅이 돌아가야 한다는 말이 된다. 이것이 바로 회개운동이며 '희년운동'은 그런 의미에서 민족적인 회개운동이다. 소유와 밀착되지 않은 회개란 있을 수 없다. 그런데 여기 문제가 있다. 이미 세계는 기득권 위에 모든 질서를 수립하고 거대한 바퀴처럼 돌아가고 있다. 그것이 공염불이 되지 않고, 개인 차원에서 끝나지 않으며, 세계 전체를 회개하도록 하는 길은 무엇인가! 이 질문은 계속될 것이다. 그러나

---

25) 셋째 마당 "갈릴래아로"를 참조하라.

이 마당에서는 예수의 뒤를 따랐던 운동을 소개하는 것으로 만족하겠다.

예수를 따라서

우리는 사도행전에서 맨 처음 그리스도인들의 행태를 단편적으로나마 엿볼 수 있다.

> 믿는 사람들은 다 함께 지내면서 모든 물건을 공동으로 소유하고 재산과 물건을 팔아서 모든 사람에게 필요한 대로 나누어 주었습니다(사도 2,44-45).

> 믿는 무리가 다 한 마음과 한 뜻이 되어 누구 하나도 자기 소유를 자기 것이라고 말하는 사람이 없었으며 모든 것은 공동으로 사용했습니다(사도 4,32).

이것은 곧 그들 사이에서 사유권 주장이 전혀 없었다는 말이다. 그 구체적 실천이 34-35절에 이어진다:

> 그들 가운데는 가난한 사람이 하나도 없었습니다. 땅이나 집을 가진 사람들은 그것을 팔아서 그 값을 사도들의 발 앞에 갖다 놓았습니다. 그리고 각 사람에게 필요한 대로 나누어 주었습니다.

이것을 트뢸취는 원시그리스도교의 사랑의 공산주의(Lebenskommunismus)라고 했는데[26] 서구의 성서학자들은 거의 예외 없이 34-35절을 편집구로 규정함으로 그 의미를 희석시킨다.[27] 그들 중에 헹엘(Hengel)은 원시공동체에서 공동분배 과정이 있었으리라는 것을 부정하지 않으면서도, 이 본문은 그런 과정이 붕괴되어 갈 무렵의 것이라고 본다.[28] 그러나 그렇게 보는 근거는 충분치 않다. 그의 주장은 땅을 팔아 내놓는 사람이 특별히 거명된 것은 이미 그런 사람이 희소했던 증거라고 하는데, 도대체 그때 예수의 민중 중에 그럴 수 있는 사람이 얼마나 되었겠는가? 34절을 그렇게 이해한다고 해도 32절을 그대로 인정한다면 나눔의 공동체성이 약화되었다고 할 수 없다.

그러나 그것이 오래가지 못한 것은 부정할 수 없다. 그것은 긴박한 종말의식이 해이해짐과 함수관계에 있을 수 있으나, 그 자체의 성격상 지속되는 것은 불가능하다.

사도행전의 서술에서는 함께 나누는 공동체(κοινή)라는 성격은 분명하나 공동으로 생산했다는 흔적은 찾아볼 수 없다. 이 점에서는 예수와 그의 민중의 행태가 다르지 않다. 그러면 그것은 정착된 공동체가 아니라 투쟁적 공동체인 것이다. 이런 성격을 종말적이라고 해도 무방하리라. 하여간 이러한 공동체는 오래 가지 못했다. 처음 교회는 그 거점을 농촌에서 도시로 옮김으로써 기존체제를 그대로 수용하고 그것에 정착하려는 경향이 가속화되었다. 헬레니즘 영역이

---

26) E. Troeltsch, *Die Soziallehren der christlichen Kirchen und Gruppen*, Gesamte Schriften, Bd. 1, Tübingen 1912.

27) H. Wendt를 위시해서 J. Jeremias, Cerfaux, R. Benoit, E. Haenchen에 이르기까지 그렇게 본다(E. Haenchen, *Die Apostelgeschichte*(KEK), Göttingen 1977⁷, 193/이선희, 박경미 역,『사도행전 I』[국제성서주석 33.1], 한국신학연구소, 1987). 단, 콘첼만은 그렇게 주장하지 않는다(H. Conzelmann, *Die Apostelgeschichte*(HNT), Tübingen 1972², 38).

28) H. Conzelmann, *Loc. cit*.

바로 그 장이었다. 헬레니즘 영역을 선교의 장으로 정한 바울로는 세계선교라는 큰 목표 아래 모든 것을 정당화한다. 그런 목표는 도시 중심의 선교가 자명화된 것이다. 그의 목표를 로마와 그리고 당시에 땅 끝이라고 생각되었던 스페인에 둔 것은 선교적 차원에서는 큰 공헌을 했던 것이지만, 예수공동체를 그리스도교로 제도권에 안주하게 하는 발단이 되었다. 이러한 흐름에 반하여 예수의 본뜻을 지키려 하는 운동이 일어났다.

교부 크리소스톰(Johannes Chryrsostom)은 하느님이 공기, 해, 물 그리고 땅 등을 모든 사람에게 공유물로 골고루 나누어 준 것을 말하고, 거기에 어떤 불화도 없이 모든 것이 평화롭다고 하면서 그러한 평화가 파괴된 것은 사유화에서 비롯되었으며, 그것이 하느님의 질서를 깨뜨렸다고 말한다.[29] 나치안츠의 그레고리(Gregor von Nazianz)는 가난과 풍요는 소위 자유인의 노예화와 더불어 죄악으로 타락한 결과이다. 처음에는 그렇지 않았다. 하느님은 사람을 자유스럽고 자율적으로 살아가도록 만들었다. 낙원은 사람이 모든 것을 자유롭게 쓸 수 있는 현실이다. 그런데 뱀의 유혹으로 인간에게 욕심과 다툼이 생겨서 원래의 조화가 파괴되었다. 그리고 자연의 고귀함이 전제적인 법에 힘입은 소유욕에 의해서 파괴되었다고 주장하면서 구원사적 근거를 제시했다.[30]

마일란드의 감독 암브로시우스(Ambrosius 339-397년)는 하느님의 질서를 자연과 일치시켜 다음과 같이 말했다: "자연은 모든 것을 모든 사람에게 분배했다. 즉 하느님은 모든 것이 생산되도록 명령했다. 이로써 먹을 것은 모든 사람에게 공유가 되며, 땅 또한 공유가 되게 했다. 자연은 공동체의 권리를 주었다. 불법적인 욕심이 사적 권리(그

---

29) M. Hengel, *Eigenturn*., 9f.
30) *a.a.O.*, 11.

결과 사유재산도)를 만들어냈다." 이렇게 그는 자연법과 하느님의 질서를 일치시켜 사유권의 반자연성을 설명했다.[31]

그런데 이러한 주장을 말로만이 아니라 생활로 실천하려는 것이 이른바 수도원운동이다. 수도원 교부 바실리우스(Basilius 330-379년)는 소아시아의 부농에 태어났다. 그는 에집트-시리아의 수도원의 영향으로 자기 소유를 모두 가난한 자들에게 나누어 주고 수도승이 되었다. 그는 설교에서 루가 12장에 나오는 부자 이야기를 예로 든 설교에서, 부를 자신을 위해 확보하고 가난한 사람들을 도울 줄 모르는 놈은 강도요 도둑놈이라고 했다. 그는 기득권을 주장하는 자들에게 "도대체 네 것이 무엇인지 말해 봐라! 어디에서 얻어서 세상에 가져 왔나? 마치 너는 극장에 들어가 한 자리를 차지하고 모든 사람들의 것을 오직 자신만을 위해 있다고 생각하며 후에 들어오는 모든 사람들을 내쫓는 자와 같다"고 했다.[32] 이같은 전통이 수도원에 그대로 흘러 아씨시의 프란체스코가 이끄는 수도단으로 이어진다. 저들은 '그리스도를 본받아'(imitatio Christi)를 내세우고 실천하려 한 것이며,[33] 비록 실천하지는 못했어도 종교개혁자 쯔빙글리(Zwingli)나 멜랑히톤(Melanchthon)도 이 입장에 섰다. 예수의 민중운동을 해방운동이라고 한다면 하느님의 것을 하느님에게 돌리는 운동이어야 할 것이다. 그것은 바로 사유화된 권력이나 재산을 공으로 돌림으로써 사람을 포함한 일체의 것이 사물화의 체제에서 해방되는 일이다.

---

31) a.a.O., 11.
32) a.a.O., 10.
33) a.a.O., 11.

열째 마당

열째 마당
체제와의 충돌

예수운동의 적대자들

윗 마당에서 예수운동에 분명히 전략이 있었으리라는 사실을 시사했다. 이 마당에서는 예수와 충돌된 세력의 정체를 물으려고 하는데, 그것이 위의 추측을 일부 뒷받침할 것이다.

편의상 복음서에서 이른바 논쟁설화로 알려진 것 중에서 그 특성을 살펴보기로 하겠다. 논쟁설화는 양식사학파들이 분류한 이름인데[1] 적대자와의 충돌을 내포하고 있는 것이 여덟 가지이다. 이 여덟 가지 중 안식일법에 의한 것이 네 개(마르 3,1-6; 루가 14,1-16; 루가 13,10-17; 마르 2,23-28), 이른바 죄인과의 격의 없는 교류 때문에 생긴 것이 두 개(마르 2,15-17; 루가 7,36-50), 그리고 예수가 무죄를 선언한 경우(마르 2,1-12)와 정결법에 저촉된 경우(마르 7,1-23)가 각각 하나씩이다.

먼저 안식일 논쟁을 고찰해 보자. 예수의 일행이 안식일에 밀밭 사이를 지나다가 배가 고파 밀이삭을 잘라 먹었다(마르 2,23). 이에 항

---
1) R. Bultmann, *Geschichte der synoptischen Tradition*, 39ff.(한역본 47ff.).

의하는 사람들은 바리사이파 사람들이었다(24절). 또 한 경우는 예수 일행이 회당에 들어갔을 때 거기에 한쪽 손이 오그라진 사람이 있었다(마르 3,1). 이 이야기에는 예수가 어떤 행동을 하기 전에 "사람들이 예수가 그를 고쳐주는지를" 주시한 것으로 되어 있다(2절). 그것은 예수가 안식일을 상관하지 않고 병을 고치는 것이 일반에게 알려졌다는 전제를 갖고 있다. 저들은 단순한 호기심이 아니라 예수가 또다시 그런 행동을 할 경우 그를 고소하려는 것이 목적이었다. 저들에 대해서 예수는 탄식했는데 그것은 저들의 마음이 굳어져 있었기 때문이라고 한다.[2] 예수는 그 환자를 낫게 한다. 그런데 바리사이파가 그 때문에 예수를 죽이려고 공모했는데 그 동반자는 헤로데 당원이었다(마르 3,6).[3] 고창병을 고친 경우에도 마찬가지로 바리사이파와 율법학자(서기관)가 적대자로 등장한다(루가 14,3). 십팔 년 동안 병마에 붙들린 여인을 고쳤을 때 저항한 자는 회당장이다(루가 13,14). 그 외의 것은 바리사이파나(와) 율법학자로 되어 있다(마르 2,18; 루가 7,39; 마르 7,1).

 이상에서 보면 예수의 적대자로 정면에 나선 집단은 바리사이파로 대표되고 있다. 그러나 현실적으로 예수 당시에 바리사이파가 이처럼 예수운동과 정면충돌을 했는지는 의문이다.[4] 그러므로 이 적대자는 유다전쟁 이후의 상황에 의해서 대치되지 않았나 하는 견해가 많다.[5] 그러나 우리의 관심은 예수와 충돌한 집단이 바로 유다교였

---

2) 마음이 굳어짐(πώρωσις)이라는 표현은 마르코복음에서 이곳에만 (3, 5) 나온다. 마태오복음과 루가복음에서는 사용되지 않는 말이다.
3) 헤로데 당원에 대해서는 여섯째 마당 "예수와 민중"을 참조하라.
4) 예수는 바리사이파 사람들과 식탁교제를 가진 적도 있다(루가 7,36;11, 37;14,1). 그러나 바리사이파에 대한 예수의 신랄한 비난(마르 7, 1ff. 공관)을 염두에 두면, 바리사이파와 충돌이 예수운동에서부터 시작되었음을 알 수 있다.
5) W. Schmithals, *a.a.O.*, I, 166f; J. Gnilka, *Mk I*, 107ff.(한역본 134ff.).

다는 사실에 있다.

다음으로 예수의 선포나 그 운동의 성격으로 보아 당시의 식민지 지배 세력인 로마제국이 일차적인 적수였을 수 있고, 다음은 마르코복음 1장 14절이 암시하듯이 갈릴래아의 봉건영주 헤로데 안티파스를 비롯한 헤로데 가(家)일 수 있다. 로마제국 또는 헤로데 왕가가 하느님의 주권을 가로채고 민중을 도탄에 빠지게 한 원흉이기 때문이다. 로마는 주전 63년 뽐뻬이우스에 의한 군사점령 이후 팔레스틴을 사실상 속국으로 하고 갖은 악정을 펴다가 주후 70년에 국가로서의 이스라엘을 완전히 멸망시킨 민족적 원수이다. 저들은 팔레스틴에서 막대한 금액을 조공으로 바치도록 강요했으며,[6] 그 외에도 여러가지 명목으로 경제착취를 단행하고,[7] 이른바 민족분열과 지배라는 방법[8]으로 유다인 사회에 치명적인 상처를 입힌 세력이다. 무엇보다도 저들이 헤로데를 로마에서 훈련하여 팔레스틴의 왕으로 임명해 이중적인 착취를 하고, 종교나 문화적으로도 이중정책[9]을 써서 유다 전통에 치명적 타격을 가한 원수이다. 이 로마와 어찌 충돌이 없을 수 있을까? 이 문제는 후에 다시 언급하게 된다.

다음으로 헤로데왕이 비록 로마의 앞잡이지만 그것과 별도로 그가 저지른 불의를 논의할 수 있다. 혈통으로 보아 순수 유다인이 아닌 이두매아계의 헤로데 가(家)[10]가 로마를 등에 업고 그 앞잡이로서

---

6) 둘째 마당 "예수의 시대상"을 참조하라.
7) 인두세와 소득세, 가축세, 토지세 등이 그것이다.
8) 헤로데 사후 팔레스틴을 분할하고 통용화폐를 구별하여 유대와 갈릴래아를 차별한 것이 그 좋은 예다. 안병무 "마가복음에서 본 역사의 주체", *a.a.O.*, 163.
9) 이중정책의 본질은 유다전통을 존중하는 척 하면서 유다인들의 반발을 무마시키는 한편, 강력한 헬레니즘화 정책을 추진하는 것이었다.
10) 히르카누스 1세는 메데바, 세겜 등지를 점령한 후 에돔으로부터 남유다로 유입된 이교도들인 이두매아 사람들에게 할례를 강요했다(주전 128년). Bo

다윗 당시의 판도만큼 넓은 지역을 지배하면서 이중정책으로 유다 민족을 최대한으로 우롱했다. 그런데 세례자 요한이 체포되었다는 소식을 듣고 바로 체포의 장본인인 헤로데 안티파스가 통치하는 영역인 갈릴래아로 들어간 예수, 마침내 예루살렘에서 로마총독에 의해 처형될 수밖에 없는 관계에 선 예수가 로마제국이나 헤로데 왕가와 정면충돌하는 장면이 부각되지 않은 것은 무슨 까닭일까? 복음서에는 로마제국에 관련된 것은 수난사를 빼면 사실 한 곳 밖에 언급되어 있지 않다.[11] 헤로데 가(家)에 대해서도 그렇다. 마르코복음서에서는 헤로데 안티파스가 세례자 요한을 죽인 것을 보도한다. 루가복음서에서는 여기에 덧붙여 "그 모든 악한 일에다가 이 악한 일을 더한 것입니다"(루가 4,19-20)라고 함으로써 헤로데가 악인임을 강조한다. 그런데 안티파스에 저항하여 어떤 전략을 꾸몄다거나 정면충돌했다는 기록은 없다. 단지 어떤 사람이 안티파스가 예수를 죽이려고 하니 이곳(갈릴래아)을 떠나는 것이 좋겠다고 충고한 데 대해서 예수는 "너희는 그 여우에게 가서 이 말을 전하라…"(루가 13,32)고 응수한 경우가 나타난다. 여우란 라삐문서에는 '간교', '파괴', '무가치한 인간'을 가리키는 말로 씌어졌다.[12] 그러므로 그것은 심한 욕설임에 틀림없다. 그러나 위의 모든 언급들은 단편적인 시사일 뿐 예수가 저와 대결하려는 의도나 행태는 찾을 수 없다. 단지 안티파스가 예수에게 관심한 것은 그가 세례자 요한을 죽인 것과 관련하여 예수가 다시 살아난 세례자 요한이라는 풍문 때문이라는 정도의 기록이 있을 뿐이다 (루가 9,7-9). 그런데 이상의 단편적 언급들도 모두 루가자료라는 것을 주목할 필요가 있다. 이 말은 역사적 보도이기보다는 루가 특유의

Reicke, *a.a.O.*, (한역본 80).
11) 마르 12, 13-17(공관)의 납세논쟁이 그것이다.
12) I. H. Marshall, *a.a.O.*, 해당부분 참조(한역본 261).

대 안티파스 감정의 노출이라고 볼 수 있다.[13] 또 하나 주목할 수 있는 것은 마르코에서 볼 수 있는 대로 헤로데를 바리사이파와의 관계에서 경고하고 있다는 점이다. 위에서 이미 언급한 대로 바리사이파 사람들과 헤로데당이 예수를 죽이려고 음모했다는 보도(마르 3,6)와 "바리사이파 사람들의 누룩과 헤로데의 누룩을 조심하라"(마르 8,15)라는 예수의 경고가 있다. 이 경고에서도 이 두 세력을 한 계열로 취급했으며, 예수운동을 적대하는 연대관계를 나타낸 것이다. 그러나 이것도 저들과의 정면대결을 의미하는 것은 아니다. 이로써 예수의 활동은 비정치적이라는 견해를 가능하게 한다. 정말 그럴까?

이제 우리는 성서에 나타난 대로 바리사이파 또는 서기관으로 대표되는 유다종교체제와 예수와의 관계부터 밝혀야 할 단계에 왔다.

예루살렘 세력

바리사이파를 이해하기 위해서는 이미 둘째 마당에서 서술된 내용과 중복될 수 있는 소지를 무릅쓰고 예루살렘의 체제를 분석하는 것이 그 첩경일 것이다. 그것은 동시에 유다 사회의 지배체제를 규명하는 일이기도 하다. 예루살렘은 일명 다윗의 도성이라고 일컬어지는 데서 알 수 있는 바와 같이 다윗에 의해서 만들어진 도시이다. 다윗이 유다 지방을 점령하여 그 왕이 되고(삼하 2,4) 뒤이어 이스라엘국을 합병할 때(삼하 5,3) 그 분계선에 위치한 여부스족의 성을 빼앗아 자신의 사영지(私領地)로 만들어(삼하 5,7-9) 웅대한 궁전을 세우고, 이스라엘의 해방의 신을 상징하는 법궤를 예루살렘에 안치한 것은 자신의 군주체제의 정통성을 주장하기 위해서였다. 그것이 바로

---

13) I. H. Marshall, *a.a.O.*, 해당부분 참조(한역본 478f.).

솔로몬 대에 이르러 세워진 예루살렘 성전의 거점이 된 것이다(열상 8,1-13). 이른바 준아시아적 생산양식의 사회인 팔레스틴의 농민들은 왕에게 생산물을 공납했다.[14] 그런데 이 이스라엘이 외세에 점령됨으로 정권도 없어졌으며, 성전은 다른 신에 의해서 점유되었는데, 마카베오 독립투쟁에 의해서 비록 완전한 주권은 아니었으나 이스라엘의 독립을 회복하고, 그와 동시에 예루살렘 성전이 야훼를 모시는 신전으로 정화되었다.[15] 이 독립전쟁의 완수와 예루살렘 성전의 정화에 결정적 역할을 한 집단이 있었는데 그들이 바로 하시딤이다.[16] 시리아 세력 밑에서 부정해진 예루살렘을 떠나 광야에서 살던 신앙의 동지 하시딤은 숙원이던 예루살렘 탈환에 성공함으로 다시 성전 중심의 생활을 할 수 있었으나 하스몬왕조로 변신한 마카베오가(家)의 타락으로 또다시 성전종교가 부패하여 권력과 야합하게 되자 저

---

14) 아시아적 생산양식은 농업경영에 필수적인 거대한 관개사업을 국가가 수행한 데서 비롯되었다. 거대한 관개사업을 위해서는 방대한 노동력이 필요했고, 이 노동력에 대한 국가의 통제가 필수적이었다. 노예노동은 아시아적 생산양식의 필수부문이었다. 준아시아적 생산양식은 거대한 관개사업이 발달되지 않은 지역의 생산양식이다. 팔레스틴이 대표적인 예이다. 팔레스틴에 전제왕권이 수립된 이후 왕권의 유지, 특히 관료제도와 상비군의 유지가 불가피했다. 관료와 군인들은 왕으로부터 봉토를 분배받았고, 여기서 대토지소유제로 발전하는 맹아가 싹텄다. 생산농민들로부터 공납을 징수하는 것은 전제국가의 재정을 위해 필수불가결했다(삼상 8, 10-18; Marlene Fendler, *a.a.O.*, 34f.를 참조하라).

15) Bo Reicke, *a.a.O.*, 47(한역본 75). 주전 162년 : 종교적 자유의 회복 ; 주전 152년 : 요나단의 대사제 즉위 : 주전 142년 : 세금 면제권 획득. 팔레스틴에 제한된 주권의 사제국가가 형성된 것은 매 10년마다 이루어진 이와 같은 조치들로 인해 가능했다.

16) 마카상 2, 42 : "그러자 일부 하시딤 사람들이 모여 와서 그들과 합세했다. 그들은 용감한 사람들이었고 모두 경건하게 율법을 지키는 사람들이었다." 하시딤에 관해서는 W. Forster, *a.a.O.*, 62ff.; Hengel, *Judentum und Hellenismus*, 320-323.327-330을 보라.

들은 다시 예루살렘을 탈출했다.[17] 그런데 하시딤 이래로 반예루살렘파의 대부분이 분노한 주된 이유는 외세의 지원에 의해서 성전종교체제가 구축되는 반면 성전이 누리는 특권은 유다 민족을 담보로 하는 결과를 초래한 점이다. 이미 위에서 서술한 대로 대사제직은 정치적 정권을 상실한 후기 하스몬왕가 때부터 돈을 주고 매매하는 것이 되었고,[18] 따라서 그 임명권이 외세에게 이양되었으며, 그 상징으로 대사제복의 보관권도 외세의 손에 넘어갔다.[19] 이같은 굴욕 속에서도 대사제를 정점으로 하는 성전종교는 엄청난 세력을 국민에게 행사했다.

대사제는 두 가지 기구를 장악했다. 하나는 이른바 산헤드린으로서 유다인을 대표한 최고의결기관이다. 로마정부는 산헤드린에 보내는 서한에서 그것을 가리켜 '정부', '원로원' 또는 '예루살렘 시민' 등의 명칭을 붙였다.[20] 산헤드린은 70인으로 구성되어 있었는데 그 구성원은 사제계층, 장로 그리고 서기관 등이었다.[21] 이 기구는 행정권과 사법권을 행사했다.[22] 저들에게는 국민을 다스리기 위해 최소한 매질할 권리와 투옥할 권리가 주어졌다. 사형권은 원칙적으로 부여되어 있

---

17) Bo Reicke, *a.a.O.*, 51(한역본 80).
18) 대사제직 매매는 그 이전까지 소급된다. 이미 토비아드 가문의 메넬라우스는 안티오쿠스 에피파네스로부터 대사제직을 사서 유다인들을 통치하였다. 하스몬 왕가시대의 대사제직 매매에 대해서는 마카하 4, 7-10.24.32를 보라. 헤로데 시대에 대사제직이 정권에 완전히 예속된 이래 대사제직의 획득을 둘러싼 경쟁과 매수는 극에 달했다. j.Joma I, 38 e. 43.
19) Jos. *Ant*. 18, 4, 3; 20, 1, 1-2. 주전 7년-주후 37년까지 대사제복은 로마의 수중에 있었다. 대사제복은 안토니아 요새의 수비대가 보관하고 있다가 축제일에만 내 주었다. 주후 45년 글라우디오 황제의 칙령에 의해 대사제복은 유다인들에게 완전히 반환되었다.
20) Jos. *Ant*. 20,11.
21) J. Jeremias, *Jerusalem.*, 252(한역분 287).
22) Bo Reicke, *a.a.O.*, 107(한역본 159).

지 않았지만 로마총독 동의 하에서는 이것도 가능했다.[23] 그리고 이들에게는 성전체제를 위한 세금징수를 결정할 권한이 주어졌다.

대사제가 장악하고 있었던 또 하나의 기구는 물론 성전이다. 성전 운영은 대사제를 정점으로 하는 10명 내외의 제사장으로 구성된 상임집행부에 의해 집행되었는데,[24] 그 권한은 단순히 종교영역에 국한되지 않는 막대한 것이었다. 그 중에 특기할 것은 경제발동권이었다. 이스라엘인은 유다 지방은 물론 세계 어느 지역에 있든지 그 소득의 십분지 일을 공납할 의무를 가졌다.[25] 그리고 연 몇 차례 시행하는 거대한 종교행사가 있었는데 이 때마다 국내외의 유다인을 동원하는 권한을 갖고 있었다. 일년에 다섯 번 있던 대축제 때 세계에 흩어져 있던 유다인까지도 예루살렘으로 모이게 했다. 이런 축제는 성전의 이데올로기화에서 발생한 것이다. 그것은 예루살렘 성전에만 야훼 하느님이 현존한다는 도그마였다. 그러므로 야훼 하느님 신앙을 빼고는 이스라엘민이라고 생각할 수 없었던 저들은 최소한 1년에 한 번씩이라도 야훼를 배알하기 위해 예루살렘에 와야 했다.[26] 그때마다 이스라엘민은 모든 재산을 털어 예루살렘 순례의 길에 나서야 했

---

23) Klausner는 산헤드린이 사형을 선고한 한 예를 든다(J. Klausner, *a.a.O.*, 177). 헤로데 시대에는 산헤드린이 완전히 종속관계에 있었기 때문에 아무 실권도 없었다(*a.a.O.*, 2201). 빌라도가 예수를 처형할 때 산헤드린의 사형권은 전혀 생각할 수 없다. 그러나 빌라도가 산헤드린에 사전 양해를 구했을 가능성이 있다(*a.a.O.*, 461f.).
24) 대사제회의 구성원들에 대해서는 Bo Reicke, *a.a.O.*, 109(한역본 162); J. Jeremias, *Jerusalem.*, 181-204(한역본 212-236)을 보라.
25) Bo Reicke, *a.a.O.*, 125(한역본 182).
26) 예레미야스는 모든 이스라엘 사람들과 완전개종자는 과월절과 추수절과 초막절에 반드시 참여하도록 규정되어 있었으나, 디아스포라의 유다인들에게는 과월절 축제에만 참여하도록 완화 조치가 취해졌다고 한다(J. Jeremias, *Jerusalem.*, 88 /한역본 110).

다. 저들은 속죄의 제물로 짐승을 사서 바쳐야 했는데 그 짐승에 대해서는 정결한 것이어야 한다는 단서를 붙임으로써 성전당국이 전매권을 점유했다.[27] 왜냐하면 그 순결성은 사제계급이 결정하기 때문이다. 그 뿐만 아니라 저들이 지니고 온 돈도 외국 화폐일 경우 부정한 것이라 하여 예루살렘에서 통용되는 화폐로 바꾸도록 제도화하였다.[28] 그러므로 성전이 은행의 역할까지 겸한 것이다. 차후에도 이 성전의 운영 내용에 대해 언급하겠으나 예루살렘 성전제도는 세계에서 그 유례가 없을 만큼 강력한 것이었다.

하스몬왕가는 신흥제국 로마에 의해 주전 63년에 사실상 로마의 속국이 되어 국권은 다시 상실되었다. 로마는 노예들의 노동력에 의해 번영한 나라였는데 그 노예는 저들이 점령한 지역의 민중들로 충당되었다. 그러나 이스라엘만은 예외로 취급되었다. 저들은 이스라엘 민은 노예로 징용하지 않았다.[29] 그것은 성전중심의 이스라엘 종교의 특유성을 인식했다는 점과 저들의 직접 통치를 대리하기 위해서 양성한 헤로데의 정책이 주효하였던 것으로 보인다.

로마는 팔레스틴을 군사와 상업의 유통지로 활용했으며, 연 600 달란트라는 세금 외에 많은 경제적 포탈을 감행하는 대신 유다교를 합법적인 종교로 인정했다. 그것은 하스몬 왕가의 지배권을 뺏는 대신 대사제직을 유다 민족의 최고회의기구인 산헤드린의 장으로 인정함으로써 시작되었다. 이 같은 와중에 하시딤에 정신적 기원을 가진 예루살렘 잔류파인 바리사이파가 율법을 이데올로기화하여 국민운동을 전개했다. 저들은 초기에는 국민의 편에 선 대중적 운동을 전개했으나 살로메 알렉산드라 여왕 때에(주전 76-67년) 그들의 정책이

---

[27] J. Jeremias, *a.a.O.*, 114(한역본 139).
[28] Bo Reicke, 125(한역본 182).
[29] Bo Reicke, 105(한역본 155).

수용된 이후부터 유다교 이데올로기화의 중심에 서게 되었으며,[30] 로마시대에 들어와서도 초기에는 약간의 충돌이 있었으나 결국 저들에게도 그 실세가 인정되어 대사제가 이끄는 산헤드린에서 결정적인 역할을 했을 뿐 아니라 성전중심의 유다교 확립에도 주역이 되었다.[31] 유다교의 중심지를 예루살렘으로 볼 때 저들은 예루살렘파의 주역이라고 할 수 있다. 예루살렘을 중심한 유다교가 이와 같은 형태로 존속하게 되었다는 것은 점령 세력과의 유착을 의미하는 것이다. 다윗왕조 이래로 정권과 유착되어 왔는데, 외세가 침공했을 때마다 예루살렘파는 그것과 유착하는 것이 상습화되었다. 이러한 체질이 로마시대에 와서 극에 이르렀다. 예루살렘파는 자기 민족의 운명을 희생하는 대가로 예루살렘의 특권을 누리고 있었던 것이다.

바리사이파에 대해서 이와 다른 견해가 있으나 우리는 다음 두 가지 측면에서 이같은 결론을 내릴 수밖에 없다. 하나는 비판세력으로 알려진 바리사이파가 사제계층을 비판하거나 그들과 충돌한 일이 없었으며 오히려 그들과 깊은 유대관계가 나타나 있을 뿐만 아니라(마르 7,1) 사제에게만 국한되었던 율법적용의 범위를 국민생활 전반에 확대킴으로써 사제종교를 강화했다는 사실[32] 그리고 또 하나는 저들이 로마제국과 대결하지 않았다는 사실이다. 사람들 중에는 젤롯당을 지휘한 사람 중에 바리사이파에 속했던 사람들이 가담했다는 사실[33]로 바리사이파 자체가 반로마적이었다고 보나 그것은 예외적인 현상일 뿐이다. 저들의 대 로마 자세는 유다전쟁 당시에 잘 드러났다. 바리사이파가 중심이 된 율법학자 일군(一群)이 로마의 양해 아

---

30) Bo Reicke, 120(한역본 175). 이때 바리사이파는 산헤드린에 진출하도록 허락받았다.
31) J. *Jeremias, Jerusalem*., 268ff.(한역본 304ff.).
32) J. Jeremias, *a.a.O.*, 292(한역본 329).
33) Bo. Reicke, *a.a.O.*, 120(한역본 175f.).

래 얌니아 지역에서 율법학교를 계속하였다는 것이 그 사실을 입증한다.[34] 저들이 특히 예루살렘 함락 이후에 국권 없는 이스라엘민에게 큰 영향을 미침으로 그리스도교의 경쟁의 대상이 된 것은 사실이나, 예수 당시의 바리사이파를 예루살렘 성전종교와 유리시켜 볼 근거는 전혀 없다.

바리사이파가 주동이 되어 형성된 유다교는 하나의 종교가 아니라 생활 전반을 지배하는 체제이다. 이 체제를 절대화하기 위해 저들은 모세의 글, 토라의 권위를 절대적인 것으로 떠받들었다. 그러나 토라만으로는 생활 전체를 규제하는 체제화가 불가능하기 때문에 토라해석의 전통—이것은 현대적으로 말하면 판례법적인 효력을 가졌다—중에 문서화된 것은 물론 문서화되지 않은 구전전승까지 망라해 구성했다. 그것을 집대성한 것이 2세기말에 완성된 미슈나다. 미슈나는 '반복한다', '전승된 것을 배운다'라는 히브리어 시니쉬(šnh)에서 온 말이다. 그것은 생활 전반을 총망라한 시행령과 금령으로 되어 있다. 그 중에 우리와 관련된 안식일법을 보자.

먼저 주목할 것은 안식일법이 제사종교 특징의 하나인 축제편에 속했다는 것이다. 그러므로 그것은 정결법과 유리되어 있지 않다. 먹고 마시는 일, 몸을 단정히 하는 일, 심지어 보행에 관한 일까지도 규정되어 있다. 가령 '안식일에는 이천 보 이상 걸어서도 안된다', '병을 고쳐서도 안된다'는 규정 중에는 어린아이의 병도 고쳐서도 안되며 부러진 팔다리를 펴는 것도 금지되어 있다. 안식일에는 어떤 일도 해서는 안된다는 말이다. 심지어 두 글자 이상 쓰거나, 또 글자를 고쳐 다시 쓰기 위해 지워서도 안된다, 물건을 옮기거나 운반해도 안된다, 한 컵의 술, 행상용 바구니, 곡물을 옮겨서도 안된다, 낙타몰이나 뱃

---

[34] 경전편수작업에만 전념한다는 조건으로 얌니아에 율법학교를 건립하도록 공적인 허가를 받았다. W. Förster, *a.a.O.*, 84(한역본 165).

꾼이 큰 줄로 고를 맬 수도 풀 수도 없다. 금요일 저녁 해가 지면 곧 안식일이 시작된다. 안식일이 시작되기 직전 짐을 싣고 마당에 도착해도 해가 지면 그 짐을 내려서는 안된다. 더욱 해괴한 것은 안식일에 집 밖에 있는 가난한 사람이 집 안에 있는 주인의 손에다 무엇을 놓거나 그 손에서 어떤 것을 가져가도 안된다는 점이다. 이럴 경우 그 책임은 가난한 자에게 돌아간다는 것이다. 이로써 안식일에는 구걸할 수도 없고 구제하지 않아도 되는 충분한 구실을 한다. 이상에서 보면 글쓰는 것을 뺀 모든 것이 농부들을 위시한 하류층의 민중에게 관계된 규정이다. 까닭은 모두가 노동과 관련이 있기 때문이다. 안식일의 본래 정신은 가난한 자를 쉬게 하려는 것이었는데 체제화됨으로써 가난한 자를 억누르는 법망이 되어 버렸다.

또 한 예로 정결법을 보자. 이미 위에서 언급한 대로 정결법은 성전종교의 핵심인 의례와 직결된 것이다. 이 규정에는 정결, 부정에 대해 상세히 다루고 있다. 가령 음식 그릇을 씻는 일을 비롯해서 의복, 몸에 대해 어떻게 정결하게 해야 하는가 하는 방법을 세밀히 규정하고 있다. 이 정결법은 안식일법과 마찬가지로 특히 노동계층은 거의 지키기 불가능한 법망이 되어 버렸다. 또 미슈나에는 가령 첫편 농사에 관한 규정에서 가장 중요한 것으로 십일조를 바쳐야 한다는 규정 이외에 사제계급인 레위 족속에게 바치는 방법, 예루살렘 축제 때에 제물을 바치는 방법, 처음 수확한 곡식, 과일, 짐승을 바치는 방법을 세밀히 규정하고 있다. 더욱 놀라운 것은 이런 규정을 범했을 경우에 그 속죄행위로서 어떤 제물을 어떻게 바쳐야 하는가 하는 것까지 규정되어 있다. 이렇게 함으로써 바리사이 체제는 다음과 같은 결과를 초래하였다. (1) 점령세력에게 바치는 것 외에 나라에 바치던 공납제도를 바꾸어 성전에 바치도록 했다.[35] (2) 이 제도를 존속시키기 위해

---

35) Bo Reicke, 122. 124(한역본 178. 181f.).

언제나 점령세력과 타협을 불가피하게 만들었다.[36] (3) 민족을 분열시키는 결과를 가져왔다.[37] 이 체제를 지킬 수 있는 사람은 의인이며, 못지키는 자는 죄인으로 소외계층이 되었다. 소외계층은 가난이나 병 또는 그런 것을 지킬 수 없는 천직자들이다. 그러므로 계층사회를 심화시켰다. (4) 가장 근본적인 것은 율법의 본래정신을 변질시켜 성전중심의 착취체제를 정당화한 점이다. 이러한 체제가 얼마나 민족사회를 비인간화하는가가 위에서 열거한 논쟁이야기에서 잘 드러나고 있다.

예루살렘 세력과의 대결

안식일에 배가 고파서 밀이삭을 자르는 예수의 일행을 보았을 때(마르 2,23) 바로 그 배고픈 자에 대한 문제의식 즉 배고픔에 대한 인식이 선행되는 것이 인지상정이다. 그러나 이 체제주의자들은 오직 안식일법을 지키느냐 범하느냐에만 관심하고 있다(24절). 손이 오그라진 사람을 보았을 때(마르 3, 1) 그 사람에 대한 측은한 마음과 그가 정상인이 되기를 희구하는 마음이 본래적인 인간상일 것이며, 그러한 마음이 선을 행하는 계기가 될 것이다. 그러나 저들은 그것이 선행인지 악행인지에 대한 판단기준을 잃고 오직 체제옹호에만 혈안이 된다(2절). 정결법도 그렇다. 예수의 일행이 정결법을 깨고 식사를 했다(마르 7, 2). 배고픈 사람에게 어떻게 이 정결법의 엄수가 가능할

---

36) 성전의 수장인 대사제의 임면권이 왕이나 로마관리들에게 주어져 있었음을 상기하라. 또한 성전체제의 중심세력인 사제귀족들은 지주계층이었다는 점도 타협을 용이하게 만들었을 것이다. H. Kreissig, *Die sozialen Zusammenhang.*, Bd. II., 99.
37) J. Jeremias, *a.a.O.*, 294. 302f.(한역본 319f. 331).

것인가? 그러나 저들에게는 저들이 손을 씻지 않고 음식을 먹어야 하는 그 사정에는 아무 관심도 없고 오직 정결법 위반에 대해서 고발한다(5절). 이러한 저들의 행태에 대한 예수의 공격은 모든 체제를 뿌리에서부터 흔드는 근본적인 것이었다.

> 사람이 안식일을 위해 있지 않고 안식일이 사람을 위해 있다. 사람은 안식일의 주인이다(마르 2,27).

이 선언은 결코 안식일에만 국한되는 것이 아니다. 어떤 지배 체제나 권력도 그것이 그 자체의 목적이 될 때에는 모두 거부된다. 안식일 제도가 하느님의 이름을 등에 업은 규율임에도 불구하고 이같은 선언을 했다면 정치체제나 권력을 위시한 어떤 것에도 적용되지 않을 수 없다. 또는 "밖으로부터 들어가는 것이 그 사람을 더럽히는 것이 아니라 오히려 사람에게서 나오는 것이 그 사람을 더럽힌다"(마르 7, 18)는 선언은 일차적으로 정결법 전체를 상대화하는 것은 물론이고 의식종교화된 성전종교 전반을 깨는 결과를 가져올 수밖에 없다. 이것을 더 확대시키면 강자에 의해 만들어진 온갖 법적·제의적 질서 전반을 거부하는 것이 된다.

이미 언급한 대로 갈릴래아에서 예수와 민중과의 사이에 끼어들어 예수를 비난하거나 반대한 자들이 대부분 바리사이파임을 밝히면서 저들을 '예루살렘에서 온'(마르 7, 1)이라는 한정사로 규정하고 있다.

예수가 신랄한 비판과 책망을 한 대상도 이 바리사이파로 되어 있다.

> 그들은 예복을 입고 다니는 것과 장터에서 인사받는 것과 회당의

높은 자리와 잔치의 윗자리를 좋아한다(마르 12,28).

이 비판은 내용상 상류계급 전반에 해당될 수 있겠으나 스스로를 '구별한다'(바리사이)고 명명함으로써 엘리트의식을 철저화한 바리사이파에 해당되는 것이다.

> 화가 있으리라, 너희 바리사이파 사람들아. 너희가 박하와 운향과 채소의 십일조는 드리면서 정의와 하느님께 대한 사랑은 소홀히 하고 있구나(루가 11,42).
> 그들은 무거운 짐을 묶어 남의 어깨에 메우고 자기들은 손가락 하나도 움직이려 하지 않는다. 그들이 하는 일은 모두 사람에게 보이기 위한 것이다. 그들은 경문곽을 크게 하고 옷단을 넓게 한다. 그리고… 장터에서 인사받는 것과 사람들이 선생이라 불러주는 것을 좋아한다(마태 23,4-7).

이 서술도 바리사이파에게 적중한다. 마침내 예수는 저들을 맹렬히 공격한다.

> 위선자인 율법학자와 바리사이파 사람들아! 너희에게 화가 있으라! 너희는 사람들 앞에서 하느님 나라 문을 닫아놓고 자기도 들어가지 않고 들어가려는 사람도 못 들어가게 하고 있다… 너희는 한 사람의 개종자를 만들려고 바다와 육지를 두루 다닌다. 그러다가 만들면 너희보다 더 악한 게헨나의 자식으로 만들어 버린다.
> 맹인이면서 남을 인도하는 자들아. 너희에게 화가 있으라. 너희는 '누구든지 성전을 두고 맹세하면 아무래도 좋으나 성전의 금을 두고 맹세하면 맹세대로 해야 한다'고 말하니 어리석고 눈먼 자들아! 어느

것이 더 중하냐? 금이냐? 그 금을 거룩하게 하는 성전이냐? 또 너희는 '누구든지 제단을 두고 맹세하면 아무래도 좋으나 그 제단 위의 제물을 두고 맹세하면 맹세대로 해야 한다'고 말하니 눈먼 자들아! 어느 것이 더 중하냐? 제물이냐? 그 제물을 거룩하게 하는 제단이냐?…(마태 23, 13이하).

해석자 중에는 이 비판이나 공격이 예루살렘 함락 이후에 바리사이파를 겨냥한 초대 그리스도교의 소산이라고 보는 이들도 있으나[38] 동의할 수 없다. 그것은 이미 위에서 언급한 대로 바리사이파에게 적중하는 표현이기도 하지만 성전이 이미 완전 파괴된 이후에 이같은 내용으로 저들을 비판했다는 것이 사리에 맞지 않기 때문이다.

이 비판에서 핵심적인 것은 두 가지이다. 하나는 섬김을 받으려는 저들의 교만이요, 또 하나는—이것이 중요한데—본질적인 것과 비본질적인 것을 구별할 줄 모른다는 것이다. 이것은 물론 바리사이파에 국한하는 것이 아니고 이미 늙어버린 유다교 전반에도 그대로 적중된다. 이러한 예수의 비판은 예수의 대 율법관과 맥을 같이 한다. 마태오복음서에는 예수를 율법의 완성자요 수호자로 보게 하는 구절이 있다(5,17-18). 정말 예수가 율법의 일점일획이라도 다 지켜야 한다고 보았을까? 이같은 말을 예수에게 돌린 마태오는 그 다음에 저 유명한 여섯 가지 반제(Antitheses)를 서술하고 있는데(5, 21-48), 그것은 위의 견해를 정면으로 부정하고 있다. 이 반제는 교회의 실천항목으로 발전된 것이 뚜렷하다. 토라에 대한 유다교의 이해에 대해서 예

---

[38] J. Gnilka, *Mk I*, 109 (한역본 137); W. Schmithals, *Mk I,* 166f.; E. Schweizer, *Mt*, 280(한역본 453). 특히 슈바이처는 "율법학자와 바리사이파 사람들"이라는 표현은 70년 이후에 나온 것이라는 이유를 들어 이러한 견해를 뒷받침한다.

수의 말씀을 내세운 것은 라삐적인 서술방식이다. 그럼에도 불구하고 여기에서 예수의 대 율법 입장이 잘 드러나 있기 때문에 그 성격을 순서대로 해명해 보기로 한다(마태 5,21).

맨 처음은 "살인하지 말라. 누구든지 살인하면 재판을 받아야 한다"(마태 5,21)이다. 이것은 출애굽기 20장 13절, 신명기 5장 17절 등에 나오는 십계명을 확대한 것이다. 이에 대하여 예수는 "형제를 향하여 성을 내는 사람은 누구든지 재판을 받게 되고 형제더러 미련한 놈이라고 하면 의회에 끌려가게 될 것이요"(22절)라고 말한다. 이것은 살인죄를 철저화해서 살인의 동기에까지 소급한 것이다. 미슈나에서는 살인을 죄없는 자의 목숨을 끊는 것과 피를 흘리는 행위로 규정하고 있다. 그런데 살인과 성내는 것을 동일시하면 율법의 법성이 무의미하게 된다. 까닭은 그렇게 되면 재판이 불가능하게 되기 때문이다.

둘째는 간음하지 말라는 십계명에 대해서 예수는 "남의 부인을 보고 음욕을 품는 사람은 누구든지 마음으로 그 여인과 간음한 것이다"(5, 28)고 한다. 이것도 십계명 자체를 반대하는 것은 아니다. 그러나 간음이란 구체적으로 남의 부부관계를 파괴하는 것을 의미하는데, 정욕 자체를 그 행위와 동일시하면 역시 율법의 성격을 폐기하는 것이 된다.

셋째, "누구든지 아내를 버리면 그에게 이혼증서를 써주라"(신명 24, 1)는 말은 신명기법전의 대목으로서 이혼의 권리를 허용해준 것이다. 이혼에 대한 예수의 입장은 마르코 10장 5절 이하에 분명하게 천명되어 있다. "하느님께서는 창세 때부터 사람을 남자와 여자로 만드셨다. 이러므로 사람은 자기 부모를 떠나 아내와 합하여 둘이 한 몸이 되는 것이다… 그러므로 하느님이 짝지어주신 것을 사람이 나누어서는 안된다." 이것은 이혼을 허용한 모세의 법을 정면으로 거부

한 것이다.[39]

넷째, 거짓맹세하지 말고 네가 주께 맹세한 것은 다 지키라(레위 19, 12; 민수 30, 2). 이에 대해서 예수는 도무지 맹세하지 말라고 한다(마태 5, 34). 해석자 중에는 이것은 율법에 대한 직접적인 반대가 아니고 그것의 철저화라고 하는 이들도 있다. 이런 견해는 맹세한 것에 대해서만 성실할 것이 아니고 생활 전반이 성실해야 한다고 해석을 붙일 때 비로소 가능한 견해이다. 그러나 이 점 역시 율법의 법적 질서를 안중에 두지 않는 반론이다. 까닭은 법적 질서를 집행하는데 맹세나 서약 같은 것이 불가결한 요소이기 때문이다.

다섯째 "눈은 눈으로 이는 이로 갚으라"(출애 21,24). 이것은 신명기, 레위기 등에도 반복되는 율법질서의 골격을 이루는 중요한 계명이다. 모든 법률은 이 기초 위에 세워졌으며 종교마저도 이것을 근거로 교리를 형성한다. 그런데 예수는 이 계율을 정면으로 거부하여 "너희에게 악을 행하는 사람에게 보복하지 말라"고 하며, 한걸음 더 나아가서 "누가 네 오른뺨을 치거든 왼편 뺨을 돌려 대고 누가 너를 걸어 고소하여 네 속옷을 가지려 하거든 겉옷까지 주라. 누가 너더러 억지로 오 리를 가자고 하거든 십 리를 같이 가 주라"(마태 5, 39-41)고 함으로써 저 유명한 계율의 실천적 거부를 권고하고 있다. 여기에서 '누가'라고 된 것은 위와의 관계에서 보면 적대자이다. 가해자에게 보복을 금하고 오히려 선을 행위로 보여주라는 것이다. 이대로 한다면 율법적 질서는 물론이요 민족적 존립도 위협을 받게 된다.

끝으로 네 이웃을 사랑하고 네 원수를 미워하라는 말에 대해서 예수는 원수를 사랑하고 너를 박해하는 자를 위해 기도하라고 한다(마태 5, 44). 이것은 레위기 19장 18절 즉 "동족에게 앙심을 품어 원

---

39) 물론 이 구절을 이혼문제와 직결시키지 않는 해석도 있다. L. Schottroff, *Frauen in der Nachfolge Jesu.*, 105.

수를 갚지 말라. 네 이웃을 네 몸처럼 아껴라'는 말과 유사하다. 그런데 구약에는 어디에도 원수를 미워하라고 한 말은 없다. 그러나 구약은 이방인들과의 관계에서 미움을 행동으로 실천했으며, 실제로 그 정당성을 하느님의 뜻으로 뒷받침한다. 그러면 이웃은 바로 유다 민족 자체이고 원수는 이방인이 된다. 그 이방인은 바로 박해하는 이방인이다.[40] 이렇게 보는 것이 옳다면 이것도 율법에 흐르고 있는 민족주의적 적대성을 정면으로 거부하는 것이다.[41]

이상에서 예수의 대 율법 자세를 다음과 같이 성격화 할 수 있다. 첫째는 예수는 모세 오경을 법질서로 보지 않고 있다. 그러므로 율법에 의한 처벌이나 재판 등은 안중에 두지 않았다. 둘째, 예수는 율법에 의한 형식주의를 배격하고 있다. 바리사이파에 대한 그의 비판이 바로 이 점에 치중하고 있다. 셋째, 율법 자체에 있어서 본질적인 것과 비본질적인 것을 구분하여 본질적인 것을 선택한다.

정치권력과의 충돌

처음에 예수가 점령세력인 로마제국이나 그 앞잡이인 헤로데 가와의 관계에서 수난사를 빼면 어떤 저항이나 충돌의 흔적이 있느냐는 물음에서 부정적인 결론을 얻었다. 그것은 적어도 복음서의 기록에 제약을 받는 한 사실이다.

그의 비판의 대상은 바리사이파가 이끄는 유다교임을 거듭 확인했다. 그러면 예수는 권력이나 정치체제에 대해서는 전혀 무관하다

---

40) A. Dihle, Die goldene Regel. Eine Einführung in die Geschichte der antiken und frühchristlichen Vulgärethik, 1962, 116.
41) 안병무 "율법과 하느님의 뜻",『현존』(1969년 8월호), 14.

는 말인가? 결코 그럴 수는 없다. 무엇보다도 그의 선포의 초점인 하느님의 나라 도래가 이 역사와 관련이 있는 한 땅 위의 어떤 주권도 그것과 병존할 수 없다. 하느님 나라의 도래 선포는 예언자의 전통에 그 뿌리를 가지고 있다. 복음서는 예수를 한 예언자로 간주하는 데에 주저하지 않는다.[42] 예언자의 특성은 거의 예외없이 정치문제에 깊숙이 개입한 것에서 찾을 수 있다. 엘리야, 예레미야, 아모스, 이사야 등의 활동 무대는 바로 정치현장이었다. 예수가 예언자의 전통을 이었다면 이러한 면이 계산되어야 할 것이다. 예언자 중에는 자기 나라의 멸망을 거듭 천명한 이른바 재앙(Unheil)의 예언자들이 있었다. 저들은 하느님의 심판은 어떤 인간적인 계교에 의해서도 흔들릴 수 없는 것이라는 신념에 차 있었다. 예수도 하느님의 심판을 단호하게 그리고 자주 선언했다. 그런데 그것은 한 민족이나 나라의 심판이 아니라 세계 전체의 심판을 의미한다.

> 그날 그 환난 후에 해는 어두워지고 달은 빛을 잃을 것이며 별들은 하늘에서 떨어지고 하늘의 세력들이 흔들릴 것이다. 그리고 인자가 큰 권능과 영광으로 구름을 타고 오는 것을 사람들이 볼 것이다. 그때 그는 천사들을 보내어 땅 끝에서 하늘 끝까지 사방에서 하느님이 택하신 사람들을 모을 것이다(마르 13,24-27).

이것은 묵시문학적 영향이 농후한 발언이다. 그런데 여기서 지적할 것은 사람의 아들이라는 특이한 존재와 그 심판은 온 세계에 미

---

[42] 마태 16, 14;21, 11·46; 마르 6, 15; 8,28; 루가 7, 16·39 ; 9,8 ; 9, 19 ; 24, 19; 요한 4, 19; 6, 14; 7, 40.52; 9, 17. 바리사이파 사람들이 예수에게 "표징"을 요구한 것도 예수에게 예언자로서의 전권을 증명하라고 요구한 것으로 볼 수 있다. 이에 대해서는 마태 12,38-40; 16,1-4; 마르 8, 11-12; 루가 11,29-30를 보라.

친다는 사실이다. 이 심판은 돌연히 올 것이나 그 때가 눈 앞에 닥쳤다고 한다(마르 13,32 이하 참조).

예수 당시에 메시아의 나라가 도래했다고 선포하는 이른바 메시아 운동가가 여기저기 있었다.

> 사람들이 너희더러 '보라 그가 저기 있다. 보라 그는 여기 있다' 말할지라도 찾아다니지 말라. 마치 번갯불이 땅 이 끝에서 저 끝까지 번쩍이는 것처럼 인자도 자기 날에 그러할 것이다… 노아의 시대에 있던 것과 같이 인자의 날도 그러할 것이다. 노아가 방주에 들어가는 날까지 사람들이 먹고 마시고 장가가고 시집가더니 마침내 홍수가 나서 그들을 다 멸망시켰다. 롯의 시대에도 그와 같은 일이 있었다… 인자가 나타나는 날에도 그러할 것이다(루가 17,26-30).

먹고 마시고 장가가고 시집가는 등, 팔고 사고 나무를 심고 집을 짓는 등은 로마제국이나 헤로데 정권을 연상할 수 있는 표현이다. 세례자 요한은 심판날을 목전에 둔 모든 유다인들에게만 회개의 세례를 호소했다. 그러나 예수가 말하는 심판은 온 세계의 심판이다. 이에 로마제국이 예외일 수 없다. 이것이 '로마의 평화'(pax Romana)를 신념으로 한 저들에게 어떻게 용납이 되었을까?

어떤 군주국가와도 마찬가지로 로마 사회도 상층계급에서 하층계급으로 내려오는 체제 질서를 갖고 있었다. 상층계급일수록 인간가치가 높고 아래로 내려올수록 그 가치가 희박해지다가 마침내는 도구 이상의 의미를 갖지 못하게 되었다. 팔레스틴에서의 로마정책도 종교귀족과 부호 등을 옹호함으로써 그들의 식민정책을 펴 나갔다. 그런데 예수는 이 질서를 완전히 전도시켜 버린다. 가난한 자, 어린이, 병자, 여인들, 세리 그리고 창기들과 같은 그 사회에서 완전 소외된 계층과 자신을 일치시킬 뿐 아니라 임박한 하느님의 나라에서마저도 이 위계질서가 완전히 뒤집어진다. 이미 우리가 본 대로 "가난한 자는 복이 있다. 하느님 나라는 너희 것이다"(루가 6, 10) 라는 선언은 가장 극단적인 증거이다. 이처럼 위계질서와 나아가서는 가치질서를 완전히 전복시켜 버리는 예수가 로마-헤로데 정권에 어떻게 용납될 수 있었겠는가? 예수는 뚜렷하게 선언한다. "수고하고 무거운 짐진 자들아 내게 오라. 내가 너희를 편히 쉬게 하리라"(마태 11,28). 루가는 예수의 온 목적을 가난한 자, 포로된 자, 눈먼 자, 눌린 자를 해방하기 위해서라고 선언한다(루가 4,18). 그 내용은 예수 자신의 행태를 세례자 요한에게 전하는 것과 별 차이가 없다(루가 7, 22 참조). 나아가 그는 최후의 심판에서마저 심판자 자신이 주린 자, 목마른 자, 방랑자(나그네), 헐벗은 자, 병든 자 그리고 감옥에 갇힌 자와 자신을 일치시킨다(마태 25, 31이하 참조). 이것은 그의 유명한 최후의 심판 비유에 나타난 사상인데, 그 심판은 바로 세계 전체에 향한 것이다. 여기에서 이것은 분명 현존의 위계와 가치질서를 전복하는 말들이다.[43]

예수는 통치 체제에 대해서 중대한 비판적 반론을 편다. 예수가 예루살렘을 향해 가는 도상에서 야고보와 요한이 장차 올 나라에서의 자리 문제로 다툰 이야기가 있다. 저들은 이 새 나라를 이 세상의 통치체제와 같은 것으로 본 것이다. 이와 관련해서 예수는 "너희가 아는 대로 '이방사람들'(이방민족들)의 집권자로 알려진 사람들은 백성들을 강제로 지배하고 고관들은 세도를 부리고 있다"(마르 10,42) 라고 말하고, "너희는 그래서는 안된다. 너희 가운데 누구든지 크게

---

43) 타이쎈은 "가치혁명"이라는 말을 쓴다. 1988년 8월 캠브리지에서 강연한 원고인 G. Theißen, Jesusbewegung als charismatische Wertrevolution, 1-2; G. Theißen, *Der Schatten des Galiläers. Historische Jesusforschung in erzählender Form*, München 1986, 179(차봉희 역, 『갈릴래아사람의 그림자』, 한국신학연구소 1988, 238).

되려고 하면 섬기는 자가 되어야 하고 누구든지 주인이 되고자 하면 모든 사람들의 종이 되어야 한다"(마르 10,43-44)고 했다. 이것은 로마제국을 포함한 통치체제의 본질을 예리하게 분석 비판한 것이며, 새 질서는 이러한 통치체제가 전복되어야 한다는 선언이다. 이런 입장이 로마-헤로데 체제에서 어떻게 용납될 것인가?

비록 유다교 체제를 겨냥한 것이기는 하나 그의 법에 한 해석이 위에서 본 바와 같다면 국가가 어떻게 성립될 수 있을까? 비록 우리는 로마-헤로데 세력과의 정면충돌에 관한 기록을 갖고 있지 않으나 이미 그의 공생애 초기에 바리사이파와 헤로데당이 그를 죽이려고 음모를 꾸몄듯이(마르 3,6) 예수는 기존체제에 큰 위험인물로 부각될 수밖에 없었을 것이다. 그것이 한낱 교훈이 아니라 많은 민중과 더불어 사는 현장에서 선언되었음에랴! 그뿐이 아니라 예수는 결국 로마의 법정에서 정치범으로 사형언도를 받고 그 손에서 처형된다. 그것은 어떤 형태로든 예수가 로마제국의 눈에 위험분자로 노출되었기 때문임이 틀림없다. 그것은 수난 마당에서 다시 논의될 것이다.

열한째 마당

열한째 마당
수난사

그리스도교와 십자가

십자가는 이미 2세기 중엽부터 그리스도교의 상징으로 사용되어[1] 오다가 마침내 정착되었다. 이것은 결코 당연한 귀결은 아니다. 로마 제국의 처형대인 십자가들이 어떻게 한 종교의 상징이 될 수 있었을까. 무엇보다도 콘스탄티누스 대제(313년) 이래로 로마제국의 지배이데올로기 역할을 한 긴 역사를 가진 그리스도교가 이것을 고수해 왔다는 것은 기적에 가까운 일이다. 까닭은 그리스도교가 권좌에서 영광을 향유하는 동안 예수상은 날로 영광의 승리자로 승격되어 갔기 때문이다.[2] 그러므로 한때는 십자가보다 무덤을 박차고 손에 승리의 깃발을 들고 나오는 승리의 예수상이 그리스도교의 상징처럼 그 중심에 등장했던 것이다. 그럼에도 불구하고 십자가들이 여전히 그리스도교의 상징으로 관철된 것은 바울로의 주장에서 힘입은 것으로

---

1) *RGG*, 제3판, Bd. II, 6.
2) 초기의 예수상에는 수염이 없었는데 점점 그 수염이 길어졌다. 그것은 권력자들에 상응하는 권위를 나타내기 위해서였다.

볼 수 있을 것이다.

바울로는 역사의 예수에 대해 거의 침묵한 것으로 유명하나 역사적 사건으로 가장 확실한 예수의 죽음만은 절대 중요시했으며, 이 사건 위에 자신의 신학을 정립했다. 그런데 그는 예수의 '죽음'을 말하는 대신 예수의 죽음의 역사적 사건성(정치적으로 '죽임당함')을 가장 잘 나타내는 십자가를 말했다.[3] 그가 자신의 사상의 중심에 십자가 사건을 두고 있었다는 것을 다음과 같이 말한다: "내가 여러분과 함께 지내는 동안 예수 그리스도, 특히 십자가에 죽으신 그리스도 이외에는 아무 것도 알지 않기로 결심했기 때문입니다"(고전 2,2). 이것으로 그는 예수 그리스도마저도 십자가에 처형되었다는 사건을 통해서 파악했다는 것을 나타낸다.

그런데 우리를 의아하게 하는 것은 십자가에 처형되었다는 것은 너무도 역사적인 사건임에도 불구하고 일체 그 십자가 사건의 역사적 조건 등을 규명하려 하지 않는다는 사실이다. 우리는 그에게서 예수는 언제 어디서 왜 누구에게 어떻게 십자가에 처형되었는지 알 길이 없다. 그는 이러한 사실을 불문에 부치고 곧 그 의미를 제시할 뿐이다. 십자가에 달리신 그리스도라고 하면서도 그 말 바로 전에 "십자가의 말씀"(ὁ λόγος ὁ τοῦ σταυροῦ /고전 1,18)이라고 말하고, 그것이 유다인들에게는 거리낌이 되고 이방인들에게는 어리석은 것이지만 하느님의 능력이요, 지혜라고 한다(23-24절). 그는 예수의 죽임당함의 의미를 이렇게 표현한다. "그리스도께서 성서에 기록된 대로 우리의 죄를 위해서 죽으셨다"(고전 15,3) 또는 "자기를 낮추어 죽기까지 복종하셨으니 곧 십자가에 죽으셨습니다"(필립 2,8). 이 둘은 그가 명시한 대로 이미 초대 교회 안에서 형성된 신조를 수용한 것이기 때

---

3) σταυρός(고전 1,17; 1,18; 갈라 5,11; 6,12; 필립 2,8; 3,18). 동사형 σταυροω (고전 1,23; 2.2; 2,8; 고후 13,4; 갈라 2,20; 로마 6,6; 갈라 3,1; 5,24; 6,14 등).

문에 바울로에게만 책임이 있는 것은 아니지만 이러한 입장을 그는 수용해서 철저화한 장본인이다. 왜 십자가라는 구체적 이름을 고수하면서 그것의 역사적 내용에 대해 침묵했을까? 여기에서 바울로의 상황적 고민을 짐작할 수도 있다. 그 유명한 옥중서신(필립비)에서 왜 그가 투옥되었는지를 일언반구 말하지 않고 사건의 의미[4] 만을 말하고 있음에 놀라는데(필립 1, 12이하 참조), 이로 미루어 볼 때 로마제국의 정치상황 아래서 그리스도교 선교를 제 일차 목적으로 한 데서 온 그의 한계라고 볼 수밖에 없다.

그것이 어떤 이유였든지 간에 십자가사건의 케리그마화는 십자가사건의 사건성을 은폐함으로 날로 교리화 일변도로 풀이되었으며, 정치적 현실과 상관없는 상징으로 남아 그리스도교의 비정치화를 정당화하는 구실을 주게 된 것이다. 이러한 것에 대치되는 것이 복음서에 전승된 예수의 수난에 대한 민중의 증언이다.

복음서와 예수의 수난

학계에서는 마르코, 마태오, 루가를 공관서라고 명명하여 요한복음과 구별하는 것을 상식화하였다. 그리고 요한복음은 자료상으로 공관서와 다를 뿐 아니라 역사적 사실에 대한 관심이 없다고 전제함으로[5] 예수사건을 밝히는 데 자료로서는 제외해 버려야 한다는 것을 정론으로 삼고 있다. 그런데 이른바 수난사만은 그 예외임을 인정

---

[4] 바울로는 그것을 "복음의 전진"으로 본다.
[5] Feine/Böhm/Kümmel, *Einleitung in das Neue Testament*, 132ff.에 이에 대한 논의 가 자세히 소개된다.

한다.[6] 사실상 수난사는 많은 점에서 공관서와 상통하며, 오히려 더 세밀한 서술도 발견할 수 있다. 이 마당에서는 요한복음을 또 하나의 중요한 자료로 삼고 다른 복음서들과 비교함으로써 역사적 사실에 접근해 보려고 한다.

먼저 정리하고 넘어가야 할 것이 있다. 그것은 이른바 수난사를 특수자료로 보고 그것을 예수의 삶에 대한 기록과 구분하고 수난사를 예수의 삶과 단절시킨 채 그 의미를 찾아보려는 입장에 대한 비판이다. 그러한 입장에 선 성서학의 결과를 집약해 보자.

현금의 신약학에서 결정적 위치에 있는 불트만과 디벨리우스(M. Dibelius)는 이른바 양식사학의 창시자들이다. 둘 다 복음서의 수난사를 다른 것과 구별된 특수전승자료로 본다. 그 중 디벨리우스는 수난사의 구성밀도로 보아 마르코 이전에 이미 오늘과 같은 골격의 전승이 갖춰져 있었다고 보고 있으며, 그것은 일일보도와 같은 성격을 띤 것으로 다른 보도에 비해 그 특수성이 있음을 강조한다.[7] 이에 대해 불트만은 이것도 그 외의 예수전승과 마찬가지로 단편적인 것들을 마르코가 편집해서 오늘의 모습을 갖춘 것이라고 본다. 그리고 그는 수난사 문서의 분석 결과에 따라 그것의 역사적 내용을 지적한다면 체포, 산헤드린과 빌라도에 의한 재판, 십자가에 끌려 감, 십자가의 처형 그리고 죽음 등을 아주 간단하게 쓴 것이 원래의 보도였다고

---

[6] 일반적으로 마르 14,1 이하를 수난사라고 한다. 그러나 그 범위를 넓히는 학자들도 있다. 페쉬는 8,27 이하를 수난사로 보며(R. Pesch, *Das Markus Evangelium, a.a.O.*, II/1), 쉥크는 11, 1 이하를 수난사로 본다(W. Schenk, *Der Passionsbtricht bei Markus. Untersuchungen zur Uberlieferungsgeschichte der Passionsberichten,* Gütersroh 1974).

[7] M. Dibelius, *Die Formgeschichte des Evangelium*, 57. 또한 디벨리우스는 이 책의 제1판에서 이 점을 분명히 밝혔으나, 제2판, 제3판에서는 불트만의 영향을 받아 다른 주장을 편다.

추측한다.[8] 따라서 그 사이사이에 낀 이야기들은 후에 발전된 것으로 본다. 그러므로 역사적 사건 자체에서는 어떠한 사실도 추려내려고 하지 않는다. 그는 복음서는 확대된 케리그마라는 입장을 견지하며 예수사건의 역사성에 별 의미를 두지 않는다. 불트만을 충실하게 따라가는 린네만(Linnemann)은 수난사를 전승된 단편들이 마르코에 의해 철저히 편집되어 연결된 이야기로 보며, 마르코가 이것을 기적사화와 연결시킴으로써 십자가에 달린 이가 하느님의 아들이라는 케리그마를 산출했다고 본다.[9] 이 말은 갈릴래아에서 초인적인 힘을 과시하던 바로 그가 처형되었기 때문에 비록 십자가에 달렸으나 하느님의 아들임이 입증된다고 보는 것이다.

그러나 나는 이들의 분석 자체의 공로를 인정하나 이들의 기본입장을 정면으로 거부한다. 케리그마가 먼저 있고, 이야기가 그것에서 생긴 것이 아니라 사건이 먼저 있었다. 그런데 저들이 케리그마를 전면에 내세움으로 사건이 어디론가 사라지고 말았다. 왜 예수의 사건이 케리그마에로 이동한 것을 전제하면서도 사건 자체에 직결된 이야기는 묵살하려고 하는가? 그러므로 사건 자체의 증언과 케리그마가 긴장관계를 이룬 채 평행적으로 전승될 가능성은 생각지 않는가?[10]

이미 바울로에게서 본 것 같이 십자가의 케리그마 속에는 사건의 역사성이 배제되었다. 불트만은 케리그마의 배후를 묻는 것은 불신앙이라고까지 하여 역사에 대한 물음을 거부하는데, 그렇다면 수난의 이야기는 불신앙의 소산인가! 불트만은 그것을 확대된 케리그마

---

8) R. Bultmann, *Geschichte dersynoptischen Tradition*, 301f.
9) E. Linnemann, *Studien zur Passionsgeschichte* (FRLANT 102), Göttingen 1970, 171.
10) 안병무, "예수사건의 전승모체", 『신학사상』 제45집·1984년 겨울, 759f.

라고 하나 수난사 자체에는 놀랍게도 케리그마적인 요소가 없다.[11] 예수 이야기는 확대된 케리그마가 아니라, 교권수호를 위해서 현실을 도피하고 탈역사화한 도그마에 반하여 예수의 사실을 목격자의 입장에서 그대로 전승함으로 예수의 삶을 모호하게 하는 현상과 대결한 것이 예수의 이야기라고 본다.[12]

민중이 전승한 예수 이야기는 민중 자신이 예수와 더불어 일으킨 해방사건의 이야기이다. 민중과 예수와의 만남에서 병에서 해방되는 사건이 일어난 것이다. 병 특히 귀신들린 자를 해방시키는 것을 예수는 사탄이 지배하는 낡은 세계와의 투쟁의 일환으로 보았으며, 그런 의미에서 그것은 바로 하느님 나라 쟁취 행위인 것이다.[13] 그렇다면 예수의 수난사는 바로 민중의 수난사이며 그런 의미에서 그것은 상호불가분의 관계에 있다. 기적을 행하는 예수와 예수의 수난사를 연결한 것이 마르코에게서 비롯된 것이든 아니면 민중 자신의 구전과정에서 되었든간에 그 둘을 단절시키는 해석은 불가능하다. 그것은 예수의 삶과 수난을 분리하는 결과를 가져오기 때문이다. 그러므로 여기서는 그런 구분 없이 그의 수난의 실상을 찾아보려고 한다.

왜 수난당했으며 마침내 처형되었는가? 불트만 등은 수난의 역사성을 묻지 않으므로 결국 십자가의 케리그마(가령 고전 1,23-24)의 의미만을 남긴다. 그러면서도 그는 십자가의 역사적 사실에 대해서 그의 삶과의 관계에서의 필연성을 인정하지 않으려고 한다.[14] 그러나

---

11) 불트만은 수난사를 수난예고의 확대로 보는 전제 아래서 전체의 편집구도에 케리그마가 깔려 있다고 본다("in erster Linie das Kerygma"). 또 수난사를 이루는 자료들은 따로 독립되어 있었다고 본다. 이것은 무리한 주장이다. R. Bultmann, *Die Geschichte der synoptischen Tradition*, 297ff.(한역본 348ff.).
12) 안병무, "예수사건의 전승모체" a.a.O., 760f.
13) 일곱째 마당 "사탄과의 투쟁"을 참조하라.
14) "예수의 처형을 그의 행태에서 비롯된 불가피한 내적 결과로 이해하기는 어

마르코기자는 거듭 이 원인을 밝히는데, 수난사에서는 성전숙청을 그 계기로 내세운다.[15] 마르코는 그것에 한정하지 않고 예수가 안식일에 한 손 오그라진 사람의 손을 펴게 한 것을 보고 바리사이파 사람들과 헤로데당이 야합해서 그를 처형할 음모를 꾸미기 시작했다고 한다(마르 3,6). 이것은 마태오복음에서나 루가복음에서도 그대로 전승된다(루가 6,11; 마태 12,14). 이에 대해 요한은 예수가 라자로를 살린 사건을 예수가 죽임을 당하는 계기로 삼는다(요한 11,53).

예수의 수난의 맥락

예수의 수난은 갈릴래아에서의 그의 민중운동과 떼어서 생각할 수 없다. 우리는 넷째 마당 "갈릴래아로"에서 예수의 공생애 출발의 계기가 세례자 요한이 체포되었을 때라는 사실에 주목했다. 거기에 이미 예수의 수난과 죽음의 각오가 반영되어 있는데, 그것은 갈릴래아 예수에게서 일어날 민중운동을 전제한 것이라고 보아야 한다.

갈릴래아 민중의 처지는 다음과 같은 네 겹의 억압 밑에 있었다. 첫째는 점령세력인 로마제국의 군사적 횡포와 경제적 착취, 둘째는 헤로데 안티파스의 폭정, 셋째는 예루살렘을 중심으로 한 유대 지방인들의 차별주의, 특히 성전제도에 의한 경제적 압박, 그리고 도시의 부재지주들에 의한 토지독점과 그에 따른 노동력 착취이다.[16] 이러

렵다. 오히려 예수의 처형은 그의 행태가 정치적인 것으로 오해되었기 때문에 이루어진 것이다"(R. Bultmann, *EXEGETICA*, 453). 그는 『공관복음서 전승사』에서도 이와 같은 입장을 고수하면서 예수를 세례자 요한과 같은 궤도에서 본다. E. Fuchs, O. Michel, O. Cullmann도 이에 동조하고 있다.
15) 마르 11,18; 루가 19,47. 단 마태오에는 이런 모티프가 없다.
16) "예수의 시대상", "체제와의 충돌" 마당을 보라.

한 큰 요인들이 구조적으로 갈릴래아의 민중들을 억누르고 있었다. 이 마당에서 저들은 철저히 절망하여 체념 속에서 죽어가거나 아니면 목숨을 내걸고 봉기할 수밖에 없었다.

이런 마당에 예수의 하느님 나라 선포가 어떻게 받아들여졌을까 하는 것은 이미 다섯째 마당 "하느님 나라"에서 언급했지만, 하느님 나라의 도래를 혁명의 때라고 받아들일 수밖에 없었다. 그런 전제에서 저들에게는 도탄에서 구해줄 메시아 대망이 충일해 있었음이 틀림없다. 예수에게 표징을 보여달라는 요구는(마르 8, 11) 반드시 적대자의 악의에서 나온 것만이 아니라 예수를 메시아로 추앙하는 민중의 열기를 반영하고 있으며,[17] 그를 다윗의 자손이라고 부르는 병자들의 절규는(마르 11,47) 예수에 대한 유다적 메시아의 기대를 반영하고 있다. 무엇보다도 옥중에 있는 세례자 요한이 그의 제자를 통해 예수를 오실 그이(ὁ ἐρχόμενος, 마태 11,2)냐고 물은 것은 그에 대한 민중의 메시아적 기대를 재확인하려는 것이며, 예루살렘 입성 때 민중의 환호는(마르 11, 10) 민중의 메시아 대망을 그대로 반영하고 있다.

위에서 예거한 것들의 역사성은 이론의 여지가 있으나 그런 것들은 당시 민중들이 예수에 대한 기대를 반영한 것이라는 점에서 만큼은 그 역사적 가치가 존중되어야 한다.[18] 그들의 메시아 열망은 예수

---

[17] 여기서 말하는 "표징"(σημεῖον)은 힘(δύναμις)의 과시와는 다르다. 그것은 종말성의 표징으로서(마르 13,4.22)우주적 변이나 하늘로부터 직접 나타난다. 루가 21,11.25 등도 참조하라. 이러한 표상은 특히 묵시문학에 자주 나타난다(마르 13,24-25 ;묵시 12,1.3 ; 15,1). 그러므로 이것은 민중이 예수에게서 결정적인 종말사건을 기대하였음을 시사한다(J. Gnilka, *Mk I*, 306f./한역본 389f.).

[18] R.A. Horsley, Popular Messianic Movements around the Time of Jesus, *CBQ 46*(1984), 458f.(한국신학연구소 편역, 『예수시대의 민중운동』, 한국신학연구소 1990, 96-131)

에게만 집중했던 것이 아니고 계속해서 나타나는 이른바 메시아 운동가들에게 대해서도 충분히 표출되었다.[19] 예수를 둘러싸고 있는 굶주리고 생활에 지쳤으며 또 현실을 증오하며 그것에서 해방되려고 몸부림치던 민중들은 예수를 수난으로 몰아가는 충분한 압력이 되고 남았을 것이다.

이러한 민중의 염원이 구체화되어 행동대로 출현한 것이 젤롯당이다. 젤롯당의 거점은 갈릴래아였기 때문에 비록 복음서에는 구체적인 언급이 없다 하더라도 예수운동에 지대한 영향을 끼쳤으리라는 것은 이미 지적했다.

여기서 젤롯당운동을 다시 회상할 필요가 있다. 젤롯당에 대해서는 그 시기와 한계에 구구한 견해가 있다. 66년 유다전쟁을 일으킨 때에 국한하려는 견해, 그 중에서도 예루살렘 사제중심의 운동을 갈릴래아를 거점으로 하고 예루살렘에 진입한 시카리운동과도 구분하려는 견해 등이 있으나[20] 그것은 불투명한 요세푸스의 용어 사용에 지나치게 의존한데서 온 결과이다.[21] 여기서 주목할 것은 어느 한 시기에 국한된 운동이 아니라 종교적·민족적 저항을 폭력에 호소한 운동의 맥에서 그 운동의 의미를 찾는 것이 중요하다.

폭력에 의한 봉기가 본격화된 것은 로마의 시리아 주둔 총독인 퀴리니우스(Quirinius)가 세금징수를 위해 유다 지방 호구조사를 실시할 때였다(주후 6년). 이때 선두에 나선 자가 갈릴래아 유다(Judas)이다. 요세푸스는 유다가 이때 사두가이, 바리사이 그리고 에쎄네파와 나란히 제4철학파[22]를 형성했다고 한다. 그러나 이 운동의 맥은 훨씬

---

19) 넷째 마당 "갈릴래아로"를 참조하라.
20) M. Smith, Zealots and Sicarii. Their Origin and Relation, *HThR* 64(1971); S. Zeitlin, Zealots and Sicarii, *TBL* 81(1962).
21) M. Hengel, *Die Zeloren*, 412.
22) "제4철학파"는 갈릴래아 사람 유다가 창시했다고 하는데, 이 철학파가 강

이전으로 소급된다. 이미 대 로마 저항 민중운동이 계속되어 왔는데, 그것이 상당한 수준으로 조직화된 것은 하스몬 왕가의 낙조기에 접어들어 안티 파텔이 로마의 세력을 등에 업고 유다 지방의 집정관이 되고, 그의 아들들을 유대와 갈릴래아 지방의 군사령관으로 군림시킨 주전 7년 이후부터이다. 유다 민중은 이두매아계인 이들이 이스라엘민에게 군림하는 것을 더 이상 견딜 수 없었던 것이다. 그러나 민중운동의 측면에서 보지 않고 정복자에 대한 지지자로서 간접적으로 언급하기 때문에 요세푸스의 기록에서는 그 맥락을 밝혀내기가 어렵다. 민중운동은 이미 친로마파인 예루살렘의 어용사가의 눈에는 무시된 운동이었다. 그러나 그 저항이 얼마나 치열했는가 하는 것은 당시 민중의 대표인 히스키야가 예루살렘 지배층에 잘 알려져 있었다는 사실에서 볼 수 있다. 요세푸스의 기록에는 젊은 헤로데가 이 민중의 게릴라부대를 토벌했다는 사실만 전하면서 그때 수많은 사람들을 생포하여 재판도 없이 처형했는데 그 중에 히스키야도 포함되었다고 한다.[23] 이에 예루살렘의 산헤드린 회원들이 아직 명맥만 유지하는 히르카누스 2세에게 헤로데의 만행을 꾸짖어 재판에 회부할 것을 강요했으나 오히려 헤로데가 군사를 이끌고 진입하여 시위함으로 겁에 질려 소기의 목적을 이루지 못했다. 그러나 이 사실은 저항운동이 얼마나 큰 파문을 일으켰는가를 입증한다. 요세푸스는 히스키야를 '비적 두목'이라고 함으로써 그 봉기 정신을 말살하려고 한

조한 것은 하느님의 "배타적 주권"과 "이스라엘의 자유", "이스라엘의 구원을 위한 신인협력"이었다. 제4철학파의 주장과 이데올로기에 대해서는 M. Hengel, *Die Zeloten,* 77-150; R.A. Horsley, The Sicarii. Ancient Jewish Terrorists, *The Journal of Religion,* 59(1979), 442f.(한역본『예수시대의 민중운동』, 132-168). 요세푸스는 시카리가 제4철학파와 사상적으로 연결되어 있었으리라는 것을 강력하게 시사한다(Jos. *Bell.* 2,253).

23) 둘째 마당 "예수의 시대상"을 참조하라.

다.[24] 그러나 유다가 바로 그의 아들이며 젤롯당을 그의 후손들이 지휘했다는 사실을 감안한다면 그 표현은 사실과 거리가 멀다는 것을 짐작할수 있다.

한때 팔레스틴에서 탈출해야 했던 헤로데가 로마에서 왕권을 수임받고 다시 진입하자 갈릴래아지방에 대한 소탕부터 시작했다는(주전 39-38년) 것은 민중저항운동이 이 지역에 뿌리를 내리고 있었으며, 그 어느 곳보다 강력한 세력이었음을 시사한다. 그는 많은 살육을 감행했으나 알벨라(Arbela) 동굴을 요새로 한 이른바 강도들은 소탕할 수 없었다고 한다.[25] 사실상 헤로데 1세 이후 알려진 저항은 이것뿐이다. 헤로데의 잔인성과 교활한 정치력은 겉으로 보기에 저항운동을 둔화시킨 것이 사실이다. 그러나 갈릴래아의 '강도'들은 그대로 명맥을 유지하고 있었다. 그러다가 헤로데가 죽자(주전 4년) 저들의 저항운동은 곧 표면화되었다. 이에 헤로데의 뒤를 이은 아켈라오스가 소탕전을 벌여 삼천여 명의 사상자를 냈으나 결정타를 주지 못하므로 시리아 주둔 로마 총독 바루스(Varus)가 지원군을 끌고와 살육했다. 요세푸스는 그가 이천 명이나 십자가에 처형했다고 전한다.[26] 그러나 그것으로 민중저항운동은 중단되지 않았다. 위에서 본 바대로 히스키야의 아들 유다, 노예 출신 시몬, 목동 출신 아트롱게스 등등의 지휘 아래 민중운동이 계속되다가 모두 장엄한 최후를 마쳤다.[27]

그 중 유다는 '갈릴래아인'이라는 칭호가 말해주듯 갈릴래아에서 계속 세력을 규합했으며, 마침내 주후 6년의 호구조사를 계기로 표

---

24) Jos. *Bell*. 1,204.
25) Jos. *Bell*. 1,304.
26) Jos. *Bell*. 2,73ff.
27) 넷째 마당 "갈릴래아로"를 참조하라.

면에 나섰다. 그런데 그의 아버지 히스키야를 단순히 '비적의 두목'이라 한데 비해 유다가 조직한 젤롯당은 제4철학파라 하고 그는 철인(σοφιστής)이라고 한다.[28] 이로써 유다에 의해 시작된 젤롯당은 단순한 무장폭도가 아닌 이념으로 무장한 저항단체임을 시사한다. 그것은 그의 뒤를 이은 그의 아들 므나헴(Menahem)에게도 같은 칭호를 쓴 데서 확실해진다.[29]

유다는 바리사이 좌파인 사독(Zaduk)과 더불어 궐기했다.[30] 그는 궐기할 때 "로마에 세금을 내고 하느님 외의 어떤 죽어 없어질 것을 주권으로 인정하는 것을 용납하는 것은 치욕"[31]이라고 선언했다고 한다. 이것은 하시딤 이래의 뚜렷한 신조로서 하느님 외의 어떤 주권도 인정할 수 없다는 것으로 그 바탕에는 민족주의가 깔려 있는 것이다.[32] 이 같은 입장은 헤로데가에 대한 저항운동과 맥을 같이 한다.

유다의 그 다음 활동이나 최후에 대해서는 전해지지 않는다. 단지 사도행전에서 가말리엘의 언급을 통해 갈릴래아 유다가 죽으니 따르던 사람들이 다 흩어지고 말았다고 전해지는데(사도 5,37), 그가 어떻게 죽었는지는 모른다. 그러나 그를 따르던 자들이 다 흩어졌다는 것은 올바른 보도가 아니다. 비록 헤로데 왕 당시에 그의 잔인하고 교활한 통치 아래 큰 봉기는 없었으나 계속 저항운동이 있었으며, 갈

---

28) Jos. *Bell*. 2, 118.433.
29) Jos. B*ell*. 2,445.
30) Jos. *Ant*. 18,9. 바리사이 좌파는 바리사이파 가운데 급진적 성향을 띠고 있었으며, 갈릴래아 사람 유다의 사상에 가까운 주장을 폈다. 그레츠는 샴마이파가 유다에 의해 창건된 젤롯당과 유사한 경향을 띠고 있었다고 추측한다. H. Graetz, *Geschichte der Juden*, Leipzig 1905⁵, Bd. 3, 256f.
31) Jos. *Bell*.7, 253-256; *Ant*. 18, 3-10.23-25.
32) 하느님의 절대주권과 이스라엘의 독립은 이들에게는 동전의 양면처럼 결합되어 있었다.

릴래아 일대는 저항자들의 웅거지였다. 그러한 저력이 있었기에 헤로데 왕의 사후에 재빨리 봉기할 수 있었으며, 특히 유다의 정신은 그의 자손에게 계승되어 총독 알렉산더(Tib. Alexander, 주후 45-48년) 때에 그의 두 아들 야곱과 시몬이 봉기부대의 지휘자로서 처형되었으며,[33] 그의 자손인 므나헴이 유다전쟁 발발시에 지휘자로서 예루살렘까지 진격했다.[34] 예루살렘이 함락되었을 때 저 유명한 마사다 요새에서 그의 동료 전원과 장렬하게 집단자살함으로 그의 절개를 과시한 엘리아잘(Eleazar,주후 71년)도 유다의 손자였는데[35] 이러한 일련의 사실들은 그 운동이 줄곧 계속되었다는 것과 유다전쟁을 일으킨 주력부대는 갑자기 생긴 것이 아니라 긴 투쟁사의 계보에 속해 있었다는 것을 말한다.

　이 젤롯당의 결사적 투쟁은 당시 갈릴래아 민중의 열망을 행동으로 보여준 것에 지나지 않는다. 이미 지적한 대로 저들의 일차적인 적은 로마제국이다. 그것은 로마제국이 하느님의 주권을 침범한다고 보았기 때문이다. 그러나 그들의 분노는 로마제국 자체보다는 예루살렘에서 군림하는 배신자들인 상류층에 집중되었다.[36] 저들은 바로 로마의 세력을 등에 업고 하느님의 주권 수립운동을 무력하게 하고, 그럼으로써 이스라엘 전체를 부패하게 만든다고 보았기 때문이다. 이 운동이 예수의 운동에 어떤 형태로든 지대한 영향을 끼쳤으리라

---

33) Jos. *Ant*. 20, 102.
34) Jos. *Bell*. 2,433ff.
35) Jos. *Bell*. 7,253.
36) 로마에 협력하고 대중 착취에 앞장섰던 이들 상류층에 대한 공격은 시카리의 암살전술로 나타났다. 시카리에 의해 암살된 사람들 가운데는 대사제 요나단도 있었다(Jos. *Bell*. 2,256). 그런데 봉기가 진행되면서 시카리의 활동범위는 예루살렘을 넘어서 지방에까지 확대되었다. 그들은 지방의 토지들에서 유다 귀족들을 몰아냈고, 그들의 재산을 파괴했다(Jos. *Bell*. 7,254).

는 것은 쉽게 상상할 수 있다. 그 영향을 빼고는 예수의 수난을 생각할 수 없을 것이다.

예수의 민중운동

다음은 민중운동의 또 하나의 다른 측면으로서 예수를 따르던 자들에 대한 보도에 주목할 필요가 있다. 예수의 제자들은 예수운동의 핵심에 있었던 것으로 부각된다. 예수가 그들을 부른 장면들은 극히 민담적인 서술이어서 그 계기를 잘 알 수 없다. 어쩌면 저들은 예수를 만나기 이전에 이미 메시아운동에 가담하고 있었을 수도 있다. 요한복음은 저들의 일부가 세례자 요한파에 속하고 있었다는 인상을 주기도 하고 이미 저들이 사전에 내통하고 있었다는 인상도 주는데(요한 1,35-51), 그것이 역사적 현실의 반영일 수도 있다. 혹은 위에서 이미 언급한 대로 저들 중의 일부는 젤롯당에 가담했을 수도 있다. 확실한 것은 이들에게는 일정한 메시아상이 있었으며, 바로 그 상을 예수에게서 찾으려고 했으리라는 사실이다. 바로 이것이 그들이 예수와 밀접한 관계에 있으면서도 뛰어넘기 어려운 담이었다.

그들은 전통적인 유다적 메시아상을 가지고 예수를 그러한 이로 기대했다.[37] 그것은 심판자로 모든 불의를 제거하고 하느님의 주권을 즉시 실현하는 힘과 승리의 상이다. 복음서에서는 저들의 맹목성과 무지에 대한 예수의 비판과 책망을 도처에서 볼 수 있는데,[38] 가장 극적인 것은, 예수의 수난에 대해 예수운동 안에서 야기된 견해 차이

---

37) S.G.F.Brandon, a.a.O, 349.
38) 마르 8,31 ; 9,5; 9,33; 10,35. 전승모체의 편향적 비판이 이것에 영향을 미쳤을 수도 있다.

의 반영일 수 있으나, 예수의 제자들의 메시아관과 예수의 수난의 현실이 서로 상충됨을 드러낸 것이라는 사실에는 이론이 있을 수 없다. 예루살렘 도상에서 일어난 제자들의 자리다툼 이야기(마르 10,35-45)와 저들의 배신과 절망(마르 14,66이하), 도피(마르 14,51-52)는 서로 맞물려 있는 것 같다.

이에 비해서 이미 "예수와 여인" 마당에서 충분히 살펴 본대로 저 일단의 여인들만이 그의 처형의 현장을 지킨다. 그 현장에 이르기까지 이 여인들만은 저 남성들(제자들)처럼 어떤 전이해를 가지고 예수를 오해하거나 어떤 사적인 욕심 따위를 보인 흔적이 전혀 없다. 저들은 그의 수난의 당위성을 가장 잘 알았던 이들로 나타날 뿐이다. 저들이 유일한 목격자들인 것이다. 저들은 예수를 통한 새 세계를 기대하고 있는 민중의 대표성을 지닌다. 그러면 저들이 공통적으로 예수에게서 바라는 것이 무엇이었을까?

이상에 나타난 예수의 민중들의 성분을 추적하는 데 예수의 적대자들의 시각이 한 단서가 될 수 있을 것이다. 그것은 바로 저들이 왜 예수를 죽이려고 했는지에 대한 대답과도 관계가 있다. 위에서 본 대로 마르코복음서는 그 적대자들의 예수를 죽이려는 음모가 거듭되었음을 보도한다. 안식일에 병자를 고쳐준 경우(3,6), 예수의 이야기를 듣고 분노한 경우(12,12), 그리고 성전숙청행위(11,18) 등에 의한 살해음모가 그것이다. 이 셋은 모두 마태오와 루가에도 그대로 전승된다. 이에 대해 요한은 예수가 라자로를 살려 일으킨 사건 때문에 예수를 죽일 음모를 꾸몄다고 전한다.[39]

그러면 이러한 일련의 행위 자체 때문에 그를 처치하려고 한 것인가? 그렇게만 볼 수는 없다. 안식일에 병자를 고쳤다는 것 때문에 바

---

39) 열째 마당 "체제와의 충돌"을 보라.

리사이파와 헤로데당이 야합할 이유가 없으며, 유다인의 죄악을 비유로 반영했다고 죽일 음모까지 한다는 것은 예언자들의 비판정신에 훈련된 저들에게 어울리지 않는다. 성전숙청도 그 행위 자체만으로 그를 죽이려고까지 한 계기가 될 수 없다. 까닭은 그것은 정당한 비판행위이며, 더군다나 예언자의 말을 원용하는 행위가 아닌가![40] 그리고 죽은 사람을 살려 일으켰다는 자체도 죽일 이유가 될 수 없다. 우리가 주목할 것은 이런 일련의 사건마다 꼭 언급되고 있는 사실이다. 그것은 민중의 동태다. 저들은 예수를 죽이려 했으나 민중이 무서워 그 집행을 유예한 것으로 되어 있다(마르 11,18;11,32:12,12 등). 중요한 것은 저들이 민중을 무서워했다는 사실, 곧 그것은 예수가 민중과 밀착했다는 사실의 반영도 되지만 예수의 행위 자체가 민중의 소요 또는 봉기를 유발할 수 있다는 위험성을 반영하고 있다.

예수의 적대자의 상징으로 등장하는 바리사이파들에 대한 예수의 비판을 보자. "그들은 무거운 짐을 묶어 남의 어깨에 메우고 자기들은 손가락 하나도 움직이려 하지 않는다"(마태 23,4a). "그들은 과부들의 집을 삼키며 남에게 보이려고 길게 기도한다"(루가 20,47). 이 비판에 예수의 민중운동의 면모가 반영되어 있다. 민중은 경제적 측면에서 보면 피억압자들이다. 종교의 이름으로 가난한 자들을 억압 착취하는 저들의 죄상을 지적, 공격하는 예수는 저들이 자신들이 포함된 지배체제를 민중과 더불어 전복하려는 자로 간주하기에 충분하다. 요한복음은 적대자들이 예수를 죽이려는 이유를 그들의 말로 이렇게 표현한다. "이 사람을 그대로 두면 모두 그를 믿을 것이요. 그렇게 되면 로마사람들이 와서 우리의 땅과 민족을 빼앗아 갈 것입니다"(요한 11,48). 이것은 그가 반로마 투쟁을 해서 민중을 규합, 선동

---

[40] 마르 11,17에서 예수가 한 말로 인용된 성구는 이사 56,1b와 이사 7,11을 결합한 것이다

하고 있다는 말이 된다.[41] 그런데 놀랍게도 다른 자료인 루가에서 예수의 적대자들은 빌라도에게 "우리는 이 사람이 우리 국가를 전복시키고 카이사르에게 세금 바치는 것을 반대하고 자칭 그리스도 왕이라고 하는 것을 알게 되었습니다"(루가 23,2)[42]고 고발하였고, 그 다음 좀 더 구체적으로 "그 사람은 갈릴래아 온 땅에서 가르치며 백성을 선동하고 있습니다"(5절)고 함으로써 지금까지 우리가 이해한 것을 재확인하고 있다. 마르코나 마태오에는 예수에 대한 고소 내용이 반영되어 있지 않다. 그러나 다른 복음서와 꼭같은 것은 그의 죄명을 '유다인의 왕'[43]이라고 했다는 점이다(마르 15,2; 마태 27,11). 이점은 예수 자신이 긍정한 것으로 전한다(루가 23,3). 그렇다면 그의 민중소요는 정치적인 성격을 지니고 있음이 뚜렷하다.

물론 여기서 고려할 수 있는 것은 유다 지도자들은 원래 예수의

---

41) 바레트는 요한 11,48을 유다전쟁이 반영된 일종의 사후예언으로 본다(C. K. Barrett, *The Gospel according to St. John*, London 1977², 해당부분 참조 / 『요한복음 II』 [국제성서주석 32.1], 한국신학연구소 1984). 그러나 이 구절이 예수활동의 역사적 핵과 어떤 식으로든 연결되어 있었을 가능성을 전혀 배제해서는 안 될 것이다.
42) 우리 말 번역에서 "우리 국가를 전복시키고"(새번역 70년도판)를 "우리 백성을 그릇되게 하여"(새번역 81년도판)로 고쳤는데, KJV에는 "They began to accuse him, saying we found this fellow perverting the nation"으로 되어 있다. 헬라어 διαστρέφειν은 "뒤집어 엎다. 역행한다. 반대하다, 저항한다"는 뜻으로 사용된다. W. Bauer. *Wörterbuch zum Neuen Testament*, Berlin/New York 1971⁵, 해당부분 참조.
43) "유다인의 왕"은 유다교의 메시아 칭호이다. 예수시대에 유다교의 메시아 사상은 종교적 의미와 정치적 의미를 동시에 갖고 있었고 양자는 분리되어 있지 않았다. 젤롯당운동이 전개되던 시기에 많은 사람들이 메시아를 참칭하면서 "유다인의 왕"을 자처했는데, 이 역시 정치적 함축을 띠고 있었다. 그닐카는 빌라도의 질문에 대한 예수의 대답이 긍정도 부정도 아니라고 해석하면서 이 말의 종교적 의미만을 부각시키는데, 이에 대해서는 동의할 수 없다(참조. J. Gnilka, *Mk II*, 300/한역본 396).

정치성에 대한 반대보다는 그를 자신들과의 이해관계, 가령 성전의 권위를 무너뜨림으로 성전 종교의 뿌리를 흔들어 놓을 뿐 아니라 성전중심의 경제질서를 파괴한 것 때문이었는데[44] 로마와의 야합을 위해서 민중봉기 소요를 전면에 내세웠을 수 있다. 그러나 민중봉기에 대한 공포없이 예수를 위험분자로 볼 아무런 근거도 없다. 그러면 이것은 그것에 대한 저들의 오해에 의한 것인가 아니면 예수 자신의 행태에 기인한 것인가? 로마제국이 예수를 십자가형에 처형했으며, 그 죄명을 유다인의 왕이라 한 것은 그가 정치범임을 분명히 하고 있으며(마르 15, 26),[45] 그를 젤롯당이라고 볼 수밖에 없는 두 사람과 함께 처형했는데(마르 15,27)[46] 그것은 저들의 처형이 오해에 기인한 것이 아님을 말한다. 우리는 "예수와 민중" 마당에서 갈릴래아 민중과 예수와의 관계를 세밀히 검토했다. 그가 얼마나 민중과 밀착되었는가는 거기서도 충분히 입증되었는데 그것의 민중운동으로서의 방향은 분명히 노출되어 있지 않다. 우리가 주목할 것은 바로 이 운동의 은폐성이다.

　예수가 자신의 행동에 대해 비밀을 지키라고 요구한 것에 대해 주목한 사람은 브레데(W. Wrede)이다. 그에 의하면 귀신추방사건 다음

---

44) 경제질서의 붕괴 때문일 수도 있다. J. Blinzler, *Der Prozess Jesu,* 1960, 57.
45) 빌라도는 예수에게 죄가 없다고 거듭 밝히면서 예수를 십자가에 처형하는 것으로 묘사되어 있는데, 이것은 로마제국 하에서 그리스도교가 타협적으로 서술한 탓일 뿐, 상상도 할 수 없는 일이다.
46) E. Lohmeyer, *Das Evangelium nach Markus*, Göttingen 1967[17], 343; S.G.F. Brandon, *a.a.O.*, 356; R. Pesch, *a.aO., II*, 487. 반면에 불트만은 그렇게 볼 근거가 없다고 주장한다. 뤼르만도 27절이 후대의 필사자가 이사 53,12를 끌어들인 것으로 보아 그 역사성을 부정한다(Dieter Lührmann, *a.a.O.*, 261). 그러나 그닐카는 이를 보도하는 마르 15,26-27을 기본전승에 속하는 자료로 보며 이 강도들(λησται)이 젤롯당일 가능성이 있다고 생각한다(J. Gnilka, *Makus II*, 318/한역본 421).

에 세 번, 그 외의 기적행위 다음에 네 번, 그리고 베드로의 고백 다음에 한 번, 남몰래 잠행한 행위 두 번 등이 그것이다. 그런데 브레데는 이것을 마르코에 의해 설정된 메시아의 비밀이라고 파악하고 그것에 대한 어떠한 역사적 근거도 인정하지 않는다. 그는 마치 태초에 도그마가 있었다고 이해하는 것처럼 역사적인 사건으로서의 예수의 삶의 현실에 전혀 관심을 나타내지 않는다. 이런 견해는 서구 성서학에서 당연시되어 왔는데, 복음서에 서술된 예수의 삶의 비밀성은 결코 메시아 비밀이라는 도그마로 포괄할 수 없다. 그가 지적한 메시아 비밀은 예수의 민중운동이라는 차원에서 볼 때 오히려 역사적 사실을 상상할 수 있는 중요한 자료가 될 수 있다.

당시에 메시아운동 자체는 로마제국의 입장에서 보면 가장 큰 위협이었다. 젤롯당이 활발히 활동하는 상황에서 민중과 더불어 한 예수의 행태가 로마에게 불안을 줄 가능성은 충분히 있었다. 예수가 치유행위를 하고 그것을 비밀에 부칠 것을 요구한 것이 메시아 비밀을 지키기 위한 것인가? 유다교에서는 병을 치유하는 메시아 상이 없으며,[47] 병을 치유할 수 있으면 곧 메시아라는 인식도 없었다. 오히려 예수의 이러한 행태를 통해서 일어나는 예수를 중심한 민중운동이 더 불안의 이유가 될 것이다. 사실상 예수가 자기 행위를 감춘 경우가 많이 보도되어 있는데, 어떤 시각에서 보거나 메시아성과는 아무런 상관이 없다. 오직 단 한 번 침묵의 명령을 메시아성과 연계시켜 볼 수 있는데, 그것은 바로 베드로가 "당신은 메시아입니다"(마르 8,29)라고 고백한 것에 대해 아무에게도 말하지 말라고 엄하게 분부

---

[47] 병 고치는 일은 라삐들에게서 흔히 있는 일이었다(J. Klausner, *a.a.O.*, 362f.). 그러나 병을 고치니까 그 사람이 메시아임을 입증했다는 사고는 없다. 불트만도 예수의 기적사화를 구약이나 유다교의 메시아상에서 찾지 못하고 오히려 헬레니즘 영역에서 병행자료들을 찾는다(R. Bultmann, *Die Geschichte der synoptischen Tradition*, 247ff./ 한역본 287 이하).

했다는 기록이 그것이다. 그러나 이것도 실은 베드로 고백과 관련된 것이 아니고 그 다음에 예수 자신의 고난 예고를 아무에게도 말하지 말라고 했다는 해석이 설득력이 있다.[48] 설령 그것이 메시아 비밀을 지키려 한 것이라 해도 메시아라는 사실 자체를 감추려는 데 목적이 있는 것이 아니라 민중운동으로서의 메시아운동이기 때문이라고 이해할 때 그 운동의 비밀을 지키려는 이유가 보다 자연스럽게 납득된다.

예수는 가끔씩 자기의 행방을 아무에게도 알리지 않으려고 했다는 기록들이 있다. 그가 띠로 지방에 갔을 때 아무에게도 알리지 않으려 했다든지(마르 7,24), 갈릴래아로 들어갈 때 마치 잠입해 들어가듯 아무에게도 알리고 싶어하지 않았다(9,30) 등이 그런 것들인데, 이는 운동의 차원에서만 이해될 수 있는 서술이다.

왜 예수는 자주 광야에서 민중을 만났을까?(마르 6,35; 8,4) 예루살렘에 입성한 예수는 그 일행과 더불어 낮에는 군중 사이에서 토론하고 행동하나 저녁때가 되면 으레 성 밖 미지의 어떤 곳으로 나갔다고 한다.[49] 이것은 그들만이 아는 비밀의 장소에로 은신했다고 상상할 수 있는 좋은 자료이다. 최후의 만찬 이야기(마르 14, 12이하)도 민중운동의 차원에서 볼 때 비로소 충분히 납득될 수 있는 비밀스러운 행위이다. 바로 그의 행위 자체가 민중운동이었기 때문에 많은 부분

---

48) 실제로 베드로의 고백과 베드로의 책망(마르 8,33)을 직접 연결시키는 것이 더 자연스럽다는 견해도 있다(참조. E. Wendling, *Die Entstehung des Markus-evangelium*, Tübingen 1908, 115ff.). 이를 전제할 때, 마르 8, 30의 침묵명령을 수난예고에 대한 보도(마르 8,31-32)라 연결시킬 수 있는 가능성이 열린다.

49) 예레미아스는 유월절에 예루살렘이 내방자들로 포화상태에 있었기 때문에 많은 사람들이 예루살렘 바깥에서 숙영하면서 유월절 식사를 하는 것이 통례였다고 하는데, 이것은 예수운동의 성격을 전혀 고려하지 않은 평면적 관찰이다(J. Jeremias, *Die Abendmahlsworte Jesu*, Göttingen 1967, 37).

이 가리워졌다고 보는 것이 메시아 비밀이라는 가설보다 훨씬 현실적이다. 마침내 제자들이 도망하고 수제자로 알려진 베드로마저 그를 부인하고, 그의 제자의 하나인 가리웃 유다가 배신했다는 등의 단편적인 전승들도, 예수운동을 특수한 종교영역에 국한시켜 볼 때는 그런 것을 후대에 그리스도인들을 경고하기 위한 것으로 성립된 부수적인 것으로 가볍게 제거해버릴 수 있으나, 운동의 차원에서 보면 역사의 현장에서 얼마든지 수용할 수 있는 일이다. 이러한 일련의 비밀스러운 행동이 전제될 때 비로소 그의 수난과 처형의 이유가 설명될 수 있을 것이다. 그렇다면 예수 자신은 결코 오해를 받아서 처형된 것이 아니며, 그의 수난은 그의 행태의 필연적인 결과라고 보아야 할 것이다.

처형

처음에 예수의 수난을 그의 삶과의 관련 속에서 이해할 것을 강조했다. 그러나 예수의 마지막 수난 즉 체포에서 처형까지의 이야기는 문서적으로 다른 이야기들과 구별되어 전승되었다는 것이 정설이다. 이에 따르면 그것은 마르코복음 14장부터 시작된다. 그것을 항목별로 크게 나누면 대개 아래와 같다. 예수를 죽일 음모가 구체화되었다는 이야기로 시작해서 한 여인이 예수에게 향유를 부음으로 그의 죽음을 기리는 이야기, 제자들과의 최후의 만찬, 가리웃 유다의 배신과 베드로를 위시한 제자들의 배신, 게쎄마니 동산에서의 최후의 결단, 체포, 산헤드린에서의 심문, 빌라도의 심문과 사형선고 그리고 십자가 처형의 순서이다. 이러한 장면들은 각기 한 마당으로 구성되어 있다. 그러나 그 하나하나가 옴니버스적인 수난사를 형성한다. 그 과정은 자연스럽게 연속성을 잘 유지하고 있다.[50] 또 이것이 문서화되기 이전 민중의 구전적 증언이 그 바탕을 이루고 있다고 전제할 경우[51] 어느 한 마당만 끊어서 이야기되었을 리 없고 시종(始終)을 엮어서 전승했을 것이라고 볼 때, 그 단편성을 강조함으로써 그 연결성을 와해시키는 작업은 옳지 않다.[52] 물론 그 사이 사이에 있는 편집구 또는 후기 첨가부분을 인정할 수 있다. 이를테면 그중 베드로의 배신이야기 같은 것은 부차적인 것으로서 후기 교회에 의해 형성되었으리라고 볼 수도 있다.[53] 그러나 겟쎄마니 동산의 결단이야기가 요한복음에 없다는 이유를 내세워 하나의 동화라고 가볍게 결론지어 배제하는 자세[54] 따위는 옳지 않다. 그러나 여기서는 각 마당을 점검하지 않고 누가, 왜 예수를 처형에까지 몰고 갔는지 우리의 관심을 제한하여 집중해 보려고 한다. 마르코복음은 유월절과 무교절 이틀 전에 예수를 잡아 죽일 모의를 꾸몄다고 보도하는데(14,1), 이것은 11장 18절과 연결되어 있다. 예수가 예루살렘에 입성하여 예루살렘 성전을 숙청한 행위를 그를 죽이려는 마음을 행동으로 옮긴 구체적인 계기로 삼고 있는 것이다.

---

50) 페쉬는 수난사에 속하는 자료들은 그 이외의 자료들(1,1-8ㄱ6)과는 달리 따로 독립되어 있지 않았던 자료들이었다고 본다(R. Pesch, *a.a.O.*, II, 11).
51) 페쉬는 그것이 보고투의 이야기와 해석투의 이야기양식이었다고 본다(R. Pesch, *a.a.O.*, II, 22).
52) 불트만은 수난사의 개별자료들은 본래 상호연관성이 없는 자료들이었을 것이라고 본다. 그러나 이 자료들은 마르코 이전에 수난사의 틀 속에서 서로 연관성을 띠게 되었는데, 이러한 연관성을 형성시킨 동인이 바로 케리그마였다고 한다(R. Bultmann, *a.a.O.*, 282/한역본 348).
53) 이것은 베드로의 배신에 관한 전승이 독자적인 전승이었다고 보는 견해이다. R. Bultmann, *a.a.O.*, 301(한역본 339); M. Dibelius, *Formgeschichte*., 215f. 그러나 페쉬는 이 단화가 오래된 수난설화의 문맥에 연결되어 있었다고 본다(R .Pesch, *a.a.Q., II*, 446).
54) R. Bultmann, *a.a.O.*, 288f.(한역본 336f.).

그가 예루살렘 성전을 '숙청'한 것은 그 구체성에 대한 물음을 유보할 경우에 그 누구도 부정하는 이가 없다. 이 행위는 그 당시 민중운동과 맥을 같이하는 것이다. 당시에 젤롯당이나 에쎄네파 등은 물론 갈릴래아 민중들의 반예루살렘 감정은 고조되고 있었다. 그 이유는 이미 위에서 서술한 예루살렘의 성격 자체 때문이었다. 특히 젤롯당은 마카베오전쟁에 참가한 하시딤의 정신을 계승하여 예루살렘으로 진격 숙청을 일차목표로 삼고 있었다. 예수는 바로 이러한 민중의 투쟁선상에 선 것이고, 그것이 예루살렘 진입과 '성전숙청'이라는 행위로 구체화된 것이다.

그렇다면 예수가 처형된 계기는 '성전숙청' 때문만이었을까? 성전숙청 때 예수가 성전이 기도하는 집이 아니라 강도의 집이 되어버렸기 때문에(11,17) 거기에서 벌어지는 모든 매매행위를 추방한 것이라면 그것은 종교개혁적인 열정 이상의 것이 아니다. 그렇다면 이러한 행위에 대항한 사람들은 유다종교에서 권력을 행사하고 있는 기존의 귀족층일 수밖에 없다. 따라서 그를 죽일 음모를 구체화한 사람들이 대제사장들과 율법학자들이라고 지목한 것은 이에 상응한다. 그러면 왜 저들은 예수의 이러한 행태에 살인까지를 결정할 수밖에 없었을까? 예수의 주장은 그들이 예언자로 높이 받드는 예레미야의 말로서(7, 11) 그것 자체는 거부할 수 없는 것이다. 그러면 여러 사람들의 추측대로[55] 예수가 민중의 힘을 빌어 그 일을 결행했기 때문이라고 판단해야 할까? 그것의 진상이 어떠하든간에 예수의 행위가 예루살렘 성천체제를 근본적으로 와해하는 위협이었음이 틀림없다. 그렇다면 예수의 과격한 행위를 완화시켜 해명하는 말들은 본래적인 사건을 종교개혁적인 것으로 변칙시킨 전승으로 볼 수밖에 없다. 이에

---

55) S.G.F. Brandon, *Loc.cit*.

요한복음은 "이 성전을 헐라. 그러면 내가 사흘만에 다시 세우겠다"(2,19)는 말을 첨가한다. 그런데 그 말의 후반부를 빼면 마르코에도 같은 뜻의 말이 전해진다. 성전의 크기에 대해서 경탄하는 제자들에게 "이 큰 건물을 보느냐? 돌 하나도 돌 위에 포개놓이지 않고 다 무너지고 말 것이다"(13,2)한 것이 그것이다. 이 말이 예루살렘 함락 이후에 교회에 의해 추가된 말이라는[56] 속단에 대해서 그것을 예수가 성전에서 행한 행위의 근본취지로 보는 것은 얼마든지 가능하다.[57]

젤롯당을 위시한 반예루살렘운동은 하시딤처럼 성전에 대해서는 개혁파의 입장에 섰다. 그 점에서는 바리사이파도 비록 체제 안에 있었으나 다르지 않았으며, 예언자들 중에서 이런 입장에 선 이들이 많았다. 그러나 예수를 유다교 개혁파로 단정하는 것은 큰 잘못이다.[58] 그 이유로 다음 몇 가지 조건들을 지적할 수 있다. 1) 예수의 종말의식을 그대로 인정한다면 성전의 개혁 따위에 관심할 수 없었을 것이다. 그것은 그의 대 율법관계나 윤리관계에서 보는 대로다. 2) 정결법 논쟁에서 보여준 대로 그는 의식종교의 중심인 성전의 기능을 근본적으로 흔들어 놓았다. 3) 예수의 행태에 성전의 위치가 전혀 없을 뿐 아니라, 세례자 요한이 하느님 나라의 도래 앞에서 예외없는 전체의 회개만을 구원의 조건으로 주창한 것처럼, 회개를 내세움으로써 율법과 함께 성전종교의 속죄권 독점 등을 전혀 배제한 것이 그것이다. 그러므로 그는 성전체제를 근본적으로 부정한 것이며, 바로 그것이 유다 지도층의 살의(殺意)를 구체화하게 한 것으로 봄이 옳다.

---

56) 참조. E. Lohmeyer. *a.a.O.*, 268; J. Gnilka, *Mk II*, 184(한역본 245); R. Pesch, *a.a.O.*, I, 271; Dieter Lührmann, *a.a.O.*, 218. 이들은 모두 예수의 이 말이 사후예언으로 추가되었다고 본다.
57) 이것은 저주받은 무화과나무가 "뿌리까지 말라버렸다"(마르 11,20)는 말을 성전체제와 연결시켜 해석하는 것과 맥이 통한다.
58) G. Theißen, *Soziologie der Jesusbewegung*. 제1장 참조.

그러면 로마는 왜 예수 처형에 가담했을까? 예수의 행태가 단지 예루살렘 체제의 부정에 있었다면 로마제국의 이해관계와 상반되는 것은 아니다. 그렇다면 로마제국은 민심을 얻기 위해 단순히 피동적으로 추인했다고 볼 수 있을까? 그런 상상은 무엇보다도 빌라도의 사람됨 때문에 배제된다. 빌라도는 오만성과 잔인성 특히 유다 민중에 대한 멸시로 유명한 사람인데,[59] 그가 자주적 판단없이 추인만 했을 까닭이 없다. 거기에 대하여 무엇보다도 예수의 죄명을 유다인의 왕이라 한 것과 그를 식민지 정치범에게만 적용하는 십자가에 처형했다는 사실 자체가 로마제국의 독자적 결정을 시사한다. 그러면 이 두 세력이 어떻게 야합할 수 있었을까? 예루살렘 성전체제에 대한 부정이 십자가 처형의 조건이 될 수 없으며,[60] 더욱이 그런 행태에서 유다인의 왕이라는 죄목을 유도하기란 사실상 불가능하다. 그렇다면 양쪽의 공동이해관계에서 볼 때 남는 것은 오직 한 가지 민중소요로 인한 현 체제 전복에 대한 불안밖에 없다.

그렇다면 우리의 추측을 확인하기 위한 어떤 단서를 예수에게서 찾을 수 있을까? 그것은 예수가 왜 예루살렘에 진입했나 하는 물음에서 찾아야 할 것이다.

마르코복음은 예루살렘 진입과 거기서 일어난 사건에 대한 예비적 과정을 차근차근히 보도하고 있다. 예루살렘 입성, 예수의 죽음과 관련시킨 한 여인의 기름부은 이야기, 게쎄마니 동산에서의 결단, 이런 것들이 '성전숙청' 사건과 연결된다. 이런 것을 마르코 기자 자신의 편집적 소산으로 취급해 버림으로써[61] 역사적으로 볼 때에는 예

---

59) 둘째 마당 "예수의 시대상"을 참조하라.
60) 로마형벌인 십자가형에 처해지는 사람들은 대역죄를 범한 폭도, 탈영한 군인, 성전강도 등의 중죄인들이었다.
61) 불트만 이래 수난사는 마르코 이전의 여러가지 단편들이 수집, 편찬된 것이라는 견해가 널리 퍼졌다. 이런 관점에 서면, 마르코의 보도에서 수난사의

수의 처형이 우발적 사건이었으리라고까지 상상하는 사람들이 있으나 그것은 전혀 납득할 수 없는 것이다. 예수의 예루살렘 입성이 연례적인 유월절을 지키기 위해서가 아니고 최후결전의 때와 장소를 설정했을 것이라는 중요한 기록으로서 마르코복음 10장 32절을 들 수 있다. "그들이 예루살렘으로 올라가는 길이었는데 예수께서 앞장 서서 가셨습니다. 제자들은 놀랐고 뒤에 따라오는 사람들은 두려워했습니다." 이것은 역사적 현장을 그대로 서술한 전기적 단편임을 의심할 아무런 이유도 없다.[62] 그리고 예루살렘 도상에서 이방인(로마제국) 통치체제를 비판한 "너희가 아는 대로 이방사람들의 집권자로 알려진 사람들은 백성들을 강제로 지배하고 또 고관들은 세도를 부리고 있다"(42절)는 말과 메시아가 다윗의 후손이라는 예루살렘적 메시아사상을 근본적으로 부정하는 말 "다윗 자신이 그를 주라고 불렀는데 어떻게 그가 다윗의 자손이 되겠느냐?"(12,37)는 말 등은 예수의 예루살렘 진입 목적을 암시한 중요한 자료들로 본다.

예루살렘의 성전중심체제는 그 자체로서 야훼신앙을 부패하게 하고 유다 민족을 경제적으로 착취하고 군림할 뿐 아니라 로마제국의 유다민족에 대한 압박과 착취의 고리 역할을 하고 있었던 것을 상기하면 예루살렘 성전체제의 부정은 바로 로마로부터 민족해방을

역사성을 끌어내는 것 자체가 부정될 수밖에 없다. 산헤드린에서의 재판과정에 대한 마르코의 보도(14,55-64)가 마르코 15,1의 이차적 확대로 보는 데서 이와 같은 관점이 극단화된다(R. Bultmann. *a.a.O.*, 290/한역본 339f.). 이렇게 보게 되면, 예수의 재판과 처형의 필연성은 설명할 수 없고, 그 사건 자체의 우연성만이 부각될 뿐이다.

62) 이 구절이 예루살렘을 향한 행진 때의 가슴 답답한 상태에 대한 수난사 전승자들의 회상이라는 것을 배제하지 않은 점에서 페쉬의 견해는 정곡을 찔렀으나(R. Pesch. *a.a.O.*, II, 150》, 이를 단순히 감탄의 모티프와 직결시킨 것은 옳지 않다. 이 답답한 상황은 예루살렘을 향한 행진의 엄숙한 성격에서 비롯되었다.

위한 일차적 과제가 된다. 예수의 예루살렘 진입과 성전숙청은 이런 맥락에서 이해되어야 할 것이다.

이에 예수운동의 구체적 양상에 대한 물음이 제기된다. 그것은 '성전숙청' 행위가 단순히 상징적인 것이었는가 아니면 민중봉기운동의 일환이었는가? 후자를 견지하는 입장은 성전의 구조나 조건으로 보아 성서에 서술된 대로 예수 한 개인으로서는 할 수 없는 일이었다고 전제하고, 그것은 분명히 많은 민중에 의해 거사된 것이라고 보려는 것이다.[63] 예수가 그의 거사를 해방절에 선택한 것도 바로 민중봉기를 목표로 한 것이라 본다. 그러나 복음서 기자들은 그런 상상의 단서를 주지 않는다. 어쩌면 예수의 비판적 자세가 민중들에게 파급되어 약간의 충돌이 있었을 수도 있다. 가령 베드로가 체포의 장에서 칼을 썼다는(마르 14,47) 보도가 그러한 상황이 와전된 것일 수도 있다. 그러나 그것 자체가 어떤 것이었든지 간에 그리 중요하지 않다. 까닭은 예수운동은 일단 투쟁으로서는 실패했기 때문이다. 우리에게 남는 결론은 다음과 같은 것이다; 예수는 예루살렘 체제를 철저히 거부하되 죽음에 이르기까지 했다.

끝으로 수난사 구도에 나타난 중요한 문제가 남아 있다. 그것은 수난사 전체가 어떻게 그토록 무신적 분위기로 일관되었나 하는 것이다. 겟쎄마니에서 골고타에 이르는 과정에서 어떤 형태로도 신의 개입은 없다. 그는 신없는 현실에서 철저히 패배당하는 약자로서 서술되었을 뿐이다. 유다 민족 일반은 물론이고 그의 소수의 제자들마저 배신하여 내버리고 도망하며, 그 중 하나는 예수를 모반한다. 마침내 하느님마저 그를 버린 현장이다. "나의 하느님 나의 하느님 왜 나를 버리셨습니까"(마르 15,34) 하는 비명은 그가 철저히 버림받은 자라

---

63) S.G.F. Brandon, *a.a.O.*, 333.

는 사실을 잘 나타낸다. 불의가 판을 쳐도 어떻게 하지 못한 채 그대로 죽어가는 예수! 갈릴래아에서 그토록 초인적으로 서술된 그를 어떻게 이렇게 초라하게 서술했을까? 이 물음에 대한 대답은 다음 마당에서 시도해 보려고 한다.

열두째 마당

열두째 마당
민중은 일어나다
부활이야기

죽은 자 가운데서 살아난 예수

고린토전서 15장 12절은 일찍부터 형성된 초대 그리스도인들의 고백형식이다. 이른바 부활신앙과 예수의 죽음은 불가분의 관계에 있다. 불트만은 부활과 십자가 사건은 두 가지 사건이 아니라 한 사건의 양면이라고 함으로써 그 관계의 밀착성을 강조한다.[1] 그렇다면 부활 이해는 예수의 죽음에 대한 이해와 끊어서 생각할 수 없을 것이다. 그런데 사실상 복음서에서 주목되는 것은 예수의 수난과 죽임당함에 대해서는 상당히 집중하는 데 비해 그의 부활사건에 대해서는 의외로 간단히 전하고 있는 점이다. 마르코는 무덤 안에서의 한 청년의 메시지로 끝내고 있지만(마르 16, 1-8a), 그것을 전승하고 확대한 그외의 복음서들에서도 그 내용은 다음에 볼 수 있는 대로 극히 간단하다. 부활신앙에서 시작된 것이 그리스도교라고 볼 때 이 점은 간과할 수 없는 사실이다. 사실상 예수의 부활의 현실은 그의 수난사와 떼어

---

1) R. Bultmann, Neues Testament und Mythologie, in: *Kerygma und Mythos*, 1948(유동식 역, 『성서의 실존론적 이해』, 대한기독교서회 1969, 62).

서 볼 수는 없는 것이다. 그러므로 예수의 민중들이 예수의 죽음을 어떻게 이해했는지를 다시 묻는 데서 그 다음에 이어지는 이야기의 초점을 맞춰야 할 것이다.

이미 앞 마당에서 언급한 대로 예수는 처참하게 처형되었다. 그때에 반로마 투쟁의 선봉에 선 젤롯당의 눈에서 보면 처참한 패배요 굴욕 이상의 의미가 없었을 것이며, 유신론자의 눈으로 보면 저주받은 죽음이요, 무신론자의 입장에서 보면 그 신념을 심화하게 하는 결과를 가져왔을 것이고, 영웅주의의 입장에서 보면 비겁한 죽음일 수밖에 없다. 게쎄마니 동산에서부터 최후의 비명까지가 그렇게 받아들여질 수밖에 없는 것이다.[2]

마르코복음서에는 특히 체포, 심문 그리고 처형에 이르기까지 예수가 생명을 걸었던 그 신의 개입이 전혀 일어나지 않는다. 신부재(神不在)의 캄캄한 현실, 불의가 철저히 자행되고 어떠한 초자연적 힘도 개입되지 않는 현실로 묘사되어 있다. 그를 조롱하는 사람들이 했던 말, 곧 "이제 십자가에서 내려오라. 그러면 우리가 보고 믿겠다"(마르 15,32), 또는 "엘리야가 와서 그를 내려주나 두고 보자"(마르 15,36) 등은 그 당시 유다사회가 '하느님의 사람'(열하 1,9-10등)[3]에게 거는 기대를 반영한 것인데, 그의 죽음의 모습은 그것과 정반대였다. 그러

---

2) 아니면 그것은 메시아적 죽음인가? 그런 무능한 메시아상은 그 어디에도 없었다.

3) "하느님의 사람"은 예언자의 별칭이었다(열하 1,9-10; 그 밖에 신명 33,1도 참조하라). 예언자에게 이적을 기대하는 것은 보편적인 일이었다. 이것은 예언자의 원형이라 할 수 있는 엘리야의 경우에서도 찾아볼 수 있다(열상 17,8ff.;18,20ff.;18,41ff.; 열하 2,1ff.). 엘리야를 메시아의 선구자로 생각하는 전통도 있었음직하다(참조. 마르 9,12f.). 엘리아를 곤경 가운데서 돕는 자로 생각하는 경우는 신약에서는 마르 15,36에서만 확인된다(J. Gnilka, MK II, 322/한역본 427). 그렇지만 이것도 예언자에 대한 유다인들의 기대를 반영한 것으로 볼 수 있다.

면 부활신앙이 그의 죽음과 직결된다는 것이 무엇을 의미할까?

　당시 유다 사회에서, 예수의 죽음이라는 것은 그 죽음에서 특수한 경험을 하지 않는 한 쉽게 잊혀질 수많은 비극적 사건 중의 하나일 수 있다. 까닭은 그 시대의 많은 메시아 운동가들이 예수처럼 처형되었으나[4] 그 처형과 더불어 그들을 추종하던 무리들이 그대로 흩어지고 말았으며(사도 5,36-37), 결국 쉽게 잊혀지는 인물들이 되고 말았기 때문이다. 나아가 또 하나 그들에게 실망을 안겨 줄 수밖에 없었던 것은, 예수가 겨냥한 현실, 아니면 적어도 십자가의 사건과 더불어 도래할 것으로 기대되었던 하느님의 나라가 실현되는 징조가 전혀 보이지 않았기 때문이다.

　예수가 사흘 만에 부활했다는 증언에도 불구하고 로마제국의 횡포나 헤로데 가문 그리고 예루살렘파들의 불의가 그대로 성행하는 현실만이 지속되었을 뿐이다. 마침내 주후 66년에 하느님의 주권 수립을 위하여 일으킨 유다전쟁은 처참하게 많은 유혈과 함께 민족의 종말이라는 비극을 가져오게 했을 뿐이다. 그런 상황 속에서 소수였던 예수의 민중들의 입장은 누구보다도 처참했다. 로마제국에게는 공인되지 않은 소수의 소요분자 집단으로 난폭한 취급을 받았으며, 자국인인 유다인으로부터는 반민족적 집단으로 박해를 받아[5] 이미 주후 44년경부터[6] 생존의 근거지를 자진해서 떠나거나 쫓겨나[7] 죽음

---

4) 둘째 마당 "예수의 시대상"을 참조하라.
5) 주후 35년경에 일어난 스테파노의 순교도 이와 무관하지 않다. 스테파노를 고발한 사람들은 디아스포라 유다인들이었는데, 그들은 젤롯당과 유사한 율법주의와 시온주의를 신봉했다(사도 6,9.11.13).
6) 팔레스틴이 총독관구로 편입되었다. 주후 44년부터 46년까지는 젤롯당원들의 활동이 크게 강화되는 시기였다. 한편 이 시기가 주후 66-70년의 유다전쟁을 준비하는 시기였다고 평가하기도 한다(Bo Reicke, a.a.O., 151 /한역본 218).
7) 사도 8, 1에 따르면, 예루살렘 교회가 박해받을 때 사도들만이 잔류하고 나

의 위협이 언제나 감도는 이방에서 나그네의 처지가 되었다. 이러한 일련의 사실들은 하느님 나라의 즉각적인 도래를 선포한 예수를 거짓 예언자로 규정하고 영원히 기억에서 지워버리기에 충분한 조건이 될 수 있다.

그러나 실제는 그렇지 않았다. 그럼에도 불구하고 저들은 예수가 죽은 자 가운데서 살아났으며, 우리는 그 사건의 증인이라는 자부심과 더불어 팔레스틴이라는 게토를 깨고 세계로 진출했으며, 박해를 받으면 받을수록 저들의 운동은 치열해져 마침내 그들의 뿌리를 이방에 넓게, 그리고 깊게 박기에 이르렀다. 무엇이, 어떻게 이런 결과를 가져왔나?

부활 이야기 분석

먼저 예수의 죽음 이후에 이어지는, 마르코복음의 기록을 중심하여 복음서들의 부활증언을 분석해보자. 마르코의 전승내용(마르 16, 1-8a)은 극히 간단한데, 그것을 요약하면 다음과 같다. 막달라 마리아를 위시한 세 여인이 예수가 처형되어 매장된 지 사흘 만에 무덤으로 찾아갔다. 저들은 예수의 몸에 바르려고 향유를 가지고 갔다. 무덤에 이르렀을 때 저들은 무덤을 막아놓은 돌이 굴려져 있는 것을 보았다. 그 무덤 안에 들어 갔을 때 한 청년이 있어 이렇게 말했다:

머지 사람들은 모두 흩어졌다고 하는데, 이것은 유다계 그리스도인들만이 예루살렘에 남고 이방인 개종자들은 추방되거나 살해당한 상황을 암시하고 있다(Bo Reicke, *a.a.O.*, 143/한역본 207).

놀라지 말라. 그대들은 십자가에 못박히신 예수를 찾고 있지만 그는 일어났고[8] 여기 계시지 않다. 보라 여기가 그를 모셨던 곳이다.[9] 그대들은 지금 제자들과 베드로에게 가서 전에 예수께서 말씀하신 대로 그는 그들보다 먼저 갈릴래아로 가실 것이니 거기서 그를 뵐 것이라고 전하라.[10] 여인들은 놀라 정신 없이 무덤에서 나와 뛰어갔습니다. 그리고 그들은 무서워서 사람들에게 아무 말도 못했습니다(마르 16,6-8).

우리는 이 짧은 보도의 성격에 주목할 필요가 있다.
1. 갈릴래아에서 만나자고 했으면서도 거기서 만나는 장면을 보도하지 않는다. 이른바 현시전승(顯示傳承)이 전해지지 않는다.
2. 그런데 마르코는 예수가 부활하리라는 사실을 대전제로 하고 있음은 물론이며[11] 갈릴래아에서 만나자고 하는 것은 갈릴래아의 현시를 알고 있었음을 전제한다. 부활신앙과 빈 무덤 설화를 결부시킨 것은 마르코복음서에 연유된다. 마르코복음서를 따른 복음서들 외에는 그 어디에도 부활증언과 빈 무덤 이야기를 결부시킨 데가 없다.[12]
3. 빈 무덤의 증언자는 여인들뿐이다. 그런데 기록으로서는 이것보다 훨씬 먼저 형성된 이른바 공적인 부활 케리그마(고전 15,7)에는 게파를 위시한 사도들이 부활사건의 목격자로 나타나고 여인들의 이

---

8) 새번역에는 "다시 사셨고"로 되어 있으나, 원문은 ἠχέρθη로서 현재완료시제이다.
9) 시체라는 말은 원문에 없다. ἴδε ὁ τόπος ὅπον ἔθηκαν αὐτόν.
10) 마르코는 16장 8절a에서 끝나고, 그 이하는 후대의 첨가인데 우리 성서(개역성서)도 이 부분을 괄호 안에 넣고 있다.
11) 마르 8,31b; 9,32b; 10,34b를 보라.
12) 복음서 이외에는 사도행전에도 서간들에도 전혀 언급되지 않는다.

야기는 전혀 반영되어 있지 않다.

4. 무덤에서 저들은 부활한 예수를 만나지 못한 대신 한 사자를 통해 갈릴래아에서 비로소 부활사건을 체험할 것이라는 사신을 전달 받는다.

5. 그런데 여인들은 이 사실을 아무에게도 말하지 못했다는 것이다. 이것이 예수의 죽음 후에 일어난 사건 증언의 전부이다. 이것은 우리에게 많은 질문을 제기한다. 왜 이 증언은 한 청년의 메시지만을 전하고 그것이 실현되는 현장보고를 하지 않았을까? 왜 부활의 사건이 그가 처형된 예루살렘에서 일어나지 않고 갈릴래아에서 일어날 것이라고 하는가? 여인들은 왜 그 청년의 지시(마르 16,7 / "전하라")에 응하지 않고 침묵했다고 하는가? 이 전승은 그 다음의 사건들이 새로운 마당으로 전개될 것으로 전제한 듯하다.

이 자료를 전수받은 그 외의 복음서들은 그 다음에 이어지는 이야기들을 펼치는데, 그 묘사는 다양하며 그것을 합리화하기 위해 마르코의 전승을 약간씩 수정하기도 한다. 마태오는 갈릴래아에서 만나자는 사신을 받아 갈릴래아에서 만난 것을 다음과 같이 보도한다(마태 28,16-20). 열한 제자가 갈릴래아로 가서 예수께서 일러주신 산에서[13] 부활한 예수를 만나 뵙고 그에게 엎드려 절을 했더니 부활한 그 예수는 "나는 하늘과 땅의 모든 권세를 받았다. 그러므로 너희는 가서 모든 민족을 제자로 삼아 아버지와 아들과 성령의 이름으로 세례를 주고 내가 너희에게 명한 모든 것을 가르쳐 지키게 하라. 보라 내가 세상 끝날까지 항상 너희와 함께 있겠다"(마태 28,18-19)하고 말한다. 이 내용은 이미 공교회화(가톨릭화)되어 가는 교회의 자의식을 반영한 것이다. 하늘과 땅의 모든 권세를 받은 교회, 이것은 마

---

13) 마르코에는 없는 내용으로 어쩌면 마태오는 예수의 공생애가 시작될 때 첫 설교를 했던 바로 그 산을 염두에 두었을 것이다.

태오적인 교회관으로 마태오복음서 앞부분에서 이미 그리스도 고백을 한 베드로에게 예수가 했다는 말(마태 16,18-19)에 반영된 그대로이다. 그 당시에는 이미 이방선교가 기정사실화되고, 성례전이 규정되었으며, 교권이 정립되기에 이른 것이다.[14] 그러므로 마태오는 예수에게서 이와 같은 권한을 받은 수권공동체 자체가 바로 부활한 예수의 실체라고 보는 것이다. 그리고 마르코의 내용을 약간씩 수정한다. 여인들이 무덤으로 찾아갈 때 향료를 바르려고 들고 갔다는 것을 삭제한 것이라든지[15] 그리고 묵시문학적 서술을 가미한 것(마태 28,2-3), 곧 청년을 천사로 바꾼 것,[16] 끝으로 무덤 현장에서 부활한 예수를 만났다는 것 (마태 28,9), 나아가 여인들이 무서워서 아무 말도 못했다는 보도를 "여인들은 두려워하면서도 크게 기뻐하며 급히 무덤을 떠나 제자들에게 소식을 전하려고 달리기 시작했다"(마태 28,8)는 내용으로 대체한 것 등이 바로 그 예이다.

이에 반해 루가에서는 그 이야기가 훨씬 다르게 진전되고 있다. 빈 무덤을 목격한 이야기는 '한' 사자가 '둘'로 바뀐 것(루가 24,4) 외에는 대체로 마르코의 그것과 같다. 그러나 그 사자의 말은 "갈릴래아로"가 아니라 "갈릴래아에서 한" 말로써 예수의 고난예고를 상기시켰고, 이 말을 들은 여인들이 이 사실들을 제자들에게 와서 말했는데, 대부분이 그들의 말을 믿지 않고 베드로만이 달려가서 빈 무덤을 확인했다고 한다(24,12). 그리고 이와 별도로 엠마오로 가는 익명의 두 제자가 도상에서 한 나그네와 떡을 나누는 순간 부활한 예수를 경험한 이야기(루가 24,13-35; 특히 30-32절)와, 열한 제자에게 유령처럼

---

14) 사도권 주장이 이를 잘 보여준다.
15) 이것은 팔레스틴 기후를 잘 알고 있던 기자가 부패한 시체에 향유를 바르는 것의 비현실성을 고려했기 때문일 것이다.
16) 이것은 부활한 현장이 그 무덤인데 아무 것도 못 보았다고 하는 것은 합리적이지 않다고 생각되었기 때문일 것이다.

나타난 부활의 예수가 자신은 유령이 아님을 입증하기 위해 몸을 보이고 음식을 나눈 다음에(루가 24,40-42) 자신의 고난과 부활은 이미 구약에서 예언된 것이라는 사실을 가르치면서(루가 24,44-46), "그의 이름으로 죄사함을 받게 하는 회개가 예루살렘에서 시작되어 모든 민족에게 전파될 것이다. 너희는 이 모든 일의 증인이다. 보라 내 아버지께서 약속하신 것을 너희에게 보낸다. 그러므로 너희는 위에서 오는 능력을 입게 될 때까지 이 성에 머물러 있으라"(24,47-49) 하고 하늘로 올랐다는 것이다. 여기에서도 우리는 이미 케리그마화한 교회의 교의를 볼 수 있다. "그리스도가 고난을 받고 사흘 만에 죽은 자들 가운데서 다시 살아난 것이다"(고전 15,34)는 내용이 이미 기록되어 있었다. 이것은 예수에 대한 교리가 경전화되어 가고 있는 흔적임을 부인할 수 없다.[17] 그리고 부활한 예수가 직접 말하면서 나의 이름이 아니라 "그의 이름으로"라고 말한 것으로 기록된 것은(루가 24,47a) 이런 고백문이 이미 있는 것을 인용했다는 뚜렷한 흔적이다. 그런데 루가는 마태오와는 달리 이미 교권화된 교회를 말하지 않고 이제 성령을 받음으로(펜타코스트) 부활사건의 실체로서의 갈릴래아 민중운동이 조직적으로 일어날 것을 지시하고 있다.[18]

그러나 놀랍게도 요한복음에서도 수난사만은 그 골격에서 공관서와 여러 가지로 병행되었는데, 부활에 대한 기사도 공관서와 같은

---

17) 사람들은 "성서에 기록된 대로"라는 어구를 이사 52,13-53,12 혹은 시편 118,22; 신명 21,22 등등과 관련시키려고 하나 그 어느 것도 가당치 않다 (참조. C. K. Barrett, *The First Epistle to the Corinthians* (BNC), London/Worcester 1971², 338(한국신학연구소 번역실, 『고린토전서』 [국제성서주석 35], 한국신학연구소 1985, 388f.).
18) 사도 2장에 나오는 오순절 성령강림 이야기는 그리스도 교회가 예루살렘에 조직되는 이야기이지만, 그 내용은 갈릴래아 민중운동 조직이 공적으로 선언, 인정되는 것으로 되어 있다.

자료를 사용했거나 아니면 그중 어느 한 복음서에 의존한 것으로 보인다.[19] 요한복음에 있어서도 여인(들)이 부활경험의 첫 목격자로 되어 있다. 단 막달라 마리아만 거명한다(요한 20,1). 무덤의 돌이 옮겨졌다는 것도 마르코와 같다. 그러나 어떤 청년과의 만남 이전에 베드로와 또 한 사람, 이른바 사랑하는 제자에게 이 사실을 말하고 그들과 더불어 무덤에 가서 시체가 없어진 것을 확인한다(20,2-4). 그후 그 제자들은 가고 마리아만이 무덤 밖에서 울고 있을 때 두 천사가 나타난다(20,11-12). 그러나 그 천사들에게서 어떤 메시지를 받는 대신 현시한 예수를 만난다(20,14). 당황한 여인이 그에게 다가서려고 하자 그는 "나를 만지지 말라. 내가 아직 아버지께로 올라가지 않았다. 이제 내 형제들에게 가서 내 아버지 곧 너희의 아버지, 내 하느님 곧 너희의 하느님께로 올라간다고 말하라"(20,17)고 하며, 여인은 이 사실을 제자들에게 전한다(20,18). 그 다음 제자들이 함께 모인 데서 두 번 나타나는데, 그 첫 현시에서 저들은 마태오복음서에서와 비슷한 지시를 받는다. "너희에게 평안이 있으라. 아버지께서 나를 보내신 것 같이 나도 너희를 보낸다"(20,21). "성령을 받으라, 너희가 누구의 죄든지 사하여 주면 사하여질 것이고, 사하여 주지 않으면 그대로 남아 있을 것이다"(20,22-23). 요한복음서에서는 부활한 예수가 유령이 아님을 강조하는 것은 루가와 같은데 그 표현은 훨씬 강렬하다. 제자들에게 상처입은 두 손과 옆구리를 보이는데 그치지 않고 다시 토마의 이야기를 등장시켜 그의 상처들을 만지라고 함으로써 육으로서의 부활을 강조한다(요한 20,24-27). 그러나 부활이 운동적인 사건으

---

19) C. K. Barrett, *The Gospel according to St. John*, 560f.(한역본 『요한복음 II』 [국제성서주석 32.2], 466-67). 바레트는 빈 무덤 이야기와 막달라 마리아에게 현시한 이야기를 요한이 결합했다고 보고, 특히 여기에는 마르코의 영향이 있었다고 주장한다.

로 실현되는 것은 그의 제자들이 성령을 받고 세상에로 보냄을 받음으로 시작되는데, 그 과제는 사람들을 죄로부터의 해방시키는 전권이 부여되었다는 것(20,23), 그것으로 집약한다. 끝부분의 것을 제외하면 마태오의 것과 병행하나 성령을 받는다는 것과 세상에 보낸다는 것은 그의 결별설교에서 밝혀진 내용이다(16,7). 죄를 사하는 권한을 주었다는 것은 루가복음 24장 47절과 상통하나 예수의 이름으로라는 단서도 빠져 있고, 죄사할 권한을 보다 직설적으로 표현함으로 그 전권성을 강조하고 있다. 이상은 부활과 예수의 뒤를 이은 공동체 운동의 전개와 그 내실을 표현한 것임이 틀림없으나 마태오에서 보는 것같이 공교회의 교권을 바탕으로 하는 집단을 의미하지는 않는다.

부활의 의미

이상에서 부활현실에 대한 다양한 이해를 볼 수 있다. 마르코복음의 간단한 내용 즉 빈 무덤 경험을 전제로 하는 데는 공통되나 예수의 부활 자체를 풀이하는 데는 각기 독자성을 갖고 있다. 이것은 무엇을 말하는가?

1. 마르코복음에 있어서 빈 무덤 이야기는 예수는 죽어서는 안되고 죽을 수 없다는 예수의 민중의 요청적 신념과 뗄 수 없는 경험인데, 무엇보다도 불의한 권력에 의해 살을 찢기고 피를 흘려 죽임당해 묻힌 바로 그 무덤에서 다시 살아나야 한다는 민중의 염원이 일관되었다고 할 수 있겠다.[20] 이것은 불의한 세력에 대한 강력한 도전이며

---

20) 이 이야기가 고전 15,4의 "무덤에 묻혔다가"를 보완하기 위해 만들어졌다는 그닐카의 주장(J. Gnilka, *MK II*, 339 / 한역본 448)은 잘못된 것이다. 그렇

시위이다. 어떤 불의한 세력도 그의 가는 길을 막을 수 없다는 뜻에서, 십자가에 처형되어 무덤에 묻힌 그와 다른 어떤 존재가 아니라 그렇게 힘없이 참패했다고 보이는 바로 그가 본래의 존재양식대로 살아나야 한다는 염원이 일관된 것이라고 볼 수 있다.

2. 그럼에도 불구하고 부활사건을 객관적 사건으로 파악하려 해본다면, 그 사건을 시위하려는 의도는 그 어디에도 없다. 예수가 현시하는 장은 어디까지나 이미 그의 편에 섰던 그의 민중일 뿐이다. 그 사건이 시위적인 것이라면 무엇보다도 그를 처형한 빌라도와 예루살렘 지배층에 현시해야 할 것이다. 그러나 그런 흔적도, 의도도 없다. 그 점에서는 고린토전서 15장 3-7절의 부활 케리그마도 같다.

3. 그러나 네 복음서 어느 것도 과거에 집착하지 않고 그 다음부터 전개될 부활사건에 눈을 돌리고 있다.[21] 마르코에서 갈릴래아에서 만나자고 한 것은 처형 이전의 '갈릴래아의 봄'[22]으로 되돌아 가자는 것이 아니고 거기서부터 시작되는 새로운 사건을 전제한 것이며, 마태오나 루가 그리고 요한까지도 그 다음에 전개될 예수공동체의 향방을 부활사건의 내용으로 제시하고 있다. 만일에 과거지향적인 면이

다면 여인들의 이야기가 언급되었어야 할 것이다.

특별히 위에서 말한 민중의 염원은 주전 3세기에서 2세기로 접어드는 시기에 등장했다. 이 염원은 다니 12,2-3을 거쳐 마카베오 시대로 전해졌다. 부활신앙은 점차적으로 보다 고정된 형식을 취했고 보편성을 확보해 나갔다. 에녹 51, 1-3을 보면, "그 날이 오면 땅에 모인 사람들이 땅을 되돌려 줄 것이요, 셰올은 받아들인 모든 것을 되내어 줄 것이다. 음부는 되갚아야 할 것을 끌어내어 줄 것이다. 선택받은 사람들은 그 날이 오면 나의 보좌에 앉을 것이다." 이 염원의 밑바닥에는 민중의 억울한 죽음이 깔려 있다(Bousset, a.a.O., 270f.).

21) 특히 마르코의 빈 무덤 이야기의 끝이 사실상 열려 있음은 많은 것을 시사한다.
22) 이것은 르낭의 말로 갈릴래아의 공생애가 가장 순탄했으며, 민중과 더불어 사는 삶이 뿌리를 내렸다는 뜻이다.

다소라도 있었다면 어떤 형태로든 복수하는 행태를 단편적으로나마 보여 줄 것인데, 그런 흔적은 전혀 없다.

    4. 예수의 부활사건이 공동체적으로 구현, 전개된다는 입장은 같다. 바로 그렇기 때문에 그 관심은 부활한 나자렛 예수의 향방에 중심이 있지 않고 공동체의 진로에 관심을 쏟는 것이다. 공동체의 진로는 각기 그 역사적 상황에 있어서 다르다. 따라서 현시사건의 내용이 그렇게 다른 것이다. 이것은 저들이 빈 무덤 사건에 고착화되지 않고 부활사건을 자율적으로 이해하고 풀이할 수 있었다는 말이다.

    이와 같은 성격은 사도행전 서술에서 잘 드러나고 있다. 사도행전은 한 마디로 예수의 부활사건의 구체적인 확산이다. 120명 정도의 예수의 민중들과 그들 앞에 선 제자들은 그렇게 비겁하고 무능하여 예수를 배신하고 뿔뿔이 도망쳤으나 일변하여 부활한 예수의 화신으로 등장한 것이다. 저들은 공포와 죽음까지도 극복한 집단으로 전진할 따름이다. 저들은 예수가 부활했다고 증언함으로 자신들이 부활한 것이다(사도 2,32-33).

    그러나 부활사건에 대한 고백의 또 하나의 다른 흐름이 있다. 그것은 이른바 부활 케리그마이다. 이것은 복음서 이외의 자료로서 부활했다는 사실(Daß)만이 아니라 누구에게 현시했느냐를 기록한 유일한 자료다. 고린토전서 15장 3절 이하에서 바울로는 이것을 전해받은 가장 중요한 것이라 전제하고 다음과 같이 말한다:

    그리스도께서 성서에 기록된 대로 우리 죄를 위하여 (ὑπέρ τῶν ἁμαρτῶν ἡμῶν) 죽으셨다는 것과 무덤에 묻히신 것과 성서에 기록된 대로 사흘 만에 다시 살아나신 일입니다. 이리하여 게파에게 나타나 보이시고 다음에 열두 제자에게 나타나셨는데 그 중에 더러는 세상을 떠났으나 대다수는 지금도 살아있습니다.

이것을 하나의 사실적인 기록이라고 볼 때 우선 발견할 수 있는 것은 복음서의 그것과 전혀 다르거나 새로운 부분이 많다는 사실이다. 무엇보다도 먼저 눈에 뜨이는 것은 복음서의 핵심을 이루고 있는 여인들의 부활증언이 빠져 있다. 그리고 오백 명에게 현시했다는 것은 전혀 다른 것이며, 주의 형제 야고보에게 현시했다는 것은 공관서의 맥락에서는 상상도 할 수 없는 일이다.[23] 이러한 나열들은 민중전승을 억누르는 위치에서 이루어진 인위적인 배열임에 틀림없다.[24] 그것은 바로 교권적인 위계질서의 반영이다.

게파라고 부르는 베드로는 예루살렘 교회에서 이미 대표성을 일찍 확립하였고, 이른바 주의 형제 야고보는 사실상 실력자로 군림하고 있었다.[25] 공관서에는 예수가 처형된 후의 사도들을 하나같이 열한 제자라고 한 데(마태 28,16; 마르 16,14; 루가 24,33) 비해 여기서 열두 사도라고 한 것은 역사적 사실의 반영보다 사도권이라는 권위가 관철된 것을 나타낸다.[26] 이 부활사건이 그의 수난과 깊은 관계가

---

23) 복음서에서는 예수에 대한 친척들의 태도가 부정적인 것으로 묘사되어 있다(마르 3,21; 4,31-35).
24) H. Conzelmann, *Der erste Brief an die Konnfher*(Meyer K.), Göttingen[12] 1981, 303은 바로 이런 전제 위에 선다.
25) 사도 1, 14;12,17;15,13 등. 사도 12,17과 관련해서, 베드로는 자신의 부재시를 대비하여 야고보를 자신의 대리자로 임명했다고 해석하기도 하고(a Stählin, *Die Apostelgeschichte*, NTD. II, Göttingen 1976, 169f.), 베드로가 결국 야고보에게 공동체 지도권을 넘겼다고 해석하기도 한다. 갈라 2,7에서는 야고보가 게바와 요한보다 먼저 언급되고 있으며, 예루살렘 교회에서 "기둥처럼 존중히 여김"을 받았다고 기록되어 있다. 이에 대해서는 H.D. Betz, *Galatians. A Commentary on Paul's Letter to the Churches in Galatia* (Hermeneia), Philadelphia 1979, 99f.(김흥수 역, 『갈라디아서』 [국제 성서주석 37], 한국신학연구소 1987, 233).
26) 불트만은 "12제자"라는 표현에서 "신자들=종말론적 이스라엘"이라는 교회의 관념이 드러난다고 본다(R. Bultmann, *Der erste Briefan die Korinther*, Göttingen 1969, 303 각주 78). 그러나 이보다는 사도권이 매우 일찍부터 교

있으나 그가 어떻게 누구에게 죽었느냐는 말 대신 "성서에 기록된 대로"라는 말로 처리한 것처럼, 그가 언제 어디서 어떻게 부활했다는 사실 지적에는 관심도 없다. 더욱이 이런 전승에 업혀 바울로도 자신을 부활사건 목격자의 반열에 놓음으로써 부활성격의 초시간적 이해를 반영하고 있다. 바울로는 이같은 예수의 부활 케리그마의 바탕 위에서 인간의 미래(부활)에 대한 확신을 전개하는데(고전 15,12이하), 또한 그는 거꾸로 부활이란 사실은 그 자체로 엄연한 것이고 그렇기 때문에 예수도 부활했다는(13절), 예수의 부활과 상관없이 전통적인 유다의 부활 신앙을 반복한다.[27]

그러면 자료상으로 다른 두 전승의 관계를 어떻게 보아야 할 것인가? 사람들 중에는 부활 케리그마가 형성될 때까지 복음서의 여인들의 부활 체험보도를 전혀 알지 못했다고 하거나 또는 그것은 그보다 훨씬 후에 "무덤에 묻혔다"는 고린토전서 15장 4절의 기록에 근거하여 발전시킨 이야기라고 판정한다.[28] 이런 견해들은 복음서가 부활 케리그마보다 연대적으로 훨씬 늦게 되었다는 것을 내세워 그 주장을 정당화하고 있으나 문서화된 연대가 곧바로 전승의 시작은 아닌 것이다. 그렇게 보면 그것은 불트만이 말한 바대로 케리그마가 먼저 형성되고 복음서가 그것을 확대한 것이라는 대전제에 사로잡힌 견해일 뿐이다. 케리그마가 먼저 있었던 것이 아니라 사건이 먼저 있었다. 수난과 부활의 경우도 예외일 수가 없다. 불트만은 예수의 수난예고

　　회 안에 형성되었다고 보는 것이 적절할 것이다. 교회가 매우 급속하게 교권화되었고 이 교권의 핵심이 사도권이었다는 것은 이미 갈라 2,8에서 엿볼 수 있다.
27) 이에 대해서는 각주 20을 보라.
28) 그닐카는 포괄적으로 이러한 입장에 서며(J. Gnilka, *Mk II*, 346/한역본 457), 캄팬하우젠(H. von Campenhausen, *Der Ablauf der Osterereignisse und das leere Grabe*, 1958)도 이 입장이다.

의 확대가 바로 수난이야기라고 하는데[29] 놀라운 것은 수난이야기의 핵심을 이루고 있는 게쎄마니동산 이야기에서 십자가에 처형되는 이야기까지 그 어디에도 부활을 반영한 데가 없다. 제자들은 물론이고 예수와 가장 밀접한 관계를 보이며 수난의 목격자이고 부활의 첫 증인으로 부각되는 여인들마저도 그런 전제를 가진 흔적이 전혀 없으며, 심지어 수난당하는 예수 자신의 행태에서마저도 그러한 흔적이 없다.

우리는 이 두 전승이 별개의 것으로 평행되어 왔다고 인정해야 할 것이다. 사실 부활 케리그마를 생성한 이들이 민중의 부활전승을 몰랐으리라고는 상상할 수 없다. 그들 중에는 베드로를 위시한 다른 목격자들도 있었다고 볼 수밖에 없기 때문이다. 부활 케리그마에는 뚜렷하게 교회의 위계질서가 보인다. 그러면 그것은 교회의 지도층에 의해 형성된 것으로 봐야 할 것이다. 이 교회의 위계질서는 남성 위주의 것이기 때문에 여성의 자리가 있을 수 없다. 따라서 남성을 배제한 여성만의 체험사실을 거부했다고 볼 수 있다.

그런데 또 한편 이것이 헬레니즘 문화권에서 풀이됨으로 반육적(反肉的)인 사상이 작용했을 수도 있다.[30] 그러나 유다인들의 인간관에서 육체를 떠난 삶이라는 표상이 전혀 없기 때문에 육체를 제외한

---

29) R. Bultmann, *Die Geschichte der synoptischen Tradition*, 298(한역본 348).
30) 구약성서의 인간학적 중심개념은 육과 피(basʿar), 혼(nepeš), 영(rûaḥ)이었다. 이것들은 모두 하느님에 의해 창조되었으며, 따라서 그 어느 것도 실체화되지 않는다. 영도 하느님의 생기(rûaḥ)가 잠시 머물다 가는 것이요, 사람이 죽으면 하느님의 생기는 하느님에게로 되돌아갈 뿐, 인간의 영이 별도로 존재한다는 관념은 없었다. 그러나 헬레니즘 문화의 영혼불멸설은 영의 정신화, 실체화에 근거하고 있다. 이러한 헬레니즘의 영향 아래서 구약성서의 전통적인 혼과 영의 구별은 약화되고(혼이 영에 통합되었음) 영과 피안의 구원이 서로 연결되었다. W. Bousset, *a.a.O.*, 400f.를 참조하라.

삶, 즉 부활을 선포할 수 없는 일면도 있다.[31] 그러므로 바울로는 유다 전통과 이원론이 지배하는 헬레니즘 전통 사이에서 고민하는 것을 도처에서 볼 수 있는데, 그의 부활관에 있어 특히 그렇다. 고린토전서 15장 12절, 데살로니카전서 4장 13절 이하에서 예수처럼 죽은 자 가운데서 살아 일어날 것을 강조한다. 데살로니카전서에는 분명하게 묵시문학적인 부활의 표상이 제시된다. "천사장의 목소리와 하느님의 나팔소리와 함께 주께서 친히 호령하시면서 하늘로부터 내려오실 때 그리스도 안에서 죽은 자들이 먼저 살아나고…"(데전 4,16). 이는 분명히 육의 몸이 무덤을 헤치고 일어난다는 표현이다. 그런가 하면 고린토전서에도 죽음에서의 부활은 강조하면서도 단지 부활한 실체의 모습이 다를 것이라는 구구한 설명을 하다가 결론은 "형제들이여 내가 말하려는 것은 이것입니다. 살과 피로 된 존재로서는 하느님 나라를 이어 받을 수 없으며 썩을 것은 썩지 아니할 것을 이어받지 못합니다"(고전 15,50)라고 함으로 육체(σάξ)의 부활을 거부하고 그 대신 몸(σωμα)의 부활을 강조한다. 그러나 예수의 부활사건이 이런 것으로 설명되었는가? 이제 예수의 수난을 어떻게 이해했나 하는 것을 재조명해 봄으로 그 대답을 모색해 보려고 한다.

예수의 고난에서 찾은 부활의 현실

이미 앞 마당에서 수난사를 어떻게 서술했는지 보았는데, 그것을 다른 측면에서 보면 다음과 같이 성격화할 수 있다. 그를 처형하기까

---

31) 헬레니즘적 유다교에서도 몸의 부활에 대한 희망, 부활 때까지 죽은 자들이 잠들어 있다는 신앙이 분명히 살아 있었다는 것이 그 증거이다. W. Bousset, *a.a.O.*, 401.

지의 재판과정이 철저히 불의한 것으로 서술되어 있다. 지금까지는 학계에서 그것은 로마권력과의 정면 충돌을 피하기 위해 되도록이면 예수 처형의 책임을 로마에게 돌리려고 하지 않았을 뿐 아니라, 오히려 로마는 예수에 대해 무죄하다고 변호하는 입장이었음을 나타내려 했다고 본다. 그럴 가능성은 물론 있다. 그러나 무죄하다는 판단에도 불구하고 예수를 로마법으로 처형한 로마제국은 무슨 꼴이 되었는가? 로마는 유다 민족 지도층에게 질질 끌려 자기의 법을 유린할 수밖에 없는 약자였는가? 아니면 그 재판정은 법이나 정의 따위는 설 자리가 없는 그런 곳인가? 유다 종교귀족들이 그를 죽음으로 몰고 가는 이유 역시 불투명하다. 저들이 정말 종교수호자들인가? 예수가 성전을 모독했으며, 그것은 바로 신을 모독한 것이기 때문에 처치해야 한다고 생각했는가? 그렇다면 저들의 입장에서 저들의 방법으로 그를 처단하는 것은 정당한 행위다. 민중을 동원하여 투석으로 처단할 수도 있는 그들이었으니 말이다.[32] 그러나 저들은 로마제국의 힘에 의존했으며, 그러기 위해서 반민족적 거짓 증거도 서슴치 않는다. 원래 저들이 예수 처형의 주동자였는데 산헤드린의 권력을 의식한 전승자들이 그 궁극적 책임을 로마에게 전가한 것일까? 그러나 이 이야기를 전달하는 자나 듣는 사람은 누구나 그 재판과정이 부정과 불의로 진행되며 모순으로 차 있는 것을 모를 까닭이 없다. 그 재판과정에서는 그 죄에 대한 규명을 끝끝내 하지 못한 채 유다 종교귀족들의 강요에 의해서 로마의 법에 의한 죄명을 씌워 처형한다. 한 마디로 더러운 야합에 의한 재판이다. 로마제국과 유다 상류층이 야합하여 일으키는 불의한 현실이 극적으로 압축되어 있다.

이런 현장에서 예수는 외롭게 당하기만 한다. 그는 자기 민족에게

---

32) 스테파노의 경우가 그렇다(사도 7,57).

철저히 외면당한다. 그 뿐만 아니라 소수의 그의 제자들에게까지 배반과 배신으로 버림을 받는다.

가장 중요한 것은 하느님마저 그를 버렸다는 사실이다. 수난사의 전승자는 예수가 마치 하느님에 의해 처형되는 것처럼 서술한다. 게쎄마니동산에서의 고투에서부터 십자가상의 절규에 이르기까지 유다 세력이나 로마 세력은 안중에도 없고 하느님과만 대결하는 예수를 그린다. 예수가 재판정에서 끝끝내 침묵했다는 것은 전체 맥락에서 보아 진실일 것이다.[33] 그것은 그가 저들을 상대로 하지 않았다는 강력한 표시이다. 이러한 예수의 행태에 대한 서술과 철저한 신부재적 암흑이 지배하는 전체 맥락은 잘 맞물리고 있다.

그는 재판과정과 십자가상에서 철저한 모독을 당한다. 왕도 아닌데 가짜 왕관과 왕복을 입히고 그 앞에 절을 하며 희롱하고, 얼굴에 침을 뱉고 때리며 채찍질을 하는 등 최대의 모욕을 당하는 그를 그대로 노출한다(마르 15,5.17-19). 이런 마당에 그 예수는 아무런 저항도 않는다. 유신론자들이 막연히 기대한 신의 간섭은 물론 없었고, 예수 자신의 행태에나 말에 있어서도 도도하고 신념에 찬 모습은 전혀 표출되지 않는다. 오히려 메시아 사상에 젖은 유다 사람들의 눈으로 보거나 신적 영웅숭배에 젖은 헬레니스트들의 눈으로 보거나 그는 철저히 비겁한 자로밖에 부각되지 않는다. 철저하게 버림받고 철저하게 무능한 예수, 이상과 같은 마르코의 예수의 수난에 대한 서술은 예수의 첫 민중들도 감당하기 어려웠던 것으로 보인다. 그러므로 가령 마태오에는 예수가 필요하다면 "아버지께 구하여 당장에 열두 군단 이상의 천사를 보내시게 할 수 없는 줄 아느냐"(마태 26,53)라는 말을 첨가함으로써 예수는 무능해서가 아니라 다른 목적을 위해서

---

[33] 예수가 한 말을 분석하여 그것이 그리스도론적 케리그마임을 규명하겠다.

였다는 변명을 하고 있다. 특히 루가는 게쎄마니동산의 외로운 고투의 장에 천사가 와서 수종했으며(루가 22,43), 예수의 체포현장에서 한 제자가 적대자의 귀를 자른 것을 곧 낫게 함으로(루가 22,51) 그의 초능력을 과시하며, 함께 처형되는 강도에게 낙원에서 함께 있게 될 것이라는 약속을 하고 있다(루가 23,43). 나아가 그가 죽은 다음에 일어난 것으로 기록된 성전 휘장이 찢어졌다는 마르코의 전승을 그의 운명 이전으로 끌어올림으로써(루가 23,45) 예수는 하느님에게 버림을 받았거나 약자가 아니었음을 변호하려는 경향이 있으나, 그런 것들은 모두 마르코의 철저성을 완화 내지 왜곡한 후대에 의한 첨가 또는 수정 부분들이다. 그러나 기본적인 맥락은 세 복음서 전체가 마르코의 그것에서 벗어나 있지 않다.

그러면 도대체 어떻게 이러한 서술이 가능했는가? 이미 예수는 그리스도로 승격된 지 오랜 마당에 그리고 갈릴래아에서의 초인적인 그의 행태를 너무나 잘 알고 있는 전승자 또는 편집자가 이렇게 너무도 비종교적인 적나라한 현실을 그대로 노출할 수 있었을까? 이에 대한 하나의 설명은 저 유명한 이사야 53장의 고난의 종의 사상이 그것을 뒷받침했을 것이라는 견해이다.

> 그는 메마른 땅에 뿌리를 박고
> 가까스로 돋아난 햇순이라고 할까.
> 늠름한 풍채도, 멋진 모습도 그에게 없었다.
> 눈길을 끌 만한 볼품도 없었다.
> 사람들에게 멸시를 당하고 퇴박을 맞았다.
> 그는 고통을 겪고 병고를 아는 사람,
> 사람들이 얼굴을 가리우고 피해 갈 만큼
> 멸시를 당하였으므로 우리도 덩달아 그를 업신여겼다(이사 53,2-

3).

 이상은 멸시당하는 예수의 모습에 잘 부합하는데, 바로 이 고난의 종이 매를 맞고 찔리우고 으스러뜨림을 당하고 상처를 입었다고 하며, 그래도 한 번도 입을 열지 않고 도살장으로 향한 양처럼 끌려가 억울한 재판을 받고 반역죄로 사형을 당했다고 한다. 그런데도 그 신세를 걱정해주는 사람 하나 없었고, 인간 사회에서 끊기고 죄인들과 함께 처형당했다고 한다(53,4절 이하 참조). 이쯤하면 예수의 수난서술이 고난의 종의 형상에 깊이 관련되어 있음을 부정할 수 없을 것이다. 그러나 그 수난의 과정이 흡사하기 때문에 그 역사성을 부정하고 이 고난의 종의 형상을 예수의 수난의 서술에 그대로 옮겨놓았다는 주장에는 동의할 수 없다.[34]

 우리는 다음 두 가지 면을 유념해야 할 것이다. 그 하나는 이 고난의 종의 형상이 가공적인 것이 아니라 이스라엘 집단의 고난사를 서술한 것이라는 사실인데, 그런 경우에 예수의 수난사 자체도 역사적으로 비슷한 상황과 과정에서 이루어졌기 때문에 그 사이의 공통점을 전제한 서술일 수 있다는 것과, 또 하나는 예수 자신이 이스라엘 민족사를 나타내는 고난의 종의 형상을 잘 알고 있었으며, 자신에게서 바로 이 민족사를 구현하기로 결단했다는 가능성을 배제할 수 없다. 이런 가능성을 인정한다면 그는 이스라엘 집단의 수난사의 화신으로 그 수난의 역사를 끝장내려고 했다는 이해가 가능하다.

 그런데 고난의 종에 대한 서술에는 그에 대한 고백이 뒤따른다.

---

[34] 불트만은 마르 15,27의 보도가 이사 35,12부터 엮어낸 것이라고 말하면서, 이러한 노력은 구약예언의 증명이라는 의도에서 비롯된 것이라고 한다(R. Bultmann, *Die Geschichte der synoptischen Tradition*, 304/한역본 355).

> 그런데 실상 그는 우리가 앓을 병을 앓아 주었으며
> 우리가 받을 고통을 겪어 주었구나
> …
> 그를 찌른 것은 우리의 반역죄요
> 그를 으스러뜨린 것은 우리의 악행이었다.
> 그 몸에 채찍을 맞음으로 우리를 성하게 해 주었고
> 그 몸에 상처를 입음으로 우리의 병을 고쳐 주었구나
> …
> 야훼께서 우리 모두의 죄악을
> 그에게 지우셨구나.
> …
> 야훼께서 그를 때리고 찌르신 것은
> 뜻이 있어 하신 일이었다.
> 그 뜻을 따라 그는 자기의 생명을
> 속죄의 제물로 내놓았다.
> 그리하여 그는 후손을 보며 오래오래 살리라.
> 그의 손에서 야훼의 뜻이 이루어지리라(이사 53,5-10).

 이상에서 고난에 대한 소극적인 시각에서 적극적인 이해에로 급전환하는 것을 볼 수 있다. 그것은 고난의 의미를 발견한 것이다. 그것은 그 고난은 죄의 대가라거나 약하기 때문이라는 등의 소극적 이해에서 '우리'를 위해 고난의 짐을 대신 졌다는 적극적 인식이다. 너의 고난을 구경꾼의 입장에서 보는 것이 아니라 '우리'의 일로 인식하는 것은 참여자가 되었다는 말이다. 이것은 큰 전환이다. 이것은 고난하는 너와 나의 연대성의 탄생이다.

 예수의 민중들이 예수의 죽음을 구경꾼의 입장에서 보았을 때 그

것은 패배요 약함이었다. 그러므로 실망하고 체념하여 도망한다. 그러나 그의 고난에서 자신들의 고난을 보았고, 그의 죽음에서 자신들의 죽음을 보는 순간 바로 예수와의 새로운 연대관계를 갖게 된 것이다. 그때 그의 죽음은 "우리를 위해", "우리의 죄를 위해" 또는 "우리를 대신해서" 자신을 내던진 행위라는 인식으로 바뀔 수 있다. 이런 인식은 "우리를 위해" 자신을 버린 그가 누구냐는 물음으로 진전되어 예수는 메시아라는 그리스도론에까지 발전할 수 있다.[35]

우리의 수난, 우리의 부활

마르코복음의 수난사에서 최후의 만찬장에서의 예수의 말을 빼면 예수의 수난의 의미를 암시하는 데가 한 구절도 없다. 그것이 만일 인류를 위한 수난임을 나타내려고 했다면 게쎄마니 이야기에서부터 운명하는 최후까지를 그렇게 서술할 수 있을까? 그것을 목적을 가진 죽음이라 보았다면 어떻게 "왜 나를 버리셨습니까"라는 절망적 비명으로 끝맺을 수 있을까! 그리스도론의 시각에서 그런 죽음은 도저히 허락되지 않기에 후에 성립된 복음서는 그것을 보완하려고 노력했는데, 그 중 요한복음에서 "다 이루었다"(요한 19,30)라고 한 말이 가장 "우리를 위하는 죽음"에 상응하는 말이 될 것이다. 여기서 우리는 다시 마르코복음에서 왜 그리고 어떻게 이같은 절망적인 수난사를 서술하게 되었나 하는 질문으로 돌아가 물어보아야 한다.

사실이 그랬으니까 그럴 수 있다. 그러면 이사야서나 또 케리그마

---

[35] 바울로의 십자가 이해. Hans Weber, *Das Kreuz Jesu bei Paulus, Ein Versuch, über den Geschichtsbezug des christlichen Glaubens nachzudenken*, Göttingen 1981, 189.

에서 말하는 그 죽음의 의미는 어떻게 인식되었을까! 그것은 저들에게 예수의 수난, 그의 죽음에서 자신들의 수난, 죽음을 인식할 때였을 것이다. 한 개인 예수의 수난에서 '우리'의 수난을 본 것이다. 예수의 수난 이야기가 '우리의 이야기'인 것을 깨달은 것이다.

우리는 예수의 민중이 예수의 처형 후에도 계속 수난의 길을 걸은 것을 잘 안다. 복음서나 사도행전에서 저들이 박해가 무서워서 숨어 있었다는 사실이 여러 곳에 암시된다(사도 1,12-13;8,1). 처음부터 박해가 시작된다. 사도행전은 예수의 고난의 연속사처럼 고난으로 점철된다. 바울로의 생애도 그렇다. 마르코복음이 성립될 무렵은 유다전쟁이 일어나서 팔레스틴의 이스라엘인들은 죽지 않으면 삶의 보장 없이 이방 땅에서 배회하는 버림받은 자들의 처지에 있던 때였다. 이런 상황에서 예수가 초인적인 힘을 보유한 채 수난을 당했다거나 그의 수난의 과정에 하느님의 직접적인 지원이 있었다면(루가에서처럼) 저들이 예수와 연대의식을 가질 수 있었을까? 그러한 특수한 존재의 수난이 수난이 될 수 있을까? 그렇다면 "왜 나를 버리셨습니까"라는 말은 어떤 사람들이 강변하듯이 찬송을 부른 것이라고 이해해야 할까? 그러면 그것은 이미 수난이 아니라 연극이 되고 만다. 또 수난을 모르는 자, 아픔을 모르는 자가 저들의 아픔을 알 수 있을까? 없다면 연대의식은 불가능한 것이 된다.

아니! 예수는 '우리'와 꼭같은 조건 아래에서 수난당했다. 우리가 당하고 있고 당해야 하는 그런 수난을! 이런 인식은 바로 저들로 하여금 그의 수난이 바로 우리의 수난, 그의 죽음이 바로 우리의 죽음이라는 인식에 도달하게 했다. 이것은 "그는 우리를 대신해서 수난당했다"는 인식의 디딤돌이 될 수 있을 것이다. 그러므로 신부재적 암흑 속에서의 예수의 수난을 이야기하면서 저들은 자신들을 이야기한 것이다. 자신들이 그러한 적나라한 현실에서 헤매이기에 누구보다도 예수의 수난과 그 죽음을 그렇게 볼 수 있었을 것이다. 바로 이러한 예수의 죽음에 대한 이해와 인식이 저들이 절망을 딛고 일어서는 초석이 된 것이다.

불트만은 십자가사건과 부활사건은 두 이야기가 아니라 한 이야기의 양면이라고 했으며, 부활은 바로 십자가의 의미인식을 말하는것이라 한다. 십자가 없이 부활은 불가능하며 십자가의 죽음의 의미 빼고 부활사건이 성격화될 수 없다. 그러나 십자가 인식이 바로 부활이라는 결론에 머문다면 그것은 관념론에 귀착하고 마는 것이다. 그래서 십자가 사건은 결국 '십자가의 말씀'으로 귀착되고 말 것이다.

바울로도 "십자가의 말씀"이라는 말을 쓴다(고전 1,18). 그런데 주목할 것은 그가 그리스도의 부활에 참여하기 위해 그의 고난에 참여하겠다고 말하는 것이다(필립 3,10-11). 그것은 그의 고난에 참여하는 것이 중요하지 단순히 그런 사실을 아는 것 따위는 문제가 아니라는 말이다. 아니, 부활사건은 그 이상의 것을 말한다.

마르코에는 그렇게 처형된 예수는 그의 시체를 안치한 무덤에 있지 않았다고 하며, 그 대신 한 청년이 십자가에 못박히신 나자렛 예수는 전에 예수께서 말씀하신 대로 그들보다 먼저 갈릴래아로 가실 것이니 거기서 그를 볼 것이라고 전하라는 사신에 접할 뿐이다. 민중의 현장 갈릴래아에서 만나자는 것이다. 그리고 그 다음의 일은 그 자체로 전개될 '이제 일어날 일'처럼 열어놓고 있다. 갈릴래아 민중에게 무엇이 일어났나? 다른 복음서는 현시한 예수를 잠깐 등장시키나 그것이 중요하지 않고, 절망에 빠진 예수의 민중이 집결했고 저들이 '일어났다'(ἐγείρω)는 사실, 그러므로 예수의 공동체를 형성하게 되었다는 것이 중요하고, 저들은 세계로 진출할 것이라는 점이 중요하다.

그 청년은 예수가 다시 살아나서 갈릴래아로 먼저 갔다고 했는데 다시 살아났다고 번역된 '에게이로'는 '일어난다', '궐기한다'는 뜻을 담고 있다. 그러므로 죽음에서 일어난 예수처럼, 절망 속에서도 예수의 죽음에서 연대의식을 발견한 그들은 예수와 더불어 일어나 전진하게 되었으며, 바로 그렇게 일어선 저들은 "예수는 죽지 않고 다시 일어났다"고 증거할 수 있게 된 것이다. 그러나 예수의 일어남(부활)은 어디까지나 그의 수난의 반열에 참여하는 자들에게만 현실이 된 것이지 구경꾼에게도 인식될 수 있는 그런 사건은 아니라는 것이다. 그러므로 "다시 일어난" 예수는 그를 따는 자들에게만 인식되었을 뿐 그를 처형한 빌라도나 가야파는 경험하지 못했다.